黄　磷　著

新興市場戦略論

——グローバル・ネットワークとマーケティング・イノベーション——

千倉書房

はしがき

本書の目的は、中国という新興市場において日本企業が直面している戦略課題をグローバル・マーケティングという視角でとらえ、中国における日米欧企業の戦略展開とマーケティング活動を詳細に分析することによって、グローバル・ネットワーク化した企業の市場戦略の特徴を明らかにすることである。

本書においては、新興市場とは世界に開放されつつ、高い経済成長に伴って潜在需要が顕在化し、あるいは急速に拡大している国や地域を指している。中国市場はまさしくこのような新興市場の典型である。

中国の世界貿易機構（WTO）加盟（二〇〇一年一一月）前後から、日本の産業界で新たな中国ブームが盛り上がっている。一九八七年や九二年の中国進出ブームと異なり、今回の中国ブームに見られる新しい動向は最終消費市場を目指した中国市場への参入であり、中国国内での流通経路、ブランド戦略や価格競争力を強化しようとする日本企業の動きである。

新興市場の特徴として、競争の土台やルールとなる法制度を含めた市場環境が絶えず変化していること、そして、海外から参入した企業にとって異質性の大きい市場であることをあげることができる。

七九年以降、中国市場に参入した日本企業は立ち遅れていた市場インフラや頻繁な法律の変更に悩まされてきた。九五年までは、大半の日本企業は豊富かつ安価な労働力を求めて、委託加工、開発輸入や直接投資などの多様な形態で中国に進出し、海外生産拠点を中国に移転した。その結果、日中間の貿易依存度が高まり、二〇〇〇年ごろから日本のマスコミが中国を「世界の工場」と称するようになった。

しかしながら、外資系企業が輸出生産拠点を中国に移転し、その競争力の基盤となる経営資源がグローバル・ネットワークを通して中国の現地企業にも拡散していく。マクロ的にみれば、中国で生産された製品が大量に輸入されることによって日本の製造業の国際競争力が低下し、日本国内では産業空洞化という現象が起こる。また、中国国内市場を目指して進出した日本企業の業績がかならずしも芳しくない。強い競争力を誇っていた自動車や家電などの日本メーカーも中国市場でたいへんな苦戦を強いられている。しかしながら、中国国内市場を開拓するために創造的適応の方法で中国市場の異質性や障壁を乗り越えた一部の外資系企業は現地市場でも高いマーケット・シェアを獲得している。いま、中国は新興市場としてグローバル競争の焦点になっている。

現在、日本企業が中国で直面している戦略課題を解くためには、グローバル・ネットワーク化した企業の競争優位性についての理解が重要である。グローバル・ネットワーク化した企業は、研究開発、製造、販売の最適な立地を求めて付加価値活動を地球的な規模で絶えず調整し、展開している。その拡がりのなかでさまざまな資源を創発し、相互に移転させている。このようなグローバル・ネットワーク化した企業と新興市場の環境とのダイナミックな関係を分析することが本書での基本的な課題である。

新興市場での企業の市場行動を分析するためには、グローバル・マーケティングという理論視角が必要である。グローバル・マーケティングにおいては、世界規模の効率性問題のみならず、異質性に満ちた多様な現地市場への創造的適応、ダイナミックに変化する市場環境に対応する柔軟性、そして異質で常に変化する市場環境との相互作用のなかで創発されるマーケティング・イノベーションの問題も重要である。しかしながら、グローバル・マーケティングの視角を理論的に整理し、全体的にとらえた書物はこれまでほとんどなかったといえる。本書はこの空白を埋めることを目指した。

本書では、グローバル・ネットワーク化した企業と市場環境とのダイナミックな関係にフォーカスを絞っている。このダイナミックな関係をとらえるために、市場参入プロセス、資源展開プロセスとネットワーク発展プロセスという三つの戦略展開過程を区別して分析枠組みを提示している。そして、中国における日米欧企業の市場行動のなかでも、参入形態の選択、マーケティング資源の展開、付加価値活動の機能連携、そして中国市場での経営成果を実証分析の具体的なテーマとしている。

中国市場における日本企業の市場行動に関するこれまでの書物や調査報告書の多くは、一時点の状況や特定の産業の視点から書かれている。グローバル・ネットワークのなかで中国市場をとらえることであれば、現地市場に関する深い理解とグローバルな戦略視点が必要である。そのために、本書での実証分析は、一九九〇年から筆者が継続的に実施したフィールド調査で収集された個別企業の情報をベースに、九五年以降に行った五つのアンケート調査データに基づいている。

本社レベルと現地法人レベルでの継続的な事例研究と質問表調査によって、おのおのの時点における関心の高い問題だけでなく、明確な理論枠組みに基づいて収集された第一次資料とデータを分析し、理論的に重要な仮説を見つけ、それを検証する作業を継続して行った。また、欧米企業との比較を行い、中国市場における日本企業の戦略展開の特徴を解明しようとした。このような比較分析の方法も有効であると考えている。多くの事例研究と複数回にわたるアンケート調査を継続して行う過程で事実発見と理論形成の間に相互作用が生じ、研究対象の全体的な分析によって理論研究と実証分析を深めることを目指した。

本書での実践的な示唆とインプリケーションに関しては、終章にまとめているが、日本企業と欧米企業との間にある明確な相違は中国市場に関する戦略志向の違いによって生まれている。企業の戦略志向、資源展開のパターン、そしてネットワークの構造には明確な一貫性がある。中国に関する市場戦略を立案するさいには、このような戦略的な一貫性を明確に認識する必要がある。

本書では、日米欧企業の事例を取り上げている。それぞれの事例がもつ実践的な意味は詳細に解説していないが、本書の分析枠組みによってそれぞれの事例の重要なポイントを述べている。また、本書での実証分析結果は、代金回収問題やブランド確立などの日本企業が共通して中国市場で直面している実務的な難題に関しても解決の手掛かりを提供している。

これまでの研究を書物にまとめる作業に取り掛かってからすでに二年が過ぎている。WTO加盟によって、日本企業のグローバル戦略における中国市場の重要性がますます高まっている。一方、新興市場であるゆえに中国市場も企業の戦略も大きく変化している。このような変化のなかで、一貫した戦略の論理を見つけ出して中国ビジネスの第一線で活躍する企業の方々との相互作用のなかで検証していく作業は、常に新しい理論課題と実践問題に直面する。本書にはまだ多くの不満点を残しているが、今後も継続していきたい新興市場における企業の市場行動に関する研究のひとつの区切りとして著書をまとめあげた。

一九九〇年からこの研究を進めるなかで、多くの方々から多大なサポートを得ている。学部と大学院の恩師である田村正紀教授と国際ビジネスについて基本から教わった吉原英樹教授からのご指導、また、神戸大学大学院経営学研究科の石井淳蔵教授、高嶋克義教授をはじめ、米国のワシントン大学Tamura教授、テンプル大学Kotabe教授、英国のロンドン大学Strange教授、中国の人民大学楊杜教授や国務院発展研究センター任興洲研究員など多くの研究者からのご支援と学問的な刺激がなくては、本書が形にならなかったと思う。さらに、本書でとりあげた事例企業の方々のほかに、さまざまな企業の中国ビジネス担当の方々に情報の提供、現地調査の便宜をはかっていただいた。ここで感謝の意を表したい。

最後に、本の出版にあたり、なかなか原稿がまとまらない著者を辛抱強く見守り、いろいろとアドバイスをいただいた千倉書房の塚越俊治氏に謝意を申し述べたい。

二〇〇三年二月

黄　　磷

目　次

はしがき

序章　目的、対象と方法……1

第一節　中国で日米欧企業が直面している戦略課題……1

第二節　本書の目的……8

第三節　本書の研究対象と分析課題……11

第四節　本書の研究方法……12

一　グローバル・ネットワーク化した企業……12

二　市場戦略の展開プロセス……14

三　実証分析の課題……20

四　実証分析の方法……24

第五節　本書の構成……26
第一章　グローバル・マーケティングの理論視角……29
第一節　グローバル・ネットワークの特徴……30
一　主体性と戦略志向……31
二　海外事業形態の多様化……32
三　歴史的な発展過程……35
四　グローバル・ネットワークのもつ優位性……36
第二節　グローバル・ネットワーク化した企業の優位性……40
一　規模の経済性と差別的優位性……40
二　パッケージされた資源の国際移転……41
三　環境多様性に由来する革新能力……42
第三節　ネットワーク発展のドライビング・フォース……44
一　ネットワークの連結環……44
二　マーケティング資源……46
三　資源間の補完性……49

四　企業能力の階層性……50
小　括　グローバル・マーケティングとは……52
第二章　グローバル・マーケティングの理論と課題……57
第一節　海外市場参入形態の選択……57
一　参入形態の選択と国際化プロセス……58
二　取引費用理論と企業特殊的な資産……61
三　海外市場の多様性と市場リスク……63
四　グローバル競争とグローバル・ネットワーク……65
五　資源の展開と企業能力……67
六　企業戦略としての海外参入問題……71
第二節　マーケティング標準化戦略……74
一　マーケティング・プログラムの標準化……74
二　マーケティング・プロセスの標準化……84
三　グローバル統合と現地対応力……95
第三節　グローバル統合のジレンマ……98

一 輸出から現地生産の移行時間……98
二 海外生産拠点の役割変化……99
三 メーカーにおける企業価値の変化……103
四 産業空洞化と知識拡散リスク……105
五 インターフェース管理とオープン化……106
六 ネットワークの創発性と市場革新……114
第四節 日本企業の国際マーケティングの特徴……119
一 輸出中心の戦略展開と総合商社……120
二 海外生産拠点と現地販売網……123
三 生産拠点の適地化と統合的ネットワーク……125
四 原材料と部品の調達ネットワーク……127
小括 グローバル・マーケティングと新興市場……129
第三章 新興市場とグローバル競争……133
第一節 新興市場としての中国……133
一 新興市場の定義……134

二　グローバル競争の焦点としての中国……143
第二節　対中直接投資の全体像……150
一　国・地域別の対中直接投資……151
二　対中投資の平均規模……152
三　対中投資の実行率……153
四　対中投資の形態……153
五　対中投資の立地選択……158
六　対中投資の産業別構成……158
第三節　対中直接投資のインパクト……160
一　世界貿易の主要国になった中国……160
二　「世界の工場」となる中国……161
三　中国とアジア・日本との相互依存度……164
四　外資系企業の市場シェア……166
第四章　参入動機の変化と参入形態の選択……171
第一節　参入動機の変化……172

一　日米欧企業の参入動機の比較……172
二　日本企業の参入動機の変化……176
第二節　日本企業の参入形態の選択……179
一　参入形態の選択……180
二　参入形態の選択に関する分析……191
三　規定要因に関する分析結果……199
小　括　新興市場参入に関する示唆……204
第五章　現地市場での資源展開プロセス……207
第一節　調達と販売に関する日米欧企業の比較……208
一　日系メーカーの調達と販売……208
二　日米企業の調達と販売に関する比較……211
三　日米欧企業の販売と調達に関する比較……215
第二節　マーケティング資源の移転と取得……223
一　経営資源の移転と現地経営資源の取得……223
二　資源展開と競争優位の関係……228

三　現地でのマーケティング活動……233
小　括　資源展開と戦略一貫性……249
第六章　グローバル・ネットワークの発展プロセス……257
第一節　輸出拠点志向のネットワーク……257
一　海外子会社によるネットワーク――マブチモーター……257
二　企業グループのネットワーク――アパレル関連A社……264
三　系列ネットワーク――電機・電子機器部品メーカーB社……268
四　基幹部品の現地生産と現地販売……272
五　グローバル生産拠点への転換――松下電器産業の電子レンジ……277
第二節　現地市場志向のネットワーク……281
一　コミットメントと先発優位――モトローラ社……282
二　マーケティング資源の展開――P&G社……290
三　創造的適応――可口可楽（コカ・コーラ社）……306
四　戦略一貫性――ネスレ中国（雀巣）……309
五　グローバル・ライバルの対決――コダック（柯達）と富士写真フイルム……312

六　輸出先行戦略――日本の家電メーカーC社……314
小　括　新興市場でのネットワーク発展……317
一　戦略展開のスピードと柔軟さ……317
二　創造的適応と戦略一貫性……318
三　中国におけるネットワーク発展の特徴……320
四　グローバル生産拠点への転換……321
第七章　中国現地法人の経営業績……325
第一節　中国市場に関する評価……325
一　直接投資先としての魅力度……326
二　投資収益率に関する評価……328
第二節　中国現地法人の業績評価……330
一　過去の調査結果……330
二　日米欧企業の業績評価……333
第三節　中国市場のリスクに関する評価……344
一　カントリー・リスク……345

二　ビジネス・リスク――現地経営が直面している問題……345
三　ビジネス・リスクへの対処――代金回収問題……349
小　括　新興市場の魅力と難しさ……351
終　章　グローバル・ネットワークとマーケティング・イノベーション……355
一　本研究の理論的な貢献……355
二　発見事実とインプリケーション……362
参考文献……1～12
索　引……1～2

序章　目的、対象と方法

第一節　中国で日米欧企業が直面している戦略課題

本書の目的は、新興市場である中国における日米欧企業の戦略展開とマーケティング活動を詳細に分析することによって、グローバル・ネットワーク化した企業の市場戦略を明らかにすることである。

この序章から第二章までは、この研究が依拠しているグローバル・マーケティングの理論視角とその既存研究をまとめている。さまざまな理論概念と多岐にわたる既存研究に関する議論に入る前に、グローバル・マーケティングという言葉を初めて目にする人でも本書の問題領域を具体的にイメージができるように、この節では、本書で取り上げている事例において、日米欧企業が中国市場でどのような戦略課題に直面しているのかをまず示しておきたい。事例に関しては第六章で詳細に記述しているが、この節では本書において解明しようとしている日米欧企業が直面している戦略課題を例示する。

■　中国が外資に門戸を開きはじめた八〇年代には、多くの日本企業が輸出生産拠点を中国に移した。そのなかでもっとも早く中国に進出したのがマブチモーターである。一九八六年からマブチモーターは香港に隣接する深圳と東莞に五つの委託加工工場を次々と設立し、一九八七年一〇月にマブチモーターが大連市に中国全土における日系一〇〇％出資現地法人の第一号となった工場を設立した。その後、マブチモーターがマレーシア、中国の江蘇省、ベトナムにも一〇〇％出資の生産拠点を設立した。マブチモーターは、基本的に一〇〇％子会社によるグローバルな生産販売ネットワークを九〇年代の前半にほぼ完成したが、絶えず世界市場の変化に合わせて海外生産拠点の柔軟な調整を通してグローバル競争優位を維持するという課題に直面している。

■　日本の製造業のなかで、八〇年代にもっとも中国進出が多かった業種は繊維アパレル関連の縫製メーカーである。日本や海外に輸出するために、機械設備だけでなく、原材料となる糸などはほぼすべての生地や材料を日本や第三国から輸入している。製品企画、素材の調達や販売活動はすべて親会社によって行われ、現地法人は純粋の工場である。原材料などモノの流れだけでなく、取引のほとんどが繊維商社を通している。アパレルのケースもマブチモーターと同様、専業メーカーが豊富かつ安価な労働力を求めて生産工程の一部を中国に移転し、現地生産した製品を日本向けに輸出するというパターンである。ただし、全体の調整が商社に依存するアパレルのグローバルな企業ネットワークにおいて、縫製メーカーは織、仕上げや包装検査などの生産過程に特化している。また、原材料を日本や第三国から中国の現地法人に輸出し、現地法人の半製品や製品を国際市場で販売することによって親会社が収益を上げる構造はこのような事業システムに組み込まれている。しかしながら、縫製専業メーカーには現地市場を開拓する営業販売力はほとんどない。

■　総合電機メーカーの中国現地法人B社の経営範囲は電機・電子機器の部品やデバイスの製造販売になっている。現地法人の親会社の本社と取引関係の強い協力会社との間で現地経営の機能を分担している。親会社本社は現地法人の総務、人事労務、財務、調達や開発の管理機能を担当し、親会社グループの部品メーカーはその建物のなかに生産ラインを立ち上げ、提供される従業員と部材を利用してモノづくりに専念している。すべての生産設備は日本から輸入されているため、いわば、親会社本社が中国に事業システムのインフラを構築し、その上に企業グループの複数の部品メーカーは生産工場の一部を中国に移転している。

以上の三つのケースはすべて国内や海外の生産拠点が中国に移転され、中国の現地法人が既存のグローバル・ネットワークに組み込まれている。このように、中国事業を企業がこれまで築いてきたグローバル・ネットワークとの関係のなかで理解しなければならない。

■ 九五年から中国の外資系企業のなかで売上第二位を占めたモトローラ社はその後もこの地位を維持しつづけている。モトローラ社の対中投資戦略は明確に中国の現地市場を目指している。モトローラ社は、最初から一〇〇%現地子会社の設立を摸索した。一九九〇年に「天津摩托羅拉（中国）電子有限公司」を設立し、その後増資によって現地工場を拡張して中国国内での生産拠点を確保した。九五年以降、モトローラ社は合計一二億ドルを投じて次々と上海、杭州、内陸の四川省楽山や東北の遼寧省に八つの合弁企業と四つの合作プロジェクトを展開した。中国政府との交渉段階において二〇〇〇年までに計一二億ドルの投資計画と明確な対中投資方針を表明しているモトローラは、中国国内で高い市場シェアを獲得した。また、現地調達を増やすために、モトローラ社はおよそ六〇〇社の現地企業の生産管理、コストと品質管理の改善に協力し、必要な図面や技術を提供している。たとえば、中国の携帯端末市場における激しい競争のなかで、モトローラの市場シェアは約三〇%台を維持していた。国産ブランドの携帯端末が二〇〇〇年ごろから価格下落が目立ってきている。外資系ブランドのシェアが低下するなかで、モトローラなどが価格競争に参入するかどうかは非常に注目されている。

■一九八八年にP&G社は「広州宝潔有限公司」を設立し、広州市場に関して詳細な市場調査を行ったうえでわずか四カ月の期間で、テレビや新聞などの大量広告によって、高いブランド知名度を実現した。P&G社は多ブランド戦略、そして中国全土に展開するための企業ブランド戦略、プロダクト・ブランド・マネジャー制とカテゴリー・ブランド管理をすべて中国市場に導入している。大都市だけでなく、中小都市と農村部でもローカル企業と競争している。中国の農村部市場において、米国、エジプトやインドなどの国で実施され、とくにインドで大成功を収めている「ROAD SHOW」計画というマーケティング・プログラムを一九九〇年から導入している。九六年から本格的に全国市場の制覇戦略を展開し、二二八の人口二〇万人都市に営業チームを組織し、市内販売店の開拓と店頭販促に努めている。九七年からP&Gのグローバル・ブランドを中国市場に導入すると同時に中国発のブランドを開発するプロジェクトも進めていた。

■一九七八年にコカ・コーラ社は北京に最初のボトラーを設立し、八一年に操業して早くから中国市場に参入したが、一五年をかけて一九九〇年にこの工場がはじめて黒字に転換した。コカ・コーラのグローバル・マーケティングはブランド価値（スタイル）の一貫性を重視し、創造的適応と呼ぶべき動態的な標準化戦略を採用している。中国の現地拠点にはその基本原則が移転されている。たとえば、3A（Availability, Affordability, Acceptability）と呼ばれる営業基準、マーケティング活動の基本原則である3P（Pervasiveness, Price/Value, Preference）にしたがって、各地区に流通配送拠点を建設し、各都市全体をカバーする配送ネットワークを構築して、顧客データベース管理による補充配送を中国の飲料業界で初めて導入した。

■中国政府が商業広告の再開を許可した七九年から、ネスレは雀巣珈琲（ネスカフェ）の広告活動を開始した。八〇年代では、ネスレは一貫してこの広告テーマを堅持して中国市場でのブランド浸透を図った。ネスレは組織においては徹底した分権化を進め、現地でのマーケティング活動を現地の需要とニーズに適応するような組織構造になっている。しかしながら、グローバル・ブランドの一貫性と競争的な差別優位を維持するために、販売促進と広告などのコミュニケーション活動においては、企業の基本価値を共通に表現する包装や商標を標準化することによって世界市場におけるブランド価値を最大化する仕組みを中国市場にも導入している。ネスレは八七年から九八年末までに中国全土に一五の工場を建設した。ネスレは中国市場で成功を収めている欧州系企業の代表になっている。

以上の四つのケースは欧米企業が現地市場を目指して展開したマーケティングの成功事例である。共通しているのは、マーケティング資源の国際移転と現地市場への創造的適応である。海外市場での資源展開にはいくつかの局面がある。六〇年代以降の欧米企業の国際マーケティングを対象にして理論化された国際マーケティングの研究のほとんどが、マーケティング資源の国際移転の一局面である標準化戦略にフォーカスしている。本書では、現地市場への創造的適応という局面にも注目すべきと主張している。

■中国家電市場の急速な拡大を支える半導体などの基幹部品はほとんど輸入に頼っている。日米欧企業と韓国台湾企業はこの分野で競っている。日本企業も九四年から半導体やマイコンの組立と検査などの後工程を中国に移し、中国政府の国産化政策に対応した。もっとも早く展開したのは松下と東芝である。半導体製造などの中国への技術移転に対しては、先進国側の厳しい規制がある。しかしながら、カラーテレビやＶＣＤなどのように、海外メーカーから生産管理技術と組立て生産技術を習得した現地メーカーはＩＣ基盤などの基幹部品の重要な顧客になっている。日米欧企業が競って集積回路後工程を中国に移転した目的はまさにこのような現地市場の確保にある。しかしながら、基幹部品の現地移転にはさまざまな問題がある。まず、現地市場のみでは、多品種少量生産を維持することができない。最初からグローバル拠点として位置づける必要がある。また、中国国内での販売については、有力現地メーカーに自社が設計したＩＣ基板を採用してもらうことが重要なポイントになる。しかしながら、現地法人の技術者は最終製品の設計能力をもたないため、現地販売のさいにも日本本社の設計能力に依存せざるをえない。さらに、調達価格を優先する現地メーカーによって、テレビ専用ＩＣに関しても四つの異なった規格の部品が中国国内で使用されていた。中国政府が定めた標準規格は二つにまとめられているが、複数の製品規格をもつ現地組立メーカーにＩＣ基板を供給する松下や東芝などの外資系企業にとって、組立ラインの稼動率を維持することが重要な問題になっている。

■　上海松下電子応用機器有限公司（SIMEIC）は、電子レンジの基幹部品であるマグネトロンを国産化するために九五年に設立された。電子レンジ用のマグネトロンに関しては、日本と韓国の六社の間でグローバル競争を展開している。中国国内では、有力な競争相手はないが、大量な正規輸入品とともに香港経由した不正輸入品も多いため、完成品の市場価格はＦ／Ｓを行った時の約半分まで下落した。日本から輸入される原材料をいかに現地調達に切り替えていくかはコスト削減の重要課題になっている。マグネトロンの材料は約四〇種類あるが、完成品の総重量は約一キログラムしかないため、なかなか量産効果が現れていない。現地企業に対して技術指導しながら、試作―小ロット―中ロット―量産のプロセスを経て国内メーカーの製造した金型と国内の素材で一部の部品の現地化を実現させた。外部調達する部材の品質に関しては、SIMEICは輸出と国内販売の評価基準を共通にし、松下の認証システムにしたがって試作―小ロット―中ロットというプロセスを踏んで行われている。現地部品メーカーの基礎技術を向上させ、基幹部品の現地調達を実現するために地道な努力と時間が必要である。日系企業に共通して抱えている問題は、現地での設計や研究開発の技術者が不足している点である。二〇〇〇年に、松下電器産業グループは中国事業の新しい戦略を打ち出し、競争力低下に悩む現地生産拠点をグローバル生産拠点へ転換することを図った。そのなかで戦略転換に成功した事例として、上海松下微波炉の電子レンジが含まれている。グローバル生産拠点へ転換することによって、中国国内市場のボリュームゾーンに対応した価格競争力を実現させた。現地販売に関しては、スピーディーで柔軟な対応ができるために、営業と販売サービスの権限を現地責任者に委譲し、松下電器（中国）に一元化した。また、現地の有力流通業者との販売アライアンスを強化した。その結果、現地市場シェアも飛躍的に高めることができた。

■　写真フィルム・印画紙市場はグローバルな寡占市場である。九六年の中国市場においても、コダックが三〇%、富士写真フイルムが四八%のシェアを占めていた。コダックも富士写真フイルムも大量の広告を投入した。ブランドに関しては、コダックの標準化戦略に対して、富士写真フイルムは現地市場に適応する戦略を採用している。また、店舗の無料リフォーム、特別価格による専用現像設備の提供、リベート、現金取引や海外研修旅行などの販売促進手段によって、ミニラボ系列店を次々と大都市に九三年から組織化した。九九年六月末でコダックが約三、五〇〇店、富士写真フイルムが約三、〇〇〇店を中国各地に展開した。コダックは九五年ごろから進めてきた楽凱集団との合弁交渉が不調に終わったため、中国政府の国有企業改革方針に沿って上海、天津、無錫や厦門などにある六つの国有写真感材工場の一括買収計画を打ちだした。九八年三月にコダック社は今後数年間で中国に一〇億ドルを投資し、国有企業三社をパートナーとして二つの合弁会社を設立し、合弁相手の生産施設など主要資産の譲渡を受け入れることを中国政府と合意した。カラー写真フィルムをめぐる競争の焦点が、広告によるブランドの浸透から、排他的なミニラボ系列店の構築へ、さらに写真感材やカメラの現地生産およびカラー写真フィルムと印画紙の輸出輸入の統合に変わってきている。

以上の三つのケースは、これまで生産の国際移転や国際ビジネスの研究領域であまり議論されていない問題を示す事例である。基幹部品の現地移転や中核技術の現地化、そして研究開発、製造と販売などの付加価値活動の統合がグローバル競争において日本企業にとってますます重要な課題になってきている。本書では、これらの戦略課題をグローバル・マーケティングの視角でとらえなおしている。そのなかでもとくに、グローバル・ネットワークにおける市場革新という視点からこれらの戦略課題に関する解決案を考えたい。

第二節　本書の目的

以上にのべたように、本書の目的はグローバル・マーケティングの理論視角に基づいて、新興市場における日米欧企業の戦略展開とマーケティング活動を分析することである。

市場と経済のグローバル化が進み、企業の経営は地球的な視点を持たなければ、もはやグローバル競争に勝てない時代となった。それは、開発輸入、海外直接投資や国際戦略提携などの言葉が物語るように、グローバル化への対応が企業経営の成否に大きな影響を与えるようになってきた。グローバル化は、インターネット社会の到来とともに、企業と企業を取り巻く市場環境を大きく変化させている。とくに企業内部の組織形態も企業を取り巻く取引関係もネットワーク構造になり、企業と環境の関係が多様化し、流動化して市場競争の優劣は地球的規模に広がった企業ネットワークの間で競うようになった。

また、社会主義諸国の市場経済化、地域経済ブロックの形成、世界貿易機構（ＷＴＯ）の設立などに象徴されるように世界経済の制度的枠組みが変化し、あらゆる産業において企業がグローバル競争に直面する時代となった。マーケティング研究において、情報通信技術とロジスティクス技術の革新がもたらした「市場のグローバル化」という問題がいち早く提起された（Levitt 1983）。

グローバル・ネットワーク化した企業に関しては、経営学や経済学においても注目されている研究テーマである。しかしながら、企業はその活動領域を海外に広げ、グローバル・ネットワークを形成しながら、新たな需要を求めて競争力を維持するという行動の研究は、まさしく今日のマーケティング論の中心テーマである。

マーケティングとは、需要を創造し、競争優位を維持するために企業が行う対市場活動である。マーケティング論は、企業の戦略と意思決定プロセス、市場への働きかけとその結果という取引プロセス、そして両側面の相互作用から企業の行動を分析する（田村　一九七一、一九八九）。グローバル・マーケティングにおいて企業行動の本質は変わらない。グローバル・マーケティングの研究は、否応なく企業と市場との多様性に満ちたダイナミックな関係を理論化することが求められている。

六〇年代までは、国境を越えて遂行される企業の市場行動が国際マーケティングと総称され、その後、複数の国や地域に展開される多国籍企業[1]の市場行動がとくに多国籍マーケティングと呼ばれていた。八〇年代のなかばから、グローバル・マーケティングの概念は注目されるようになった。しかしながら、グローバル・ネットワーク化した企業の市場行動に関して多くの研究努力が投下されているが、グローバル・マーケティングの理論体系をめぐって必ずしも共通の合意を得ていない。今日では、企業が地球的規模に資源を展開し、多様な市場のなかで競争優位を維持している現実は、グローバル・マーケティング理論の体系化が求められている。

本書では、企業を「資源の連鎖」と「付加価値活動の連鎖」とともに「関係の連鎖」としてとらえ、グローバル・ネットワーク化した企業という現実を明確に認識し、マーケティングの理論視角に基づいて、グローバル・ネットワーク化した企業の市場行動を分析する。第一章で詳細に議論されるが、本書ではつぎのような研究課題を取り上げる。すなわち、グローバル・マーケティングの理論においては、世界規模の効率性問題のみならず、多様性に満ちた世界市場への現地適応、ダイナミックに変化する市場環境に対応する柔軟性、そして異質で常に変化する市場環境との相互作用のなかで創発されるイノベーションの問題を基本課題としなければならない。

つぎに、本書では、マーケティング論の拡張を目指しながら論を進めたいと考えている。七〇年代の製品戦略を中心としたマネジリアル・マネジメントに対して、八〇年代の支配的な研究パラダイムが戦略的マーケティングであった。戦略的マーケティングの中心課題は、企業全体における複数事業間での経営資源の効率的な配分と統合、そして、各事業分野でのマーケティング目標と戦略との関係を解明することである。これに対して、グローバル・マーケティング研究の中心課題は、グローバル・ネットワークにおける資源の展開問題であり、多様で急激に変化する市場環境のもとでの資源展開の有効性を支える柔軟性と創発性の実現問題である。

従来の国際マーケティング論は、市場参入形態とマーケティング標準化の問題を中心に論じてきた。また、多国籍マーケティング論では、欧米企業と比較して日本企業のマーケティングには明確な特徴があると先行研究が主張している。本研究では、これらの先行研究の蓄積を整理し活用しつつ、グローバル・マーケティングの問題領域と理論体系を明らかにして実証分析を進める。

第三節　本書の研究対象と分析課題

本書の研究対象は、新興市場としての中国における日米欧企業の市場行動である。新興市場とは、世界に開放されつつ、経済成長に伴って潜在需要が顕在化し、あるいは急速に拡大している国や地域を指す。新興市場の特徴として、まず市場環境が急速に変化していること、つぎに新規参入した企業にとってしばしば異質性の大きい市場であること、さらに多くの場合、新興市場がグローバル競争の焦点になっていることをあげることができる。中国市場はまさしくこのような新興市場の典型である。新興市場としての中国の特徴については第三章で詳細に論じるが、中国市場に参入した日米欧企業を研究することによって、グローバル・マーケティングの理論課題と諸問題をもっとも鮮明にすることができると考えている。

また、新興市場はますます学問的な関心を集めることに異論の余地は少ないであろう。グローバル競争と企業経営にとって、中国市場の重要性は今後いっそう増すと思われる。このような意味において、研究対象を中国市場に限定しているが、本書の内容はいわゆる地域研究ではなく、グローバル・マーケティングの理論視角に基づいた新興市場での市場戦略に関する研究と実証分析である。

本研究では、中国における日米欧企業の市場行動の実態を記述し、時代を限定した具体的な事例研究を進めること、そして、理論的枠組みに基づいて発見した仮説を実証的に分析し検証を進めることが方法論的には有効であると考える。つまり、研究対象は一九八五年以降中国市場に参入した日米欧企業に限定してつぎのような四つの分析課題を取り上げる。

(1) 中国市場への参入形態を記述し、参入形態の選択に影響する要因を検証する。
(2) 中国現地法人と企業のグローバル・ネットワークとの関係を分析する。
(3) 中国市場における日米欧企業の市場行動を記述し、環境との相互作用を分析する。
(4) 中国市場での経営成果を実態分析してその規定要因を解明する。

第四節　本書の研究方法

一　グローバル・ネットワーク化した企業

図1は、グローバル・ネットワーク化した企業をひとつのイメージとして示している。グローバル・ネットワーク化した企業において、親会社がA地域に販売子会社とC国に現地生産拠点を設立し、B国では現地企業と提携している。そして、E国の現地企業には技術や商標をライセンシングし、F国では現地代理店を通して調達や販売などの活動も行っている。

本書での研究対象は、図1の四角で囲まれた部分である。破線で囲まれた現地法人と破線の矢印は、企業が新興市場（D国）との関係、企業のもつネットワークと現地法人との関係を表している。

図1の矢印には、二重の意味がある。まず、矢印はグローバル・ネットワーク化した企業と複数の市場との間の多様な関係を表している。第一章で詳しく論じるが、多様な関係とは、単発的な輸出輸入というスポット的な

図１　グローバル・ネットワークとしての企業

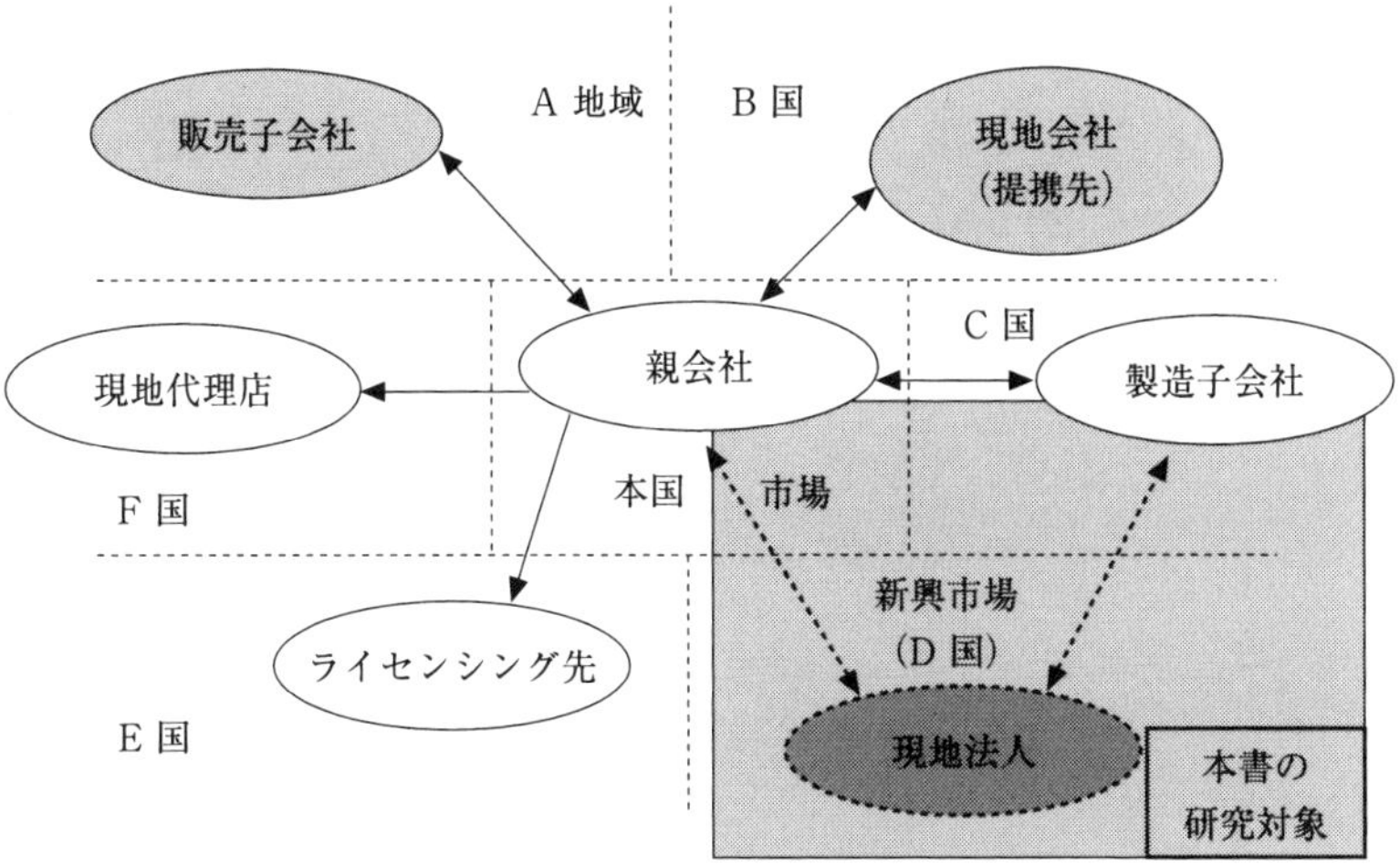

取引から長期的取引、戦略提携的な関係や階層的な組織の関係などを指す。つぎに、矢印は、いったん企業が特定の海外市場とある種の関係を形成すると、さまざまな資源がネットワークを通じて移転され、分散化していくことを示している。そこでは、一方的な移転もあるが、双方向的な移転もある。

図1は、グローバル・ネットワーク化した企業において研究開発、調達、製造や販売などの付加価値活動が複数の国や地域に分散して配置されていることを示している。特定の国に配置される活動の内容によって、現地市場と現地法人のネットワークにおける位置づけが大きく変わる。このように、グローバル・ネットワーク化した企業は複数の市場環境と多様な関係を同時にマネジメントしなければならない。

ネットワークのもっとも一般化した定義は、関係の連鎖である。したがって、企業のグローバル・ネットワークとは、二カ国以上に分散立地し、さまざまな関係によって結ばれた企業の集まりを指す。

ここで強調したいのは、企業が主体的な意図をもって自身を取り巻く関係の連鎖を編成し、環境との関係を形成しようとしている点である。完全な階層組織でもなく、また単発的な輸出輸入である純粋な市場取引でもないネットワーク編成は、企業と環境との錯綜した不安定な関係を明確に示している。行為者である企業を取り巻くネットワークの生成、その安定した構造をもたらすメカニズム、そして企業とそれを取り巻くネットワークとの相互作用を解明することは、まさしくマーケティング研究の基本課題である（石井　二〇〇二）。

グローバル・ネットワーク化した企業は、絶えず変化する複数の市場環境に直面する。地球的規模に分散化された活動を絶え間なく調整し、環境の変化に迅速に適応するために、企業はグローバル・ネットワークを編成し、統合しようとする。グローバル・ネットワーク化した企業においては、所有関係と取引関係が多様化し、企業組織と市場との境界は揺れ動き、曖昧になっている。その結果として、これまでの理論で想定されていた主体間の壁が崩れ、企業組織内の機能分担と企業間の分業関係を再編成させる。企業の意思決定によって統合され、調整される活動の成果はますますネットワークの関係者の行動に依存し、潜在顧客の行動、そして競争者の行動にも強く影響される。

二　市場戦略の展開プロセス

本書でいう市場戦略の展開プロセスとは、企業のもつ目的と戦略、そして戦略の実行ないし行為、さらにその成果を含めた概念である。それは主体となる企業の内部における意思決定過程のみならず、取引過程と競争過程におけるさまざまな主体間との相互作用のなかで成果が確定されるという動態的なサイクルである（田村　一九八九）。

本書では、グローバル・ネットワークとしての企業と市場環境とのダイナミックな関係を解明するために、三つの相互関連しあうプロセス、すなわち、①市場参入プロセス、②資源展開プロセス、③ネットワーク発展プロセスを区別して分析を進める。ここでは、本書での研究対象である新興市場に関連して、市場戦略の展開プロセスを分析するために解くべきおもな問題を示しておこう。

(1)　市場参入プロセス

新興市場戦略の展開は、まず企業が新興市場との間にある種の安定的な関係を形成しようとする主体的な意図をもつことからはじまる。新興市場に注目する企業は、これまでに蓄積した新興市場に関する情報や国際ビジネスの知識をもとにさまざまな要因を考慮して新興市場へコミットする程度を決める。新興市場に関与する程度とその関係の質的な側面を示すのは、企業が選択した参入形態である。

理論的には、単発的な貿易というスポット取引から、現地での活動をすべてコントロールする完全所有子会社まで、企業は多種多様な形態から選択することが可能である。過去の研究では、企業がなぜ市場を媒介とした取引ではなく、組織を海外に拡張する海外直接投資を選択するのかという内部化問題を中心に理論化してきた。第一章で詳しく論じるが、海外事業形態は、市場か組織かではなく、所有による支配という形態よりも他者との相互依存的な関係である中間的な形態がますます重要になってきたとされている。

(2)　資源展開プロセス

企業はいったん新興市場との間にある種の安定的な関係を形成すると、企業と現地市場との間にさまざまな資源の移転が起こる。輸出輸入やライセンシングの場合、有形の財や無形の技術・商標などが取引によって移転される。直接投資の場合、研究開発、生産や販売など企業活動の一部が現地市場に企業組織の一端として移植され、企業ネットワークを通して技術や組織文化などの企業固有の資源が移転される。

本書では、企業のもつ市場との関係、信用やイメージ、ブランド力、取引相手や消費者への影響力などをマーケティング資源という概念で、組織内部の情報資源、技術資源や人的資源と区別したい。マーケティング資源という概念を通して、市場に関連した資源の国際移転と蓄積の問題に注目する。

取引費用理論では、組織拡張が企業特殊的な資源を効率的に国際移転できる手段とされている。しかしながら、市場の取引過程と競争過程における企業戦略の実行と有効性は、組織拡張だけでは保証されない。新興市場に移転された資源を競争優位に結び付けるためには、現地市場に関する知識や経験、現地政府や現地企業との関係などの補完的な資源も獲得し、それらの資源を組み合わせる必要がある。

また、現地市場での資源活用や資源の組み合わせのなかから新しい知識と経験が生まれ、新たな資源の蓄積も同時に起こる。本書では、資源の活用と組み合わせを組織内部のプロセスのみではなく、現地市場環境との相互作用のプロセスとしてとらえる。図2では、双方向の矢印でこの相互作用を示し、資源展開プロセスには資源の逆移転という資源共有問題も含めている。

(3)　ネットワーク発展プロセス

ネットワークは、市場取引より関係者の調整が効果的に行うことができ、また階層組織より柔軟性が高いとされている。複数の国という多様で異質な市場では、企業が直面する環境の不確実性が高く、企業活動には大きなリスクが伴う。このような状況のもとでは、企業は効果的な調整と柔軟性を同時に求めてネットワークを編成する。

しかしながら、効果的な調整と柔軟性を両立させるために、企業は合弁事業、契約、ライセンス協定や提携など複雑な取引形態と組織形態を採用し、リスク分散を図りながら、他者のもつ資源を取り込み、活動を統合させなければならない。つまり、グローバル・ネットワークのもつ競争優位を実現させるために、ネットワークのもつ本来的な不安定性を回避しながら、さまざまな関係をマネジメントする企業能力が要求される。

また、複数の国に分散している研究開発、調達、製造や販売などの活動を連携させ、全体的に統合させる仕組みやシステムを機能させなければならない。企業のネットワークにおいて、資金配分、利益送金、技術移転や人的移動などの資源の流れだけでなく、原材料、部品、モジュール部品や完成品という製品の流れ、そして生データや知識などの情報の流れがある。ネットワークの発展は、資源の展開のみではなく、ネットワークにおける各種フローの統制メカニズムにも密接に関連している。したがって、資源展開プロセスと区別して、ネットワーク発展のプロセスを明示的に分析枠組みに取り入れることが重要であると考える。図2では、資源展開プロセスとネットワーク発展プロセスの相互依存関係を双方向の矢印で示している。

ネットワーク発展プロセスには二つの問題がある。第一に、資源そのもの、あるいは資源を展開する企業の能力より、ネットワークを統制し発展させる企業の能力が戦略展開の結果あるいは企業の競争力を規定するもっとも基本的な要因であるのかという問題である。

つぎに、企業はネットワークに含まれているすべての関係を不完全にしか統制できないことから、市場戦略の展開は、本質的に不安定で不完全にしか統制できないネットワークによっても影響される。第二の問題とは、企業の戦略展開にネットワークが影響を及ぼすメカニズムを明らかにすることである。新興市場にネットワークを広げ、現地での活動を既存の企業ネットワークに統合させることは、ネットワークそのものを変質させることさえも起こりうる。言いかえれば、企業と環境との相互作用を、ネットワークにおける関係とフローの動態としてとらえて、地球的規模の企業ネットワークの生成・統合・維持・拡張という発展プロセスを解明することは、グローバル・マーケティング研究の独自な問題のひとつである。

(4) プロセス間の相互作用

図2は本研究の分析枠組みである。矢印は市場環境要因、企業要因と戦略展開プロセスの間に想定されている相互作用関係を示している。

ある時点において市場環境要因と企業要因は参入形態の選択を規定し、選択された参入形態は一種の構造要因として、資源展開とネットワーク発展のプロセスを規定するという因果関係を実線の矢印で示している。とくに所有関係をベースにして編成されたネットワークの場合、選択された参入形態が資源展開とネットワーク発展を規定する構造的な要因となる。

つぎに、企業要因、市場環境要因、資源展開とネットワーク発展との間には、交錯した相互作用関係を想定し、双方向の矢印で示している。ここでの理論的な前提は、マーケティング資源もネットワークも、企業が不完全にしか統制しえないような、他者の行為に依存しながら成り立つものであるという認識である。

さらに、破線の矢印は、相互作用によって生み出された成果が企業の戦略志向や市場環境に関する認識に反映され、その結果として参入形態の変化をもたらすことを示している。さらに、参入形態の変化は資源展開とネットワーク発展に影響を与え、新しい方向または新たな段階へ変化させている関係を示している。明らかに、参入

図2　市場戦略の展開プロセス――分析の枠組み――

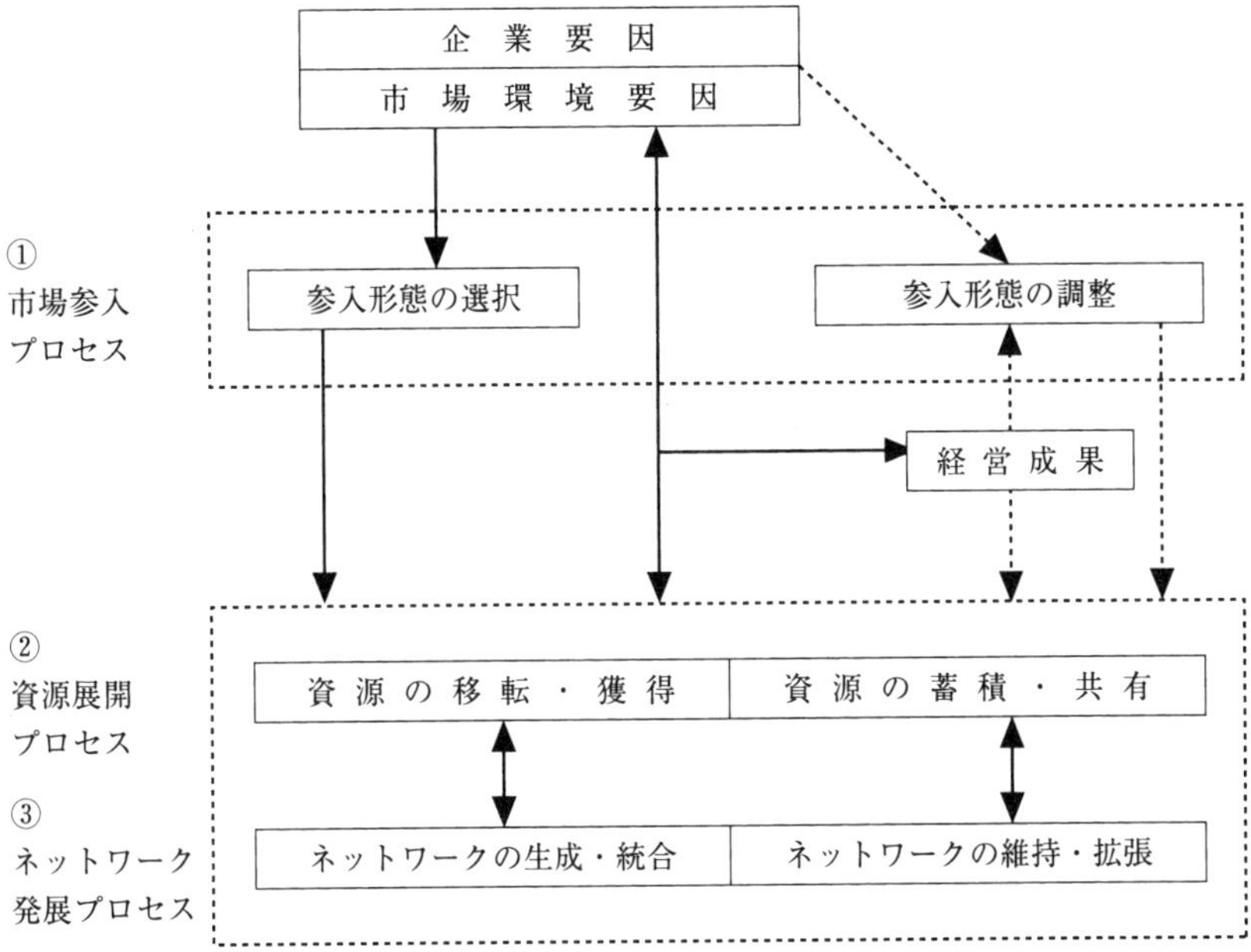

形態の選択は一回限りの意思決定ではない。図2に示されているように、市場環境要因、企業要因および戦略展開の成果が参入形態に変化をもたらし、効果的で柔軟な戦略展開を実現させるためには多様な事業形態を組み合わせ、関係の解消や撤退も戦略展開プロセスの一部である。

最後に、戦略展開の成果に関する分析も重要な問題である。本書では、売上高、利益、成長率などの財務的成果のほかに、戦略展開プロセスで創発されるイノベーションなどの非財務的な成果も重要であると考える。新興市場への参入は、単に企業活動範囲の空間的な拡大に止まらない。異質な市場環境に直面することは、企業にとって新しい情報と知識を得る機会でもある。市場革新は企業が意図して計画的に実現するものよりも、取引過程と競争過程において異質な市場環境との相互作用のなかで創発されるものが多い。

このように、市場戦略の展開を三つのプロセスに分解して分析するねらいは、グローバル・ネットワーク化した企業と絶えず変化する複数の市場環境との交錯したダイナミックな関係をとらえようとしていることにある。理論的には、グローバル・ネットワーク化した企業を付加価値活動、資源および関係の連鎖としてとらえ、そこに組み込まれている複合的なメカニズムを解明することが重要である。グローバル・ネットワーク化した企業の意思決定過程、取引過程と競争過程に組みこまれているメカニズムを解明するためには、グローバル・ネットワーク、事業形態の多様化、マーケティング資源、企業能力の階層性、海外市場の多様性、市場異質性やマーケティング・イノベーションといった理論概念が重要であると考える。

三　実証分析の課題

図2の分析枠組みから、多くの研究課題と理論問題を導き出すことができる。本書での研究対象である新興市場としての中国における日米欧企業の市場行動に限定して、以下のような四つの実証課題を抽出して、これらの課題に焦点を当てて分析を進めたい。

(1)　参入形態の選択

新興市場との関係を示す参入形態に関する分析は、本書の第一の実証課題である。新興市場戦略論はまずこの問題から解明する必要がある。

今日、企業は新興市場に参入するさいに、輸出輸入とライセンシングの市場取引形態から完全所有子会社まで多種多様な事業形態から選択することができる。国際マーケティング論において、参入形態の選択はきわめて重要な戦略課題とされてきた（Root 1982)。

中国において、日米欧企業がさまざまな事業形態をどの程度参入形態として選択しているのか、その事業形態の組み合わせはどのように変化しているのかなどの実態分析も重要である。参入形態の選択に影響を及ぼす要因はどのようなものがあるのか、逆に選択された参入形態は企業の戦略展開にどのような影響を及ぼし、そのメカニズムがどのようになっているのかを分析することが必要である。

国際マーケティング論のみならず、海外直接投資理論、競争戦略論および企業理論の研究はそれぞれの研究視点から海外市場参入の問題を取り上げている。市場環境、取引費用、競争戦略と企業能力などの諸要因が参入形態の選択に影響を与えているとしている。

企業は過去の貿易取引や現地での活動を通して新興市場に関する情報や経験的な知識を蓄積している。新興市場参入を分析するさいの注意点は、企業の参入形態に関する選択が既存のグローバル・ネットワークおよびこれまでの戦略展開と切り離して理解できないという問題である。先行研究に共通した問題は、グローバル・ネットワークと戦略展開プロセスとの関連を無視して参入形態選択を分析している点である。したがって、本研究の第一の課題は先行研究のもつ問題点を整理し、諸理論の相互補完性を明らかにしたうえで、戦略展開プロセスとグローバル・ネットワークとの関連も考慮に入れて中国市場への参入形態の選択を分析することである。

(2)　マーケティング資源の展開

マーケティング資源の海外移転に関しては、国際マーケティングにおける標準化戦略の有効性をめぐって過去四〇年間に論争が繰り返されてきた。しかしながら、それは標準化と現地適応化という枠組みのなかで議論されてきている。グローバル・ネットワークにおける資源展開プロセスは、明らかに従来の標準化戦略論争の問題設定をはるかに超えているため、分析課題の設定を考えなおす必要がある。

従来の標準化戦略に関する研究は、海外市場でのマーケティング活動を本国市場と共通にすべきかどうか、どのようにしたら共通化できるのかなどを問題にしている。国際経営の研究においては、技術や人的資源の国際移転について多くの研究がなされてきた。従来の国際マーケティングの標準化戦略に関する研究の多くは、技術移転研究の枠組みと同様、親会社のもつマーケティング資源を海外子会社へ移転する側面のみを注目している。

しかしながら、資源展開のプロセスにおいては、親会社がもつ資源を海外子会社に移転する問題だけでなく、現地資源の獲得問題、現地市場での資源活用、異質的な市場環境に関する学習による資源創出、さらにグローバルな資源共有の問題もある。したがって、第二の実証分析課題は、過去四〇年間論争されてきた国際マーケティングの標準化問題を資源展開という広い視点からとらえなおし、日米欧企業の中国市場でのマーケティング資源の展開を分析することである。

(3)　付加価値活動の機能連携

複数の国や地域で活動を展開する企業は、つねに付加価値活動を全体的に統合させるという戦略課題に直面する。グローバル・ネットワークにおける統合問題の核心は、資源と市場機会を共有しながら、世界に分散している研究開発、調達、製造や販売などの活動の機能連携を実現させ、ネットワーク全体の適応力と柔軟性を維持することである。この問題に関する有力な分析視角は、グローバル・ネットワークにおける研究開発、製品設計、調達、製造と販売などの付加価値活動のインターフェースに注目することである（Kotabe 1998）。したがって、本書での第三の分析課題は、中国現地法人が遂行している活動の実態分析と、企業ネットワークにおける付加価値活動の機能連携を分析することである。

(4) 成果分析

第四番目の実証課題は、中国市場における戦略展開の成果分析である。新興市場での成果分析に際して次のような三つの難しい問題がある。

完全所有子会社よりも現地パートナーなど複数の親会社がかかわるような参入形態が多いため、どの主体の視点からかによって成果の評価基準が変わる。つぎに、企業がもつ競争優位の結果として、事業の投資利益率や売上成長率などの財務的成果を重視する(田村　一九九六)。新興市場での事業に関しても、利益や売上などの財務的な目標は第一次的に重要である。しかしながら、グローバル・ネットワークにおける現地企業の財務的成果を従来の研究で使用された成果指標で評価しにくい面がある。しばしば企業の進出目的や期待にとって現地拠点の経営状況が満足できるかどうかという基準、あるいは現地市場への関与の程度を示す再投資の意向で判断することが多い。さらに、新興市場進出の目的のなかに原材料、労働力や人材の獲得のほかに、経験の習得などの非財務的な成果も含めている。

成果の評価と測定指標の問題以上に、成果を生み出した要因の確定とメカニズムの説明は困難な場合が多い。新興市場での成果は、関係の強い本国の環境要因や海外の主要な関係先によって影響される。絶えず変化するグローバル・ネットワークに影響を及ぼすさまざまな要因によって、成果に関する評価が大きく変わってしまう。

四　実証分析の方法

本研究では、企業要因と市場環境要因に含まれる変数を三つのプロセスに則して特定化するという方法を採用する。すでに述べたように、参入形態の選択は資源展開とネットワークの発展に先行して行われるため、選択された参入形態は一種の構造的要因として、ほかの二つのプロセスに影響を及ぼすという因果関係を仮定できる。すでに述べたように中国市場に参入した日米欧企業を分析対象としている。本書で利用しているデータは、中国に参入した日米欧企業の本社と現地法人に関するヒアリング調査とアンケート調査によって収集されたものである。

日本企業に関するヒアリング調査は一九九〇年から継続して行ってきた。いくつかの企業に関する継続的な研究は、現実の戦略展開を観察することによって重要な理論事実を発見し、その意味を考えることによって従来の理論で捉えきれなかった問題を明らかにすることができた。また、現地調査においては、日米欧企業の市場戦略の多様性と変化を観察することができた。ヒアリング調査と現地調査のフィールドワークと並行して、日米欧企業の本社と現地法人を対象にアンケート調査を継続的に実施してきた。

①「日本企業の中国現地法人に関するアンケート調査」（代表：神戸大学吉原英樹教授）…この調査は日本企業の現地法人六〇八社（東洋経済新報社『中国進出企業総覧'95』）を対象に日本語版と中国語版の質問調査表を現地社長宛に送付し、九五年七月に実施され、有効回答数が一六二社である。

②「日米企業の中国事業に関するアンケート調査」…日本企業に関しては中国現地法人をもつ親会社六三五社（『中国進出企業総覧'95』）を対象に九五年七月に実施し、二五一社から有効回答を得た。また、米国企業に関して

は、US-China Business Council, "China Business Review" から抽出した中国現地法人をもつ米国の親会社四七三社を対象に英語版の質問調査表を九七年二月に発送し、四六社から有効回答を得た。

③「EU企業の中国事業に関するアンケート調査」…中国現地法人をもつ親会社五〇〇社を CIS, "Foreign Companies in China 1999 Yearbook"[2] から抽出し、九九年九月に英語版の質問調査表を発送し、四九社から有効回答を得た。

④「日米欧企業の中国現地法人に関するアンケート調査」…CIS, "Foreign Companies in China 1999 Yearbook" と『外商投資企業名録一九九九』から欧米企業の中国現地法人二五〇社を抽出し、現地社長宛てに英語版と中国版の質問調査表を対象に二〇〇一年五月に送付し、二三社から有効回答を得た。また、日本企業の現地法人一、〇八三社（東洋経済新報社『海外進出企業総覧二〇〇一』）を対象に、質問表を現地社長宛てに送付して一〇八社の有効回答を得た。

⑤日中経済協会関西委員会「中国進出現地企業の現状に関するアンケート調査」（代表…京都大学上原一慶教授）…大阪府下の産業集積都市の製造業約一、五〇〇社を対象に二〇〇一年一一月に質問表を送り、二一九社から有効回答を得た。

九二年以降日米欧企業の対中投資が本格化し、本書の研究対象は大きく変化している。本社レベルと現地法人レベルでの継続的な事例研究と質問表調査によって、それぞれの時点で関心の高い問題だけでなく、明確な理論枠組みに基づいて収集された資料とデータを分析し、理論的に重要な仮説を見つけ、それを検証する作業を継続して行う。そして、欧米企業との比較も考慮しながら中国市場における日本企業の戦略展開を解明するという分析方法が有効であると考える。多くの事例研究と複数回の大量調査を継続して行う過程で事実発見と理論形成の間に相互作用が生じ、研究対象の全体的な分析によって研究を深めることができる。中国市場に限定した研究という点において当然限界があるといわざるをえない。しかしながら、このような実証研究の地道な蓄積こそがグローバル・マーケティング理論の体系化に貢献できると考えている。

第五節　本書の構成

本書は全体で九章から構成されている。この序章では、本研究の目的、研究対象、分析枠組み、分析課題と実証方法を説明している。

つぎの第一章では、本書の分析課題に則してグローバル・マーケティングの理論視角を提示して明確にする。まず、グローバル・ネットワークという概念に焦点を当て、グローバル・ネットワークの基本的な特徴を考察する。つぎに、グローバル・ネットワークにおける資源展開プロセスを説明するための理論概念であるマーケティング資源と企業能力に焦点を当て、資源・能力アプローチの視点から競争優位性の基盤である資源の移動・活用問題を検討する。

つぎに第二章では、参入形態の選択に関連して国際マーケティング論、取引費用理論（内部化理論）、競争戦略論と企業理論の研究をとりあげて検討し、従来の研究が共通してもっている暗黙の前提の問題点、諸理論の関連性を整理してそれらの相互補完性を明らかにする。また、本国親会社からの資源移転に関連して、マーケティング標準化戦略の研究を考察する。さらに、グローバル・ネットワークにおける統合のジレンマを既存研究がどのようにとらえてきたのかについて整理する。

続いて第三章では、おもに統計データを用いて新興市場としての中国市場の特徴、対中直接投資の全体的な特徴および対中投資のインパクトを明示している。

第四章以下は、本研究で収集した第一次資料とデータを用いて新興市場戦略の課題に関する実証分析結果をまとめている。第四章では、日欧米企業の間に見られる参入動機の違いを明らかにしたうえで、本国の市場環境要因、企業のもつ国際経験とリスク吸収能力がいかに参入形態の選択に大きな影響を与えているのかということを示している。第五章の資源展開に関する実証分析では、中国における調達と販売の日米欧企業を比較し、広告活動と現地販売活動を中心にマーケティング資源の移転と取得の実態を明らかにしている。そして、第六章では、「現地市場志向」と「輸出拠点志向」という戦略志向の違いと現地市場でのネットワークの発展との関連性を複数の事例によって明らかにしている。日米欧企業がどのように現地市場での取引関係を構築し、企業のグローバル・ネットワークにどのように組み入れてさまざまな関係を維持管理するのか、そして、ネットワークが現地企業にも拡張させるさいにどのような問題に直面しているのかを実証的に分析する。

第七章では、日米欧企業の中国現地法人の経営業績を分析し、中国市場の魅力度とリスクに関する評価やその説明要因を考察している。最後の終章では、本書のまとめを行い、本研究の成果がグローバル・マーケティング研究に対する理論的と実践的な意義について検討する。

【注】

（1） 多国籍企業の概念とその発展については、吉原（一九七七）、吉原編（一九九二）および Teichova, et. al. (1986) が詳しい。

（2）宛先不明で差出人戻しが七二通にのぼった。CIS, "Foreign Companies in China 1999 Yearbook" の現地法人データの不正確さによるものであると思われる。

第一章　グローバル・マーケティングの理論視角

この章では、グローバル・マーケティングの理論視角を考察したうえで、序章で示した分析課題に則して先行研究を再検討する。このような考察と再検討を通して、新興市場での戦略展開を分析するための理論基礎を明らかにする。

すでに述べたように、グローバル・マーケティングの概念をめぐってはさまざまな混乱があり、体系的な理論形成を目指す研究が求められている。概念規定は研究者によって多種多様であるが、多くの研究者によって採用されているのは国内マーケティングからグローバル・マーケティングへの段階論的アプローチである。すなわち、国内マーケティングから輸出マーケティング、海外マーケティング、多国籍マーケティング、さらにグローバル・マーケティングへと、企業は活動する市場範囲を拡大させ、ダイナミックに変化する多様な環境に合わせて、対市場活動の戦略志向と実行プロセスを段階的に変化させてきたという認識である（Douglas and Craig 1985）。マーケティングの主体である企業は複数の国に活動領域を拡大させるなかで、企業が行う取引も直面する競争も地球的規模になってきている。グローバル・マーケティングはまさに企業の対市場活動の今日的な形態である。

しかしながら、グローバル・マーケティングの本質とは何であるのか。この問いは主体である企業に関する認識に深くかかわる。序章で示したように、本書では、企業を「資源の連鎖」と「付加価値活動の連鎖」とともに、

「関係の連鎖」としてとらえる見方を採用している。さまざまな関係によって結ばれたネットワークのなかに埋め込まれた制度体として企業をとらえ、この問いに対する解答を試みる。

本章では、まずグローバル・ネットワークの特徴と優位性を明確にし、ネットワーク発展のドライビング・フォースとしての資源と企業能力の概念を再検討する。つぎの第二章では、海外市場参入形態の選択に関する国際マーケティング論、取引費用理論、競争戦略論と資源ベース理論の研究蓄積を検討し、その相互補完性と問題点を論じる。そして、マーケティングのプログラムとプロセスに分けて標準化戦略に関する既存研究を考察し、マーケティング資源の展開プロセスにおいて企業が直面している複雑な課題を明らかにする。さらに、日本企業のグローバル・ネットワークの発展に関する先行研究を考察することによって、研究開発、調達、製造とマーケティングのインターフェース管理と企業間関係の戦略的な重要性を明らかにしたい。

第一節　グローバル・ネットワークの特徴

マーケティング研究の基本問題領域として、マーケティング主体とそれを取り巻く環境との相互関係を理論化する課題と、両者の関係のダイナミズムを分析し、そのメカニズムを解明する課題がある（田村　一九七一）。グローバル・マーケティング研究の第一の課題は、グローバル・ネットワーク化した企業という主体の特徴を明確にすることである。グローバル・ネットワークはつぎのような特徴をもっている。

一　主体性と戦略志向

グローバル・ネットワークの第一の特徴は、企業が主体的な意図をもって形成された関係の連鎖である。企業がなぜ海外に進出するのかという問いに対して、そのもっとも根源的な理由を企業の成長と存続という主体的な意図に求めることができる。また、企業が特定の市場に進出する目的としては、需要創造と競争優位の維持を想定することができる。マーケティングの視点からは、企業の主体的な意図を二つの市場戦略志向に分けることができる。すなわち、特定の海外市場に関与する企業の戦略志向は、大きく「現地市場志向」と「輸出拠点志向」という二つのタイプがあり、戦略志向によって企業が形成しようとするネットワークの構造も機能も大きく異なってくる。

(1)　現地市場志向

現地市場志向とは、企業が現地の需要を獲得するために現地の顧客、政府や企業、その他の関係者との関係を形成しようという意図である。

輸出や現地販売子会社の場合、現地の需要を獲得することが企業にとって基本的な目的である。国内市場が飽和化すると、多くの企業は国境を越えて市場機会を探索せざるを得なくなる。現地生産する場合でも、現地市場を獲得するためであれば、企業は現地市場志向である。国際マーケティング研究の多くは、暗黙的に「現地市場志向」のみを仮定している。たとえば、第二章第二節でとりあげているマーケティングの標準化戦略に関する研究はこのような暗黙的な前提をおいている。

(2) 輸出拠点志向

海外進出の目的は必ずしも現地市場の需要を獲得するためとは限らない。本国や第三国へ輸出するために、海外に投資して現地生産拠点を設立することは多く見られる。このような場合、現地の原材料、労働力、技術や人材に接近するために、企業がネットワークを拡張しようとしている。企業が現地で生産された中間財や製品、または現地で開発された技術やシステムを他の市場に輸出することになる。したがって、このような企業の意図を「輸出拠点志向」と呼ぶことができる。

グローバル・ネットワーク化した企業は現地法人の役割をその国や周辺地域に限定せずにグローバルな供給拠点として位置づけることが増えている。近年、日本のマスコミでは中国が「世界の工場」と呼ばれることは、「輸出拠点志向」の日本企業が多いという現実を示している。

グローバル競争のもとでは、取引と競争の市場範囲が個々の国や地域に限定されず、企業は特定の国の現地法人に対して、世界的な視野と全社戦略に基づいて現地活動の展開方向性を定めるのが一般的になってきている。したがって、グローバル・マーケティングの研究は、まず企業の戦略目的を分析の出発点としなければならない。とくに潜在的に巨大な国内市場をもち、豊富な労働力を有する中国に関しては、参入する企業は現地市場と輸出拠点を同時に志向する戦略をもつことも考えられる。理論的には、世界市場と現地市場の環境変化に合わせて、現地法人の戦略目標がどのように調整されているのかは解明すべき問題である。

二　海外事業形態の多様化

グローバル・ネットワークの第二の特徴は、ネットワークに埋め込まれている企業間関係にみられる多様性で

図１—１　海外事業形態の多様化

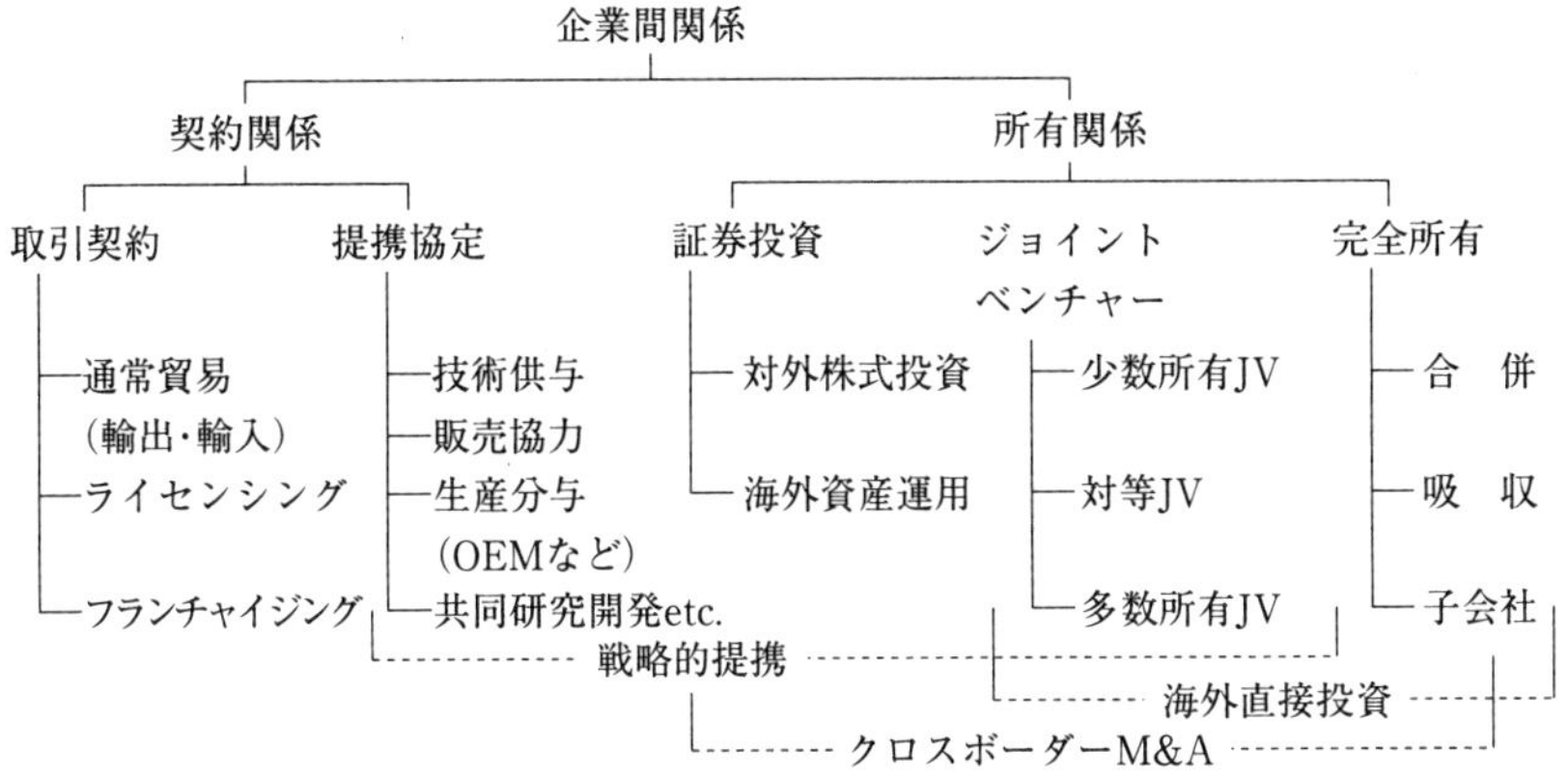

ある。国境を越えて活動する企業がとりうるもっとも単純な方法は、商社や他社の販売網を通した間接輸出である。製品を輸出するという方法のほかに、海外企業と技術や権利を移転する契約を結んでライセンシングという方法もある。輸出輸入など間接的な事業形態に対して、海外事業に対する経営支配権を伴う所有を得るための制度的な手段として直接投資という事業形態がある。間接輸出と完全所有子会社との間に多様な中間形態が存在していたことは歴史的な事実である（Jones 1985）。今日では、海外市場で企業が選択しうる事業形態はますます多様化している。

図１—１は今日にみられる多様な海外事業形態を整理したものである。海外直接投資、戦略的提携、国際的な合併買収（クロスボーダーM&A）などは理論的に類似していて、実質的に区別することが困難な概念である。先進国企業同士の間で戦略的提携やクロスボーダーM&Aが盛んに行われている（日本貿易振興会　二〇〇〇）。

海外直接投資に関しても、中間形態の合弁が多く採用されている。たとえば、一九八一年米国企業の海外現地法人二万五、〇〇〇社のうち、少数所有（米国企業の出資比率が一〇—五〇％）一万二、〇〇〇社、多数所有（同五〇—九九％）が三、〇〇〇社、完全子会社が

図1—2　事業形態と企業間関係のタイプ分け

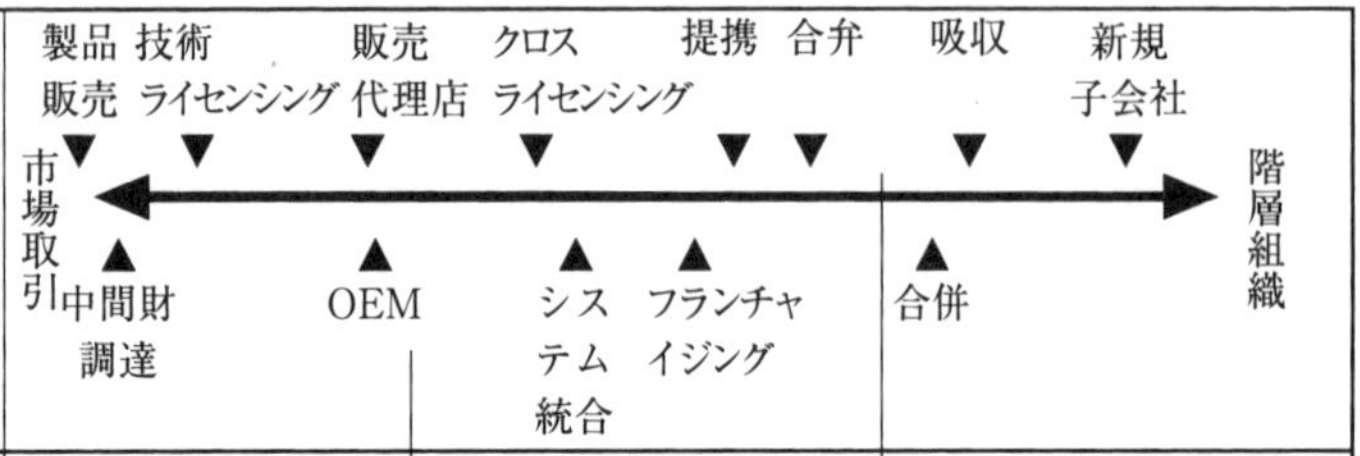

企業間関係	外　部　的	中間(拡張)的	内　部　的
統制手段	契　約　型	協　力　型	指　示　型
管理構造	法　　　的	統　合　的	階　層　的

注：Lynch(1993), p. 31, Figure 2.4 を修正した。

一万社と推定されている（Contractor and Lorange 1988）。日本企業の場合、東洋経済新報社「海外進出企業総覧'94」に基づいた分析結果は五、七九七社のうち、出資比率九五—一〇〇%の子会社が五五・八%を占めている。アジア地域に限定した場合、子会社の比率が二九・九%となっている（Beamish, Delios and Lecraw 1997）。また、一九九五年末に登記されている中国の外資系企業二三万三、五六四社のうち、合弁形態が一四万二、一七〇社（六〇・九%）、合作形態が三万三、九一七社（一四・五%）、完全子会社（一〇〇%外資）が五万七、四七七社（二四・六%）である（『中国経済年鑑』一九九六年版）。

以下では、海外拠点または現地法人という言葉で多様な事業形態を含めた概念として用いるが、海外子会社という言葉を、支配的な所有関係をベースにした事業形態に限定して使う。

企業間関係の視点から事業形態を分類すると、大きく三つのタイプに分けることができる。図1—2のように示しているように、外部的関係、中間（拡張）的関係と内部的関係である。[1] これらさまざまな関係の統制手段を契約型、協力型と指示型、関係の管理構造を法的、統合的と階層的にそれぞれ特徴づけることができる（Lynch 1993）。所有に基づいた階層的な権威関係、純粋の市場取引の需給関係のほかに、技術・ノウハウの供与、役員などの人員派遣、生産・販売協力などの関係を通して、さらに血縁、地縁や民族などのさまざまなタイプの絆や社会的な関係によって、企業は国境を越えて他者との相互依存関係を形成している。このように、グローバル・ネットワークは、多様な関係の連鎖である。

海外事業形態が著しく多様化した今日、企業組織と市場との境界が曖昧になっている。企業は、競争相手企業との協力関係も含めて多種多様な関係で織り成すグローバル・ネットワークのなかに埋め込まれている。そして、市場競争の優劣はますますグローバル・ネットワークの間で競われるようになっている。

三　歴史的な発展過程

グローバル・ネットワークの第三の特徴は、環境との相互作用のなかで資源が展開され、事業形態と構成メンバー企業の関係が多様化しながら、歴史的に積み重ねて発展している点である。グローバル・ネットワークは同時に資源の連鎖でもある。さまざまなタイプの関係をベースに資源の相互作用として、世界に分散化した研究開発、調達、生産や販売といった付加価値活動が統合される。したがって、グローバル・ネットワーク化した企業にとって、真の課題は、企業自身をとりまく多様な関係と企業内外の資源の相互作用を効率的かつ効果的にマネジメントして戦略目的を実現させることである。

もっとも広義的に捉えて、多国籍企業とは二カ国以上において事業ないし所得を生み出す資産を支配している企業を指す。本書でも、「多国籍企業」という言葉を海外での事業ないし所得を生み出す資産を支配している企業の概念として広くとらえる（Jones 1995）。企業の国際化プロセスは、一般的なパターンとして活動内容が輸出から、技術供与、現地生産、現地研究開発と段階的に移行し、事業形態も市場取引や契約形態から直接投資、戦略的提携へと移行していることを含めて考える（Johanson and Vahlne 1977, 吉原　一九八八）。

企業の海外事業展開は本国や現地の異なった環境要因によって条件付けられる。しかし、企業は多種多様な事業形態を採用して企業固有の資源を移転することによって現地市場環境との相互作用のなかでネットワークを発展させてきた。グローバル・ネットワークは企業と環境とのダイナミックな相互作用のなかで歴史的に成長してきたものである。このように、グローバル・マーケティング論が依拠する重要な理論視角は、多国籍企業を歴史的に発展してきたグローバル・ネットワークとして捉えることである。

今日の多国籍企業が単なる海外投資の制度的手段ではなく、また単に海外市場への組織的拡張でもない。多国籍企業を複数の市場環境との相互作用のなかで歴史的なプロセスを通じて主体的に形成され、多様な統制手段と独自の構造をもったネットワークとして理解すべきである。このような理解は、先行研究が依拠しているさまざまな理論を首尾一貫したやり方で体系化することに役にたつ。

四　グローバル・ネットワークのもつ優位性

グローバルビジネスとグローバル競争を研究する理論的関心は、企業内部に蓄積された資源と能力を探し求めながら、グローバル・ネットワークとしての企業がもつ本質的な優位性を探索する方向に移っている（Kougt 1989）。

（1）　ネットワークの特性

企業をネットワークとしてとらえることによって、グローバル・ネットワーク化した企業の本質的な優位性をネットワークのもつ特性に求める考え方が成りたつ。ネットワークの構造や特性は主体となる企業の行動を規定し、ネットワークにおける資源の展開に影響を与える。

複数の国に分散化されている海外子会社、現地法人、関係企業や取引相手の行動は階層組織に比べて自律的で柔軟性が高い。さまざまな関係によって連携（Loose coupling）して結ばれているネットワークは、純粋の市場取引よりはメンバー間の効果的な調整を可能にしている。また、多様で異質的な環境に直面し、多様性に満ちたメンバー間での対立や葛藤を伴った対話によって情報の還流が促進され、理論的には、環境の不確実性が高く環境変化のスピードが速いという状況のもとでも、ネットワークは優れた特性をもっている。もちろん、ネットワークにも弱点がある（Weick 1976, Miles and Snow 1986, Axelsson 1995. 石井他　一九九六、Achrol 1997, Gummesson 1999）。

(1)多様性…ネットワークを構成するメンバー企業がそれぞれの個性を有し、各メンバー企業が直面している環境もそれぞれ違う。メンバー企業間の関係も異なっている。

(2)多方向性…構成メンバー同士の多様な関係によって、ネットワーク内の情報フローは多方向に発生し、メンバー間のコミュニケーションも多方向に行われる。

(3)同期性ないし直接性…情報が広く分散され、構成メンバーの自律性と相互依存性が高いという特性をもつネットワークにおいては、局部で生じるさまざまな変化が即座にネットワーク全体に影響を及ぼす。中核機能を担う主要メンバーの方針変更は直ちにすべての構成メンバーの活動に直接的な影響を及ぼす。この特性が「同期性」と呼ばれている。多方向性と同期性によって、ネットワークによって流れる情報とコミュニケーションは、純粋の市場取引より効果的になる。

(4)柔軟性…戦略実行のために必要とする資源の結合と分離が柔軟であり、環境変化に合わせて調整するためのコストは階層型の内部組織より小さく、活動展開の方向に関する制約が少ない。
(5)創発性…異質的な環境、異なった機能と目的、そして異なる情報と知識をもつネットワークのメンバー企業の対話と協働によって新しい発想、新しいやりかた、または新しい資源の組み合わせを生み出す可能性が大きい。
(6)リスクの吸収と分散…自律的なメンバー企業は市場とグローバル競争によってもたらす不確実性を個々の市場に局所化（ローカル化）することができることから、ネットワーク全体として不確実性を吸収する能力が高い。また、リスクは活動を分担するメンバー企業の間で分散され、全体としてリスク負担能力が高い。
(7)不安定性…ネットワークのもっとも大きな弱点は、構成メンバー間の関係の不安定性である。メンバー企業の成果に対する期待が異なるため、成果の不確実性は信頼と協調関係を損なうことに結びつきやすい。また、メンバー企業の相互依存関係が常に変化し、協調関係を維持するための前提条件が変わり、結合利益の配分について、明確なメカニズムをもっていないため、関係が容易に切れてしまう。

(2)　相互依存性と機能連携

グローバル競争のもとでは、競争優位の確立と維持は資源の移動だけによって保証されない。グローバル・ネットワーク化した企業は、全社戦略に基づいて複雑で多種多様な関係をマネジメントしながら、世界的に分散化された活動を統合して全体的に調整するという難問に直面している。また、ネットワーク内部において構成メンバー企業間の相互依存性が高くなり、ネットワーク全体での関係・資源・活動のマネジメントが課題となっている。

環境の不確実性と異質性に対処するために、また競争相手や現地市場の多様な変化にすばやく対応するために、ネットワーク全体の柔軟性がきわめて重要である。しかしながら、ネットワークが形成されれば、柔軟性が自動的に保証されることではない。

そこで、グローバル・ネットワークの柔軟性はどこから生まれるのか。柔軟性はまずネットワークの構成メンバーを結びつける情報ネットワークの有効性と効率性によって影響される。つぎに、構成メンバー企業の自律性を保ちながら、相互依存と機能連携を維持する統合の形態や手段にも関連する。(2)

異質的な市場環境に直面している構成メンバー企業が現地の環境に能動的に反応し、創造的適応を実現させるためには、構成メンバー企業の位置づけ、すなわちメンバー企業間の機能分担と協働関係を明確にする一方で、相互協調あるいは相互調整のメカニズムを構築する必要がある。そのために、すぐれたコミュニケーション・システム、そしてすべての構成メンバー企業が常に連携しあい、タイムリーに同じ情報にアクセスできる状態を実現する企業能力が求められている。

さらに、柔軟性を実現するためにはネットワーク内部での活動調整能力が重要である。ネットワークにおける統合の経済性とは、研究開発、調達、生産や販売など付加価値活動の機能連携を高め、共通目標を実現するためシステム的に統合されることによって生じる効果である。企業の活動には製品の流れ、資源の流れと情報の流れがある。ネットワークにおける統合の経済性はこの三つのフローを調整するプロセスで生まれる。

統合の経済性を実現するために、ネットワーク構成メンバーにおける三つのフロー調整プロセスを加速させる必要がある。速度の経済性とは、情報の流れを加速し、情報を活用することによって不確実性を削減し、製品の流れや資源の流れにおける無駄を排除することによって得られる費用の節約である（田村　一九八九）。

第二節　グローバル・ネットワーク化した企業の優位性

なぜ企業が多国籍化しようとするのか、なぜ多国籍企業は現地企業に比べて競争優位をもつことができるのかといった問題は、多国籍企業理論の基本課題であった。グローバル・マーケティングの理論は、産業組織論と企業理論が提示している多国籍企業の優位性を認めたうえで、グローバル・ネットワーク化した企業に特有の優位性があると主張している。

一　規模の経済性と差別的優位性

現地の市場環境に関してすぐれた知識をもつ地元企業に対して、海外直接投資によって設立された外資系企業が不利な条件を克服し、成長しうる理由ないし競争優位の基盤がどこにあるのか。多国籍企業理論の形成初期に提示されたこの問いに対する最初の理論的な解答は、「産業組織論アプローチ」による海外直接投資の決定要因分析において与えられた。

多国籍企業が大企業であるとして、規模の経済性によるコスト優位、製品差別化や国際資本市場・原材料へのアクセスなどの差別的優位性を多国籍企業の競争力基盤としてあげていた（Hymer 1960, Kindleberger 1969）。

売手と買手の数と規模の分布、同業者間の製品差別化の程度、新規参入者に対する障壁の高さなど産業構造要因が当該産業の収益性、そして当該産業に属する個々の企業の利益率に影響を与えるという見方は、八〇年代では競争優位性の基盤を説明する支配的なアプローチとなった（Porter 1980）。産業組織論アプローチから導き出される基本的な競争戦略は競争相手より低いコストを実現するコスト・リーダーシップ戦略と差別化戦略である。

二　パッケージされた資源の国際移転

初期の研究において、海外直接投資を企業内部の経営資源の国際移転であるという見方が示された（Hymer 1960, 小宮　一九六七）。とくに米国を本国とした多国籍企業の技術的な優位を構成する新製品や新製造方法、そしてそのブランドや製品差別化戦略などが、海外市場における競争優位性の基盤であるとされていた。

内部化理論もしくは取引費用理論では、企業固有の「無形資産」、すなわち製品技術、生産技術、マーケティング能力、管理能力、管理システムや組織文化などを含めてパッケージされた資源を競争優位性の基盤とされている。技術移転の研究は製品技術や生産技術に焦点を当てているが、マーケティング標準化に関する研究はマーケティング・ミックスの個々の要素に問題を分解してプログラムの国際移転を分析している。

八〇年代半ばには、競争優位の基盤を企業の内部に蓄積された資源に求めようとする資源ベース理論はひとつの理論的な流れをなしている（Wernerfelt 1984, Rumelt 1984, 伊丹　一九八四、Barney 1986）。八〇年代に注目された日本企業の国際競争優位性を説明しようとして、「コア・コンピタンス」の概念が提示された（Hamel and Praharad 1990, Grant 1991）。競争優位の基盤を企業内部に蓄積されている資源や能力に求める点において、この二つの見方は共通している。したがって、資源・能力アプローチと呼ぶことができる。

資源・能力アプローチによる研究においては、無形で移動困難な資源がどのようにしたらスムーズに国際移転されるのか、情報的資源の多重利用をいかに異質的な環境のもとで実現させるのかなどが中心的な課題であった。

三　環境多様性に由来する革新能力

今日、競争のグローバル化によって、規模の経済性に基づいたコスト・リーダーシップという優位性は急速に失われている。もう一方では、高度に競争的なグローバル市場においては、所有権のある製品技術や生産技術の差別的な優位性を守る法的な手段は効果的でなくなってきている。新製品や新しい生産工程をいったん海外市場に出すと、競争相手に容易に模倣され、改善された競合製品が開発されるような時代になった。

グローバル・ネットワーク化した企業の競争優位の源泉は、世界の最先端市場で起こっている技術的な変化とイノベーションを迅速に学習できる能力にあるという見方もある。しかしながら、より重要なことは、グローバル・ネットワーク化した企業はさまざまなイノベーションを起こせる革新能力をもっていることである。

マーケティングの研究においては、製品や製造技術のイノベーションに限定せずにイノベーションを広くとらえようとする見方がある。イノベーションとは、企業が新しい活動を追加し、企業のもつ既存の行動様式を変更させることを指す（March & Simon 1958, 田村　一九七一）。イノベーションは、大きく技術革新と市場革新に分けることができる。前者はさらに製品革新（プロダクト・イノベーション）と生産革新（プロセス・イノベーション）に区別されている。後者は市場環境に変化を引き起こすマーケティング・イノベーションである。マーケティング・イノベーションとは、差異性の提供や新しい方法（プログラム）の導入などによって需要を創造し、あるいは消費者や顧客がもつ問題の解決のために新しい情報を利用することなどを指している（田村　一九八九、小川　二〇〇〇）。マーケティング・イノベーションを、競争相手に対する差別化と、消費者や顧客に対する創造的適応に分けることができる（Huang 1993, 黄　一九九四）。

図1—3　イノベーションの分類

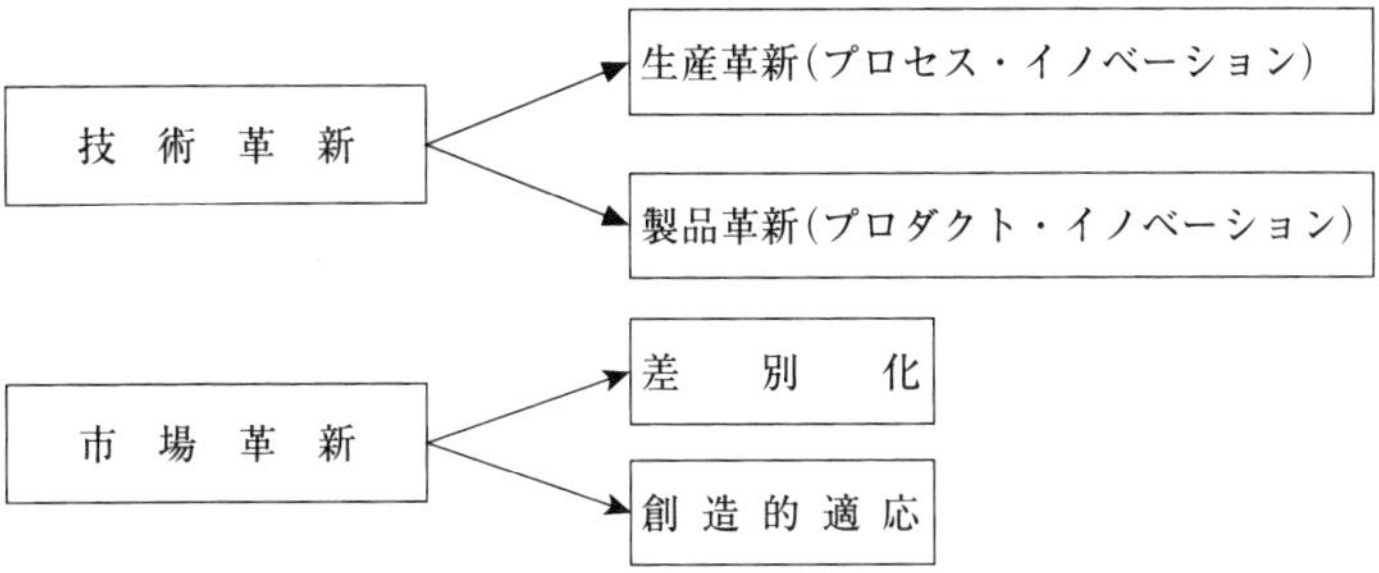

グローバル・ネットワーク化した企業がもつ競争優位の源泉として、海外市場の多様性に由来する革新能力にもっと注目する必要がある。グローバル・ネットワーク化した企業は、複数の国の異なった市場環境から異質的な情報を取り込み、世界に分散しているニーズ情報と技術情報を組み合わせ、情報の関係付けと統合を行うことによって、新しい差別化や創造的適応のきっかけをつかむことができる。

　このさいに、グローバル・ネットワーク化した企業が直面している海外市場の多様性と異質性は重要な意味をもっている。もう一方では、企業をとりまくグローバル・ネットワークがもつ創発性はこの競争優位の源泉を支えている。これまでは、多くの企業が研究開発機能を本国や本社に集中させていた。マーケティングは本国から移転された資源をベースに現地市場への販売を実現する活動とされてきた。このことは、海外市場の多様性と異質性によってもたらされている情報の結合やすぐれたアイデアの共有を阻害してきた。

　言いかえれば、ネットワークの拡張と発展は、それぞれの国や地域で特有の消費者ニーズや競争相手の優位性について学習し、異質的な情報を結合させることによってイノベーションを起こすチャンスを増やし、さらにイノベーションの成果をグローバルに共有できるためには、必要である。たとえば、対等的な関係や双方向的なコミュニケーションによる効果的な学習がイノベーションを促進するという議論は、しばしば国際提携に適用され、相手企業のもつ無形な技術やノウハウを吸収したいという意図がしばしば提携の動機とされている。

第三節　ネットワーク発展のドライビング・フォース

先行研究が解明しようとしたもうひとつの研究課題は、多国籍企業がどのようにして競争優位性を確立し、維持しているのかを説明することである。ここでは、グローバル・ネットワークを通した資源展開としてこの問題を捉えなおす。グローバル・ネットワークを形成すれば、ネットワークの優位性が自動的に得られるものではない。また、企業固有の資源を国際移転するだけでは競争優位性を確立できるものではない。グローバル・ネットワークを発展させるドライビング・フォースを資源の補完性と関係的能力に求めると同時に、ネットワークの構造と資源の連鎖とは環境と相互作用しながら、常に不完全にしか統制し得ない状態にあると考える。

この節では、まずネットワークを形成するための連結環を説明したい。つぎに、ネットワークの発展を推進するメカニズムとしてのマーケティング資源、資源間の補完性と企業能力の階層性という三つの概念を明確化にすることを通じて、国境を越える市場戦略の展開プロセスを理解するための共通の視点を明らかにしたい。

一　ネットワークの連結環

すでに述べたように、ネットワークに埋め込まれている企業間関係はきわめて多種多様である。しかしながら、世界的に分散化している行為主体とその資源を結合させるための基本的な連結環（interconnection）は、理論的に三種類のものに分けることができる。

(1)　権限と責任…親会社と完全所有の海外子会社や孫会社の間のように、所有に基づいて階層的な権威関係はもっとも明白に形成される。これは共通の目標を実現するために協働する階層的組織の内部関係としてとらえている。

(2)　競争と協調…ネットワークにおいて構成メンバー企業は特定の相手に完全に依存せずに複数の相手と取引を行う場合、競争と協調の関係が形成される。競合する企業は自分にとって有利な方向に導くために敵対的な行動をとる場合、競争関係が観察される。あるいは、目標を達成するために競合する企業の間に協力や談合などの協調関係も観察される。

(3)　信頼とコミットメント…信頼にはいくつかのタイプがある。取引する相手双方が約束を守るという倫理基準が共有されているという信念、目的を達成するために相手がその役割を果たすことに対する期待、相手が最善を尽くしてくれるという全面的な期待などがある。一方、コミットメントには、取引相手双方が示す協力の継続性を保証するための明示的な証拠や、長期目標を達成するために短期利益を犠牲にしてもよいという意志などがある。

図1－4のように、すべての機能を統合し、内部での部門間分業によって協働が実現される階層組織の連結環は、基本的に権限と責任である。また、日本企業の系列においては、三つのタイプの連結環が組み合わされて協働が実現される。

グローバル・ネットワーク化した企業は、多様で絶えず変化する環境との相互作用のなかで、三つのタイプの連結環が組み合わされたネットワーク編成にならざるをえない。言いかえれば、グローバル・ネットワーク化し

図1−4　社会的分業の形態：階層組織と系列

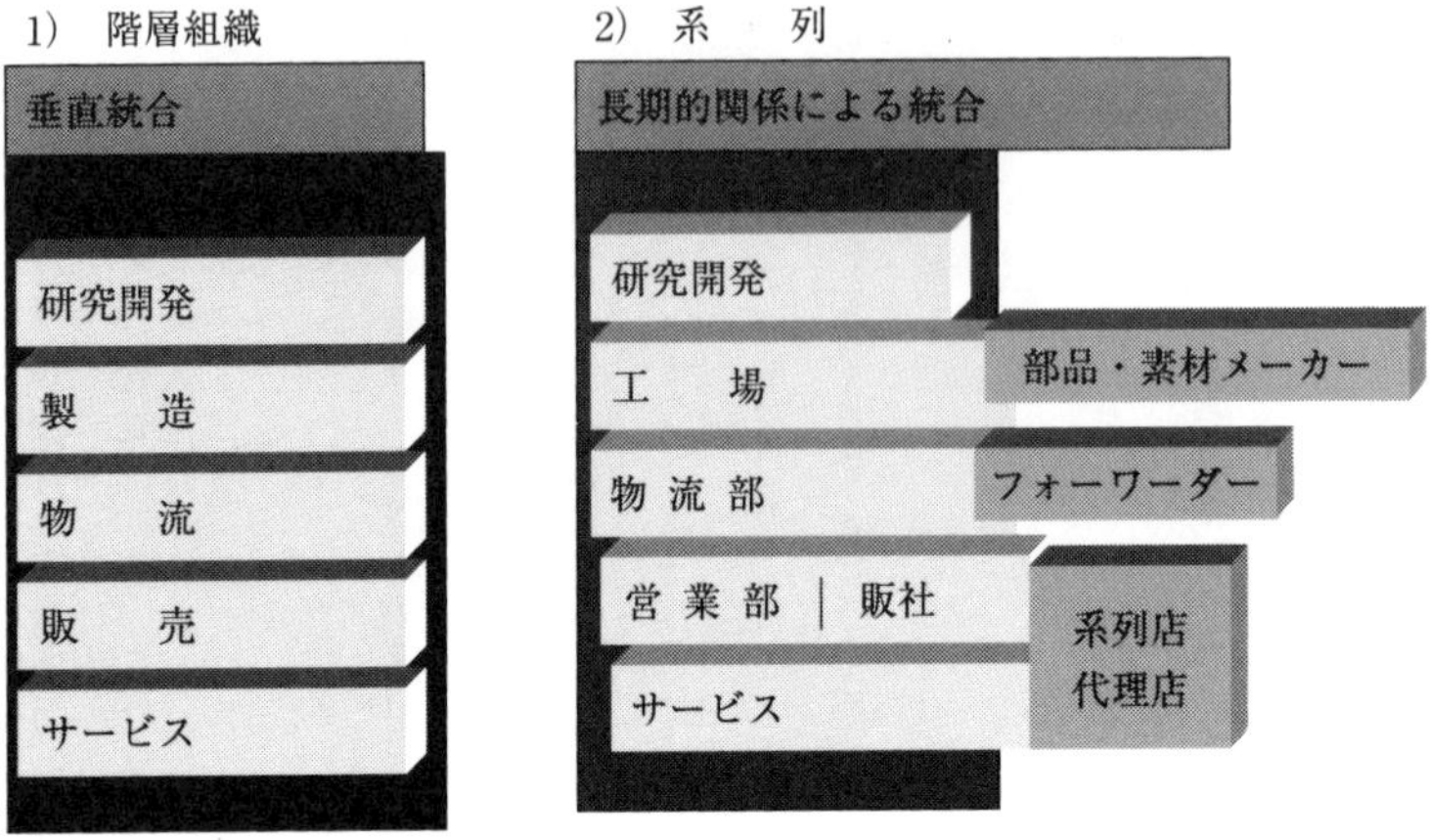

た企業はネットワーク編成になることによってのみ、多様で絶えず変化する環境への適応能力をもち、その本質的な優位性を実現させることができる。

二　マーケティング資源

既存理論では、企業は「資源の集合」あるいは「能力の集合」としてとらえてきた。従来の企業概念においては、環境と組織との境界線が明確に引かれている。しかしながら、グローバル化とは、多様で絶えず変化する環境に企業がさらされることである。垂直統合された組織内部やその拡張した系列などの事業形態によって統合される資源だけでは、企業が環境との相互作用を完全に統制しえない。この点をより明確にするために、ここでは、「マーケティング資源」という概念を導入する。

企業組織には固有な資源が蓄積され、未利用資源や多重利用可能な資源が企業成長の基盤になっている（Penrose 1959）。経営資源のうち、人的資源、物的資源、資金的資源と情報的資源のうち、とくに情報的資源がもっとも重要な資源であると主張されている（吉原他　一九八一、伊丹　一九八四）。企業が日常活動を通じて得られる情報フローと情報ストックがある。企業組織内部における情報フローを管理し、情報ストックを加工するためのルール、整理するための枠組み、情報や外部から得た知識を操作するためのノウハウやルーチンなど組織の情報処理特性(3)を重視する見方である。

企業組織の内部には、環境との相互作用によって得られた情報ストックも蓄積してある。現地市場知識とは、社会、政治、文化や慣習など現地市場に関する体系的な情報を指し、企業の国際経験とは、現地市場のリスク、収益性および実態に関する理解と認識である。企業組織のなかに他の国や市場に移転可能な共通知識と特定の市場にしか通用しない経験的知識が蓄積されている。このような現地市場知識と国際経験の蓄積は時間がかかるうえ、外部から取得することも容易ではない。企業内部に蓄積された現地市場知識と国際経験は海外事業の展開に大きな影響を与える（Johanson and Vahlne 1977）。

これに対して、企業組織の外部に蓄積される取引相手の信用、消費者や顧客が企業やそのブランドに関するイメージや忠誠心などの資源がある。企業組織の外部に蓄積されているこれらの情報的資源は企業にとって利用可能であり、企業の成長にとって不可欠なものである。また、調達と販売の局面において、部品・原材料の供給業者、協力会社や流通企業との間で形成されている関係特定的な資源や長期的な協調関係なども競争優位の基盤として企業組織外部に蓄積される重要な資源である。

本書では、企業が市場環境との相互作用のなかで獲得した環境情報、他の企業との取引過程で形成された関係的資源、そして消費者や顧客に蓄積された情報的資源を「マーケティング資源」と呼ぶことにする。

図1―5に示されているように、これまでの経営資源という概念には、企業組織の外部に蓄積されている長期的関係、信用・評判やブランド資産などのマーケティング資源も含まれている。しかしながら、企業組織の外部

図1—5　資源の分類

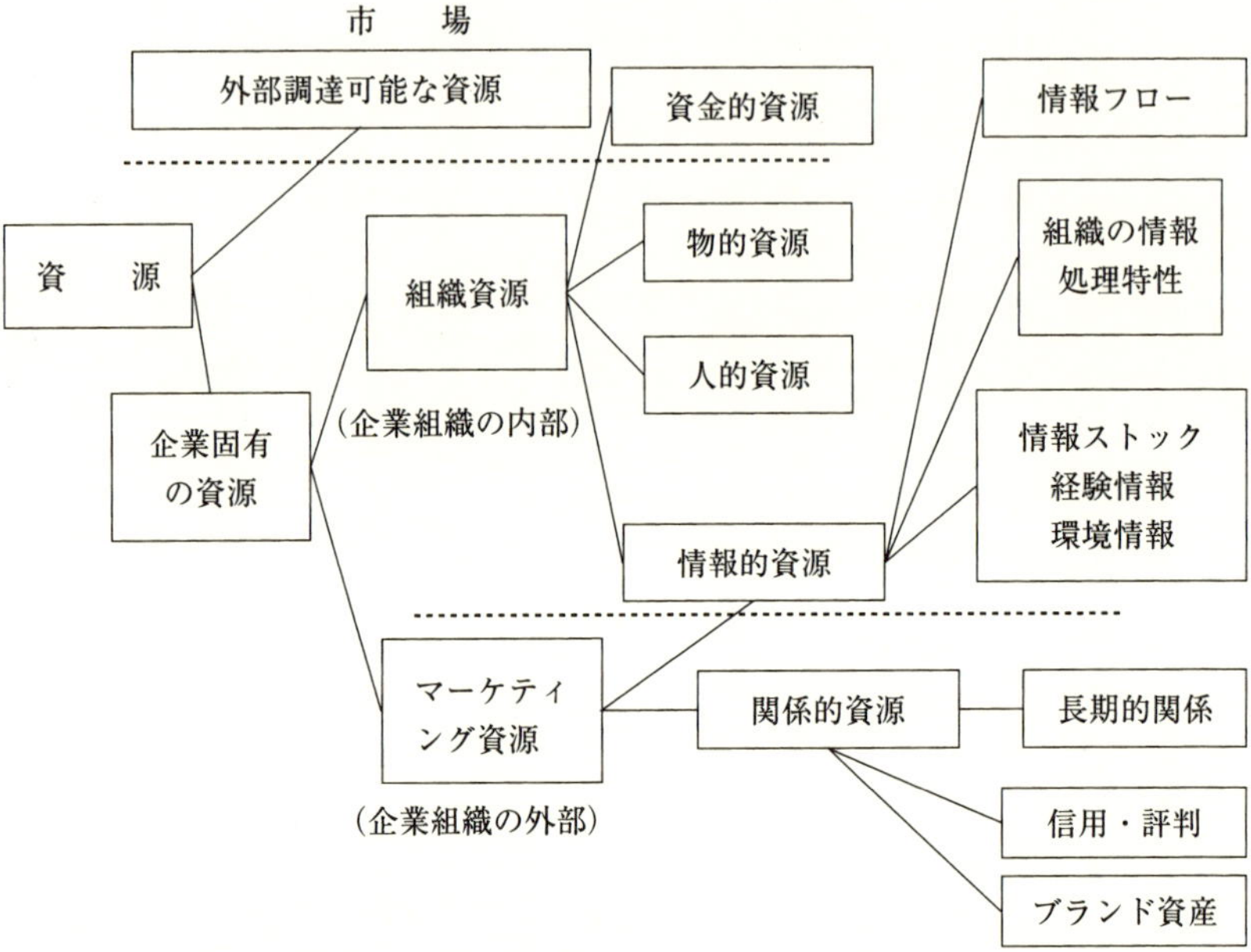

にあるこれらの資源は、企業にとって不安定で、不完全にしか統制し得ないものである。

　また、日本企業に関しては、人的資源や組織内部に蓄積されている情報や知識を重視する傾向があるとされている。国内市場においては、企業集団化や系列化などの手段によって、組織の外部にあるマーケティング資源を内部に取り込み、ともに成長するという共通の目標のもとで系列企業の長期的な関係によって絶えざる製品革新と製造プロセスの改善を実現させていることが、世界市場における日本企業の高い競争優位性を維持してきた。

　しかしながら、企業の内部に蓄積されている資源の国際移転だけでは、グローバル・ネットワーク化した企業の競争優位を説明できない。また、信頼とコミットメントによって連結された系列の関係的資源はグローバル化への障害となる場合もある。企業の外部に蓄積されたマーケティング資源の重要性を認識しなければ、グローバル・ネットワーク化した企業という現実を理解することも困難になる。したがって、マーケティング資源という概念を導入することによって、市場戦略の展開プロセスにおける企業と環境との不完全にしか統制し得ないダイナミックな関係がいっそう明確になってくる。

三　資源間の補完性

つぎに、ネットワークの発展を推進する力は、資源間の補完性に求めることができる。

新製品の商業化を成功させるためには、革新の中核となる技術的ノウハウとそれ以外のマーケティング資源を相互補完しながら利用することが必要である（Teece 1987）。同様に、海外事業展開の場合、企業組織内部に保有されている資源と企業外部にあるマーケティング資源を相互補完しながら利用することが必要である。グローバル・ネットワークの発展プロセスを分析するさいに、資源間の補完性に関する理解が重要となる。

企業の活動とは、特定の形態になった資源の間での相互作用である。統合された階層組織形態の単一企業がすべての資源を保有し、さまざまな付加価値活動をすべて企業組織内部で行うことはほとんど不可能である。資源展開にさいして、企業は二種類の選択を決定しなければならない（加護野　一九九九）。

ひとつの基本的選択はどのような形態の資源を内部に保有し、どのような活動を自社で担当するのか。もうひとつの基本的選択は、補完的な資源を保有している外部の取引相手との間にどのような関係を形成するのかという決定である。とくに戦略的提携や合弁の場合、二つ以上の企業が保有している資源が結合することになる。その組み合わせによって資源間の相互補完がうまく実現できるとは限らない。このように企業内外の資源の間に常に相互補完的な関係が存在する。

グローバル・ネットワーク化した企業の組織内部、たとえば本社と海外子会社、海外子会社同士の間でも複雑な分業関係が見られる。生産活動に限定してみても、国内工場と海外工場の間に生産工程による分業、試作品、新製品、高級品と成熟製品による分業、さらに生産技術による分業などがある（吉原　一九九七）。生産活動のみではなく、グローバル・ネットワークにおいては、研究開発、調達、物流や販売などすべての活動の分業関係を決める必要がある。

しかも、グローバルに分散化している研究開発、調達、生産、物流、販売などの活動の間にはそれぞれ一定のリードタイムがあり、その間には密接な連携が必要である。分散的に配置された資源に関する情報、たとえば販売量、在庫量、製品仕様、顧客情報、工場稼動状況などによる緊密な調整を行う必要がある。戦略実行のために行っている資源の結合と分離によってその間の相互補完的な関係が環境の変化に合わせて絶えず調整される必要もある。このように複数の時点間で起こる資源間の相互補完的な関係を「動態的な補完性」と呼ぶことができる。

四　企業能力の階層性

グローバル・ネットワーク化した企業は、ネットワークにおける分業体制と企業内外のさまざまな関係を形成すること、そして複数の連結環による関係の連鎖を通して資源の結合と活用を実現させるという二つの問題に直面する。分業の主体と活動がグローバル・ネットワークのなかで分散化していくことを受け入れながら、異なった行為主体である構成メンバー企業のもつ資源間の相互作用をスムーズに整合化させ、マネジメントしなければならない。

グローバル・ネットワークにおける資源の展開は、二つのボーダー（境界線）を意識しなければならない。ひとつのボーダーは国境である。もうひとつのボーダーは企業ないし組織の境界である。後者の場合、取引相手との関係によって企業間の境界がボーダーとなるが、完全所有子会社の場合でも親会社と現地法人との間に組織間というボーダーがある。

しかしながら、二つのボーダーを越えて資源を展開させることによって競争優位を生み出し、維持することはきわめて困難な課題である。たとえば、資源ベース理論は、長い時間とコストをかけて蓄積された企業固有の資源が企業の持続的な競争優位性をもたらす源泉であると主張している。競争相手にとって模倣されにくい資源を保有しているから、企業が競争優位性を維持できるのである。模倣されにくい企業固有の資源はつぎのような特性をもっている。

(1)　模倣するのに時間とコストがかかる。
(2)　情報的資源のように、目に見えず曖昧にしか理解できない。
(3)　資源がどのようなメカニズムで競争優位性を規定しているのかという因果関係が明確ではない。
(4)　補完的な複数の資源が組み合わされ、外部からの識別が難しい。

このような特性があるために、模倣されにくい資源の移動は取引相手や競争相手の企業間だけでなく、国境を越えた組織間でも困難である。このような見方に基づいてグローバルな資源展開という問題を捉えなおすと、つぎのような課題が見えてくる。

一つの課題は、グローバル・ネットワークにおける資源の展開を促進するような構造的な条件となる企業間の関係を構築し、管理することである。もう一つの課題は、さまざまな関係によって結合した主体に分散化されている活動を連動させて競争優位を実現させる能力を形成することである。

表1—1　企業能力の分類と階層性

組織内部の中核能力		組織間と企業間の関係的能力	
効率性能力	繰り返し行われる活動の効率性を実現する能力	調達能力	補完的資源と協力を取引相手から獲得する能力
改善能力	活動の効率性を高める能力	整合能力	企業内外の関係を調整する能力
創出能力	活動の新しいパターンを生み出す能力	制御能力	関係的資源の有効性を維持する能力

表1—1のように、まず組織内部における資源の展開に関しては、繰り返し行われる活動の効率性を実現する効率性能力、活動の効率性を高める改善能力および活動の新しいパターンを生み出す創出能力という階層が考えられる（藤本　一九九七）。

これに対して、グローバル・ネットワーク化した企業の間における資源展開にとって、補完的な資源を確保する調達能力、企業間や組織間の関係を調整する整合能力、そして、企業外部に蓄積される関係的資源の有効性を維持し、中核となる資源や能力が関係の連鎖を通して外部へ消失させない制御能力という階層が考えられる。

企業のコア・コンピタンスに関する議論では、企業の中核能力とは事業部レベルでの組織内部に蓄積され、外部に模倣されにくい組織の能力を指している。ここでは、企業能力という概念は組織内部における能力を包含して、ネットワークとしての企業がもつ関係的能力を指す。この関係的能力こそグローバル・ネットワーク化した企業の競争優位の本質的な源泉である。

小　括　グローバル・マーケティングとは

実証分析の課題に則して既存研究を検討する前に、第一節からここまでの議論を総合してまとめたい。

本書では、企業を「関係の連鎖」としてとらえ、同時に「資源の連鎖」と「付加価値活動の連鎖」であるととらえている。グローバル・ネットワークとしての企業はその固有の資源と能力を保有するが、複雑な分業パターンとさまざまな関係のなかに組みこまれている。企業は主体的な意図をもって現地市場またはその地にしか入手できない資源に接近するために海外市場へ展開し、グローバル化する。

異質的な環境の不確実性と不安定性によって、市場戦略展開の方向は不完全にしか決められない。このような状況は企業にとって好まれるものではないが、企業はその固有の資源を海外に移転させ、現地で調達しまたは学習した補完的な資源と融合させなければならない。グローバル化してシナジー効果を得られる能力をもった企業しか、グローバル・ネットワークのもつ本質的な優位性を手にすることができない。言いかえれば、企業のグローバル化は、多様性に満ちた世界での柔軟な関係と資源の組み合わせであり、絶えず変化する異質的な環境との相互作用のなかで新しい関係や資源を生み出せるプロセスである。

しかしながら、戦略の展開を支える固有の資源の海外移転は容易なことではない。異なった環境に直面する企業間のみならず、異質的な環境におかれた組織間でも資源の移転は大きな困難を伴う。しかも常に補完的な資源を外部から獲得しなければならない。さらに、分散化していく活動を統合させ、全体的に調整することはますます困難な課題になっている。グローバル・ネットワーク化した企業の戦略展開は、基本的に不安定さを抱えている関係の連鎖におけるダイナミックなプロセスである。多数で異質的な市場が絶えず変化するという環境に直面した企業は多様性、柔軟性と創発性をもつネットワーク構造に変わっていく。企業と環境の境界が曖昧になっていくなかで、企業はその競争優位を支える資源、関係と活動を不完全にしか統制できないという状態では、異質な資源を結合させ活用して、絶えずイノベーションを生み出す能力こそ重要となる。

産業組織論と内部化理論など伝統的なパラダイムでは、規模の経済性、技術革新や製品差別化の能力、所有関係に基づいた管理システムなどの重要性が強調されている。そのような視点に基づいて、親会社の現地法人や海外拠点に関する確実な統制、標準化戦略の重視が主張されていた。また、資源ベース理論と資源・能力アプローチのパラダイムにおいては、時間をかけて企業内部に蓄積された固有の資源の重要性を主張するさいに、暗黙的に企業と環境の明確な境界線を仮定している。

これに対して、グローバル・マーケティングの理論視角は、グローバル競争において、企業と環境の間の境界線はますます曖昧になってきていると主張している。グローバル・ネットワーク化した企業のもつ多様で異質的な環境への創造的適応能力、そして世界に分散化されている活動の統合能力こそがその競争優位の源泉であると主張している。

グローバル・マーケティングの理論視角は、技術革新による世界市場の同質化、規模の経済性の重要性、標準化戦略のメリット、消費者の選好が同質化することによるグローバル顧客の出現を完全には否定しない（Hampton & Buske 1987, Douglas & Craig 1989）。だが、世界が一つのグローバル・スタンダードに収斂していく見方を強く否定する。グローバル・ネットワーク化した企業と環境との新しい関係が生まれていると主張している。

(1)グローバル・ネットワーク化した企業は、技術革新によって世界市場が同質化しつつある市場環境のもとで規模の経済性を利用し、世界の労働力、原材料と資本市場の不完全性を利用することによって、国内企業に比べていっそう多くの競争優位の源泉を手にすることができる。しかしながら、グローバル競争が現実となった多くの産業において、世界規模の効率性とコスト・リーダーシップを追求する戦略の有効性は急速に失われてきている。

(2)グローバル・ネットワーク化した企業にとって、世界のどこかで生じている市場のチャンスと技術の変化に対しても敏感に反応し、新しい製品やすぐれたアイデアを生み出す企業のイノベーション能力とイノベーションの成果を共有する能力がますます重要になってきている。

(3)グローバル・ネットワーク化した企業は、国や地域の消費者・顧客のもつ多様なニーズ、地域市場の異質性、そして競争相手の本国市場における競争優位性に関して、それが世界規模の効率性に対する阻害要因であると認識する一方で、多様な現地市場情報と差異性を柔軟に学習し、現地市場環境の異質性と現地市場での競争圧力を技術革新とマーケティング・イノベーションに結びつけるシステムと能力を構築しようとする。

したがって、グローバル・マーケティングとは、統合されたネットワークを通して世界規模の効率性、多様な環境への創造的適応、そしてイノベーションの推進と普及を同時に追求して、需要を創造し競争優位を維持する企業の行動を指す（黄　一九九四）。

つぎの章では、海外市場の参入形態とマーケティング標準化戦略に関する既存の研究を考察し、日本企業のグローバル戦略展開の特徴を検討する。その目的は、グローバル・マーケティングの理論が解明すべき企業と環境との関係の構造とメカニズムを明らかにすることである。

【注】

（1）企業理論のなかで、Williamson（1979）は市場でもない内部組織でもない取引ガバナンス構造を「中間組織」として定式化している。

（2）九〇年代以降の情報通信（ICT）技術の発達は、グローバル・ネットワーク化した企業の情報システムの有効性と効率性に多大な影響を与えている。情報通信技術とグローバル・マーケティングとの関係を解明することは、重要な研究課題のひとつである。

（3）　情報的資源に関する組織論アプローチのなかで、組織内部での活動パターン、活動の効率性を高める組織のルーチンを重視する考え方（Nelson and Winter 1982）、そして組織内部における知識の創造、共有、移転および活用を重視する考え方がある（野中　一九九〇）。

第二章　グローバル・マーケティングの理論と課題

この章では、参入形態の選択に関連して国際マーケティング論、取引費用理論（内部化理論）、競争戦略論と資源ベース理論の研究をとりあげて検討し、従来の研究が共通してもっている暗黙の前提の問題点、諸理論の関連性を整理してそれらの相互補完性を明らかにする。第二節では、本国親会社からの資源移転に関連したマーケティング標準化戦略の研究を考察する。さらに第三節では、グローバル・ネットワークにおける統合のジレンマを既存研究がどのようにとらえてきたのかについて整理したうえで、第四節では、日本企業のグローバル・ネットワーク発展の特徴を踏まえながら、新興市場での戦略課題を明らかにしたい。

第一節　海外市場参入形態の選択[1]

この節では、特定の海外市場との関係を形成する企業の行動、すなわち海外市場への参入形態の選択を説明しようとする既存の理論研究をとりあげる。海外市場参入形態の選択は古くて新しい研究課題であるが、海外市場参入の問題は国際マーケティング研究の独自な領域を形成している。

海外市場参入は、目標となる海外市場（国）、製品、参入形態、マーケティング計画と統制システムに関する一連の意思決定で構成される。そのなかで、参入形態の適切な選択が海外市場での成功を決める重要な意思決定とされている（Root 1982）。

この問題に関しては複数の理論視角があり、研究の蓄積も多い。既存の研究は市場環境、取引の特性、グローバル競争や企業能力などの影響要因を明らかにしている。何人かの研究者は諸理論の補完性を指摘し、理論的総合の必要性を主張している（Kogut 1988；Hill, et. al. 1990；Madhok 1996；Aulakh and Kotabe 1997）。

すでに述べたように、選択された事業形態はグローバル・ネットワークを通した市場戦略の展開を規定する構造的な要因となる。特定の海外市場における関係の生成とネットワーク発展の方向性を決める参入形態選択という行為に影響を及ぼす要因とそのメカニズムの解明は重要であることはいうまでもない。

ここでは、まず従来の研究が共通してもっている暗黙の前提とその問題点を示したい。つぎに、取引費用理論、国際マーケティング論、競争戦略論と企業理論がどのように参入形態選択の問題を定式化しているのか、そして、諸理論の中心的な概念がどのように関連しているのかについて論じる。最後に諸理論のもつ問題点を整理し、諸理論の補完性を明らかにして新興市場参入に関する実証分析の課題を示したい。

一　参入形態の選択と国際化プロセス

従来の研究は、輸出と現地生産、間接形態と直接投資形態、合弁形態と子会社形態を連続的な意思決定変数としてとらえ、企業はあらゆる参入形態を同時に選択できることを暗黙の前提としている。「ほとんどの参入形態選択に関する研究の限界のひとつは、ある市場へ参入しようとする企業がすべての参入形態を選択できると仮定している点にある」（Aulakh and Kotabe 1997, p. 168）。

表 2—1　参入形態の特性

参入形態	特性		
	統制の程度	資源投下量	資産リスク
ライセンシング	低い	少ない	高い
合弁形態	中	中	中
子会社	高い	多い	低い

「製造企業の参入形態選択の進化」モデル（Root 1982）においては、間接輸出や技術供与から直接投資、そして合弁形態から完全所有子会社形態へ移行するという企業の国際化プロセスを、統制の程度、リスクの大きさと時間の三次元で示されている。そして、企業がリスクの高い形態、あるいは統制度の高い形態を選択できる時間的な変化によって企業の国際化プロセスを四つの段階に分けてモデル化している。しかしながら、国際化プロセスにおいて企業能力も進化するという動態的な視点は、その後の参入問題研究においてほとんど無視され、統制度とリスクの大きさのみで企業の参入形態選択を説明するメカニズムが定式化されている。

その一例として、表2—1に示されるHill, Hwang and Kim（1990）の議論である。資源投下量は投下される資本や人的資源などの資源の量である。一方、統制とは戦略と管理に関する意思決定の権限を指し、資産リスクとは企業特殊的な資産が市場にもれて拡散することによる損失の可能性を指す。ライセンシング形態の場合、統制の程度が低く投下される資源の量が少ないが、企業特殊的な資産の流出リスクが高い。逆に子会社の場合、統制度が高く資源投下量が大きいが、技術やノウハウなどの流失による損失の可能性が低い。合弁形態の場合、統制度、資源投下量と資産リスクが中間に位置する。一九八〇年以降の参入形態研究のほとんどは、企業がすべての参入形態を同時に選択できると仮定している。

図1—1と図1—2に示されているように、今日の海外市場参入の事業形態と企業

間関係はじつに多種多様であり、企業は複数の事業形態を組み合わせて特定の市場との関係を形成している。したがって、参入形態という変数のとらえ方ないし定式化は、研究者によって多様である。しかしながら、ある時点において企業が可能な一連の代替案から選択するという前提が従来の研究に暗黙に含まれている。たとえば、国際流通経路の統合度（Anderson and Coughlan 1988 ; Klein, Frazier and Roth 1992 ; Aulakh and Kotabe 1997）、ライセンシング、合弁形態、子会社（Anderson and Gatignon 1986 ; Agarwal and Ramaswami 1992 ; Kim and Hwang 1992）、直接投資の出資比率（Gatignon and Anderson 1988 ; Gomes-Casseres 1989 ; Hennart 1991 ; Pan 1996）などの定式化がある。

具体的には、輸出経路の選択に関して、(1)外国の中間業者、(2)輸出代理店、(3)現地パートナーとの合弁、(4)現地販売子会社の四つに分け、あるいは(1)を市場取引、(2)と(3)を中間形態、(4)を内部統合組織として参入形態変数を定義している。また、出資比率に関しては、少数出資、対等合弁、過半数出資と完全所有子会社の四つに分けて分析している。

市場取引から階層組織まですべての代替案を選択することができるという暗黙的な前提は八〇年代に大きな理論的な流れになった取引費用理論のパラダイムに依拠している。また、競争戦略論に基づいた研究の多くも例外ではなかった。参入形態の選択を市場取引と組織の連続ベクトルから費用と期待利益でなされるとする理論視角は、間接輸出を選択する企業と海外子会社を選択する企業との間にある能力の違い、そして、国際化プロセスにおける企業と環境との関係の変化を無視している。

海外市場の参入形態に関する歴史研究は、このような理論前提が現実にそぐわないことを示している。一九六〇年ごろまでは、日本企業の輸出の大半は商社による間接輸出であった。七〇年代になると、日本企業の海外直接投資はアジアなど発展途上国への「輸出拠点志向」の海外生産投資と、米国や欧州への「現地市場志向」の海外販売投資に二分していた。七〇年代の日本の多国籍企業は合弁形態を多く採用し、九〇年代になると、日本の多国籍企業は完全所有子会社の形態を多く採用するようになった。これに対して、米国の多国籍企業は七〇年代の初期から完全所有形態を採用している比率が高い（Stopford and Wells 1972. 吉原　一九九七）。発展途上国では合弁など中間的な企業間関係を基本とする事業形態が選択される比率が高い。

輸出から現地生産への移行、間接形態から直接投資形態への移行、さらに合弁形態から現地子会社形態への移行を動態的にとらえる必要がある（Johanson and Vahlne 1977）。そして、「変化する内部要因、とくに海外市場へのコミットメントの増大が企業の国際化を進展させる基本的な力である」（Root 1982, p. 15）。さらに、企業の国際化プロセスに注目した場合、「企業はそれぞれが固有の経営資源を内部に蓄積している。そしてその資源を駆使して国際化に向けて歩んでいく。その過程でさらに新たな資源が蓄積されていく。ここでは企業によって明らかに保持する資源の質と量に差異が生じる」（向山　一九九六、五二ページ）。

したがって、国際化のそれぞれの段階で企業がもつ能力や資源、そして環境との関係の差異性こそ、海外市場における戦略展開のドライビング・フォースであり、企業と環境との相互作用のダイナミックスを理解しなければ、国際化プロセスにおける参入形態選択という行為を説明できない。

二　取引費用理論と企業特殊的な資産

七〇年代以降、海外直接投資によって輸出などの市場取引を内部化し、取引費用を減らすための行動として、海外市場参入をとらえる研究が増えた(2)。多国籍企業に関する取引費用理論としての内部化仮説は、利潤の源泉である企業特殊的な資産の取引特性や外部不確実性を強調している（Buckley and Casson 1976 ; Rugman 1980）。内部化仮説は、企業が所有する技術やノウハウなどの企業特殊的な資産が海外市場において生み出す期待利益を獲得するために、企業が取引費用をもっとも低くするように参入形態を選択するとしている。八〇年代では、取引費用理論の枠組みに基づいた研究は海外市場への参入形態に関しても一つの大きな理論の流れとなっていた（Madhok 1996）。

取引費用理論に基づいた研究において、分析の対象は「取引」としての個々の参入である。そして、分析の焦点は企業という要因ではなく、環境の不確実性や「取引対象」となる企業特殊的な資産の取引特性とされている。また、すでに指摘したように、この理論視角は、参入問題の時間次元や経営資源の蓄積などの動因を無視している。

企業が海外参入する場合、利潤の源泉となる企業特殊的な資産を海外市場で効率的に利用できるように参入形態を選択する。企業特殊的な資産の期待利益ないし価値を一定として、海外市場環境の外部不確実性が高く、取引相手の数が限定される場合、取引相手の機会主義的な行動によって生じるさまざまな取引費用は、企業特殊的な資産の海外市場での効率性を阻害する。したがって、企業は可能な限り完全所有子会社の形態を選択し、現地での戦略と活動を完全に統制しようとする。また、企業のもつ現地市場知識が不足する場合、内部環境の不確実性が高くなり、この場合でも、企業が内部組織をベースにした参入形態を選択しようとする。これが「内部化仮説」と呼ばれるゆえである。

このように、取引費用理論ないし内部化仮説は企業特殊的な資産の重要性を強調し、個々の参入において有形無形の資産を移転し利用するときの取引費用が高いほど、企業が統制度の高い事業形態を選ぶ可能性が大きいとしている。逆にみれば、取引費用理論の視角では、企業特殊的な資産を取引費用の低い形態で移転させることができれば、資産の価値が海外市場でも実現されるとみている（Anderson and Gatignon 1986）。

取引費用理論に基づいた研究に対する批判は、まず市場環境や制約条件に関する議論の不十分さに向けられている。また、その分析単位も問題とされている。さらに、批判は企業のもつ特殊的な資産の特性にも向けられている。

三　海外市場の多様性と市場リスク

国際マーケティング論は、海外市場の多様性と現地市場の異質性を強調する。「国際マーケティング担当者の特異点は、製品を当該企業の国内環境に加えて、複数の海外環境に適応させねばならないことである」（Cateora, Keavency 1987. 訳一九ページ）。環境決定論アプローチと呼ばれているこの見方は、本国や海外市場の統制不可能な諸要素を与件として、企業の海外参入に制約を加え、目標市場の環境条件によって望ましい参入形態が異なるとしている。また、市場環境要因と参入形態の間にはある種の関連性があるとしている。たとえば、社会や政治が安定し、経済が成長して市場の潜在規模が大きい国ほど、輸出形態より直接投資の形態が多い（Goodnow, Hanz 1972）。また、社会、文化や政治制度の類似性が高い市場ほど、海外企業は統制度の高い事業形態で参入することが多いとされている。

国際マーケティング論の環境決定論アプローチは、海外市場環境の異質性に注目し、多様な市場環境への適応を戦略の基本命題としている。また、海外市場環境などの外部要因が制約条件となり、企業が単独で完全所有子会社を選択できる能力をもっている段階でも、企業は同時にすべての参入形態を自由に選択できないと主張している（Root 1994）。国際マーケティング論の環境決定論アプローチによる研究の関心は、主として文化や社会の異質性、政治や法律など制度の相違が外部環境要因として個々の参入形態選択にどのような制約を加えているのかという問題に集中していた。

数多い外部要因のなかで重要とされるのは、需要特性、現地市場の異質性と市場リスクである。需要特性のなかでも市場規模がとくに重要である。需要の不確実性が高い場合、企業は限られたコミットメント、すなわち限定された経営資源しかその市場に投下しない。現地市場環境の異質性は、本国と参入先との文化的、社会的、制度的、取引慣行や企業行動などの相違を指す。市場環境の異質性が大きい場合、現地市場に関する情報取得のコストが高くなるため、企業にとっての外部不確実性が増大し、市場リスクが高くなる。海外市場のリスクは、環境リスクとビジネス・リスクにわけることができる。前者は、参入した現地市場の全体的な不安、国有化や制度変更による環境不確実性を指し、カントリー・リスクとも呼ばれている。後者は、現地での経営が直面するさまざまな環境不確実性である（Root 1994）。市場リスクの絶対水準が高く感じる企業は、資源投下量が大きく資産リスクの高い直接投資形態による参入をためらう。

市場環境の異質性や市場リスクに関する国際マーケティング論の視角は、「市場とは多様性に満ちた世界である」という常識を理論的にサポートしている。また、企業の市場戦略展開にとっても示唆の多い見方である。

つぎに検討される競争戦略論に基づいた研究も取引費用理論と同様、「環境の不確実性」という概念で海外市場の多様性と現地市場の異質性を単純化している。市場環境に関する国際マーケティングの研究は競争戦略論と取引費用理論に基づいた研究の不十分さを補う以上の成果を残している。にもかかわらず、国際マーケティングの研究は、海外市場の多様性と現地市場の異質性と市場参入形態の選択との関連性を明確にする理論化の努力があまりなされていない。

四　グローバル競争とグローバル・ネットワーク

競争戦略論の視角は、個々の参入、そして現地市場レベルという分析単位を超えて、グローバル・ネットワークと全社レベルで参入問題をとらえようとしている。

グローバル競争のもとでは、本国市場での競争優位は海外市場での競争によっても影響される。企業は、個々の海外市場や個々の現地法人の効率性を最大化することよりも、企業全体の目標を共通の上位目的として戦略を展開する。この理論視角では、企業戦略を達成するために、世界に分散化している資源と活動を統合し調整しなければならないことを強調している。そのためには、グローバル・ネットワークにおいて情報、資源、原材料・部品や最終製品などのフローによる組織間と企業間の相互依存性が増大する。このことは、企業全体の競争優位と競争力に強い影響を及ぼすとされている（Hout, et. al. 1982）。

グローバル競争戦略の視角は、過去の寡占競争の国際化に関する理論の流れを受け継ぎながら、取引費用理論とは補完的である（Kogut 1988）。取引費用理論は個々の参入を分析する視角を提供しているが、競争戦略論は個々の参入に対する企業ネットワークでの相互依存性と全社戦略による影響を分析する視角を提供している。

この理論視角のもとでは、複数の国に現地法人をもち、世界市場に製品とサービスを供給する企業が新規の海外市場に参入する場合、参入形態の選択は取引費用理論の問題設定よりはるかに複雑である。つまり、新しい海外市場での活動をグローバル・ネットワークのなかに統合することはきわめて重要であり、個々の参入形態の選択をグローバル・ネットワークから切り離して説明することはできない。

しかしながら、取引費用理論と競争戦略論の二つの理論視角は、参入動機や取引相手の選択基準に関して対立的な結論を導き出すことがある。外部環境の不確実性が高い場合でも、企業は競争地位を向上させるために、現地子会社よりも合弁や提携などの形態を選択することがある（Harrigan 1988）。このような理論対立は、二つの理論視角がともに市場環境を「不確実性」という単一次元の概念でとらえ、海外市場の多様性と現地市場の異質性を単純化していることから生じている（Balakrishnan and Wernerfelt 1986）。

競争戦略論の議論では、合弁形態が相対的に環境リスクを分散できる柔軟な競争手段とされている。したがって、リスク吸収能力が十分でない企業は投下される資源の量が少なく、市場リスクを分散化できる合弁や提携などの中間的な事業形態を選択する可能性が高くなる。もう一方では、市場リスクの絶対水準が高い市場でも、企業はさまざまな手段でリスクを回避したうえで市場機会を追い求める。グローバル・ネットワーク化した企業は、競争相手の行動に対抗するために、あるいは競争力を支える新しい海外市場拠点を築くために新規参入を決め、合弁形態や戦略提携を選択することがある。

競争戦略論では、全社目的を達成するために世界中に分散化している現地法人での資源と活動を統合的に調整するグローバル統合の戦略志向、また、グローバル・ネットワークにおける相互依存性が参入形態の選択に影響を及ぼすとしている。ここでいう全社目的とは、競争相手の本国市場での直接対抗、海外市場への早期参入、世界市場に供給する輸出拠点や既存市場の維持、海外に移転した本国の顧客の確保などがある。これらの競争要因は、現地経営への統制度を高める（Hill, et. al. 1990 ; Kim and Hwang 1992 ; Eramilli and Rao 1993）。このような視角に基づいた実証研究は、九〇年代でのグローバル競争の現実を踏まえながら、参入形態選択に関する新しい説明要因とメカニズムを提示している。

たとえば、ノウハウ、システムや人材のグローバル共有を積極的に行う企業は現地経営に対する統制度を高くする傾向がある。また、世界共通の企業イメージを維持し、ユニバーサルな製品とサービスを供給しようとする企業は現地での活動を全社的な基準で統制しようとする。取引費用理論と同様、競争戦略論では、情報的資源の蓄積が多く企業特殊的な資産を海外に移転することに積極的な企業ほど、個々の参入に関して完全所有子会社など内部的な形態を選ぶ可能性が大きいとされている。

五　資源の展開と企業能力

資源・能力アプローチは、企業内部に蓄積された独自の資源や組織能力を模倣されやすい資源あるいは市場取引によって調達可能な資源と区別することの重要性を強調している（Barney 1991）。また、この理論視角においては、組織能力とは企業内部での情報や知識の生成、取得、吸収、評価、活用や普及のノウハウ、ルーチンやプロセスなどを指している。このような組織能力は、技術や管理システムなど無形な情報的資源と同様、企業固有なものであるが、情報的資源に比べ模倣されにくく、企業の持続的な競争力を維持するためのより本質的な源泉とみなされている。

資源・能力アプローチの視角はグローバル競争戦略論と同様、価値最大化の視点から参入形態選択をとらえている。しかしながら、二つの点において両者が大きく対立している。

まず、資源ベース理論の視角は、競争戦略論の想定している企業ネットワーク内での資源の移動可能性に対して批判的である。資源ベース理論は、企業固有の資源の企業間移動問題および組織間の資源移転問題を一つの枠組みのなかでとらえている（Madhok 1996）。すでに第一章で企業能力の階層性に関連して述べたように、企業固有の資源や能力が長い時間をかけて蓄積される。したがって、特定の海外市場に参入するさいに、競争優位の基盤となる企業固有の資源と即時適合の補完的な資源をそもそも外部から調達することがきわめて困難である。海外市場への参入形態は企業に蓄積された資源の状態によって規定される。

移転の可能性が低いとされるもう一つの理由は、企業固有の資源の多くが暗黙的知識として組織内部で共有されるルーチンやプロセスという形で蓄積されている。しかも、複雑な資源の組み合わせであり、目に見えない企業の戦略フレームや組織風土とは分離しえないものである。無形な情報的資源や暗黙的知識を海外に移転させる手段としては、人的資源の移動や現場での実地体験を通じてのみ可能となる。したがって、外部から模倣されにくい資源と能力が国境を越える企業間での資源移動がきわめて困難であり、国境を越えた組織間での移動も時間のかかる困難な作業である。

第二の対立点は、資源展開の方向性が事前に規定する可能性に関するものである。資源・能力アプローチでは、企業の国際化は漸進的な学習プロセスであり、新しい海外市場に関する知識や国際経験が企業組織内部に蓄積されるにつれて、環境の不確実性が低下し、企業はその海外市場に対するコミットメントを増し、現地市場との関係を深めていくとしている。

グローバル競争戦略論では、全社目的などの事前に規定した方向性に沿って参入形態が選択されれば、資源蓄積の方向性も規定される。つまり、事前に規定された全社目的は戦略展開の方向性として参入形態の選択に影響し、その選択結果は新しい資源と能力の蓄積に影響を与える。しかしながら、企業は絶えず現地市場知識などの情報的資源を取り込む必要がある。戦略展開のある局面において参入形態は新しい資源を取り込むことの足枷になることもある。したがって、異質な海外市場で資源を獲得する学習能力などの企業能力は資源展開のきわめて重要なドライビング・フォースである。にもかかわらず、参入時に形成された企業と現地市場との関係が企業の資源蓄積を常に促進するというプラスの関係は、事前に想定することができない。むしろ、環境の制約条件や歴史的な偶発事象など、企業にとって直接コントロールできないような状況に対応しながら事後的に学習した知識が競争優位の新しい基盤となる（藤本　一九九七）。つまり、資源の展開は常に不安定で企業が不完全にしか統制し得ないプロセスであるために、企業はより柔軟な参入形態を選択しようとする。

グローバル・ネットワーク化した企業は外部に蓄積されるマーケティング資源に対する依存性が高いことも参入形態の資源蓄積への影響を不安定にさせる。今まで経験したことのないような異質な市場環境のもとでは、補完的な資源の不足や現地市場での学習能力の低さが制約条件となり、参入形態に関する企業の選択幅がせまくなる。このような場合、合弁などの中間形態は新しい経営資源と企業能力を取得するための手段となる（Kogut 1988）。もう一方では、組織風土やルーチンから切り離せば、移転される資源の価値を大きく損なうことになる。結論的には、グローバル・ネットワークにおける企業の資源展開は、市場リスクや資産リスクのほかに、企業と環境との相互作用がもつ不安定性と不確実性によってきわめてリスクの高いプロセスである。

海外市場参入のリスクを吸収するためには、企業の規模は重要な要因となる。現地市場知識や国際経験などの情報ストックとそれを学習する能力は、企業の海外事業規模に比例して形成されると考えられる。しかしながら、しばしば本国で形成した能力や親会社に蓄積されている国際経験の有効性は、同質的な海外市場に限定される。しかも、特定の市場での活動によって蓄積された現地市場知識や現地での経験ははるかに重要な場合が多い。とくに時間をかけて形成された現地企業との関係、現地市場に関する情報の取得能力や評価能力はきわめて市場特定的であり、現地市場での戦略展開にとってきわめて重要である。

長期間にわたって蓄積された国際経験などの企業能力は海外市場への資源移動の基本的な条件のひとつである。また、現地市場知識は輸出を通じて、また現地での事業経験によって蓄積可能である。しかしながら、時間をかけても参入企業には蓄積しにくい知識、そして現地企業しかもたないような能力がある。たとえば、現地政府や地元社会との交渉能力、現地での労務管理の能力、現地市場でのマーケティング能力などである。環境が急激に変化する海外市場では、現地市場知識の蓄積がいっそう困難である。

資源の補完性と企業能力の視角からみれば、国際合弁や提携などの中間形態を現地市場知識や企業能力の取得手段としてとらえることができる。参入した企業と現地企業のもつ資源と能力を組み合わせることによって大きなシナジー効果が得られる（Beamish 1984）。また、合弁パートナーの間に発生する資源と能力の補完性は国際合弁の成功要因である（Harrigan 1985；Dymsza 1988）。この補完性とシナジー効果は、参入した企業の生産技術、製造プロセス、経営管理能力および経営システムと、現地パートナーの資本、既存設備や現地人材および市場知識との間に発生する。資源と能力の補完性とシナジー効果はなぜ完全所有子会社形態よりも合弁形態による海外参入が多いのかを説明する有力な理論概念である。

市場環境の異質性と企業能力は資源の国際移動とグローバル展開を困難にしているが、異質な海外市場への参入は新しい資源を手にし、多様な市場環境に直面することが新しい能力を産み出す条件でもある。異質的な市場環境は企業に学習する刺激と場を提供し、新しい能力を取得・蓄積するチャンスでもある（Ghoshal 1987）。この場合、合弁や提携などの中間形態は企業能力の相互移転を促進する構造的なメカニズムとなる。資源・能力アプローチの視角からみれば、輸出輸入やライセンシングなどの市場取引形態は資源の展開にとって適切な参入形態ではない。技術、知識とそれを支えるルーチンを同時に移転できる合弁や現地子会社の直接投資形態は企業の競争力と利潤獲得能力を高める（Cantwell 1991）。

合弁の場合、合弁相手の吸収能力が重要である。ここでいう吸収能力は、新しい技術や知識を受け入れる企業の情報能力と組織能力である（Cohen and Levinthal 1990）。合弁相手のもつ補完的な資源と能力が不十分であれば、競争優位性を維持することが困難となる。逆に、現地企業や合弁相手の補完的な資源と吸収能力などが優れていれば、合弁形態は企業の学習能力を高め、知識ベースを広めて競争力の本質的な源泉を増大させることができる（吉原　一九九二）。

しかしながら、合弁相手の間にしばしば重大な相違と対立がある。双方の合弁目的を同時に達成することは難しい場合が多く、合弁企業の不安定性につながっている。この点に関しては、資源・能力アプローチと競争戦略論は、合弁の取引費用と資産リスクを強調する取引費用理論とは相互補完的である。

このように、資源・能力アプローチの視角は参入形態を選択できる内部要因の重要な側面を明らかにするだけでなく、市場戦略展開のダイナミックスを説明する重要な動因とメカニズムをとらえている。

六　企業戦略としての海外参入問題

以上、取引費用理論、国際マーケティング論、競争戦略論および資源ベース理論（企業能力）に基づいた海外市場の参入形態選択を説明する中心的な概念と議論を論じてきた。ここでは、諸理論の補完性を示すためにそれぞれの基本的な視角を整理して表2―2にまとめた。

従来の理論研究の問題点としては、まず共通して参入形態選択のダイナミックスを無視ないし軽視している。とくに取引費用理論に基づいた研究は、輸出と現地生産、間接形態と直接投資形態、合弁形態と子会社形態などを同時選択可能な代替案として、個々の参入を企業の戦略展開プロセスから切り離して分析している。第二の問題点として、海外参入に関する国際マーケティングの研究は市場環境要因の重要性を強調しているが、取引費用理論や競争戦略論に基づく研究の多くは、「外部不確実性」に単純化し、海外市場の多様性と異質性という市場参入の制約条件に関する議論がほとんど欠落している。第三の問題点として、諸理論の分析焦点が異なっていることから、しばしば対立した理論仮説を導き出している。

海外市場参入に関する研究を深めるためには、諸理論を総合する必要があるという指摘が約一五年前からなされている（Kogut 1988）。その後、理論研究と実証分析の両面において総合化の方向に展開している（Madhok 1997 ; Aulakh and Kotabe 1997）。したがって、従来のように特定の理論視角に基づいて部分的な要因を取り出して分析することは、海外市場参入研究の有効なアプローチにならないことが明らかである。そこで最後に、新興市場への参入に関連していくつかの重要な点を指摘しておきたい。

まず、海外市場参入の問題を企業の戦略展開プロセスから切り離して理解することができない。動態的な視点をもつ国際マーケティング論および資源ベース理論の研究成果を体系化する必要がある。重要なのは、個々の参入から分析単位を世界市場における企業の戦略展開に移し、参入前の意思決定過程を含めて参入後の市場行動、そして、他の海外市場への展開との関連などを分析の対象として企業の国際化プロセスそのものを研究対象とすべきである。

第二に、表2―2に示されているように、それぞれの理論が重視している要因は、相互補完的である。それらを総合化する努力が必要である。たとえば、国際マーケティング論の独自な領域である異質な文化と海外市場の多様性に関する研究成果を、環境の不確実性を吸収すべきとする取引費用理論と、環境の不確実性を分散すべき

表 2―2　海外市場参入に関する既存理論の基本視角

既存理論	基本的な視角	代表的な研究
国際マーケティング論	・目標市場や本国市場の外部要因 ・参入企業の製品や資源などの内部要因 ・進出市場の類似性と異質性を重視する ・参入前の意思決定過程に焦点をおく	Root（1982, 1994）
取引費用理論 （内部化仮説）	・企業特殊的な資産の市場不完全性 ・外部不確実性と機会主義的行動 ・個々の参入（取引）に焦点をおく	Rugman（1980） Gatignon and Anderson（1988）
競争戦略論	・ネットワークの相互依存性 ・全社レベルの競争力との関連を重視する ・全社戦略としての参入に焦点をおく	Hout, et. al.（1982） Harrigan（1988） Hill, et. al.（1990）
資源ベース理論 （企業能力）	・現地市場知識・国際経験の蓄積プロセス ・企業能力の開発と活用を重視する ・資源の移転としての参入に焦点をおく	Johanson and Vahlne（1977） Beamish（1984）
諸理論の補完性について	・市場海外市場の多様性と外部不確実性 ・資源の移転と活用，企業能力の開発 ・個々の参入と企業の全社戦略	Kogut（1988） Aulakh and Kotabe（1997）

とする競争戦略論とを統合させるべきである。具体的には、海外市場の異質性に由来する市場リスク、資源展開に伴う資産リスクと不安定性に対して、企業がもつべきリスクの分散メカニズムと吸収能力についての研究を深める必要がある。

第三に、参入形態の選択は、資源展開とネットワーク発展の構造的な条件を形成するが、企業能力は戦略展開の動態をもたらす基本要因である。海外市場参入の研究は、グローバル・ネットワーク化した企業の能力と参入形態との関連を解明するという課題を重視しなければならない。既存の資源と能力の活用のみでなく、海外市場での能力開発と資源蓄積のプロセスにも注目すべきである。

第二節　マーケティング標準化戦略(3)

この節では、時代に沿ってマーケティングのプログラムとプロセスの標準化に関する先行研究をやや詳細に検討する。先行研究は広告など個々の要素から、マーケティング・ミックスの統合、事業レベルでの統合、さらに全社レベルでの統合問題まで分析の焦点を拡大させてきた。しかしながら、問題の核心は分散化する活動の統合であり、特定の形態になった資源間での相互作用をいかに統制するかという問題である。既存理論の検討作業を通して、新興市場における資源展開を分析するための手がかりを示したい。

マーケティングの標準化戦略に関する既存研究は二つの問題を取り上げている。ひとつはマーケティング・プログラムの標準化問題である。この問題への関心は親会社が保有しているマーケティング資源の海外移転に集中していた。もうひとつはマーケティング・プロセスの標準化問顕である。マーケティングの活動と資源が分散化していくなかで、その複雑な相互作用を統制する有効なシステムや手段に注目している。マーケティング・プロセスの標準化問題は企業組織全体の統合問題につながる。

一　マーケティング・プログラムの標準化

マーケティング標準化戦略に関する研究は、米国企業の欧州における広告の標準化を論じたElinder（1961）からはじまったとされている（Walters 1986, Jain 1989, Akaah 1991）。六〇年代における米国企業の多国籍化に対応して、国際マーケティング論における標準化戦略の研究は米国企業を対象に盛んになされた。

初期の研究対象としては、マーケティングの個々活動、とくに製品差別化の手段である広告活動が実務家によって取り上げられた。その後、製品戦略が注目され、次第にマーケティング・ミックス全体へと研究の関心が拡大した。

マーケティング・プログラムの標準化とは、本国市場と海外市場で共通のマーケティング・ミックスの要素、すなわち製品、広告、価格、流通チャネルや販売促進方式などを用いるべきかどうかという問題である。実務家と研究者の主たる関心は、企業がもっている販売ノウハウ、製品やブランドなどの資源を海外に移転し、世界や複数の国で共通利用することのメリットと、多様で異質な海外市場で移転された資源を活用するさいに考えられる障害要因に集中している。

標準化戦略の対極として、現地適応（Adaptation）の戦略がしばしば主張される。現地適応化（Customization）とは、それぞれの国や地域の文化的、制度的、社会的な相違に合わせ、市場ターゲットとなる消費者や顧客の異なったニーズに合わせてマーケティング・ミックスを調整することを指す。

標準化戦略に関する研究の多くは、プログラムの全般的な標準化には大きな限界があるが、ブランドや製品の標準化が実現できれば、グローバル・ネットワーク化した企業が大きな競争優位を手にすることができると結論づけている。市場のグローバル化によって標準化の可能性が大きくなるにつれて、関心が次第にマーケティング・プロセスの標準化問題に移るようになった（Walters 1986）。

（1）　共通広告アプローチ

初期の研究はマーケティングの個々の要素に焦点を合わせていた。最初の論争は広告に関するものであったが、販売促進政策、とくに海外市場での共通広告問題が中心に論じられた。

Elinder（1961）は、北欧諸国での共通広告の成功経験に基づいて、欧州で米国企業による広告の標準化が成功できると論じた。Fatt（1964）は、世界の人々のもつ基本的な欲求やニーズが普遍的であるとして、ある国で成功した広告キャンペーンが世界の他の地域でも同様な結果が期待できると主張した。実務家によって提起された共通広告アプローチに対する反対論者は、国間あるいは地域間の文化、法律や生活水準などの市場環境の異質性によって共通広告の有効性が損なわれると疑問視した。

Ryans（1969）は、当時の共通広告に関する論争の焦点をつぎのように整理した。

①適用可能性への障害としての文化や生活水準の相違に関する認識。

②海外の広告代理店や現地拠点の創造性との関係。

③製品など他のマーケティング要素との関係である。

共通広告アプローチに関する論争は、多国籍企業のマーケティングに関する重要な問題を明らかにした。八〇年代まで、共通広告に関する実証研究が継続されていたが、問題の核心は共通広告のメリットと効果である。また、共通広告に影響する環境要因の識別であった。たとえば、米国の消費財メーカー三五社の七八名の経営者を対象に欧州市場での広告活動を調査したDunn（1976）は、広告政策に影響する一九四の変数から八つの重要な説明要因、すなわち教育水準、生活態度、代理店の経験と能力、ナショナリズム、経済発展の水準、消費パターン、社会構造とメディアの特性を抽出した。Dunn（1976）は「西ヨーロッパは、共通広告アプローチ論者が信じているほど同質でもなく、共通のキャンペーンは多くの本社経営者が想像したほど標準化されていない」と結論づけた。日本企業の海外広告活動に関する研究は根本・諸上（一九八六）があるが、Jain（1989）は過去二五年間におけるマーケティング標準化に関する三四の研究をレビューしているが、そのうち一四の研究が広告の標準化に関するものであった。

(2) 統合的アプローチ

六〇年代から、広告活動に限らずマーケティング・ミックス全体を標準化することのメリットと標準化の制約要因を明確にしようとする研究が進められた。最初に統合的アプローチの可能性を論じ、その制約要因を整理したのはBuzzell（1968）であった。彼は、標準化の利益としてコスト削減、顧客への一貫した対応、共通の計画やアイデアの利用をあげた。また、標準化を阻害する共通の市場環境要因として、海外市場の物理的環境、経済の発展段階、文化的要因、PLCの段階、競争状態、流通システムと法的制度をとりあげ、広告を含めて製品デザイン、価格決定、流通、人的販売、ブランドと包装の標準化を論じた。

製品と販売促進の標準化戦略の代替案とその選定要因を論じたKeegan（1969）は、市場ニーズ、使用状況、消費者の選好と購買力で定義される製品と市場、企業の適応能力と費用に基づいて戦略の代替案を選択すべきと論じている。この時代では、標準化戦略は潜在的に大きな利益をもたらすとの主張は、米国企業に広く受け入れられていた。

Sorenson & Wiechmann（1975）は、食品、ソフトリング、石鹼、洗剤、トイレタリー、化粧品などの欧米メーカー二七社をヒアリング調査した結果、もっとも標準化度の高い要素がブランド・ネームである。標準化度が高いと回答した経営者が全体の九三％であった。一方、広告の標準化度はそれほど高くない。具体的には、標準化度が高いと回答した経営者の比率をみると、広告の基本メッセージが七一％、広告表現が六二％、広告費のメディア配分が四三％であり、メディア選択の標準化度が低いとの回答が四七％であった。

マーケティング活動の種類によって標準化度が大きく異なることを明らかにしたこの調査は、市場環境の類似度が高いほど、マーケティング・プログラムの標準化度が高くなるとの仮説を提示している。標準化のメリットとして、ある国で成功したプログラムを類似した海外市場へ移転することによって、よい業績と企業イメージが得られ、コストも削減できると指摘している。

Boddewyn, et. al.（1986）とPicard, et. al.（1988）は、七三年と八三年に非耐久消費財、耐久消費財と産業財を含めた米国企業を対象に、欧州市場でのマーケティング活動を調査し、標準化戦略の変化を分析した。彼らの研究は、いくつか興味深い結果が得られた。

まず、標準化の程度は、非耐久消費財、耐久消費財と産業財の順で高くなる。つぎに、標準化の程度は、価格、広告、市場リサーチ、包装、製品とブランド・ネームの順で高くなる。第三に、一〇年の間に製品標準化の程度が高くなったが、他の要素が逆に低くなった。非耐久消費財の標準化の程度が高くなったが、産業財はむしろ現地適応化に向かっている。第四に、米国企業は製品の品質、製品差別化、サービス、流通チャネルと販売促進活動を海外市場での競争優位性の源泉であるとみている。第五に、標準化に対する重要な障害要因は、競争、消費者の嗜好と習慣の違い、政府規制や規格の違いおよび景気変動である。最後に、マーケティングの意思決定に関して、欧州本社から米国の親会社への集権化傾向がみられ、生産、物流とマーケティングの統合が進められている。

Takeuti & Porter（1986）は、日本企業を対象に、原材料、部品、機械機器および家電などの耐久消費財四〇品目に関するマーケティング活動の標準化度を調査した。その結果、ブランド・ネームの世界共通度がもっとも高く、広告のテーマが各国ともほぼ共通化されているが、広告メディアがどちらともいえないことが明らかにされた。

Gross & Zinn (1990) は、ラテンアメリカ市場における米国企業のマーケティング活動を調査した。製品形態別とマーケティング要素別の標準化度に関しては、過去の調査研究と同じ結果が得られた。標準化に影響する要因として、政府規制が重要な障害であり、現地生産比率と製品の技術集約度が高いほど、標準化の程度が高くなることを明らかにした。また、価格競争はマーケティング標準化と関連していないこと、市場規模が相対的に小さいラテンアメリカでの標準化度は、欧州市場に比べて高いことを示している。

浅野（一九九二）は、東南アジア市場における日本企業のマーケティング活動を調査した。マーケティング要素別、製品形態別と技術集約度別の標準化度については、同様な結論を示している。障害要因として、経済的環境と法律が重要であることを明らかにしている。

黄（一九九四）は、日本における外資系企業のマーケティング活動を調査し、三七三社回答企業のうち、親会社からマーケティング・プログラムを導入した企業の比率が価格で一三％、広告で一九％、製品コンセプト・企業イメージで三八％であった。また、日本市場において成功するためには、企業とブランドの知名度がきわめて重要であることを明らかにした。

Yip (1997) は日米欧企業のマーケティング標準化度を調査し、ブランド・ネームの標準化度が高く、広告とプロモーションの標準化度が日米欧企業に共通して低いことを明らかにした。

諸上（二〇〇〇）は、九四年と九八年に日本製造企業の海外拠点を調査したデータを分析した結果、日本企業のマーケティング活動に関して、販売価格、広告テーマと販売方法の標準化度が低く、製品デザイン、製品の機能とブランド・ネームの順で標準化度が高くなっている。

(3) ブランドと製品戦略の重要性

このようにマーケティング・プログラムの標準化に関する実証分析は七〇年代以降盛んに行われた。実証結果を総合してみると、マーケティング・プログラムに関しては、全般的な標準化はきわめて困難であるといえる。このことは、プログラムの標準化、すなわちマーケティング・ミックスの要素に関連した資源を国際移転させるだけでは、海外市場での戦略展開の有効性が保証されないことを示唆している。

また、海外市場でのマーケティング活動の効率性と有効性を高めるためには、標準化したプログラムだけではなく、マーケティング活動に関するすぐれた知識やシステムを共有することの重要性が次第に強調されるようになった。

過去三〇年間、マーケティング・プログラムの標準化に関する実証研究に共通している結論は、ブランド・ネームのグローバル共通化である。この結論は、調査した時代と地域を超えて日米欧企業にも共通していえる。また、調査対象となる製品の種類や企業の業種にかかわらず、ブランド・ネームの標準化度がもっとも高いという結論が共通している。

企業が保有するマーケティング資源のなかでも、ブランドは非常に特異的な資源である。一方では、ブランドは企業が消費者や顧客に積極的に働きかける手段であり、競争相手と差別化の方法でもある。法律など制度によって商標などの財産権のある資産は保護されているが、ブランドの差別化によって企業は、競争相手から分離した個別市場を形成することができ、利益を専有する可能性が高い。

もう一方では、ブランドに関する情報は取引相手や顧客に蓄積されているため、ブランド・ロイヤリティー、ブランドの認知度やブランドの連想内容によってブランド・エクイティという企業の見えざるイメージ資産が企業の内部と外部に形成される（Aaker, 1991）。先行研究の実証結果は、グローバル・マーケティングにとって、ブランド・ネームなどの資産は世界市場での移転可能性が高く、グローバル競争優位を確立するための有効な手段のひとつであると示唆している。

また、ブランドに次いで標準化度が高いのは、製品に関連した要素である。製品の標準化とは世界市場あるいは地域市場に共通した製品を供給することを指す。製品の標準化は現地の法律や市場条件に適合するためにマイナーな変更が伴うことが多いが、企業は製品標準化を戦略的に進めることによってコストを引き下げ、価格競争力を高めることをめざす。九〇年代以降、製品標準化戦略への関心が高まったが、この変化は次の第三節で論じる研究開発、生産とマーケティングとの統合と深く関連している。

(4) プログラム標準化の規定要因

プログラム標準化に関する先行研究を詳細に検討した Jain (1989) は、過去の研究の主な結論を次のように要約している。

まず、標準化にはプロセスとプログラムの二つの側面がある。プログラムの全般的な標準化は考えられないが、プログラム標準化に関する意思決定は完全なる標準化と完全なる現地適応化からなる両者択一なものではなく、標準化の程度に関する選択問題である。つぎに、さまざまな外部要因と企業の内部要因がプログラム標準化の意思決定に影響を与える。とくに製品特性と産業特性がもっとも重要な要因である。市場環境の類似性が高い先進国や地域においては、一般的にはプログラムの標準化が望ましいとしている。

Jain（1989）はプログラム標準化を分析するための概念フレームを提示している。この概念フレームにおいて、プログラム標準化の程度を規定する要因として、製品特性、市場環境、企業要因である市場ターゲット、市場ポジションと組織要因があげられている。同時に、成果とプログラム標準化度との関係も強調している。標準化の程度に関する意思決定は、財務的指標、競争優位性と非財務的な指標を含めた利益に基づいてなされるべきとしている。ここでいう他の側面とは、企業の一貫したイメージ、優れたアイデアの国際移転や国際的な調整などを指している。

さらに、Jain（1989）は過去の実証研究のもつ問題点についても指摘している。第一に、特定の製品形態、例えば非耐久消費財の企業を対象にしている研究が多い。第二に、特定の海外市場、とくに欧州市場を対象にした研究が多い。第三に、広告と製品の標準化に焦点を合わせた研究が多く、他の要素との関係を分析していない。第四に、標準化を阻害する要因として、文化の相違や法律などの環境要因が議論の中心になっている。

Akaah（1991）は、Jain（1989）の枠組みに基づいて米国企業の製品、価格、流通チャネル、販売促進とマーケティング・プロセスを二一の要素に分けて、標準化の程度、そして標準化の程度と環境要因・企業要因との関係を実証的に分析した。その結果、①全体的に標準化の程度は高くない。すなわち、二一要素のうち九つの要素しか標準化されていない。②消費者の特性、海外拠点の所有形態と企業の経営方針が標準化の程度を説明する重要な要因である。③価格、流通チャネルと販売促進に比べて、ブランド・ネームなど製品政策の標準化度がもっとも高く、マーケティング・プロセスがそれに次いで標準化度が高いことを明らかにした。

Samiee & Roth（1992）は、米国企業を対象に、技術、ＰＬＣなど産業構造要因、企業の経営方針と標準化戦略志向をとりあげて標準化の程度との関係、標準化志向の強い企業と弱い企業の業績の相違を実証的に分析した。彼らの分析結果は、マーケティング・プログラムに関して、標準化戦略を強調する企業とそうでない企業との間にほとんど違いが認められない。とくに、世界共通の市場セグメントを標的にしたグローバル標準化戦略と業績との関係は実証的に支持されていないことを明らかにしている。

Shoham（1995）は、アメリカにおけるマーケティング・プログラム標準化に関する実証研究をレビューし、プログラム標準化と経営業績との関係に関する実証研究の結果からは一貫したような共通の結論を引き出せないと結論づけている。

諸上（二〇〇〇）は、日本企業を調査し、プログラムの標準化度が現地法人の市場シェア、売上高成長率と経常利益に対して大きな影響を与えていないと指摘し、むしろ現地市場での主要な競争相手に比べて品質、イメージ、サービス、広告と販売促進活動などのマーケティング活動の優劣が市場シェアに影響を与えていることを明らかにしている。

以上のように、プログラム標準化に関する実証研究は、初期の六〇年代では市場環境要因が重視され、七〇年代では標準化戦略のメリット、すなわちプログラム標準化によるコスト削減と一貫したイメージの効果が強調されていた。しかしながら、プログラム標準化に関する実証研究によって、ブランド・ネームなど製品政策の基本的な要素を除いて理論的に想定されたほどマーケティング・プログラムの標準化の程度が高くないという事実が明らかになるにつれて、プログラム標準化が必ずしも経営成果に結びつかないことも明らかになってきた。これに並行して、つぎにとりあげるプロセス標準化問題は七〇年代から盛んに研究され、その重要性が次第に強調された。八〇年代以降、日本企業の競争力と市場行動に関する研究によって研究開発、生産、調達とマーケティングとの統合問題に関心がシフトしていた。

マーケティング標準化に関する研究の流れは、環境決定論アプローチから、産業組織論アプローチへ、資源ベース理論という理論的な流れを反映しているように思われる。ここで指摘したいのは、プログラム標準化に焦点を絞った先行研究の前提条件や実証結果をより包括的な分析枠組みに基づいて再検討する必要性がある点である。以上で考察したプログラム標準化に関する主な研究は、本社あるいは本国市場の優位を前提として、海外市場または現地法人への資源移転のみを仮定している。マーケティング資源の展開プロセスに含まれている課題は、明らかにプログラム標準化の問題設定をはるかに超えている。

二　マーケティング・プロセスの標準化

すでに述べたように、マーケティング標準化に関する研究は、標準化した結果だけでなく企業の戦略と行動にも注目している。マーケティング・プロセスの標準化とは、海外拠点のマーケティング活動の計画、実行、統制の方法とシステムを本社との間でどの程度共通にすべきかという問題を指す。プロセス標準化のおもな手段は、意思決定ルールの共通化、計画、実行と統制に関するシステムやノウハウの共有化である。

マーケティング・プロセス標準化に関する先行研究の多くは、国際ビジネス論や国際経営論の研究者によってなされている。しばしば共通した問題に関して異なった理論概念で語っている。ここでいう共通の問題とは、世界的に分散化していく活動と企業全体の統合との間にある矛盾である。この矛盾は、本社と現地法人との間につねに存在する衝突や摩擦として現れている。マーケティング論の視点からみて、これは単に組織内部の問題ではなく、多様で異質的な環境と企業との間にあるダイナミックな相互作用関係の現れである。

研究開発や製造などの活動に比べて、マーケティング活動の分散化傾向が強く、意思決定の権限が現地法人に委譲されることが多い。マーケティング・プロセスの標準化戦略を実施するさいに、現地法人の自律性を保つ一方で、グローバル・ネットワーク化した企業のもつさまざまな資源の優位性を実現するための有効な手段が問題となる。

(1) 活動の分散化と統一化

Fayerweather（1969）は、多国籍企業が直面している戦略的な問題を「統一化（unification）」と「分散化（fragmentation）」との衝突であるといち早く指摘している。「企業が現地の多様な環境に適応していくことは、経営の分散化をもたらすという傾向がある。しかしながら、ひとつの企業の中には、分散化と基本的に相容れない統合化や統一化の傾向があるのは当然である。したがって、多数の国にまたがる企業戦略のいろいろの局面を検討するとき生じる重要な問題は、統一化と分散化の衝突である」。

統一化とは、標準化や画一化という意味まで含まれているが、多数の国にまたがって活動している企業がその競争優位を維持するために研究開発、調達、製造、マーケティング、資金運用、そして事業形態選択の各局面で統合化を推進するように志向することである。もう一方の分散化とは、異質的な環境に適応するために現地へ資源を移転し、活動が分散化して意思決定の権限が現地に委譲される傾向があることを指している。活動の分散化に伴って意思決定の権限を本社と現地法人との間にどのようにバランスさせるべきかは、Fayerweather（1969）のいう「統一化」と「分散化」との衝突問題である。

(i) マーケティング活動の分散化傾向

先行研究は、マーケティング活動の分散化傾向が非常に強いことを明らかにしている。

Aylmer (1970) は、九社の米国企業を対象に、マーケティングに関する意思決定の権限が欧州の現地法人にどの程度委譲されているのかを調査した。その結果、製品デザインの決定を除いて、価格、流通チャネルや広告などに関する意思決定の権限は、大幅に現地法人に委譲されていることを明らかにした。この研究によれば、権限委譲の程度とプログラム標準化度との関係は必ずしも明確ではない。また、権限委譲の程度は環境要因によって説明されるよりも、国際事業と現地法人の重要度などの企業要因がより重要である。

Brandt & Hulbert (1977) の研究によれば、現地法人が本社から受けている支援の種類と密度という指標で測った場合、本社による統制度が高いのは製品であり、販売促進と価格の順で本社による統制が弱くなる。製品政策のなかでもっとも本社が支援しているブランドに関しても、支援を受けている現地法人が全体の四七%しかない。また、海外拠点の数が一六社未満の米国企業の場合、マーケティング活動に対する本社の支援がほとんどないが、一六社から三〇社までの海外拠点をもつ企業では、本社による支援が多くなる。しかしながら、三一社以上の海外拠点をもつと、本社による支援が逆に少なくなることを発見した。

また、Hulbert, et. al. (1980) は、多国籍企業の海外活動の規模が大きくなるにつれて、マーケティングの計画手法、計画の様式や統制手順の標準化が進み、マーケティング・プログラムへの統制が少なくなり、マーケティング活動に関する現地法人の自律性が高くなると指摘し、マーケティング標準化戦略は本社への集権化とは必ずしも一致しないことを明らかにしている。さらに、標準化したプログラムとプロセスは、海外拠点の目標達成の助けになると同時に、現地法人の行動を統制する手段ともなっている。日本企業と欧州企業はマーケティング計画を調整と統合の手段として重視するのに対して、米国企業はマーケティング計画を本社の設定した基準や目標を達成するための手段として利用する傾向があると明らかにしている。

彼らは、海外拠点の市場地位と戦略的な位置づけの多様性に注目し、さまざまな調整手段と現地法人の戦略目標との関係を明らかにしたうえで、プロセス標準化に関する議論が海外拠点の戦略的な位置づけをまったく無視していると指摘した。

Picard（1977）は、五六社の欧州企業の米国現地法人を調べ、マーケティング活動の自律性が全体的にかなり高いことを明らかにしている。ブランド、製品ライン、新製品の決定、広告と販売促進、チャネル選択と価格の順で、現地法人の自律性が高くなる。マーケティング要素の間にみられる自律性の違いは、現地市場の状況、顧客や競争相手の反応、流通チャネルの複雑さなどの市場環境要因と、研究開発の本社集中、欧州企業の製造志向と部品調達の本社依存などの企業要因から説明されると明らかにしている。

小林（一九八〇）は、日本企業もマーケティングに関する意思決定の権限を海外拠点に大幅に委ねていること、そして、第三国への輸出と製品ミックスの決定に関しては、本社が現地法人のマーケティング決定に相当の影響を与えていることを明らかにしている。

(ii)　マーケティング活動の自律度

先行研究は、他の機能活動に比べてマーケティング活動に関する現地法人の自律度がかなり高いことを明らかにしている。

Alsegg（1970）は、米国企業の海外拠点の経営者が、財務と生産に比べてマーケティングの意思決定に大きな自由裁量権をもっていることを明らかにしている。また、Garnier（1979）は、米国企業のメキシコ現地法人五〇社を調査し、財務、生産、組織と人事、マーケティングの順で現地法人の自律性が高くなることを明らかにしている。

欧州企業は米国企業に比べて海外拠点の経営者により大きな権限を委譲する傾向があるとの実証結果もある（Brandt & Hulbert 1977, Otterbeck 1980）。

Hedlund（1981）は、スウェーデン企業の海外拠点七七社を調査し、四八の活動の意思決定に関する自律度を分析した結果、マーケティング活動の自律度が人事管理に比べて低いが、生産と財務より高いこと、そして、全体的に現地法人の自律性が高く、分権化された経営システムであることを明らかにしている。

(iii) プロセス標準化の問題点

プロセス標準化のメリットは、本社と海外拠点との間に双方向のコミュニケーションが促進され、現地市場への適応と企業戦略の遂行が両立できる能力が高められることにあるとしている（Peebles, Ryans and Vernon 1978）。

このようなメリットを手にするためには、分散化傾向が強く、自律性の高いマーケティング活動を統合させるシステムと手段が必要である。Wiechmann（1974）は、集権化を統合の重要な手段としたうえで、企業目標と企業理念による統合、そして経営システムの移転と人の移転による統合が集権化による統合とは代替可能であると指摘している。また、本社による常時の監督ではなく、海外拠点の経営者が全社戦略に適合しながら行動するという組織風土を形成すること、そして、現地経営者の意思決定能力を向上させる方法とシステムの開発と構築が多国籍企業の長期的な競争力と柔軟性を高めると指摘している。成功している多国籍企業にとって、標準化したプログラムよりも重要なのはプログラムを開発するプロセスの標準化である（Sorenson & Wiechmann 1975）。Brandt & Hulbert（1977）は、ブラジルにおける日米欧企業の現地法人六三社を調査し、現地法人の視点が重要であると強調している。企業の管理システムと情報システムは、現地法人が直面する市場環境の状況に反応すべきであり、本国親会社の立場への偏りという問題を避ける必要があるとして、現地市場の状況を考慮しなければ、マーケティング活動に重大な影響を及ぼす要因を見逃すかもしれないと指摘している。

一方、親会社が現地の管理人材不足、現地経営者の計画能力と情報収集能力の不足が重大な問題であると感じているのに対して、現地法人の経営者は本社の短期的な財務志向、本社との協議や調整に費やす時間、現地市場の異質性と現地拠点の立場に対する本社の理解不足を問題にしている（Wiechmann & Pringle 1979）。

本社と現地法人との間には、標準化されたプログラムとプロセスをめぐってつねに摩擦と対立が存在する。現地法人には本社が標準化しようとしているプログラムやプロセスを覆す十分な動機をもっている。現地法人は現地市場の環境に関する詳しい情報をもち、本社が標準化しようとする計画やシステムを押しつけと感じることが多い(4)。このさいに、現地市場の多様な状況の変化、競争相手や顧客の微妙な違いに関する情報を、国境を越えた企業組織間での相互作用を通していかに共有化されるのかが重要な問題である。

マーケティングの活動が分散化し、権限が集中化する方向に進んだかどうかについては、Picard, et. al.（1988）は一九七三年と一九八三年の二時点で調査した。その結果、消費財に関しては、米国企業が欧州地域本社に権限を集中させる傾向があることを明らかにした。地域本社による生産、調達とマーケティングの統合の度合は、一九七三年に比べて一九八三年では強くなり、地域本社による調整と統合の増大は国を超えた標準化戦略がもたらす利益に対する企業の理解が深まったと指摘している。

Quelch & Hoff（1986）は、多国籍企業の本社の役割は企業目的を達成するために製品と現地市場の特性、組織構造と企業文化を考慮にいれて海外拠点との関係を、情報提供、説得、協力、承認と統制などの多様な方法によって調整することにあると指摘し、本社の経営者は現地管理者が本社の統制を強める動きに抵抗を示す傾向があることを認識すべきであると指摘している。

Takeuchi & Porter（1986）は、日本企業七社の四六の製品群に関する調査を行い、グローバル戦略におけるマーケティング活動の配置と調整、そして、他の活動との連結の問題を論じている。マーケティング活動の配置問題とは、さまざまなマーケティング活動を本社あるいは地域本部に集中するのか、それとも海外拠点に分散するのかという問題である。日本企業が販促資材の制作、セールス部隊やサービス支援組織、人材の訓練、広告活動の集中化あるいは地域一括方式によって競争優位を得ていると主張している。

また、マーケティング活動の調整については、プロセス標準化の具体的な手段をあげている。①各国共通の方法を採用して現地の実情に即しながら活動を標準化する。②マーケティング・ノウハウを移転する。具体的には、共通の市場参入戦略と市場情報の共有である。③マーケティング実行順序の計画化である。④国際顧客管理システムなどによってマーケティング活動を統合的に管理する。さらに、日本企業における現地でのマーケティング活動と本社での製品開発との関係には、世界共通製品の開発を支援するための設計情報の共有、世界共通製品による需要創造、世界共通製品を可能にするグローバル市場細分の発見、標準的製品に合致するための現地市場特性の付加といった現地でのマーケティングの役割があると強調している。

茂垣（二〇〇一）と諸上（二〇〇〇）は、一九九八年に日本企業の海外拠点の活動に関わる経営資源の分散化の程度と意思決定の所在を調べた。その分析結果によれば、マーケティング・ノウハウと原材料・部品の分散化の度合が高く、人事計画に次いで、生産・ロジスティクスとマーケティングの計画権限が現地法人に委譲される度合が高い。また、プロセス標準化の手段として計画の明文化・文書化を志向する企業が多く、マニュアルを整備し活用している企業が四〇%を超えている。さらに、日本企業の現地法人は、経営理念などの企業価値の共有化、情報の共有化およびミドルクラスの研修や人材交流を重視している。

プロセス標準化に関する研究は、全社戦略としてグローバル・ブランド戦略の可能性と製品戦略の重要性を明らかにしたプログラム標準化研究に比べて、いまだに共通した結論が得られていない。活動の統合手段としてのプロセス標準化が果たして移動困難な資源のグローバルな共有と活用を促進しているのか、それがグローバルな競争優位にどのような影響を及ぼしているのかについては、あまり議論されていない。

プロセス標準化に関する研究の多くがもつもっとも大きな問題は、権限と責任が連結環とした企業組織の構造を暗黙に想定して、企業と市場環境とのダイナミックな相互作用関係を本社と現地法人との間にある組織内部の摩擦や衝突に還元してしまっている点にある。

環境変化の多様性、変化による影響の大きさ、そして変化スピードの速さは、市場と競争のグローバル化によって加速的に増大した。このことは、企業と市場との関係をより柔軟な形態に変え、活動の分散化とグローバル統合の問題を考え直すように迫っている。八〇年代中盤までの標準化戦略研究は、階層組織を当然の前提として国境を越えた活動と権限の配置および組織内部の調整を重視している。本社と海外拠点との関係、そして本国市場と海外市場との関係に関しては、前者と後者の視点のどちらかを重視するかによって結論が対立していることを実証研究が明らかにしている。

図 2—1　海外拠点の位置付けの類型

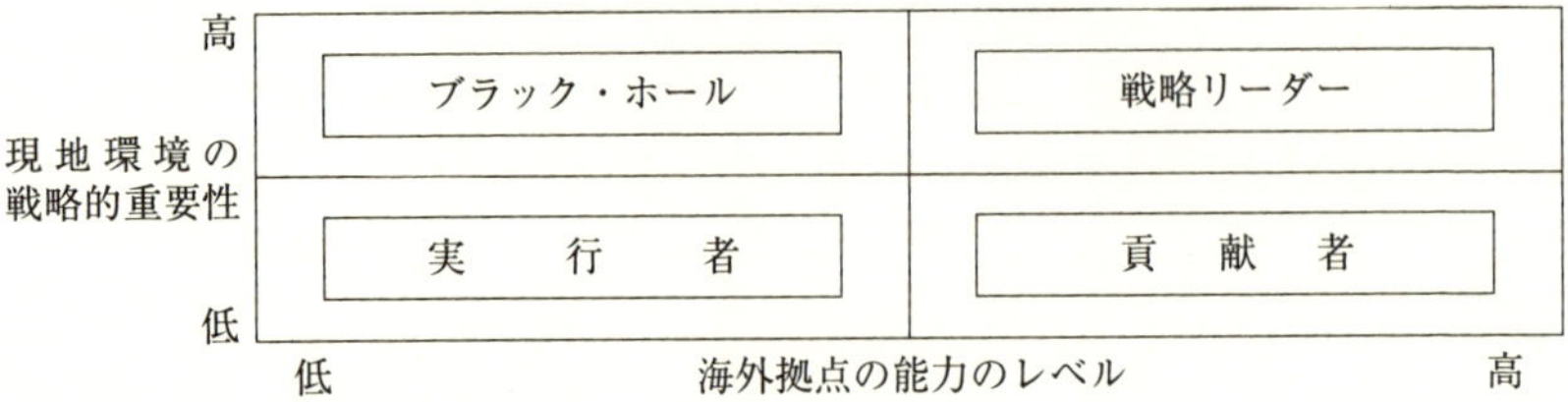

（2）「統合されたネットワーク」としての組織

多国籍企業における海外拠点の重要性を学習能力、経験およびイノベーションの視点から強調したBartlett & Ghoshal（1986）は、「グローバル競争優位を実現するためには、規模と範囲の経済性、そして要素コストの経済性を同時かつ最適に達成するとともに、為替相場、消費者嗜好や技術の不測な変化に対する柔軟性も身につけなければならなくなってきている（七〇ページ）」として、イノベーションの世界的な普及を同時に追求することによってグローバル・ネットワーク化した企業は多様な競争優位の源泉を手にすることができるとしている。[5]

また、彼らは、従来の階層型組織、分権型あるいは統合型の連合体組織によるグローバルな活動の調整と統合がきわめて困難であり、有効でなくなってきているとして、グローバル・ネットワーク化した企業の組織が「統合されたネットワーク（Integrated Network）」という複雑な編成に変化させていく必要があると主張している。

彼らは、海外拠点の戦略的位置付けの類型について次のように論じている。図2—1のように「現地環境の戦略的重要性」と「海外拠点の能力のレベル」の二つの軸によって海外拠点を四つの類型に分けている。一方の軸は、企業戦略にとっての現地環境の重要性である。巨大な市場規模、競争相手の本国市場、または高度に洗練された市場や技術の先端をいく市場などの場合、現地環境の戦略的重要性が高い。もう一方の軸は海外拠点の調達、販売、生産、研究開発などの分野における能力の高さである。

多国籍企業に関する伝統的パラダイムでは、海外拠点の基本方針や戦略は親会社によって決められ、親会社から与えられる。海外拠点の経営者はその方針や戦略を受け入れて、そして、それに基づいて海外拠点を管理していくと考えられていた（吉原　一九九二）。本社親会社と本国市場の優位を前提としてマーケティングの資源移転を論じるプログラム標準化の研究も、意思決定権限の所在を問題の焦点とするプロセス標準化の研究も海外拠点での活動を確実に統制し、運営する経営システムと組織能力を問題にしている。

現地市場環境と海外拠点の組織能力によって海外拠点の相対的な位置付けが異なるという視点は、標準化戦略における海外拠点と現地市場環境との関係に関する見方とはまったく違うものである。標準化戦略の研究において、海外市場の多様性と現地市場の異質性は企業全体戦略の展開にとって障害要因である。また、海外拠点は本社から与えられた戦略の実行者ないし親会社から移転された資源の展開者としてしか認識されていない。しかしながら、現地環境の重要性と海外拠点の能力を明確にすることによって、海外拠点が単なる実行者や展開者としてではなく、グローバルな資源の獲得者としての役割を担うものであるという発想に転換することができる。たとえ、企業全体を潤すほど重大なイノベーションの開発を期待できない実行者タイプのような組織能力の乏しい海外拠点でも、現地市場のニーズを代表し、必要ならば標準的製品に現地市場の特性を加えられるだけの能力がある（Bartlett & Ghoshal 1989）。

Hill & Still（1984）は、発展途上の二二カ国にある米国企業の現地法人六一社を調査し、現地市場への製品適応を分析している。ほとんどの製品は本国市場で開発されたものであるが、製品特性の調整をせずに現地市場にそのまま導入されたものは、全体の約一〇％しかない。法律、経済条件や気候など統制不可能の要因によって調整された製品が全体の二二・八％あるのに対して、約七〇％の製品調整は現地市場での競争に対抗したり、消費者嗜好の違いに影響され、あるいは現地での流通に適応させるためであった。実行者タイプの海外拠点は現地市場のニーズを読み取り、本社に現地市場の情報を提供する役割を果たす点において、また、標準的製品を現地市場へ浸透させ、世界規模の効率性を達成する点においても、重要な役割を果たしている。

企業家精神と創造性に富み、イノベーションを創発できるような現地環境と組織能力がともに高い戦略リーダータイプや貢献者タイプの海外拠点においては、グローバル・ネットワーク化した企業全体における役割はもっと重要になる。製品と販売促進のイノベーションを創発した富士ゼロックスはこのタイプのよい事例である（吉原　一九九二）。イノベーションの創発にとって、海外拠点の自主経営、現地市場環境と経営環境の重要性が指摘されている。富士ゼロックスの場合、親会社から一名の出向者も受け入れず、親会社の反対や不支持の態度にもかかわらず自分たちの判断で製品を自主開発したり、新しいマーケティング戦略を自主的に展開した。厳しい顧客と数多くの競争相手という日本市場の特徴は、富士ゼロックスがイノベーションを生み出すきっかけと圧力となっている。また、日本的生産システム、シェア重視と顧客志向のマーケティング、日本的なオーバーラップ型の製品開発体制など現地企業の特徴は、富士ゼロックスが製品イノベーションやマーケティング・イノベーションを生み出すうえで重要な影響を及ぼしている。

ブラック・ホールタイプの海外拠点はイノベーションを創発する潜在力をもっている。黄（一九九二）は、BMWジャパンの事例を調べ、そのマーケティングの特徴が日本市場への創造的適応にあると論じている。成長の初期において、海外拠点の組織能力や資源が著しく不足している場合でも、現地市場が戦略的に重要であれば、本社が現地市場へのコミットメントを明確に示し、現地経営者の旺盛な企業家精神によって異業種による排他的なチャネルを構築し、高いブランド・イメージを形成するなどのマーケティング・イノベーションを実現させることができる。本社のもつCIプログラムなどの資源を導入し、現地市場でのイノベーションによっても、障害となる日本の流通機構に適応しながら、それを自社の競争力に変えている。欧米企業の日本法人四三六社を調査した結果、七〇%の企業が日本の市場環境に即した独自のマーケティング戦略を生み出している。標準化戦略とマーケティング・イノベーションを組み合わせたグローバル・マーケティング・イノベーションの戦略をもつ外資系企業は日本市場で成功している（黄　一九九四）。

マーケティング・プロセスに関する研究は、企業内部の組織編成と組織能力に焦点を当てている。活動の分散化と統合に関する研究が得た結論のなかでつぎの二点が重要である。ひとつの結論は、グローバル・ネットワーク化した企業が規模、範囲や要素費用の世界的な経済性を実現するだけでなく、各国の異なる市場環境に柔軟に適応し、世界的に分散して保有されている資源を共通に活用しながら、世界的なイノベーションの創発と伝播を推進しなければならない点である。

もうひとつの結論は、現地市場環境の多様性と異質性に着目した場合、特定の海外拠点にグローバルな販売機能、生産機能や研究開発機能などの役割を与えることができる。しかしながら、市場と競争のグローバル化によって増大する環境の多様性と微妙な異質性、そして環境変化のスピードがもたらしている課題は、はるかに単一企業の組織能力で対処できる範囲を超えるようになった。企業組織と市場環境との間に明確な境界を想定して単一企業の組織内部における活動の統合を議論すること自体があまり意味を持たなくなったのである。

三　グローバル統合と現地対応力

八〇年代に入ると、国際競争環境が大きく変化し、海外進出した日本企業の競争力が注目されるようになった。

グローバル競争の変化を背景に、「標準化」と「適応化」に関する従来の議論は新しい言葉によって語られるようになった。「グローバル化」対「現地化（Localization）」、あるいは「グローバル統合」対「現地対応力（Local responsiveness）」などである。情報通信技術とロジスティクス技術の革新によって世界市場の同質化が急速に進み、企業の標準化戦略が成功する可能性はさらに大きくなったと主張された。

市場のグローバル化は、技術革新と消費者の嗜好を収斂させようとする企業の努力によって推進されている。とくに規模の経済性はコストと価格の低下を導き、また世界が多様性に満ちた市場であっても、イノベーションの力によって共通した製品やサービスを受け入れるような同質的なグローバル市場を形成しつつある。企業は世界のどこでも高品質で標準化した製品を最適な価格で提供することによって巨大な市場と利益を手にすることができるという議論である（Levitt 1983）。

世界市場の同質化傾向の議論とともに、ますます同質化する顧客がグローバルに出現しつつあるとの議論もある。北米、欧州と日本という三極市場において、本国市場で形成されたこれまでの市場戦略は有効でなくなりつつある。先進国市場での消費者や顧客の共通したニーズを知ることによって世界共通の製品を提供することができる。本国市場で高い競争力のある製品に現地市場の嗜好や特性をつけ加えることによって六億人規模の巨大市場に同時に提供できるとの議論も提起された（Ohmae 1986）。

市場のグローバル化と世界市場の同質化という環境変化により、企業はより大きなスケールでグローバル統合と現地対応力の向上をどのように実現するという課題に直面するようになる。グローバル統合の問題は、各国の市場にある共通のセグメントを見つけ、それに合わせたグローバル・ブランド戦略を展開する。あるいは、世界共通のユニバーサルな製品を提供するというグローバル製品戦略を実行しようとするときに、企業が世界的な規模の経済性を達成し、強い競争優位を手に入れることができる（Walters & Toyne 1989）。グローバル・マーケティングという概念は、まさにこのような市場のグローバル化という変化のなかで注目されたのである。世界中に類似した顧客層が確実に増え、同質的な市場セグメントがグローバルに見出せるようになったことは、企業に安住の世界をもたらしていない。その理由のひとつは、世界市場の多様性と現地市場の異質性が依然として最適なグローバル戦略の展開に対する大きな阻害要因である。多様な市場の文化的、政治的、制度的な相違に対する適応能力ないし現地対応能力は依然として重要である。

より重要なのは、競争のグローバル化が企業の戦略展開に大きなリスクをもたらしている点である。価格、品質、市場導入のタイミングやスピード、知識やノウハウ、そしてイノベーション能力をベースにした企業の間で繰り広げているグローバル競争は絶え間のない変化をもたらし、企業のいかなる競争優位も永続的なものではない。企業は一時的な競争優位の新たな源泉を求めてつねに微妙な差異性を創り出し、前進しなければ、グローバル競争のレースからたちまち振り落とされる。このようなダイナミックなグローバル競争を「ハイパー・コンペティション」と呼んでいる（D'Aveni 1994）。

企業の対市場活動は絶えずグローバル市場の秩序を攪乱する。産業間にある参入障壁や産業内の戦略グループ間に形成されている仕切りが崩れただけでなく、技術的な優位性、コストと品質を両立させる製品技術と製造技術などの資源は、もはや企業の競争優位を持続させることができなくなってきた。グローバル・ネットワーク化した企業は、これまで組織内部に蓄積した資源だけでなく、マーケティング資源など企業外部にある多様な競争優位の源泉にも目を向けなければならないようになった。

第三節　グローバル統合のジレンマ

多くの企業にとって、新興市場は市場と競争のグローバル化の過程において現れた新しい戦略課題である。不確実性が高くさまざまな困難が伴う新興市場での戦略展開は、企業のグローバル統合能力と現地対応能力が同時に問われている。グローバル競争のなかで成長しようとする企業は、主要な新興市場に参入して競争する以外に方法がない。

海外拠点の変化を日本企業の海外事業展開の歴史との関連でつぎの節で詳しく論じる。ここでは、グローバル・ネットワークにおける生産拠点の展開がもたらしている統合のジレンマについて考察する。

一　輸出から現地生産の移行時間

マーケティング標準化戦略に関する議論には、研究開発、生産活動とマーケティング活動との間に時間的なズレを仮定し、互いに与件となっていることを暗黙的な前提としていた。本国で生産された製品を現地市場へ輸出する場合でも、あるいは現地生産された製品を現地販売するという場合でも、製品と製造技術が与件であり、現地市場の販売ネットワークなどのマーケティング資源は事前に蓄積されている。八〇年代以降、このような理論的な前提が崩れはじめた。

国際プロダクトライフサイクル論のように、導入段階では、新製品を開発した米国企業は米国の国内市場のみをターゲットとすると仮定されている。製品技術が標準化し、国内での価格競争が激化した成長段階で、類似した海外市場への輸出がはじまるが、成熟段階になると、現地企業との価格競争に対抗するために現地生産へ移行する。やがて衰退段階になると、発展途上国に生産拠点が移転され、米国本国への逆輸入が行われるようになる（Vernon 1966）。

また、日本企業が米国での現地生産を開始する前に、現地市場での販売ネットワークの形成が前提となっている。米国に生産拠点を設立した日本企業は、最初の販売拠点設立から生産拠点の移転まで平均して一〇年の時間を経過している（竹田　一九八五）。

しかしながら、競争と市場のグローバル化は、企業に現地市場への製品輸出と生産拠点移転との間に時間的な余裕を与えてくれない。新興市場への参入は、現地生産と販売ネットワークの形成を同時に着手する必要がある（谷地　一九九九）。したがって、新興市場に参入した企業は、本国生産、輸出や現地生産・現地販売といった順序ではなく、グローバルな生産調達システムと新興市場でのマーケティング活動を連動させながら、コスト削減などのグローバル競争圧力に対処すると同時に、世界市場と現地市場への対応力も求められている。

二　海外生産拠点の役割変化

市場と競争のグローバル化によって国際プロダクトライフサイクルは著しく短縮され、競争相手となる企業の価格と品質の両面で類似してくる。標準化された製品をめぐるグローバル競争は、コスト・リーダーシップ競争に収斂していく。

企業は、国内と海外の拠点における研究開発、生産、物流やマーケティングといった活動の配置を絶えず調整することが強いられる。絶えず変化する多様な環境に適応するために、企業はグローバルな視点から自社のもつ

図2—2　グローバル・ネットワークと海外生産拠点の役割変化

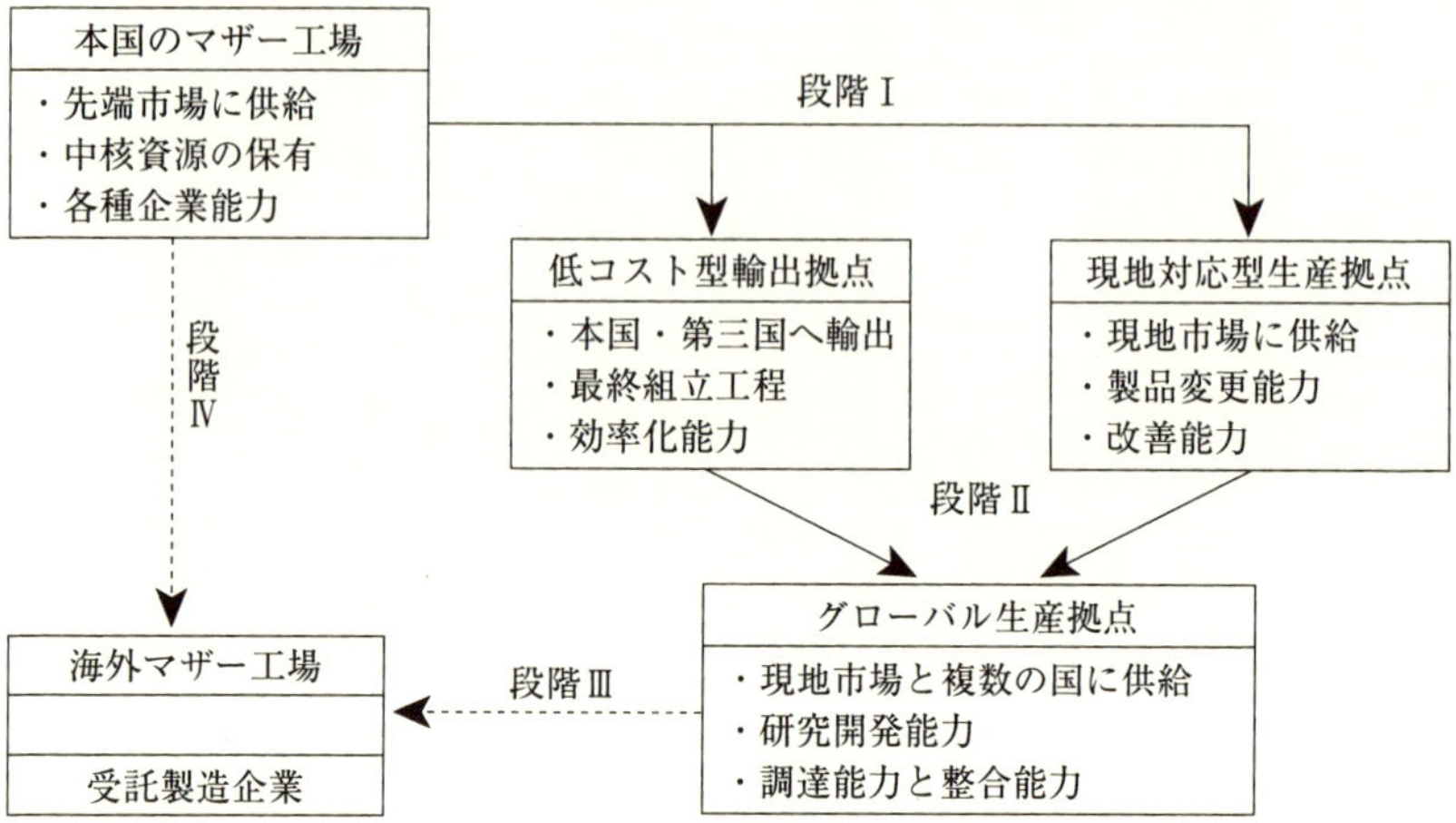

拠点の役割を変化させ、グローバル競争力を維持しようとする。

製造企業の中核的な資源は製造技術と生産システムであるが、一九八五年以降、日本企業にとって生産拠点の海外移転が国際化の中心的な課題であった。図2—2のように、生産拠点の供給市場とその資源や能力の高さによって分類することができる。国内と海外の生産拠点の役割が段階的に変化するなかで、企業はグローバル統合の新たなジレンマに直面する。

(1)　本国のマザー工場

生産拠点が国内に集中する国際化の初期においては、輸出は全社的な基本戦略となる。販売先が最初から世界市場を想定して製品を開発し、ひとつの生産ラインに多品種・多仕様の製品を生産できる本国工場は、世界各国に製品を供給する生産拠点として機能する。本国親会社の輸出部門ないし海外事業部は、海外販売ネットワークと密接な情報交換によって世界各地の市場情報を収集し、本国からの輸出を統制し、現地の販売拠点はあくまでも親会社の輸出戦略を実現させる実行者であり、世界市場でのシェア拡大が共通の目標になる（安室　一九九二）。

研究開発ならびに生産拠点を本国に集中させて、生産システムの効率性と世界市場に供給する製品の多様性を両立させる方法として、中核部品の標準化、多品種や多仕様の製品デザイン、すべての特性をもつ世界共通製品などがある。また、共通製品をそれぞれの市場での異なるポジションに適応させて販売するようなマーケティング手法も採用されている（Kotabe 2001）。製品以外の流通チャネル、価格政策やプロモーションに関する意思決定は基本的に現地販売拠点に委譲され、現地市場に適応しながら実行される。

海外に生産拠点を展開しても、本国の工場との間である種の企業内分業関係を形成している。本国の工場は、先端市場に供給する新製品を生産し、資本集約的ないし技術集約的な生産工程に集中して、絶えず設備と生産システムを改良するためのマザー工場として機能する。

(2)　現地対応型生産拠点と輸出拠点

政府の規制や為替変動などの要因によって特定の国や地域市場に供給する目的で設立した工場は、一般的に現地市場に適応するための製品改良や生産方法の改善能力が有すると考えられる。

また、ローカル・コンテンツなどの規制や現地調達の要請に答えるために、本国から輸入した部品を組立加工し、現地市場への販売を中心とする工場であるが、現地販売機能も備わっている。このような生産拠点を「現地対応型生産拠点」と呼ぶことができる。

低廉な労働力や安価な原材料などにアクセスし、低コスト生産を目的として設立された現地工場には、標準化された製品を製造するために、とくに労働集約的な生産工程が移転されるが、一般的にその海外工場に移転される技術的あるいは管理上の能力も限定される。

生産された標準的な製品は主に本国市場や海外市場に輸出される場合、このような海外工場を「低コスト型輸出拠点」と呼ぶことができる。輸出拠点には、重要なマーケティング資源がほとんど移転されず、生産計画も本社によって決められることが多い。

(3) グローバル生産拠点

輸出拠点の製品を現地販売することも、また現地対応型生産拠点からの輸出も可能である。グローバル企業が世界市場の需要変動に合わせてそれぞれの生産拠点の輸出と現地販売を調整し、最適地生産を求めることは、むしろ一般的である。

市場の絶え間ない変化と競争の激化に対応するために、生産システムの柔軟性を高めることが必要である。低コスト型輸出拠点も現対応型生産拠点も、多様な製品を生産して本国市場、現地市場や第三国市場など複数の市場に供給することが必要になってくる。

複数の市場へ多様な製品を供給し、グローバル調達と現地調達を同時に達成するように要求される生産拠点において、現地サプライヤの選択、調達計画、生産計画、生産工程管理、部品輸入や製品輸出、製品のカスタム化や設計変更などに関する資源と能力が蓄積される。意思決定の迅速性と柔軟性を保つためには、それぞれの活動に関する権限も本社から現地へ委譲される必要がある。

このような生産拠点がグローバル・ネットワークの競争優位を維持することにとってなくてはならないような存在となったとき、それは「グローバル生産拠点」と呼ぶことに相応しい。この段階になると、企業が本国工場と海外生産拠点との戦略的な位置づけをいかにマネジメントするのかというきわめて重大な問題に直面するようになる。

三　メーカーにおける企業価値の変化

生産拠点を海外展開してグローバル・ネットワークを形成した企業は、製造活動が生み出す付加価値の低下という問題に直面する。コスト、品質やスピードなどの競争優位を支える製造技術や生産システムの市場価値は、基幹部品やブランドなどに比べて相対的に低くなるという現実である。

七〇年代から八〇年代の輸出中心の時代では、メーカーにとって研究開発、製造、販売、営業のうち、製品の組立生産活動の付加価値がもっとも高く、効率的な製造技術と高い品質管理を誇る生産システムは国際競争力を支える中核的な資源であった。

生産拠点の海外移転に伴って、モジュール化した部品が少量かつ多頻度の物流によって支えられ、海外の組立工場に運ばれ、海外で生産された完成品は本国または第三国に輸出される。JITの生産システムとサプライ・チェーン・マネジメント（SCM）の普及によって、組立生産活動の付加価値が低下し、製品の機能を決める基幹部品や顧客にとって重要となるサービスの付加価値が相対的に高くなった。

このような現実の顕著な例として、図2―3はパソコン業界で起こっている「スマイル・カーブ現象」を示している。モジュール生産がもっとも早くから導入され、パソコン業界の企業ネットワークはもっともグローバル化している。いち早く組立メーカーにおける付加価値の低下を示す「スマイル・カーブ現象」を指摘したのは、台湾のパソコンメーカー、エーサーの会長であった(6)。

ある調査によれば、部品、製品（組立）、流通（物流活動）と関連サービスに限定した場合、ユーザーがパソコ

図2―3　パソコン業界におけるスマイル・カーブ現象

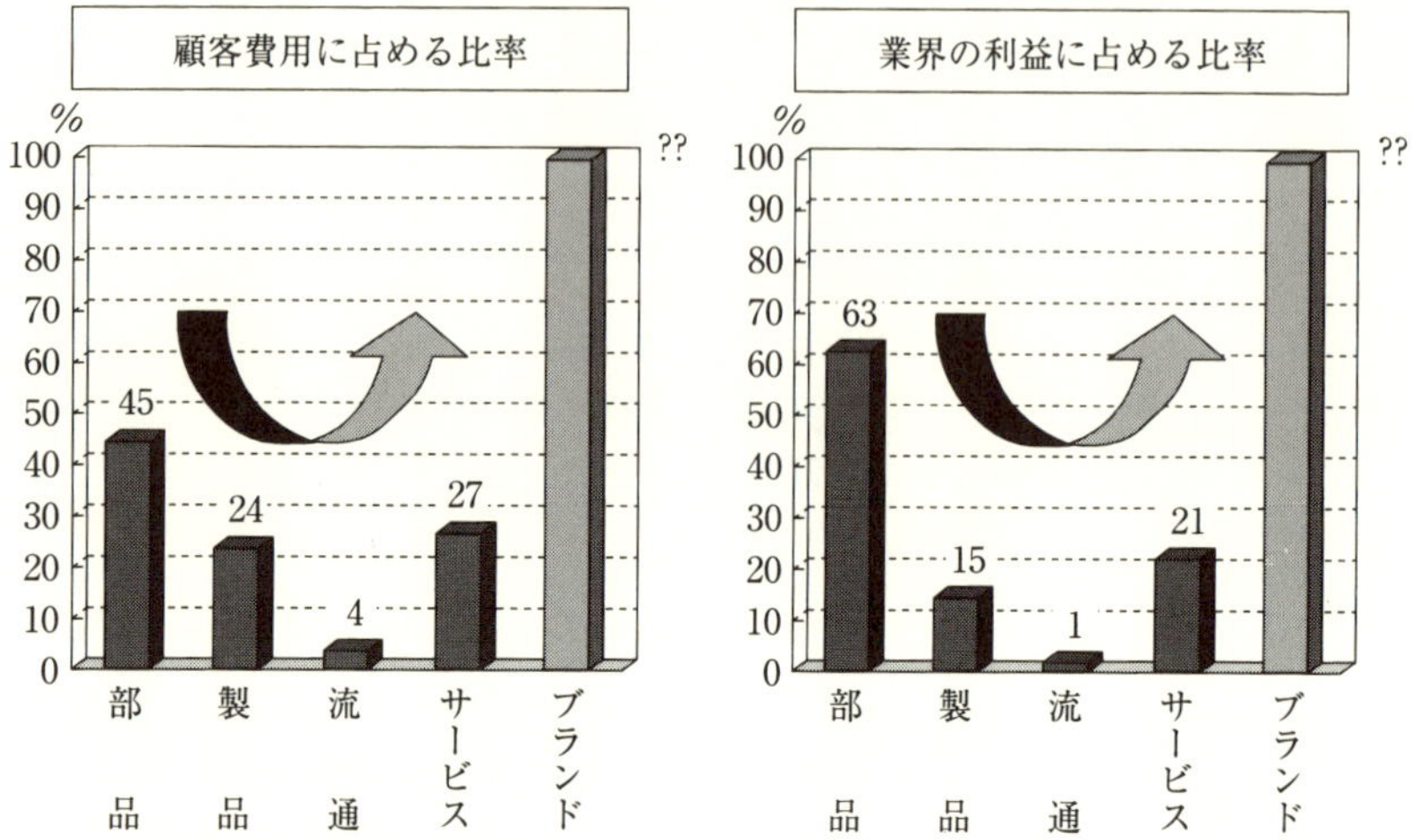

注：小森・名和（2001）より修正。

ンに対して支払った費用のうち、四五％が部品のコストである。ユーザーにとって製造活動の価値はサービス活動よりも低い。一方、業界全体の利益のなかで部品メーカーの利益は六三％も占め、製品組立メーカーの利益は一五％しかないとの結果がある。

図2―3には、ブランドも示している。顧客がブランドに対して相対的にどの程度価値を認めるのかは個々のブランドによって異なるが、高いブランド価値をもつメーカーの利益が部品メーカーよりも高いケースが観察される。

グローバル生産ネットワークの第Ⅲ段階になると、企業は工場を海外に移転するという選択のほかに、付加価値の低い組立製造活動を外部に委託し、海外メーカーへのＯＥＭ生産や受託生産メーカーへの委託生産が新たな選択肢となる。競争力を維持するために生産のグローバル展開を進めてきたメーカーは、競争力を支える中核的な資源であった製造技術や生産システムの付加価値低下というジレンマに直面する。

四　産業空洞化と知識拡散リスク

しかしながら、グローバル統合のジレンマは、製造や生産システムでの問題だけにとどまらない。新しい技術、新製品、新工程を創出する能力を有する工場は、一般的に本国親会社のもつ「マザー工場」である。海外市場に適応するために、あるいは海外の取引相手、顧客や競争相手から直接学習するために、また世界最先端の研究にアクセスし、有能な研究開発人材を引きつけるために、海外での研究開発拠点の形成も急速に進む（岩田　一九九一）。

グローバル生産ネットワークの第Ⅳ段階になると、知識創出能力の面において本国の「マザー工場」に比べても遜色のない海外「マザー工場」が生まれる可能性がある。

また、研究開発、サービスやマーケティング活動に比べて製造活動の付加価値が相対的に低下するにつれて、企業は製造活動をすべて海外企業に委託して、本社機能、研究開発機能やブランド資産管理などの活動に特化することも考えられる。

最終製品のライフサイクルが著しく短縮されるなかで、製品の付加価値は中核部品、ソフトウエアやサービスによって決まることが多いから、企業は海外の生産拠点を製造機能に特化した受託製造会社に変身させ、あるいは国内外の受託製造企業にアウトソーシングすることも考えられる。

この第Ⅳ段階になると、研究開発とマーケティングに関わる中核資源と企業外部にある製造に関わる資源との相互作用と関係を調整し、制御する能力が重要になってくる。企業は、研究開発拠点、生産拠点と販売拠点がグローバルに分散し、かつ複数の国に立地する多数の企業によって形成されたネットワークのなかに埋め込まれるようになる。このようなグローバル・ネットワークのなかで、顧客や競争相手に関する情報、技術や製品設計の情報、「ものづくり」の技能とノウハウなど競争優位の源泉となる情報的資源を整合する企業能力、そして全体的な有効性を維持する制御能力は、グローバル・マーケティングの独自な研究課題となる。

海外へ生産拠点を移転し、海外拠点での資源と能力が蓄積されるにつれて、本国親会社のもつ競争力の基盤がグローバル・ネットワークのなかに拡散していく。マクロ的にみれば、市場と競争のグローバル化によって製造業の国際競争力が低下し、産業空洞化という現象が起こる。個々の企業にとっては、競争力の基盤である知識が拡散するリスクに直面するようになる。したがって、グローバル・ネットワーク化した企業が直面する真の戦略課題は、いかにグローバル・ネットワークを通して付加価値を最大化し、イノベーションを促進し、その成果を享受できるようにすることである。

五　インターフェース管理とオープン化

グローバル・マーケティングの課題は、グローバル・ネットワーク全体における世界規模の効率性の達成、各国の異なった市場環境への柔軟な適応、競争相手の行動や技術の変化への俊敏な反応、そしてイノベーションの促進と共有を同時に追求することである。

この複雑な課題の本質はこれまでさまざまな理論概念によって語られてきた。すでに詳しくみてきたように、マーケティング・プログラムにおける「標準化」と「適応化」の対立とバランス、マーケティング・プロセスにおける「統一化」と「分散化」という矛盾の調整、グローバル・ネットワークにおける付加価値活動の「現地化」と「統合化」のジレンマである。

これまでの研究を考察して明らかになったように、企業と市場環境との関係に注目するマーケティング研究において、グローバル化に関する問題設定を絶えず拡大させる必要がある。この複雑な課題は、組織論者が主張する「統合されたネットワーク（Integrated Network）」という複雑な組織編成とそれに適した組織能力の開発によって解決しようとしても困難である。市場環境と企業組織の境界線を暗黙に仮定して、市場環境との関係を不確実性などの概念で語ることだけでは、もはや市場と競争のグローバル化がもたらしている戦略課題を明らかにできない。既存研究に関する考察のなかで、多様性、柔軟性と創発性を同時に実現するために、多様な関係で連結されたネットワーク構造に埋め込まれる企業という現実の姿を明確に認識する必要性が浮かびあがっている。

グローバル・ネットワーク化した企業にとって、グローバルに分散化している活動のインターフェースの管理および企業間の分業関係をマネジメントしなければならない。グローバル競争のもとでは、マーケティングや生産など組織内部における個々の活動の統合と調整だけでなく、さまざまな関係によって連結された企業間でグローバルに分散している研究開発、調達、生産とマーケティングなど付加価値活動の連携と整合が決定的な重要性をもつようになる。

欧米企業がモジュール化とアウトソーシングによって、この課題を解決しようとしてきた。これに対して、日本企業は活動間の相互依存性を重視し、統合度の高いネットワークを形成してこの困難な課題に対処してきた。そこには、インターフェース管理、企業間関係の管理、そしてイノベーションの創発といった共通の問題がある。

(1) インターフェース管理

研究開発、調達、生産とマーケティングとのインターフェースで発生するさまざまな問題の解決は、グローバル競争力を維持するために重要である（Kotabe 1992）。インターフェース管理とは、付加価値活動の地理的な範囲およびそれらの活動に関わる企業内外にある資源の分離と結合をいかにマネジメントするのかという課題である。インターフェース管理には、次のような五つの問題がある（Robinson 1987）。

①研究開発、調達、生産とマーケティングの関連性を分析し、分割可能なインターフェースを明確にする。
②これらのインターフェースのなかから競争優位を発揮できる活動領域を明確にする。
③分割された活動を企業内部または企業外部でどのように担当するのかを決める。
④分割された活動の立地を本国と海外のどこに配置するのかを決める。
⑤企業の競争優位と各国の比較優位の変化に対応できるように、企業の意思決定と組織デザインに柔軟性を持たせる。

分割可能なインターフェースは理論的に無数にあるが、問題の本質は分割された活動領域の担当部門や担当者の間にどのようなコミュニケーション・システムを形成し、コミュニケーションの効率性と有効性を維持しながら、全体的な付加価値を高め、競争力を維持することにある。

ひとつの基本的な考え方として、海外に分散化した活動に対する統制の度合を高め、本社中心にしてグローバル・ネットワークにおける各拠点間の関係を強化することによって調整する階層組織形態をとり、研究開発、調達、生産とマーケティングの間で濃密なコミュニケーションによって柔軟性と創造性を高める方向である。

本国市場と輸出中心の時代において、このような垂直統合戦略は、製造技術と生産システムに関連する資源を競争優位の基盤としてきた日本企業の強みを支えてきた。しかしながら、グローバル・ネットワークになれば、研究開発、調達、生産とマーケティングとの間の情報フローとコミュニケーションの必要性を軽減し、現地法人の自律性を高め、現地企業の経営資源を活用する必要がある。そのためには、それぞれの活動主体は活動範囲を集中化し、活動領域や技術分野を特化しなければならない。

もう一方では、顧客の多様性への対応、開発期間の短縮化とコスト削減を同時に実現するために、研究部門、製品企画、構想設計や詳細設計などの開発部門、部品調達部門と製造部門の意見を擦り合わせ、生産計画、部品計画と販売計画に関する意思決定を同期化させる必要がある。このような擦り合わせと同期化の調整を実現するためには、研究開発、調達、生産とマーケティングに関する情報と知識の共有が重要である。

グローバルに活動が分散化した場合、情報データベースと情報ネットワークの整備が不可欠になるが、現地生産拠点に販売市場の情報をいち早く伝え、原材料・部品市場およびサプライヤに関する情報を収集し、設計部門に伝えることも重要になる。擦り合わせによる同期化を実現するために、情報と知識を共有できる場や手段が必要である。したがって、グローバル・ネットワーク化した企業にとって、インターフェース管理がきわめて重要である。

日本企業は、従来の統合的ネットワークをより弱い連携ないし柔軟で創造性の高いネットワークに変革するという困難な課題に直面するようになる。海外とくに東南アジアや中国で形成された弱い連携をもつネットワークは、従来の国内における長期的な関係に基づいた密度の濃い調整とは異なったインターフェース管理方式の確立が求められる。

(2) オープン化と連結ルール

緊密な連携と密度の濃いコミュニケーションによって、研究開発、調達、生産とマーケティングの活動調整を実現し、競争優位を維持するという統合的ネットワークに対して、情報ネットワーク技術の革新によって支えられたオープン・ネットワークの考え方が提起されている。

情報ネットワーク技術の革新によってもたらしているネットワークのオープン化とは、本来複雑な関係をもつ機能やビジネス・プロセスを独立性の高い単位（モジュール）に分解して、共有されたオープンなインターフェースでつなぐことによって多様な主体のもつ資源と情報を結合させて価値の増大を図る戦略である。このような考え方は、図1―1と図1―2に示されている戦略的提携や中間的な企業間関係などの柔軟な企業間関係の重要性を主張している。

オープン化の考え方によれば、ネットワークにおける企業間関係の管理は、企業内部に限定せずに自社の資源と外部のさまざまな取引相手のもつ資源を整合させ、制御することによって、高い柔軟性、創発性と多様性を同時に実現させることである。

資本関係による統合よりも、戦略的提携によって企業が参加するネットワークの柔軟性が増し、各メンバー企業がその中核的な資源と能力を向上させることができ、共通目標に向かってメンバー企業の間に補完し合うような関係が形成される（Miles and Snow 1986）。

オープン化の本質は、インターフェースの標準化によって多対多の関係をもつネットワークを実現し、分散的な協働を強力的に支援して多数の企業が情報ネットワークを駆使して柔軟に連携し、多様な主体がもつ情報を結合して新しい価値を生み出すことにある。さらに、調整の必要性が低下することによって、個々の企業の自律性が高く、開発される技術や知識が次々と結合され、相互に価値を付けていくことによってネットワーク本来の創発性という優位性が発揮される（国領　一九九五）。

日本企業の統合的ネットワークの発展と特徴については次の節で詳しく論じるが、オープン化という考え方は、統合的ネットワークを追求してきた日本企業がグローバル化の過程において従来のネットワーク構造を見なおす必要があると主張している。

たとえば、ＩＢＭが一九六四年に発表した最初のモジュール型コンピュータ「システム／360」の例では、「明示的なデザイン・ルール」と「隠されたデザイン・パラメータ」に分離することで、世界中に分散する何十もの設計チームは明示的なデザイン・ルールの包括的な要求項目に従いさえすれば、チーム間の調整を必要とせず、個々のチームは完全に独立して担当するモジュールの開発に集中できた（Baldwin & Clark 2000）。

この場合、もっとも重要なことは、チームを連結させる事前に明示されたデザイン・ルールの正確さである。すなわち、製品の設計と開発に関する「モジュール化」は、「明示的なデザイン・ルール」と「隠されたデザイン・パラメータ」という分割が正確に行われ、不明確なところがなく、かつ、完全な場合のみ有効となる。

情報ネットワークによって連結され、地球規模で分散化していく拠点で行われるさまざまな活動を各国の市場環境とグローバル競争の変化に合わせて同期化し迅速に調整しなければならない。グローバル・ネットワークにおいて、多数の企業を連結させるルールを事前に明示することこそがオープン化の本質である。

このようにオープン化という考え方に基づいた企業のグローバル化は、製品の設計と開発、製造のモジュール化だけでなく、調達、生産、マーケティングなどの付加価値活動を分割可能な単位にし、その連結ルールを事前に設定しなければならない。

オープン化することによって組織内部の部門間と企業間におけるコミュニケーションと調整の必要性を格段と減らすことができる。また、企業内外の専門的な資源を連結させ、変化の速度とイノベーションのベースを飛躍的に高めることができる。その結果として、グローバル競争の優位性がもたらされると考えられる。

もっとも進んだモジュール生産方式を導入したフォルクスワーゲンのブラジルでのトラック工場では、最終組立メーカーは生産工程の構想設計と各セル間のインターフェースを構築し、各サプライヤが遵守すべき品質基準を定め、工程ごとにモジュールと完成品を検査することに特化することによって、サプライヤが手にする付加価値が増え、最終組立企業は柔軟性とコスト削減を手に入れることができた（Baldwin & Clark 1997）。

オープン化の結果、企業は付加価値活動の一部を外部の企業にアウトソーシングし、事前に明示された連結ルールのもとで外部の取引相手間の競争を促進し、イノベーションのベースも高める。このようなオープン化の考え方によれば、統合的ネットワークによって活動の効率化を追求してきた日本企業が競争優位性を維持するためには中核的な資源に集中すると同時に、これまでの系列的な企業間関係を組み換える必要に迫られている。また、日本企業が外部にある資源を活用するためには活動を分割し、外部の企業との柔軟な関係を形成してアウトソーシングによって競争力を高める必要がある。

(3)　オープン化の限界とリスク

しかしながら、付加価値活動のモジュール化と企業間関係のオープン化という考え方に対して、その限界ないしリスクが指摘されている。

オープン化の考え方に対するひとつの批判は、日本企業の組織内部と企業間関係に関する分割の基準ないし連結のルールがもともと欧米企業のそれと異なるという事実認識に基づいている。

日本企業における研究開発、調達、製造、マーケティングといった部門は明確に示された連結ルールに基づいて分割された安定的な組織単位ではなく、それぞれが分化した単位を超えたシステム全体に関する知識をもっている。さまざまな制約条件のもとで分化されたシステム観を共存させ、システムそれ自体についての知識を継続的に深め、システム自体をより望ましい方向に持続的に進化させることを企業全体の目的としている。分化されたシステム観、そしてシステムそれ自体についての知識が個人に還元できないような組織能力は、組織を超えて移転することが困難である（楠木　一九九八）。

したがって、技術開発部門、製造部門やマーケティング部門を横断的に管理するプロダクト・マネジャーなど日本企業の組織内部の統合メカニズムが欧米企業に模倣されても、容易に機能しない。同じ論理の裏返しで、欧米企業のモジュール化やオープン化という統合メカニズムも日本企業の組織に定着しにくいものであるといえる。

また、企業間関係のオープン化について、日本企業が競争上の重要度によって部品を分類し、それに合わせて調達先と多様な関係が形成していることから、情報ネットワーク技術の導入が単純に開放型の企業間関係への移行をもたらすことがないとの批判もある。

製品の主要な機能を実現するために不可欠で、数量を確保しづらい戦略的部品、また調達する企業が独自の形状や仕様を指定し、サプライヤ側にその情報を渡す専用部品に関しては、取引する企業の間に正確な情報を早い時点で相互に交換し合う必要がある。さらに、サプライヤに関する品質、コスト、納期、経営力、技術力と財務状況などに関しても長期的にモニタリングする必要がある。日本企業のネットワークにおいて、スポットベースの取引関係、長期的な取引関係、戦略的な関係を含めた多様な関係が併存する。情報ネットワーク技術を活用して、日本企業が開放型システムの優位性を兼ね備えた、新たな統合的ネットワークを形成する可能性(7)が主張されている（榊原・坂田　一九九七）。

グローバル競争という圧力のもとで、日本企業は付加価値活動を分割してモジュール化し、そして、外部や海外の独立した企業に製造や研究開発などの活動を委託することを進めなければならない。しかしながら、海外移転やアウトソーシングが進むなかで、事前に明示された連結ルールに基づいた独立した専門企業に大きく依存することは、大きなリスクが伴う。

モジュール型コンピュータを導入した初期では、ＩＢＭが新しいシステムを既存のソフトウェアと互換可能なものとしたことで、顧客との取引面と収益面で大成功した。しかしながら、互換性のあるモジュールを製造する専門特化したメーカーはＩＢＭのデザイン・ルールに従いながらも、ＩＢＭの内製品より品質のよい製品を作り、最終的に全く新しい種類のコンピュータ・システムを生み出した。長期的には、ＩＢＭが市場シェアをほとんど失うことになった。

したがって、モジュール化やオープン化の長期的な結果として、システムを継続的に進化させる能力、新製造工程や新製品に体化される技術や知識を喪失してしまう可能性がある。とくに日本企業のように研究開発、製品設計、製造とマーケティングの相互依存性が高い組織の場合、付加価値の低い製造活動を完全に外部に委託することは、長期的にみれば競争力の基盤を失うことにつながる。

六　ネットワークの創発性と市場革新

継続的なコスト削減、絶え間ない品質の改善、技術革新の加速化といったグローバル競争圧力のもとで、イノベーションのベースを高めることが競争力の基盤になっている。

モジュール化やオープン化がもつもうひとつの問題は、事前に設定された明確な連結ルールの有効性とルールそのものの進化に関連する。モジュールが全体として機能する明示的なデザイン・ルール、または最終組立企業とモジュール製造のサプライヤとの連結ルールが一旦確定されれば、モジュール製造の専門企業は広範なアプローチで自由に革新を試みることが可能となる。ここで問題となるのは、連結ルールを多様な市場環境との相互作用のなかで進化させる必要があるという点である。

グローバル・ネットワーク化した企業のもつイノベーション能力は、競争優位性の源泉としてますます重要になってきている。このようなイノベーション能力は、企業のもつ資源によって制約されるが、多様な市場環境と異質的な競争相手によって刺激される。すでに論じたように、現地市場において競争優位を確立し、グローバル競争優位を維持するためには、海外拠点の戦略的位置付けに応じて、マーケティング・イノベーションがすべての海外拠点において要求され、また促進させる必要がある。

また、標準化戦略に関する過去の研究の考察のなかで明らかになったように、これまでの研究のほとんどが本社と本国市場の優位を前提として、海外拠点への資源移転のみを論じている。過去の研究は、本社と本国市場からの一方的な情報と資源の流れに注目し、海外拠点での市場革新行動についてほとんど触れていない。

森下（一九五九）は、米国で生まれたマーケティングの歴史的性格から、競争が技術革新の競争となる必然性をもっている点をいち早く指摘した。米国企業の場合、リスクの多い開発活動ほど本社から近い場所に集中して取り組もうとする傾向がある（Vernon 1977）。この傾向は日本企業についても当てはまるといえる。萩野（一九七七）は、複雑多様な多国籍企業の行動と発展を説明するうえにおいて、企業の市場行動を「市場適合行動」と「市場革新行動」に分けて分析することがきわめて重要であると早くから指摘している。

戦後、日本企業は欧米から技術を導入し、国内市場と海外市場を同時に志向し、海外市場に参入する初期では低価格と現地販売網への投資を重視して、現地市場への浸透と拡張を図る段階では、継続的な製品改良と高い品質を実現するマーケティング戦略を展開した。

八〇年代になると、日本企業はとくに米国の自動車、オートバイ、時計、カメラ、光学機械、家電製品や複写機などの市場で高いマーケット・シェアを達成した。このような通説的な見方は日米比較分析に基づいたものが多いが、日米企業のマーケティング行動の相違を捉えようとした。しかしながら、Kotler（1986）が強調したような、米国市場における日本企業の成功は、マーケティング・プロセスのイノベーションによるところも大きい。しかしながら、先行研究において、連結ルールの進化を含めたマーケティング・イノベーションの問題はほとんど論じられていない。

日本企業の挑戦を受けるまで、米国企業の多くはプロダクト・イノベーションを重視し、プロセス・イノベーションを軽視していた。これに対して、八〇年代での日本企業の競争優位性は、製造プロセスの継続的な改良によって支えられた製品の改良、製品種類の増加と製品ラインの拡張などのプロダクト・イノベーションによって維持されていた。また、すでに述べたように、研究開発部門、調達部門、製造部門とマーケティング部門と緊密な連携と知識の共有が日本企業の特徴であった（Song and Parry 1997）。

イノベーションは、製品技術、製造技術や市場情報といった二つ以上の種類の情報を結合することによって生まれる（小川　二〇〇〇）。プロダクト・イノベーション、プロセス・イノベーションと並んで、マーケティング・イノベーションは、競争優位性の源泉として重要である。グローバル・ネットワークにおいては、これらの情報は異なった国で発生し、蓄積されている。消費者や顧客がもつ差異性や問題に関する認識と理解は、きわめてローカル的な現地経験や現地市場知識である。

本国の研究開発部門に製品技術が集中し、製造技術がおもな生産拠点に集中しているのに対して、マーケティング・イノベーションに必要とする情報の多くは、各国のローカル市場に分散している。マーケティング・イノベーションは、本国親会社のもつプログラムを現地市場に適応させる過程で生まれるだけでなく、現地市場の異質性がきっかけとなって新しいアイデアやノウハウが生まれ、現地市場での強い競争圧力と海外拠点の自律的な行動によって引き起こされる。

海外拠点で発生し、学習された市場情報を、空間的に離れた研究開発拠点や生産拠点にスムーズに移動させ、迅速に製品開発や製品設計に反映させるためには、企業の部門間とネットワーク内の企業間での緊密なコミュニケーションと連携が重要である。しかしながら、事前に確定したデザインルールや連結ルールの枠内でのコスト、品質とタイミングをめぐる競争だけでなく、消費者や顧客のもつ多様な差異性を反映する新しい製品システム観、あるいは顧客のもつ問題を解決するための新しい連結ルールを共有することは、マーケティング・イノベーションを実現させるための重要な条件である。

グローバル・マーケティング・イノベーションとは、親会社や海外子会社によって生み出され、グローバル・ネットワークを通して共通に活用される市場革新を指す（黄　一九九四、七五ページ）。従来のように各国の消費者や顧客、競争相手と文化の相違といった市場環境の異質性と多様性は、効率性の追求を阻害する要因として働くだけでなく、自由に学習し、オープン的なネットワーク構造のもとでは、環境の異質性と多様性はイノベーションを生み出すきっかけでもある。

グローバル・マーケティング・イノベーションは、三つの段階に分けられる（吉原　一九九四）。まず第一の段階では、海外拠点において、現地の顧客の要求に合わせるため、あるいは現地の競争や取引慣習などの異質な市場条件に適応するために、新しいマーケティング知識・ノウハウや情報が生み出される。これが現地法人の直面する海外市場の異質性がもつ積極的な側面である。海外拠点での革新行動に注目するのは、現地法人の創造性を取り込むことによって多国籍企業の本質的な優位性を発揮するという理論的な視点に基づいている。この視点においては、現地経営の自律性と現地の企業家精神の重要性が強調される。

つぎの段階では、異質性の高い海外市場で生み出されたマーケティング・イノベーションの成果を、本国親会社や第三国の現地法人に新しい知識や情報として逆移転されていることである。この段階では、現地市場環境の戦略的重要性と現地拠点の位置付けの明確化が重要である。

そして第三の段階では、海外拠点で生み出されたマーケティング・イノベーションの成果を本社によって新しいマーケティングプロセスやプログラムにして、それを世界各国の海外拠点にあらためて移転して実施させることである。この段階では、マーケティングのグローバル標準化としてみることができるが、親会社中心の標準化戦略とは異なり、グローバル・ネットワークに普及させるシステムづくりに十分注意を払う必要がある。

欧米企業のオープン化という組織構造においても、また、日本企業の横断的統合という組織メカニズムにおいても、ネットワークの創発性と連結ルールの事前的な明確化との間に矛盾が起こる。

オープン化の前提としての事前に確定された連結ルールが一旦明示されれば、絶え間なく変化する環境に合わせて進化させることはきわめて困難である。最終組立企業は、連結ルールの規定された範囲内でしか将来のイノベーションを見通せなくなる。消費者や顧客がもつ差異性や問題に関するまったく異なった認識と理解に基づいて、新しい連結ルールを生み出した企業によって市場が奪われるリスクも回避できない。

もう一方の日本企業は、統合的ネットワークに限定された取引先との間で濃密なコミュニケーションと高度な調整能力によってイノベーションが継続的に生み出される。濃密なコミュニケーションと高度な調整能力をもたない外部企業を、このような統合的ネットワークに取りこむことが困難であり、創造的な活動に参加できる企業の幅は大きく制約される。結果的に、ネットワークが共有される知識フレームが固定化され、消費者や顧客がもつ差異性や問題に関する革新的な認識と理解をとりこむことができなくなる。

資源展開とネットワーク発展に関する第二節と第三節での既存研究の考察を総合して次の二点を強調しておきたい。まず、グローバル・ネットワークの発展によってグローバル競争優位の基盤は企業内部の中核資源から、すでに補完的資源の調達能力、ネットワークにおける関係を整合し、その有効性を維持する企業能力に移りつつある。第二に、イノベーションを促進しようとするグローバル・ネットワーク化した企業は、ネットワークの創発性と相互依存関係の固定性というジレンマに直面しながらも、インターフェース管理、オープン化や市場革新などのグローバル・マーケティングの新しい課題に挑戦しなければならない。

第四節　日本企業の国際マーケティングの特徴

グローバル・ネットワーク化した企業は多様な市場環境との相互作用のなかで成長してきた。先行研究に関するここまでの考察は、意識的に比較論的なアプローチを避けて、既存研究によって明らかにされた日米欧企業に関する共通した結論に注目してその理論的な意味を検討してきた(8)。

新興市場での戦略展開は、過去の市場戦略展開を色濃く反映するものであると考える。企業能力は過去の学習の結果であり、活動の経験によって特徴をつけられる。そこで、この節では、日本企業の国際マーケティングに関する既存の研究を考察して、日本企業のグローバル・ネットワーク発展の特徴を明確にしたい。

一　輸出中心の戦略展開と総合商社

欧米企業に比べて、日本企業の海外事業展開が輸出中心であったことは周知の事実である。七〇年代では、日本企業が国内市場と海外市場を同時に志向して輸出中心の国際化戦略を展開して大きな成功を収めた。

輸出中心の国際化戦略という特徴は、戦前から八〇年代半ばまで続いていた。長い間、日本メーカーの製品輸出と原材料の輸入は商社に依存していた。総合商社と専門商社は、日本企業の国際化において重要な役割を果たしていた。

明治時代にすでに成長を遂げた総合商社は、日本特有の多国籍企業であるとされている。六〇年代までは、日本企業の大半が国内での製造に専念し、原材料輸入と製品輸出は商社によって担われていた。商社を利用した間接輸出は当時日本企業の国際マーケティングの支配的な形態であった。

日本における国際マーケティングに関する初期の研究は、貿易経営論や輸出マーケティングといったタイトルにも象徴されるように、輸出に関するものが多い（菱沼　一九五七、浜谷　一九五六、生島　一九六六）。国内市場の飽和による一時的な輸出販売、しかも多くの場合、商社に依存した輸出である日本に対して、米国から導入された輸出マーケティング論は、メーカーが主体となって輸出先の市場開拓と市場確保を行うことの重要性を強調していた。

すでにマーケティング標準化に関連して詳細に述べたように、六〇年代初頭、米国での国際マーケティング研究は、輸出形態よりも直接投資による現地生産を前提として、現地市場でのマーケティング活動をおもな研究対象としていた。八〇年代まで日本での研究は、基本的に米国生まれの理論をベースに日米比較の視点を重視したものが多いが、商社依存型の輸出戦略が日本企業の国際マーケティングの特徴であるとされてきた。

米国での国際マーケティングの理論と研究は直接投資による海外生産を前提とし、輸出活動の軽視につながっていると批判した衣笠（一九七九）は、日本企業に関する研究にとって輸出戦略を包括した分析枠組みの重要性を強調している。海外事業展開において、輸出と海外生産は代替可能な選択案であり、輸出段階で形成された資源やシステムは海外生産の段階になってもほぼ維持される。また、海外販売子会社の設立と運営に際して獲得されたノウハウは、海外生産拠点の設立においても有効に利用されえることを指摘している。

また、日本の国際マーケティングについての研究の関心は、商社の行動に向けられ、「総合商社論」という研究領域も生まれている。製造業を中心とする多国籍企業のマーケティングと商社の海外市場行動を比較して、両者のもっている資源と活動形態は本質的に異なるものであるとして、総合商社は言葉の厳密な意味で国際マーケティング活動を行いうる企業主体となりえないという議論がある（竹田　一九八五）。このような議論は、「パッケージされた経営資源」を全体として緊密に統合できるのが内部化された企業組織のみであるという仮定に基づいて、商社を通じる輸出や商社参加型の海外直接投資の有効性を基本的に否定している。

これに対して、海外直接投資は人材、技術、製品、ブランド、販売網、経営ノウハウや組織文化などさまざまな経営資源の一括的な国際移転である。しかしながら、企業の外部に補完的な資源が利用可能な場合、さまざまな資源の間にある補完性と相互作用を整合し、有効的に資源を展開できれば、製造企業の視点からみると、商社を通じての間接輸出には大きなメリットがある（吉原　一九七九、一九八八）。

まず、歴史的に長い時間をかけて形成された総合商社のグローバルな販売網を利用することによって、現地市場の情報収集拠点や海外販売拠点を設立するための投資、現地販売網の形成や販売活動への投資を節約でき、生産規模の拡大に資金を集中させることは、当時資金力の制約が大きかった日本の製造企業にとって大きなメリットであった。

つぎに、戦前日本のおもな輸出品目は、生糸、絹、綿糸、綿布、銅などの原材料である。六〇年代までのおもな輸出品目は、鉄鋼、船舶、綿織物、化学肥料などの産業財であり、技術開発による新製品やブランドなどによる差別化の必要性が相対的に低い製品である。これらの業種の製造企業が輸出するさいに、商社のもっている現地市場知識と国際経験、現地市場での販売ネットワークなどの資源は重要かつ補完的である。異なった言語、顧客ニーズ、流通システム、取引慣行や競争状況のもとでは、海外市場の情報を収集する能力や現地販売のノウハウをもつ専門的な人材を育成して現地の販売ネットワークを形成するためには、多くの資源投下と時間が必要である。総合商社のもつ資源はまさに製造企業にとって補完的な資源であった。

さらに、異質的な市場環境のもとで、原材料や資金などの面で長期的な取引関係のある総合商社と手を組むことによって、海外市場の需要変化や為替などのリスクを分担する役割も総合商社が果たしていた。現在でも、製造企業と総合商社の間にある資源の相互補完性とリスク分担関係は、日本企業の発展途上国や社会主義諸国への直接投資にもみることができる。

一九五一年から一九七一年の二〇年間において、日本企業が発展途上国への直接投資件数の約九割が生産拠点を設立するためであったのに対して、先進国への直接投資件数の約四分の三が商業投資であった。アジアなどの発展途上国への直接投資の場合、現地企業と総合商社をパートナーにした商社参加型の合弁企業を新設することが多かった（通商産業省貿易振興局編　一九七二）。

繊維、金属、化学や雑貨など生産を現地に移転したのは、現地政府の輸入代替工業化政策に対応するためであった（小島ほか　一九八四）。標準的技術をベースにした製品の労働集約的な最終生産工程をこれらの国に移転し、現地市場に供給していた。国内工場では、技術集約的な製品や新製品の生産をシフトしていた。

これらの業種では、従来輸出を担っていた商社は、現地政府と現地パートナーとの関係、原材料の供給、現地での販売などに大きな役割を果たした。また、総合商社の合弁企業への出資比率は圧倒的に小さいが、海外生産拠点を設立する初期のリスクは商社が参加する「三人四脚型」によって分担されていた。

九〇年代以降の中国に関しても、日本企業は貿易形態と直接投資形態を複合化させた戦略をとっている。そこでは「つなぎ役」としての商社の役割が強調されている（杉田　二〇〇二）。

二　海外生産拠点と現地販売網

八〇年代まで日本企業の国際化戦略のもうひとつの特徴は、海外生産投資をアジアなど発展途上国に、現地販売網への投資を先進国になされるという立地戦略のパターンである。欧米市場での現地販売網を形成するために、販売拠点への投資が中心であった。

繊維や金属など中小メーカーが多い業種では、製造企業は商社の欧米にある販売拠点を通して輸出していたのにたいして、電機、精密機械や自動車を中心とした製造企業は基本的に商社を通さずに自分の輸出部門を通じて製品を直接輸出し、自社の販売拠点によって開拓した現地販売網を通して最終顧客に直接販売していた。八〇年代の半ばまでの長い期間に、電機、精密機械や自動車の日本企業は国内工場やアジアの生産拠点で生産した製品を販売する現地拠点を多く設立した。

電機、自動車と精密機械メーカーの輸出比率は一九八五年前後にピークをつけ、九〇年代に入っても三〇％台の水準を維持していた。経済産業省が行った『平成一二年度海外事業活動動向調査（第三〇回）』によれば、九九年の輸出比率は電機機械で三一・六％、輸送機械で三六・二％、精密機械で三六・九％になっている。急激な円高や日米貿易摩擦によって、欧米市場での現地生産拠点を設立した日本の製造企業は六割以上を現地法人向けに輸出中心の戦略を維持していた。七〇年代に重点投資して形成された現地販売網というマーケティング資源の蓄積は、その後の海外生産拠点の経営をスムーズに軌道に乗せることにも貢献した。

標準化戦略を論じたKeegan（1969）は、製品こそがもっとも決定的な要素であり、価格、販売促進活動や販売経路などの要素が製品戦略に合わせて調整しなければならないことを強調した。これにたいして、竹田（一九八二）はアメリカにおける日本企業のマーケティング活動を調査した結果、販売網の構築こそが先行的な役割を演じるものであると指摘した。

日本企業は、欧米企業の開発した技術を積極的に導入し、製品開発の段階で製品改良、製品ラインの拡張と製品種類の多様化を同時に行うことによって、欧米市場の販売拠点が直接収集した現地顧客のニーズ情報を本社の開発部門に伝え、現地の競争状況を詳細に把握して流通業者の販促活動を行い、そして最終顧客へのサービスを重要視したマーケティング活動を展開してきた（Kotler, et. al. 1986）。

このような現地市場情報の流れと最終顧客へのサービス提供は、商社のもっている資源では実行できないことから、現地販売拠点と現地販売網への重点投資は、輸出中心戦略によって海外市場での競争優位を確立し、市場シェアを獲得するために必要であった。日本企業は、国内の工場での生産設備、製造技術と工場の組織風土を含めた生産システムを競争力の基盤にする一方で、現地に適応するために販売拠点と現地販売網を重視していた。

八〇年代までの日本企業の国際化戦略と米国企業の国際マーケティングとの違いを共通したロジックで説明できる。つまり、米国企業が重要視したのは本国中心に開発された技術や製品、そしてブランドに関わる資源である。現地生産を前提にした標準化戦略はまさにこのような資源をベースにした戦略である。これにたいして、後発の日本企業は欧米企業から技術や新製品を積極的に導入し、製造技術、生産設備と製造プロセスに関わる資源を競争優位の基盤にした。生産拠点と販売拠点が国境を越えて地理的に分離した状態では、欧米市場において現地の顧客や競争相手に関する情報や現地販売網の協力的な関係などの補完的資源を形成し、それらを基盤に高いグローバル競争力を実現した。

三　生産拠点の適地化と統合的ネットワーク

一九八五年以降、急激な円高がきっかけとなって、日本企業の海外事業戦略は輸出中心から海外生産中心へと変わり、生産拠点の適地化によって統合的ネットワークを形成する方向へ展開するようになった。情報通信ネットワーク技術の飛躍的な革新によって北米、欧州やアジアなどに設立された生産拠点は国内工場と情報ネットワークによって結ばれ、為替相場、各国の市場成長率、原材料や部品の価格、競争相手の行動などの変化に対応して、それぞれの生産拠点が保有する資源と能力のレベルに合わせて製品開発、生産計画と販売計画を調整する統合的ネットワークを構築してきた。

統合的ネットワークを形成するためには、まず企業内情報ネットワークという実体のあるネットワークが構築された。八〇年代後半から、ＶＡＮシステム、大型コンピュータ、海底通信ケーブルや衛星通信などを利用した世界規模の情報通信ネットワークは、企業内ネットワークとして構築され、企業の情報処理能力が飛躍的に進歩した（寺本　一九九〇）。グローバルな企業内情報ネットワークを通じて、製品・部品の受発注情報、出荷や物流の運行状況といった情報の交換が毎日行われるようになった。

また、グローバル・ロジスティクス・ネットワークが形成され、ＥＤＩなど企業間情報ネットワークも注目されるようになった。グローバルな企業内と企業間の情報ネットワーク、そしてグローバル・ロジスティクス・ネットワークが形成されるにつれて、日本企業は生産拠点の適地化を押し進め、さらに統合度の高いグローバル・ネットワークを形成した。

生産拠点の適地化とは、世界的にみてコスト、生産性、品質や納期などの面で競争力がもっとも高い国に生産拠点を移し、生産活動を集中させることを指す。これは、図2―2に示されているように、「本国生産―輸出」、「現地生産―輸出」や「現地生産―現地販売」という段階から、第II段階の「グローバル生産拠点」への移行である。

第I段階では、生産拠点とその目標市場との間は基本的に一対一の関係である。海外生産拠点の設立に先行した間接輸出や現地販売拠点によって、マーケティング資源が蓄積され、現地生産に見合う販売市場が確保されているため、企業にとって製造活動や生産システムに関わる資源の移転、すなわち本国マザー工場から生産設備、生産システム、製造技術やノウハウ、生産現場の組織風土を現地生産拠点に移転し定着させ、本国工場並みの高い生産性を実現させることがもっとも重要な課題である。

八〇年代の現地工場に関する盛んな研究に比べて、日本型マーケティングという視点からの比較研究が多く、日本企業の海外でのマーケティング活動に関する研究がみるべきものがないということも、このような現実を反映している。

生産拠点の適地化が進展した第II段階では、海外の生産拠点も販売拠点もグローバル・ネットワークに組み込まれ、本国市場、現地市場と第三国市場の要求を同時に満たす製品を生産するようになる。適地化された生産拠点をもつ製造企業は、複数の国や地域の異質的な顧客や競争相手の変化に迅速に対応するという複雑な課題に直面する。統合的ネットワークの競争力は、製造活動のみならず、マーケティング活動や研究開発活動にも影響されるようになる。

統合的ネットワークにおいて、適地化された複数の生産拠点の間で生産設備、生産工程、生産品目や技術水準の分業体制は、企業の全体戦略のなかで決定されるようになる。規模の経済性を実現するために、世界同時発売する新製品の生産が最新鋭設備を有する海外生産拠点で行われるようになれば、海外生産拠点の役割が大きく変わる。また、これまで日本国内に集中していた製品設計などの開発活動もグローバル生産拠点に移転され、世界各国に分散している拠点間で研究開発、製造とマーケティングの複雑な関係が形成され、一対多型のネットワーク構造へ移行する。

現地市場での生産能力規模に見合うほど現地販売力が先行して形成されない場合、最初から現地生産拠点をグローバル・ネットワークに組み込む必要もある。生産移転の問題だけでなく、現地生産、現地からの輸出と現地販売を並行展開する必要がある（谷地　一九九九）。

四　原材料と部品の調達ネットワーク

日本企業の統合的ネットワークの競争力は、移転される製造活動にかかわる資源や企業内部での活動間の関係だけでなく、企業外部からの原材料と部品の調達活動によって強く影響される。

日本企業の部品調達に関しては、全体的な傾向として現地化する方向に進んでいる。経済産業省の『海外事業活動動向調査』によれば、日本、北米、欧州とアジアの四つの地域に分けた場合、日本の製造業現地法人の現地・域内調達の比率は、北米で八六年の三二・四%から九五年の六〇・九%に急激に上昇し、九九年に五一・二%に低下した。アジアでは、四四・七%から五五・六%、そして九九年の五七・四%に上昇した。欧州では、四七・九%から四五・九%へとやや減少したが、九九年には五二・三%に上昇した。この結果、日本からの調達比率は六〇%台から、アジアでは三五・七%、欧州では三八・二%、北米では四四%に低下した。

調達活動は、企業内取引、系列企業間取引と外部取引に分けることができる。日本企業の特徴として、組立メーカーの海外進出に合わせて国内の長期取引関係がある部品企業も現地に進出することが多く、現地調達のうち、現地日系企業からの調達がかなりの比率を占めていることがあげられる。

既存の海外生産拠点から、新しい生産拠点への部品と原材料の供給も増えている。アジアにおいて、八六年の現地調達比率が三九・六%であったのに対して、九五年が四〇・三%、九九年が四二・四%とあまり変化していないが、域内調達比率は五・一%から一五・三%までに上昇している。このように、系列関係にある企業や現地の日系企業は、日本企業にとって海外事業展開の重要な資源であり、統合的ネットワークを通じて補完的資源として移転されている。

すでに論じたように、メーカーにおける企業価値が変化するなかで、日本企業の本国工場は基幹部品や原材料のサプライヤに特化する傾向さえも現れている。外部委託のリスクを回避しながら、高度の技術集約的な生産工程や設備集約的な生産工程を日本国内に残しながら、部品や材料の一貫生産が日本国内で継続して、グローバル競争力を維持するという戦略課題に、今の日本企業が直面している。

材料と部品のサプライヤとなりうる企業の数は世界的に増え、多くの産業において世界的な供給過剰に陥っている現在、十分な収益性を確保できないままでは、付加価値の高いサービスやブランドへシフトする企業も現れる。図2―2に示された第Ⅲ段階の変化や第Ⅳ段階の変化は、まさに本研究の実証分析を通して明らかにしたい現実である。現地企業や独立したサプライヤから部品と原材料を調達し、調達された部品と材料に合わせて生産工程や製品設計の変更などの活動は、海外生産拠点の競争力に強く影響するようになった。日本の最終組立メーカーは従来の統合的ネットワークを変革しはじめている。品質、価格、納期と技術力などの面における従来の競争優位性が低下するなかで、日本企業は世界規模に展開されたネットワークにおけるグローバル統合のジレンマを解決する新しい道を摸索しなければならない。

小　括　グローバル・マーケティングと新興市場

この章では、グローバル・マーケティングの理論視角に基づいて、参入形態選択とマーケティング標準化戦略に関する既存研究を考察した。また、分散化する活動をグローバル・ネットワークのなかで統合するときの矛盾や課題を既存研究の考察によって明らかにし、日本企業のグローバル・ネットワークの発展について検討した。グローバル競争における企業の優位性はグローバル・ネットワークを通した資源展開によって生み出され、企業の内部と外部との多様な関係を主体的に形成して、これらの関係を柔軟に統合し、維持する企業の能力こそが競争優位性の源泉であることを論じている。

しかしながら、グローバル・ネットワークにおける統合は矛盾の満ちた世界である。競争優位の基盤となる資源を海外に展開した結果、結果的に企業外部の補完的な資源が競争優位性を維持するために重要となり、柔軟性と自律性が同時に求められる。オープン化することによって柔軟性と創発性を実現しようとした結果、長期的に競争優位の喪失につながりかねない。

既存研究に関する考察と検討によって明らかになったのは、新興市場での戦略展開プロセスを分析するさいにとくに重要となる三つの問題である。

まず第一には、新興市場への参入問題は既存の企業ネットワークと過去の戦略展開プロセスから切り離して理解することができないという問題である。参入形態の選択によってグローバル・ネットワークを通した資源の展開を規定する構造的な条件が決定される。

第二に、マーケティング標準化戦略に関する先行研究を考察した結果、マーケティング資源の展開には多様な問題があり、従来の理論で想定された本国親会社からの一方的な移転よりずっと複雑で相互作用プロセスが存在する。本国親会社や他の海外拠点に蓄積された資源の海外拠点への移転という問題のほかに、現地資源の獲得、現地市場への適応プロセスと異質的な現地市場環境との相互作用のなかで起こる資源の創発と蓄積の問題もある。さまざまな理論概念によって語られてきたグローバル・マーケティングの本質は、グローバル・ネットワークの歴史的な発展に関する深い理解に密接に結びついている。新興市場での戦略展開に関する分析は、このような複雑なプロセスを解明することである。

第三に、グローバル・マーケティングの基本問題は、地球規模に分散化した資源と市場機会を共有しながら、マーケティング、調達、生産や研究開発などの付加価値活動の統合、そして企業戦略の一貫性を実現させることによってグローバル競争優位を維持することである。グローバル・ネットワークにおける資源の展開は、ネットワークに埋め込まれたさまざまな関係の管理とネットワーク全体の発展とは表裏一体の問題である。グローバル・マーケティングの理論視角においては、資源展開とネットワーク発展を支える企業能力が重視される。企業組織内部にある資源のみでなく、マーケティング資源や外部の補完的な資源の重要性も強調される。したがって、海外拠点の組織構造や内部資源の状態と変化よりも、企業間の関係や現地市場との関係を分析する必要がある。

【注】

（1）この節は下記の論文をもとに加筆したものである。黄（一九九九）「海外市場参入の理論展開—市場環境、競争、取引と企業能力」『流通研究』（日本商業学会）第2巻第1号、三一—四一ページ。

（2）一九六〇年以前は、研究者のほとんどが海外参入を収益性の異なる国間の資本の移動としてとらえていた。一九六〇年以降、海外市場参入を一国の産業内の寡占競争が国境を超えて展開されるとしてみるようになった。研究の分析単位も国から産業に移ったが、本国の競争要因と競争相手の行動に関心が集まっていた（Kogut 1989）。

（3）この節は下記の論文をベースに大幅に加筆修正したものである。黄　磷（一九九二）「グローバル・マーケティングにおける標準化戦略と市場革新行動—多国籍企業のマーケティングに関する研究の系譜」、小樽商科大学『第1回国際地域経済ジョイントセミナー報告書』三七—六三ページ。

（4）本社と現地法人との衝突や対立は、しばしば「ＮＩＨ（Not-Invented-Here）症候群」と呼ばれている現地法人の経営者の態度に現れる。

（5）Bartlett & Ghoshal（1986, 1989）は、コスト優位、適応力と柔軟性、知識・能力の共有とイノベーションを同時に実現するトランスナショナル組織の組織構造とメカニズムを解明しようとしている。組織内部での統合を前提にして、国際的提携などの企業間の結合に基づいた戦略を補完的にしか見ていない（一九八九、訳二九二ページ）。

（6）　実務家によって提示した「スマイル・カーブ現象」についての理論的な説明と実証分析が十分になされていない。グローバル生産ネットワークの視点からその検証を深める必要がある。

（7）　新たな統合的ネットワークに関する研究自体が興味深い課題である。日産自動車の部品系列の変革や自動車メーカーの新興市場での部品調達ネットワークなどに関する実証分析もグローバル・マーケティングの理論を深めるために必要である。

（8）　国を分析単位とした比較マーケティング研究は、夥しい数の市場特性をとり上げて海外市場を分析しているが、マーケティングの戦略と管理への理論志向が弱いことが指摘されている（黒田　一九九六）。比較マーケティング研究の多くはマクロ的視点を重視する傾向があり、国別の市場環境と流通構造に関する比較分析が多いことも特徴である。また、日本と欧米の企業経営のあり方に関する比較分析の結論は、グローバル化というコンテキストのなかで再検討する必要がある。

第二章　新興市場とグローバル競争

この章では、新興市場としての中国、そして対中国の直接投資の特徴を、時系列な統計データの分析によって明らかにしたい。この章で示される分析結果と事実は、次の各章に示される実証結果を理解するために必要であり、中国市場と日米欧企業の中国戦略の全体的な特徴を理解することに役に立つ。

また、グローバル・ネットワーク化した企業の市場戦略を理解するために、世界の貿易システムにおける中国市場地位の変化とその要因を詳細なデータで分析したい。このようなマクロ的な変化に関する詳細な記述と分析は市場参入、資源展開とネットワーク発展のプロセスを全体的に理解することに役に立つものである。

第一節　新興市場としての中国

世界の直接投資の流れはある時期に特定の国や地域に集中するが、このような地域や国はその時代において新興市場と受けとめられることが多い。また、企業の事業戦略において、新しく顕在化する海外市場にどのような位置付けを与えるのかは重要な経営課題である。海外直接投資の立地問題はしばしば海外事業戦略のはじまりとされるが、進出のタイミングや進出の立地は重要な選択であり、企業の全社戦略とその企業が形成してきたグローバル・ネットワーク全体に深くかかわる問題である。

一　新興市場の定義

新興市場とは、市場が対外開放され、潜在需要が顕在化し、あるいは経済成長に伴って潜在需要が急速に拡大している国や地域を指す。新興市場には、従来の発展途上国に分類される国や地域、あるいは計画経済体制から市場経済に移行して世界経済システムに組み込まれつつある国々が含まれている。

新興市場が新たに開放され、市場の制度的インフラが未発達ないし整備の途中にあることが多いため、海外企業にとって異質性の大きい市場である。また、新興市場は相対的に高い経済成長を続ける国や地域であるために、現地の市場環境は急速に変化している。このような新興市場は八〇年代以降の世界市場のグローバル化という潮流のなかで出現した。グローバル競争相手となる企業は競って新規参入したために、新興市場は企業戦略におけるその位置付けが高くなり、グローバル競争の主要な戦場になってきている。

一九八五年以降の中国は、まさにこのような新興市場の代表的な存在になっている。グローバル競争に直面し、持続的な成長とグローバル競争力を維持しようとする企業にとって、中国のような新興市場への対応はきわめて戦略的な課題である。以下では、新興市場としての中国市場の全体的な特徴をさまざまな統計データから確認しておきたい。

（1）巨大な潜在市場

表3―1は、中国の国内総生産（GDP）、一人当たりのGDPおよびGDPの実質成長率の推移を示してい

表 3−1　中国の GDP 総額と一人当たり GDP

	単位	1980	1985	1990	1995	2000
GDP 総額	億元	4,518	8,964	18,548	58,478	89,404
	億ドル	2,678	3,189	4,159	7,003	10,800
一人当たり GDP	億元	460	855	1,635	4,854	7,078
	億ドル	270	310	370	581	855
GDP 成長率	%	7.8	13.5	3.8	10.5	8.0

注：『中国統計年鑑』，『The World Bank Atlas』および『国連統計年鑑』。

る。この二〇年間に中国経済は高い成長率を維持し、国内総生産の規模が順調に拡大してきた。名目上一九八〇年と二〇〇〇年を単純比較すると、人民元で計算した中国の経済規模は約二〇倍に拡大し、ドルで計算しても四倍に拡大したことになる。

もう一方では、中国経済の発展レベルは依然として発展途上国の水準にあり、一人当たりのＧＤＰは二〇〇〇年でも八五五ドルである。一九八九年では、中国の国内総生産がブラジルに次いで世界の第一一位になったが、発展途上国のなかでもっとも潜在規模の大きい市場のひとつである。この二〇年間において、中国は一九八九年の混乱と一九九六年のアジア通貨危機の影響を乗り越えて年平均九・七％の高い経済成長を維持してきた。一九九八年以降は、中国経済の成長率が七％台になったが、世界のなかでもっとも成長率の高い国のひとつである。

(2)　多様性に満ちた異質的な市場

多様性に満ちた異質的な市場であることは、新興市場としての中国のもうひとつの特徴である。

まず、自然条件や地理的な多様性によって、中国の国内市場は異質的で分断された地域市場によって構成されている。ロシアを除いた欧州大陸四二カ

表3−2　世界各国と比較した中国の国土と人口

国・地域	面積（万km²）	人口（億人）	国・地域	面積（万km²）	人口（億人）
中　国	960	12.8	ロシア	1,707.5	1.5
日　本	38	1.3	カナダ	997.1	0.3
ＵＳＡ	937	2.7	中　国	960.0	12.8
ヨーロッパ42カ国	**576**	**5.7**	ＵＳＡ	937.3	2.7
			ブラジル	854.7	1.6
			オーストラリア	768.2	0.2
			インド	297.5	9.6

注：1998年のデータより集計したもの。

国の総面積が五七六万平方キロ、人口合計が五・七億人に対して、中国の総面積は九六〇万平方キロ、総人口は一二・八億人を超えている。現在地球上でもっとも市場統合が進んだEUと比較すると、中国市場の多様性と異質性の高さはいっそう明確に理解できる。

つぎに、巨大な国であるゆえに、もともと人口が集中していた沿海部の経済は対外開放政策によって相対的に高い成長を実現し、地域の経済格差が拡大し、地域市場間の異質性も増えたといえる。中国の経済発展と地域格差の問題に関してここでは詳細に論じることができない（加藤一九九七）。深圳市と上海市の一人当たりGDPが九七年に三、〇〇〇ドルを超えたのに対して、沿海部の海南島地域はいまだに七〇〇ドル台である。さらに、内陸部の貧困地域では経済発展のレベルがいっそう低い。現在でも三〇〇ドル未満の内陸部地域はかなりある。

さらに重要な問題は、全国市場が地域的に分断され、制度的な異質性が大きい点である。省や市などの地方政府は大きな権限をもち、独自の政策や法律を打ち出すことができる。交通通信などのインフラだけでなく、制度的にも全国市場はいまだに形成されたとはいえず、分断的な国内市場構造は中国経済の持続的な発展にとって大きな問題点のひとつになっている。経済成長のなかで、全国的な高速道路と情報通信のネットワークは急速に整備されているが、全国的な金融や流通などの市場インフラはいまだに整備されていない。

一九七八年まで中国の流通業は、商品（消費財）と物資（生産財）、国内流通と国際貿易、都市部と農村部に分けられ、行政的にも商業部、物資部や対外貿易部などの中央省庁別に分割されていた。中央—地域・省—市・県の三段階に独占的な卸売公司が設置され、仕入先と販売先の企業とテリトリー、そして卸マージン率が固定されていた（黄　二〇〇二）。

ほとんどの企業は地域（省）を越えて販売する能力に欠け、複数の流通経路が競合して二次卸や三次卸への販売量が重視され、価格競争に陥りやすい構造になっている。WTO加盟後の卸売市場の自由化は全国市場の形成にとってきわめて重要な意味をもっている。また、近年では、外資系企業や一部の大規模企業集団は全国市場で展開しはじめた。

(3) 急成長する移行経済

新興市場の第三の特徴は、世界経済の平均より高い経済成長が続くが、本質的に不安定性を抱えていることである。新興市場のなかでも、中国はもっとも高い経済成長率を維持しているが、法律などの制度が絶えず変化している。

世界の実質GDP成長率（IMF統計による）は、九〇年代前半の平均で三・一%、後半で三・六%であったが、二〇〇〇年世界全体の実質GDP成長率が前年比で四・七%と高い成長を実現した。また、IMFの見通しによると、二〇〇三年の世界経済は再び四%台の成長になる。

これに対して、表3—3に示されているように、中国経済の成長率は八〇年代前半の平均で九・九%、後半の

表3—3　中国と世界のGDP実質成長率

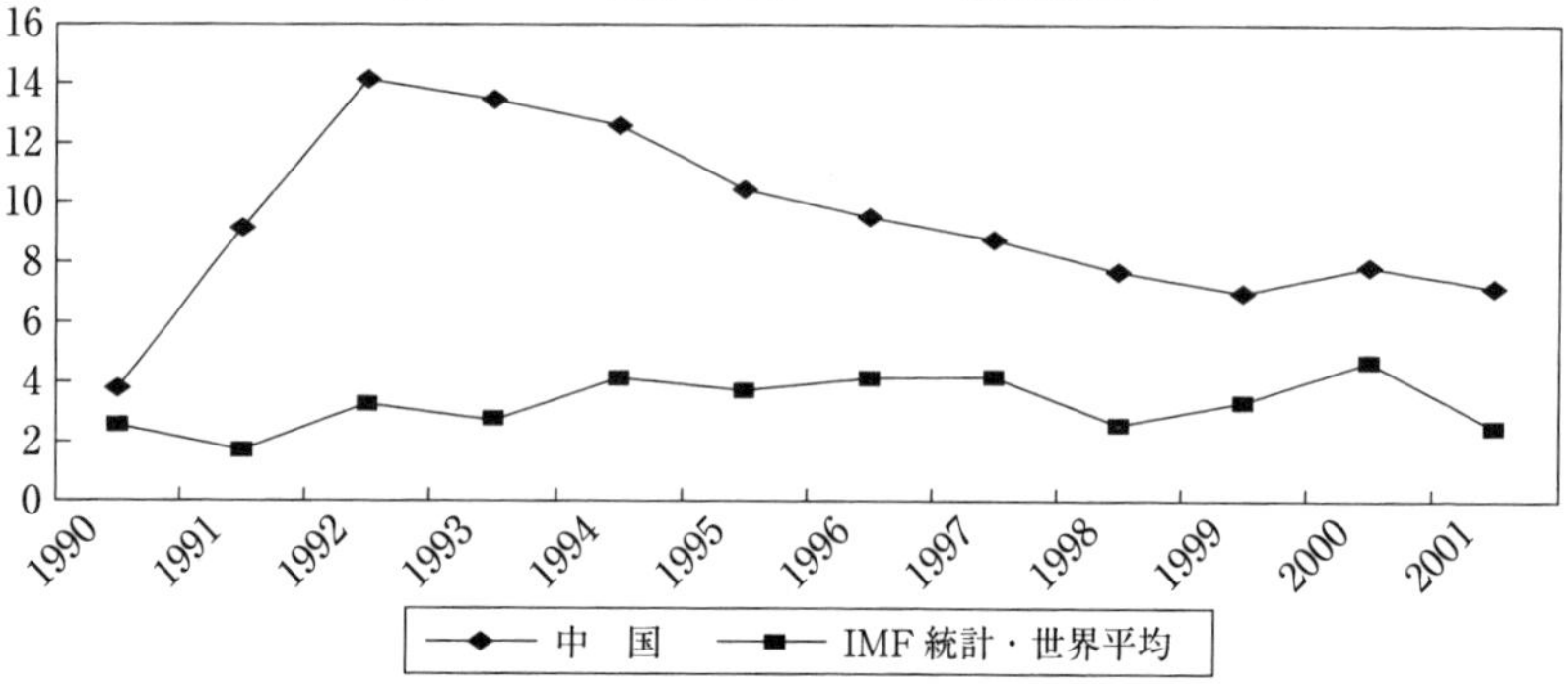

	中　国	IMF統計世界平均		
79—85	9.9			
86—90	7.9			
91—95	12.0	3.1		
96—01	8.1	3.6		
	2000	2001	2002	2003
7カ国計	3.5	1.1	1.5	2.8
ユーロ圏	3.4	1.5	1.4	2.9
先進国計	3.9	1.2	1.7	3.0
NIES諸国	8.5	0.8	3.6	5.1
途上国計	5.7	4.0	4.3	5.5
うちアジア	6.7	5.6	5.9	6.4
移行経済計	6.6	5.0	3.9	4.4
世界計	4.7	2.5	2.8	4.0

注：NIES諸国：香港，韓国，シンガポール，台湾
先進7カ国：日本，米国，ドイツ，フランス，英国，カナダ，イタリア

平均で七・九％であったが、九〇年代前半では一二％を超え、とくに一九九二年は一四％を超えるような急成長であった。九〇年代後半には、中国経済の実質成長率が八・一％に低下したが、アジア開発銀行の見通しによると、二〇〇三年までは中国経済が七％台の高い成長が維持されるとしている。表3―3に示されているように、先進七カ国、ユーロ圏諸国、発展途上国、アジア諸国と移行経済諸国よりも中国経済の成長率が今後も高いと予測されている。

中国経済は世界的な不況のなかで相対的に高い成長を維持していることに加えて、中国は発展途上国であると同時に、計画経済体制から社会主義市場経済体制に転換した移行経済の国でもある。移行経済の特徴として、これまで著しく立ち遅れて経済発展のボトルネックになっていた市場経済のインフラ産業を急速に発展させる必要がある。そのような産業においてグローバル競争力をもっている海外企業にとって、市場開放されれば、移行経済の市場に大きなビジネスチャンスが生まれる。

たとえば、九〇年代に中国の広告業は急速に成長した。一九九七年に中国の広告費総額は約三七億ドルであったが、世界の第一三位に当たり、世界広告市場の約一％を占めている。その規模は日本市場のおよそ一〇分の一である。世界の広告費上位二〇カ国のうち、中国の広告市場はブラジルやメキシコに比べてもまだ規模が小さい。一人当たりの広告費でみると、中国はわずか五ドルである。また、中国のＧＤＰに占める広告業のシェアはわずか〇・七％である。このような統計データからもわかるように、中国の広告市場は未だに発達の初期段階にある。しかしながら、九〇年代に先進国の広告市場が停滞するなかで、アルゼンチン、中国、インドネシア、ギリシャ、コロンビア、フィリピン、インドやタイなどの発展途上国の広告市場は高い成長をみせている。九〇年代後半では、移行経済である東欧諸国の広告市場の成長も目覚しい。世界的にみて中国の広告市場はまさしく発達中の新

図 3—1　中国広告業の年間営業額と成長率

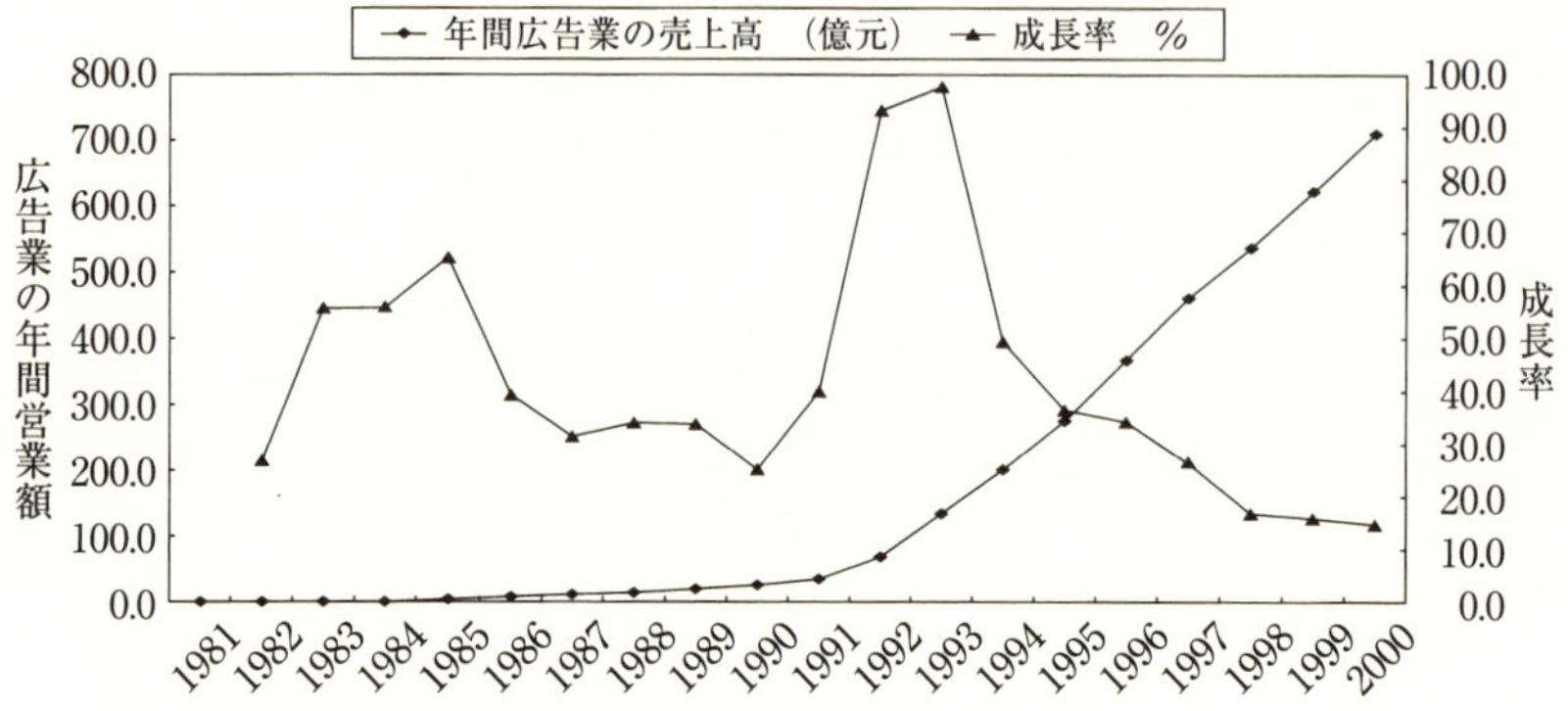

注：『中国統計年鑑2001（第 9 版）』による。

興市場である。

　統計を取り始めた一九八一年には、中国広告業の年間営業額はわずか一・二億元であった。一〇年後の一九九一年には二五億元の規模になり、一九九五年にはその約一〇倍の規模に急成長した。二〇〇〇年には中国広告業の年間営業総額が七一〇億元を超えた。

　図3—1からわかるように、中国広告市場が飛躍的に成長したのは九〇年代に入ってからである。とくに一九九二年と一九九三年は前年比で倍々ゲームという異常な成長ぶりをみせている。一九九三年以降中国広告市場の成長率が徐々に低下し、二〇〇〇年以降では約一五％の成長を維持している。一方、広告代理店は一九八一年の一、一六〇社から約七万社と増えた。広告業は、都心型サービス業のひとつとして今後も成長すると見込まれている。

　一九九〇年以降、急速な発展を遂げた中国の広告市場は世界的にも大きなマーケットのひとつになった。しかしながら、このような新興市場はいまだに発達の初期段階にあり、競争ルールとしての制度を確立しながら、有効的な法体制の充実と成熟した競争プレーヤとしての企業が必要である。

　九四年一一月に『中華人民共和国広告法』が公布され、九五年二月

図３—２　中国の広告法規体系

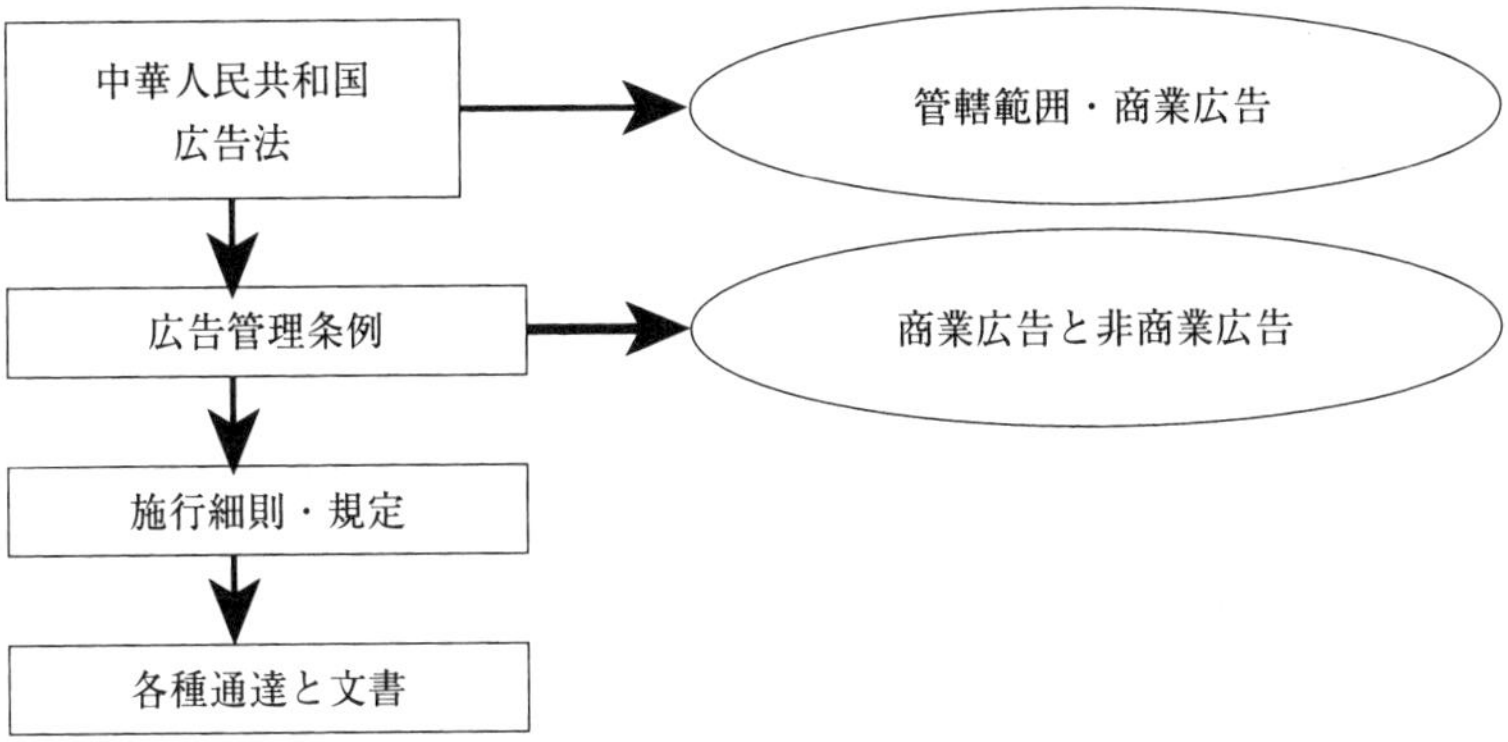

一日から施行しはじめた。その後、各種条例と施行細則が整備されるようになった。図３—２は中国の広告に関する法律・条例・規定・通達・文書の体系を示している。二〇〇〇年までの約五年間に制定された各種広告関連の法規、条例や規定は三〇を超えている。『広告管理条例』と『広告管理条例施行細則』の基本法規のほかに、「食品広告発布暫行規定」、「薬品広告発布暫行規定」、「不動産広告発布暫行規定」、「広告経営資格検査方法」、「広告言語文字管理暫行規定」、「戸外広告登記管理規定」、「公益広告活動に関する通知」や「印刷品広告管理方法」などが制定され、とくに違法行為の多い商品分野や不正の広告行為に関する法体系は市場の発達に合わせて整備されてきている。

表３—４は、開発金融研究所が二〇〇一年一〇月末時点で海外現地法人を三社以上有している製造業企業を対象に実施した調査結果である。中期的にはもっとも有望な事業展開先であると思われている中国での課題のうち、現地の法制度と税制に関する問題がもっとも上位になっている。具体的には、回答した企業の大半が、現地法制度の不透明な適用、頻繁かつ突然の制度変更、法制度の未整備、そして現地の税制の頻繁かつ突然の制度変更と運用の不透明性を問題にしている。

広告業の例からもわかるように、中国市場の制度的環境は絶えず変

表 3—4　中期的（今後 3 年程度）有望事業展開先国としての中国の課題

質　問　項　目	回答社数（315社）	構成比（%）
現地の法制（不透明な適用）	**168**	**53.3**
現地の法制（頻繁かつ突然の制度変更）	**164**	**52.1**
現地の法制（法制の未整備）	**138**	**43.8**
現地の税制（頻繁かつ突然の制度変更）	**133**	**42.2**
現地の税制（税制の運用の不透明性）	**115**	**36.5**
煩雑な行政手続（現地での投資許認可手続）	110	34.9
現地の政治・社会情勢	107	34.0
現地のインフラ（電力，通信，運輸など）	86	27.3
現地での他社との厳しい競合	75	23.8
現地での原材料・部品等の調達	65	20.6
現地の外資に対する一層の規制緩和（外資の出資比率の引き上げ，業種制限の緩和等）	64	20.3
現地での管理職クラスの人材確保	62	19.7
現地の税制（高い関税）	55	17.5
現地の税制（複雑な徴税システム）	53	16.8
現地での資金調達	51	16.2
現地（域内）通貨の安定性	48	15.2
現地の労働コストの上昇	44	14.0
現地での労務問題（労使関係ほか）	40	12.7
現地での労働者の水準（ワーカー・クラス）	33	10.5
地場裾野産業の未発達	32	10.2
投資先国にかかる情報不足	30	9.5
そ　の　他	1	0.3

出所：『開発金融研究所報』2002年 1 月，第 9 号。

化している。このような制度的な不安定性は、新興市場の本来的な特徴である。WTO加盟に合わせて、中国政府はこれまでの法体制を見直し、とくに対外経済貿易面の法律一、四一三件のうち、法律を六件、行政法規を一六四件、部門規則を八八七件、二国間貿易協定を一九一件、二国間投資保護協定を七二件、二重課税防止協定を九三件整理した。また、WTO規則に照らして、二国間貿易協定、投資保護協定および二重課税防止協定を除き、行政法規一一四件、部門規則四五九件を廃止し、法律一件、行政法規二五件、部門規則三三八件を保留し、法律五件、行政法規二五件、部門規則九〇件を改正するとしている。新しく制定される法規は二六件あり、そのうち主なものは「対外貿易法」関連の法規である。したがって、参入した外資系企業はこのような制度の不安定性とそれに由来するリスクに対応する能力を要求されている。

二　グローバル競争の焦点としての中国

中国経済の急成長を支えている重要な要因のひとつは、積極的に導入された海外からの直接投資である。もう一方では、中国市場に参入した外資系企業は新しい需要を生み出すと同時に、潜在的な市場需要も顕在化させている。

一九九二年以降、中国は世界直接投資の上位受入国となった。世界から各国の企業が参入した結果、中国が「世界の工場」と呼ばれるようになる。中国市場はもはや企業のグローバル・ネットワークに組み込まれるようになり、中国市場での競争はグローバル競争の焦点ともなってきている。

表 3−5　世界直接投資受入国の上位 5 カ国

（単位：10億ドル）

順　位	1990		1991		1992		1993		1994	
1	米　国	48.4	米　国	25.4	米　国	33.9	米　国	52.6	米　国	47.4
2	英　国	32.9	英　国	15.9	英　国	18.2	**中　国**	**27.5**	**中　国**	**33.8**
3	スペイン	13.7	フランス	11.1	フランス	15.9	フランス	20.8	フランス	15.8
4	フランス	9.0	スペイン	10.4	**中　国**	**11.3**	英　国	15.6	メキシコ	11.0
5	オランダ	8.8	ベルギー	8.9	ベルギー	10.8	ベルギー	10.8	スペイン	9.4
世界合計								219.4		253.5
中国の構成比								12.5%		13.3%

順　位	1995		1996		1997		1998		1999	
1	米　国	59.6	米　国	89.0	米　国	109.3	米　国	193.4	米　国	282.5
2	**中　国**	**35.8**	**中　国**	**40.2**	**中　国**	**44.2**	英　国	63.7	英　国	84.8
3	フランス	23.7	英　国	25.8	英　国	37.0	**中　国**	**43.8**	スウェーデン	59.4
4	英　国	20.3	フランス	22.0	フランス	23.0	オランダ	37.2	ドイツ	52.2
5	スウェーデン	14.9	オランダ	14.6	ブラジル	19.7	ブラジル	31.9	フランス	38.8
世界合計		328.9		358.9		464.3		643.9		865.5
中国の構成比		10.9%		11.2%		9.5%		6.8%		

注：1990—1992のデータは Financial Market Trends, OECD（April 1993）による。
　　1993—1999のデータは JETRO, White Paper on FDI による。

（1）直接投資の上位受入国

九〇年代は世界の海外直接投資が急速に拡大した時代であった。

中国は一九九二年以降世界のなかで上位の直接投資受入国となった。世界からさまざまな企業が中国市場に大量に進出したことによって、中国市場は急速に企業のグローバル・ネットワークに組み込まれるようになった。

表3－5は、全世界直接投資の上位五カ国の受入額を示している。一九九二年に中国ははじめて世界の直接投資受入国の第四位に登場し、一九九三年から一九九七年までの五年間で連続して受入国の第二位を占めていた。一九九九年に英国やユーロ圏諸国への直接投資が急増したために、受入国としての中国の順位が五位以下に下がった。

表3―5に示されているように、新興市場のなかでメキシコやブラジルは受入国の上位に入っているが、中国は九〇年代では発展途上国のうち最大の海外直接投資受入国である。中国のWTO加盟後、海外からの直接投資が大幅に増え、世界の最大な受入国になっている。このように、世界から積極的に直接投資を受け入れた中国は、急速に企業のグローバル・ネットワークに組み込まれていく。また、中国国内市場での競争は世界市場でのグローバル競争と直接リンクするようになった。

(2) 直接投資を中心とした外資導入

第二の特徴として、中国が導入した外資の大半は直接投資によって占められている。

外資系企業の許認可を担当する中国対外貿易経済合作部が認可した新規件数は、二〇〇一年末までに累計で三九万件を超えた。このなかには同一企業による増資案件も認可対象であるため、かなりの増資件数が含まれている。そのうち約九〇%が九二年以降に許可されたものである。また、二〇〇一年一二月末に設立登記をすませた外資系企業の数は二〇万二、三〇六社である。

図3―3は、中国側が公表した一九七九年以降の外資導入の推移を示すデータである。中国が導入した外国資本は外国の政府や民間からの借款（対外借款）、海外からの直接投資とその他の投資に分けられている。一九九二年以降、直接投資の実行金額が導入した外国資本の総額に占める割合は、八〇年代の三〇%台から六割を超えている。

このように、中国市場への資本流入の約九割が長期資本であり、直接投資がその大半を占めている。理論的に海外直接投資は、企業による「パッケージされた経営資源」の国際移転である。九〇年代の東南アジアの国々と

図3―3　中国の外資導入額と対中直接投資実行額の推移
『中国統計年鑑』

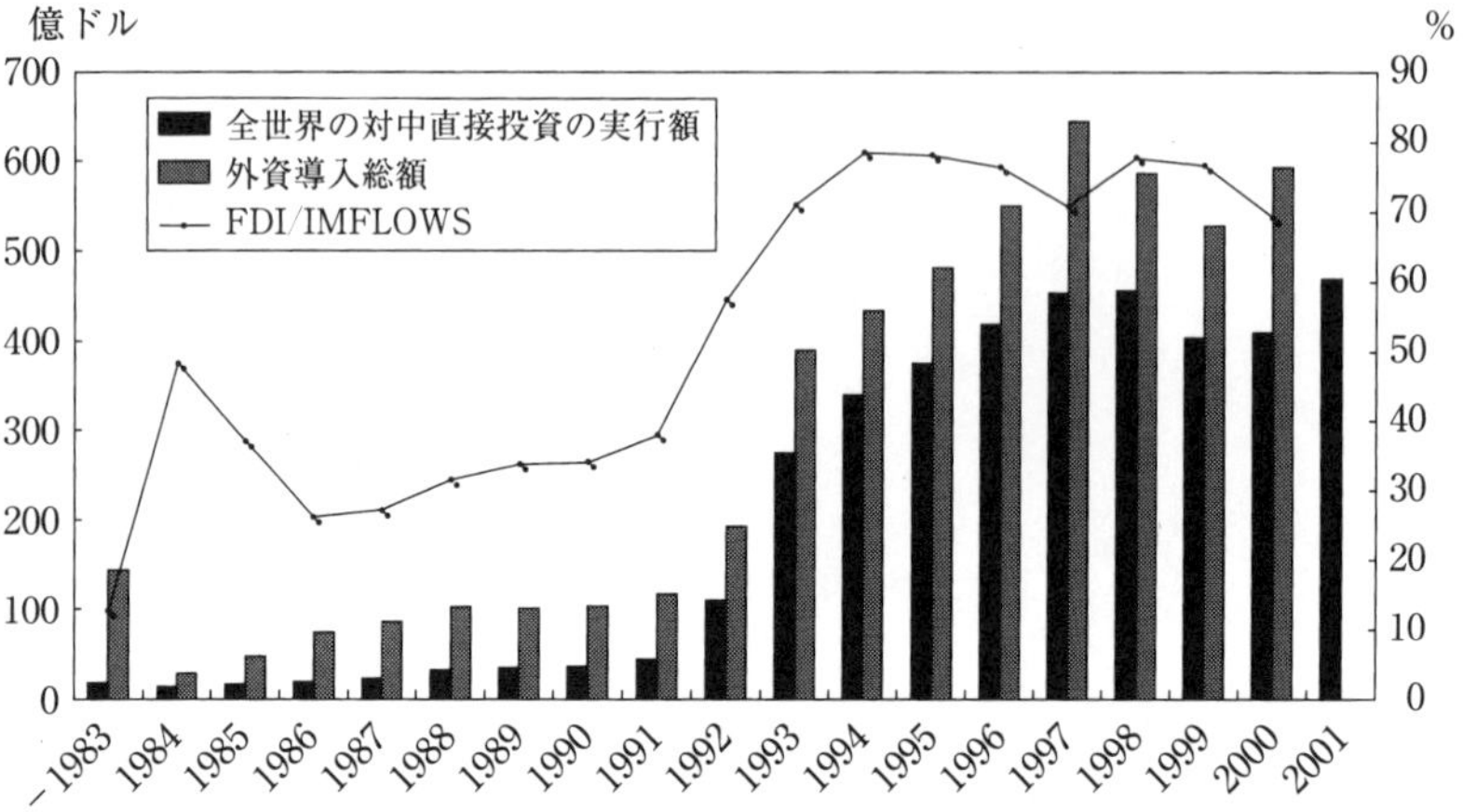

違って、中国金融市場の自由化は限られた範囲でしか実施されず、資本市場の対外開放も行われていない。このため、民間による海外からの短期資本の流入は大きく制約されている。九七年アジア通貨危機の教訓を受けて、中国政府は資本市場の対外開放に対してきわめて慎重であり、WTO加盟後も資本市場の自由化に対して制約をかけている。したがって、少なくとも二〇〇五年までは、中国市場への資本流入の中心が海外企業の直接投資である。

(3)　対中直接投資の上位国・地域

八〇年代に中国が受け入れた海外直接投資のほとんどが香港・マカオに立地する企業からのものであった。表3―6は、対中直接投資の上位八カ国・地域の投資件数、契約額と実行額の構成比推移を示している。

七九年に中国が対外開放を実行してから二二年の間に実行した直接投資の累計額でみると、上位の国と地域は、香港・マカオ、米国、日本、台湾、シンガポール、韓国、英国、ドイツという順になっている。

表 3−6　対中直接投資の国・地域別構成比の推移

Ⅰ　直接投資の契約件数（%，件）

国・地域別	83～86	87～92	国・地域別	93～97	98～01	79～01 年累計	構成比 (%)
香港・マカオ	83.2	68.2	香港・マカオ	53.0	31.0	204,972	52.6
米　国	4.0	6.0	米　国	9.0	11.1	33,905	8.7
日　本	5.6	4.1	日　本	6.4	7.1	22,386	5.7
台　湾	0	11.8	台　湾	13.2	16.9	50,820	13.0
シンガポール		1.6	シンガポール	2.8	2.8	9,793	2.5
韓　国	0	0.8	韓　国	4.3	9.5	18,224	4.7
EC	2.6	1.3	英　国	0.9	1.2	3,084	0.8
東　欧	3.1	2.9	ド イ ツ	0.7	1.2	2,696	0.7
全世界	7,375	82,972	全世界	213,572	85,216	390,024	100.0

Ⅱ　直接投資の契約金額（%，億ドル）

香港・マカオ	60.7	74.7	香港・マカオ	51.4	28.7	3,584	48.1
米　国	20.6	5.9	米　国	7.8	12.5	681	9.1
日　本	7.3	4.9	日　本	5.7	6.4	442	5.9
台　湾	0	9.0	台　湾	7.1	8.3	547	7.3
シンガポール			シンガポール	6.4	4.1	374	5.0
韓　国	0	0.5	韓　国	2.2	3.9	222	3.0
EC	8.3	3.2	英　国	3.0	2.1	185	2.5
東　欧	2.8	3.7	ド イ ツ	1.1	3.0	132	1.8
全世界	145	913	全世界	4,104	2,249	7,453	100.0

Ⅲ　直接投資の実行金額（%，億ドル）

香港・マカオ	53.6	72.8	香港・マカオ	53.2	39.0	1,923	48.7
米　国	15.7	7.5	米　国	7.7	10.0	349	8.8
日　本	15.1	10.2	日　本	7.8	8.0	324	8.2
台　湾	0	6.8	台　湾	8.8	6.3	293	7.4
シンガポール			シンガポール	4.5	5.9	190	4.8
韓　国	0	0.4	韓　国	3.0	3.8	123	3.1
EC	6.4	3.6	英　国	2.7	2.5	98	2.5
東　欧	0.9	2.2	ド イ ツ	1.2	2.5	71	1.8
全世界	65	278	全世界	1,865	1,736	3,952	100.0

注：対外貿易経済合作部資料より算出。

出所：83年～86年，87年～92年の資料は王洛林主編（1997）『中国外商投資報告』の付録Ｉから，92年以降はすべて日中経済協会が公表した年次別資料から引用しているが，資料の出所はすべて中国対外貿易経済合作部外資司である。なお，79年～01年までの累計は年次別データの合計とは必ずしも一致していない。

表3－6に示されていないが、バージン諸島からの契約投資額は二〇〇一年末で二七五億ドルを超えて全体の約三・七％、その実行額も一八三億ドルを超えて全体の約四・六％を占めている。このような投資額の規模は第六位のシンガポールとほぼ同じである。

また、第九位フランスの契約件数、契約額、実行額の累計はそれぞれ一、八七〇件、六三億ドル、五〇億ドルで、実行額では全体の一・三％を占めている。このほかに、実行額のシェアが一％以下の国々はマレーシア、カナダ、オランダとタイと続いている。

二〇〇一年末の累計件数、契約額と実行額のトップは香港・マカオである。それぞれの項目で香港・マカオからの直接投資が全体の五二・六％、四八・一％と四八・七％を占めている。しかしながら、興味深いことは、時系列の推移をみると、対中直接投資における香港・マカオの地位が八〇年代ではきわめて重要であったが、九二年以降に低下した。

第一次対中投資ブームは八四年と八五年であったが、中国市場の対外開放の初期では、香港・マカオからの投資件数が六、〇〇〇件を超え、全体の八三％も香港を経由した投資である。日米欧諸国のなかでもっとも投資件数が多かった日系企業もわずか四一一件しかない。また、八六年までの香港・マカオからの対中投資の平均規模が相対的に小さかったために、契約額と実行額ではそれぞれ全体の六割と五割しか占めていない。

第二次投資ブームは八七年と八八年であるが、天安門事件が起こった八九年に香港・マカオからの対中投資規模がむしろ拡大し、全体的には微増した。表3－6でわかるように、この時期の香港・マカオからの直接投資の契約額と実行額は全体の約七五％を占めていた。

日米欧企業、台湾企業や東アジアの華僑華人系企業を含めて、多くの海外企業が香港に現地法人を設立し、そ

図3—4　対中直接投資の地域別構成比率の推移

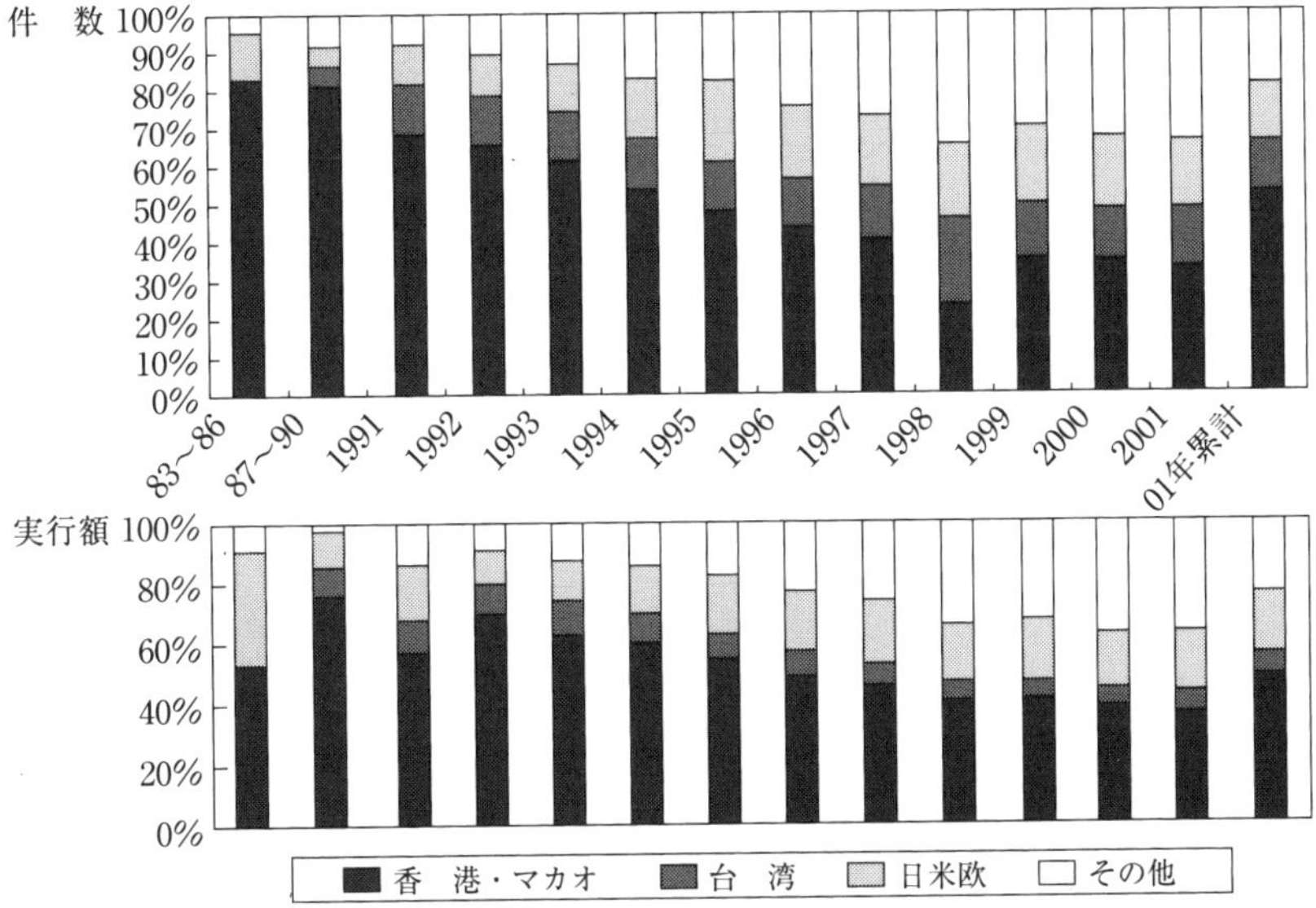

注：日米欧は日本，米国，英国とドイツの四カ国の合計である。EU の他の国はその他に含まれる。

れを中国大陸へ直接投資や貿易の拠点にしていることを考慮すれば、香港・マカオからの直接投資のうち、かなりの部分が香港地元企業以外の海外企業による投資であると推測される。(1)

統計データによって投資会社の親会社の国・地域を明確に識別することは不可能であるが、たとえば、『中国・香港・台湾進出企業総覧'97』(東洋経済新報社)に掲載された九六年までに設立した日系現地法人一、八八三社のうち、日本企業の出資比率と香港現地法人の経由出資比率がともに第一位の日系現地法人のみをとりあげても、確認できた現地法人の数は二六〇社を超えている。これに対して、台湾の現地法人を経由して中国に投資した日本企業の数はわずか一二社であった。英国などの欧米企業がどのぐらいの数で香港経由して中国大陸に投資しているのかについては、確認できない。

九一年から第三次対中投資ブームが起こり、

鄧小平の「南巡講話」によって中国政府の対外開放政策はいっそう自由化の方向に進み、世界からの直接投資が九二年と九三年に中国に集中し、実行額の対前年比は一五〇％を超えた。九一年の実行額が四四億ドルであったが、九二年が一一〇億ドルに達し、九三年には二七五億ドルを超えた。

九五年になると、香港・マカオからの投資の構成比率が五〇％を割り、日本、米国、英国とドイツの四カ国からの投資は全体の二〇％を占めるようになり、台湾、東南アジア諸国やその他の先進国からの投資も増え、対中直接投資が本格化した。

また、九七年香港返還以降、台湾企業を中心にバージン諸島に登録した現地法人を経由した対中投資が増え、二〇〇一年末の統計契約件数の累計では四、六八八件になっている。その翌年の九八年には、香港・マカオからの件数と契約額は全体の約二五％に低下した（図3―4）。したがって、香港・マカオ・台湾といった中華圏内の企業が対中直接投資の主役ではあるが、そのすべてを華僑・華人系企業による投資ととらえることができない。

第二節　対中直接投資の全体像

九〇年代に入って、世界直接投資の流れは中国に集中するようになり、華人・華僑資本を中心とした流れ、あるいは香港現地法人を経由した対中直接投資という流れに代わって、日米欧企業が中国市場に本格的に参入しはじめた。投資規模、投資形態、立地問題などの側面からみて、日米欧の対中直接投資はつぎのような特徴がある。

一　国・地域別の対中直接投資

まず第一に、香港・マカオ、米国、日本、台湾、シンガポール、韓国、英国、ドイツの上位八カ国・地域から実行された対中投資は全体の約九割を占めている。

対中直接投資の実行額に占める香港・マカオ・台湾の比率は九三年の約六八％から九七年の五三％まで低下したが、その後、台湾からの投資が急増したため、二〇〇一年末までの累計では香港・マカオ、台湾の構成比は全体の約五五％とわずか上昇した。

これに対して、対中投資実行金額に占める日米欧の比率は九二年の約一三％から全体の約三〇％を占めるようになった。二〇〇一年末までの契約額と実行額の累計では、米国が第二位を占めている。米国の約三万四、〇〇〇件という投資件数は、台湾の五万件よりは少ないが、第三位の日本（二万二、三八六件）より五〇％も多い。また、契約額では、第二位の米国が六八一億ドルであるのに対して、第三位の日本は四四二億ドルである。しかしながら、実行額では、日本と米国との差はわずか一五億ドルしかない。第四位の台湾の累積実行額が二九四億ドル、第五位のシンガポールが一九〇億ドル、第六位の韓国が一二三億ドル、これに次いで英国が九八億ドル、ドイツが七一億ドルである。欧州系企業からの投資額はこの三、四年で増大してきている。九七年、九八年と九九年の対中投資実行金額に占めるEU全体の構成比は八・九％、八・八％と一一・一％と米国よりも大きくなった。

表３—７　対中投資の平均規模

（単位：万ドル，％）

国・地域別	契約総額の順位	１件当たり実行額					１件当たりの契約額	（1979～01）
		83～86	87～92	79～92	93～97	98～01	79～01	実行額／契約額
ドイツ	9	27	25	25	157	449	490	53.8
英　国	8	218	93	112	274	444	600	53.0
シンガポール	5	—	—	—	138	439	382	50.8
香港・マカオ	1	57	36	38	88	256	175	53.7
日　本	4	241	84	101	106	228	197	**73.3**
米　国	2	346	42	59	75	183	201	51.2
韓　国	7	—	18	18	61	80	122	55.4
台　湾	3	—	19	19	58	76	108	53.6
			86～90	91～93	94～97		79～01	
フランス	10		215	386	443		337	79.4
バージン諸島	6						587	66.5
全世界合計		89	33	38	87	204		53.0

注：対外貿易経済合作部資料より算出。

二　対中投資の平均規模

第二に、欧州系企業の平均的な投資規模が大きく、日米企業の対中投資には大型プロジェクトのほかに、中小規模の投資も多い。

表３－７に示されているように、ドイツ、英国やフランスなど欧州系企業の対中投資の平均規模がとくに大きい。二〇〇一年までの累計認可件数と契約金額から計算すると、一件当たりの契約額では英国が六〇〇万ドル、バージン諸島が五八七万ドル、ドイツが四九〇万ドル、シンガポールが三八二万ドル、フランスが三三七万ドルである。全世界の平均投資規模は一九一万ドルであるために、欧州企業の平均投資規模はきわ

めて大きいことがわかる。これに対して韓国と台湾からの平均的な投資規模が小さく、また、香港・マカオからの平均的な投資規模もやや小さい。

日本と米国からの平均的な投資規模は、それぞれ一九七万ドルと二〇一万ドルで全体の平均規模とほぼ同じである。香港・マカオからの投資もそうであるように、大型プロジェクトがある一方で、中小規模の投資が多く含まれているため、平均的な投資規模が相対的に小さくなっている。

表3―7に示された一件当たりの実行金額の変化からわかるように、八六年までの初期では、日米英からの対中投資プロジェクトの投資規模はかなり大きいが、九八年以降では日米欧企業の自動車、石油化学などの大規模プロジェクトが本格的に動き出している。

三　対中投資の実行率

第三に、日本企業の対中直接投資の実行率はほかの国や地域に比べて際立って高い。

表3―7には対中投資上位国・地域の投資実行率（実行額／契約額）を示している。二〇〇一年までの累積投資額に関しては、フランスの七九％に次いで日本企業の実行率は七三％を超えている。これに対して、シンガポール企業、英国企業と米国企業の投資実行率は世界の平均水準（五三％）よりもやや低い。

四　対中投資の形態

中国では、外国資本の利用形態を図3―5のように直接投資、コマーシャル・クレジットと借款に分類されている。

図3―5　中国の外国資本の利用形態

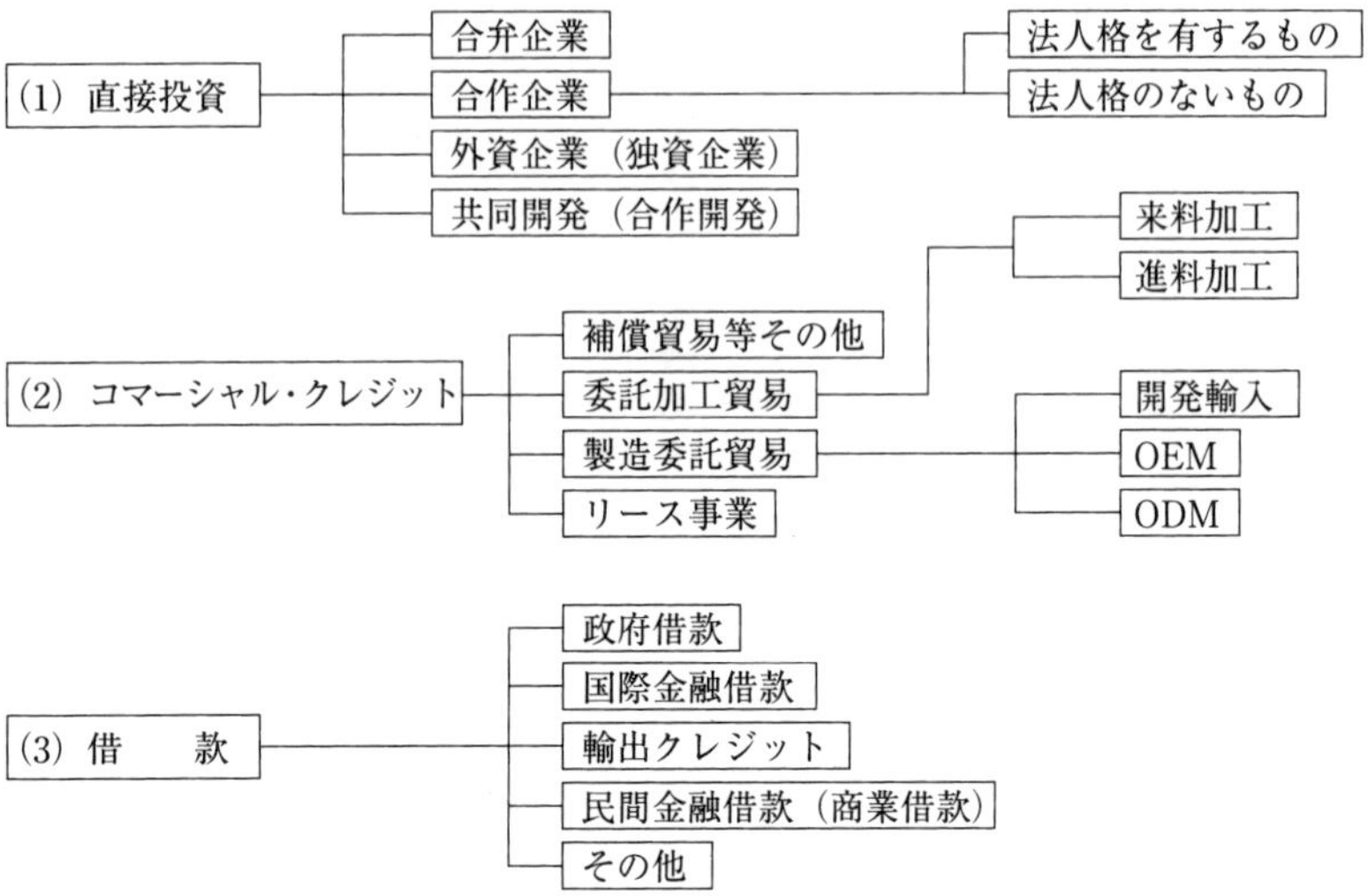

直接投資に分類される「合弁企業」、「合作企業」と「独資企業」は『中外合資企業経営法』（合弁企業法、七九年七月に公布）、『中外合作企業経営法』（合作企業法、八八年四月に公布）と『外資企業法』（独資企業法、八六年四月に公布）に基づいて設立された企業であり、中国では「三資企業」と呼ばれている。それぞれの法律は「三資企業」の設立方法、資本回収方法、清算や利益の分配、外貨バランス要求、現地調達要求、輸出義務要求や生産計画報告要求などを規定している。

表3―8は、七九年から二〇〇〇年まで対中直接投資の投資形態別の構成比を示している。

中国でいう「合作企業」は、直接投資形態としてやや特異なものである。八五年まで対外開放の初期では、法律の枠組みがないまま外資導入が実験的にスタートされた。多くの点において曖昧なまま、合作パートナー双方が合意された契約に基づいて「企業」を設立した。出資額の大小ではなく、契約によってそれぞれの権利と義務を決め、法的な形式より実際の事業をすばやく開始することができる

「合作企業」は対中投資の大半を占めていた。

早くから中国に参入したコカ・コーラなどの米国企業は合作形態による多額かつ複数事業拠点を中国各地に展開した。このため、九五年までの米国からの実行金額の二五％が合作形態によるものになっていた。詳細な統計データが公表されていないため、当時の合作形態は香港企業や華僑系企業によって多く採用されているが、コカ・コーラのように合作形態を活用した多国籍企業も多く含まれている。しかしながら、どのような投資国・地域、またどのような業種で多く採用されていたのかは不明である。全体的には、中国政府の直接投資に関する法制度の整備に合わせて、対中投資の主要な投資形態は、合作から合弁、そして独資に変化してきた。

表 3－8　対中直接投資の投資形態

年　度	合　弁	合　作	独　資	合　計
	件数の構成比率（%）			件　数
1979～82	9.1	87.2	3.6	909
1983	23.7	73.0	3.3	452
1984	39.9	58.7	1.4	1,856
1985	46.0	52.5	1.5	3,069
1986	59.8	39.0	1.2	1,492
1987	62.6	35.4	2.1	2,230
1988	65.8	27.3	6.9	5,940
1989	63.4	20.4	16.1	5,769
1990	56.3	18.1	25.6	7,268
1991	64.7	13.7	21.6	12,968
1992	70.5	11.7	17.8	48,757
1993	64.7	12.5	22.7	83,423
1994	58.7	14.0	27.4	47,531
1995	55.3	12.9	31.8	37,003
1996	51.5	11.6	36.9	24,539
1997	43.0	11.3	45.7	21,021
1998	41.0	10.1	48.9	19,799
1999	41.7	9.8	48.5	16,907
2000	37.5	7.9	54.6	22,331
1979–2000 件数合計	198,488	47,299	97,678	343,465
構成比率	58%	14%	28%	

出所：対外貿易経済合作部の資料より算出。

『合作企業法』が八八年四月に公布されるまで約五、〇〇〇社の合作企業が設立されたが、八六年以降に「合弁企業（Joint-Venture）」が対中投資の主要な形態となった。八六年から九四年までは、対中投資（件数）の六〇％以上が合弁形態であった。

一九九四年から中国政府がＷＴＯ加盟を目指して、外資出資比率に対する規制をいっそう緩和した。一九九五年以降、独資形態が対中投資件数の約三〇％から全体の半数以上を占めるようになり、「合作企業」形態は全体の一〇％未満になり、合弁形態が三〇％台になった(2)。

九二年まで出資比率が公表されている四、七七四社のうち、外資比率が四九％以下の企業が全体の六〇・七％を占め、外資比率が五一％以上の企業はわずか一七％であった。その後、出資比率のデータが公表されなくなったため、合弁形態のなかでも外資比率が五〇％を超える企業の比率が増えていることを統計データによって裏付けることができない。

外資系企業の出資比率に関する規制が徐々に緩和されていた。中国側の統計によれば、九一年の投資件数が一万二、九七八件であったが、九二年に四万八、七六四件と急増し、九三年にはピークの八万三、四三七件に達した。外資合弁企業の中国側パートナーの資金が手配できず、結果的に外資側がマジョリティーを得たケースが多数にあったといわれている。

二〇〇〇年までの投資件数累計では、合弁形態の構成比が五八％になり、一〇〇％外資である独資企業の比率は全体の約二八％を占めている。残りの一四％が合作形態である。

二〇〇一年に認可された二万二、三四七社の外資系企業のうち、独資企業の比率が六〇％を超え、合弁企業が約三四％になった。そして、二〇〇二年一―八月で認可された二万一、四七〇社の外資系企業のうち、合弁企業

表3−9　中国の貿易形態別構成比

年　度	通常貿易	来料加工	進料加工	その他	貿易総額
1995	40.9%	13.1%	33.9%	12.1%	280,864
1996	35.3%	14.5%	36.1%	14.2%	289,881
1997	36.0%	15.5%	36.8%	11.8%	325,162
1998	36.4%	15.7%	37.8%	10.2%	324,046
1999	40.5%	16.4%	34.7%	8.3%	360,630
2000	43.3%	14.6%	34.0%	8.2%	474,297
2001	44.2%	13.9%	33.4%	8.4%	509,768

注：『中国海関統計』各年版より算出。

が六、四一九社、合作企業が一、〇一七社、外商投資株式会社が九社、独資企業が一万四、〇二四社になっている。独資企業が全体の六五・三%を占めるようになった（『国際商報』二〇〇二／〇九／一四付）。

中国のWTO加盟によってほとんどの産業分野に関して、外資の出資比率に対するさまざまな制約が二〇〇六年までに完全に撤廃される。一〇〇%出資形態による対中投資はいっそう増えると考えられる。

中国を生産拠点として活用する方法として、よりリスクの低いコマーシャル・クレジットのなかで、委託加工貿易と製造委託貿易などの貿易形態が利用されている。中国の税関統計では、原材料や部品を輸入し、生産された製品を輸出する「通常貿易」と区分して、海外企業から原材料や部品を無償提供して加工生産した製品を海外に輸出する委託加工貿易の形態を「来料加工」として、また、同一の海外企業から原材料や部品を輸入して加工した製品をその企業に輸出する委託加工貿易の形態を「進料加工」として、九五年以降のデータが公表されている。なお「その他」という貿易形態のなかには、バーター貿易や補償貿易、直接投資に伴う機械設備の輸入などが含まれている。

表3−9に示されているように、委託加工貿易は中国の貿易の約五〇%を占めている。三資企業の場合、とくに独資企業による貿易額の

うち、九五年では約八〇％が「進料加工」形態によるものであり、二〇〇一年ではその比率が六七％を超えている。このような貿易形態は、多国籍企業は企業内部の国際分業ネットワークに中国の現地法人を組み込んでいることを示している。第五章では、調査データによってこの統合の実態を詳細に分析したい。

五　対中投資の立地選択

約八割の外資企業は中国の東部沿海地域の都市に集中している。九二年までは、沿海部の都市と開発区が対外開放され、沿海部には外資が集中していた。九〇年代以降、内陸部の主要な都市も対外開放されはじめたが、海外からの直接投資は今日でも内陸の中西部地域へ向かずに依然として沿海部の都市に集中している。

九二年までは、日本企業の約半数が大連などの渤海湾地域に集中していたのに対して、米国企業は中国の沿海部の各経済圏にバランスよく分散していた。一九九八年末の登記ベースで日系外資企業の数は一万四、四九五社あるが、その九〇％以上が上海市、遼寧省、大連市、江蘇省、山東省、広東省、北京市、天津市と浙江省などの沿海地域に集中している。現在、外資系企業がもっとも集中する地域は上海市、江蘇省と浙江省の長江デルタ地域である。

六　対中投資の産業別構成

一九八七年まで、対中直接投資の中心は華僑資本による不動産・ホテル、そして中小投資規模の繊維・アパレルや靴などの労働集約的な産業であった。八八年以降、第二次産業への投資が増え、一九九〇年の直接投資契約額の八四・四％が工業関連であった。中国政府は「外商投資産業指導目録」を作成し、ハイテク型や輸出型の外資系企業の輸入設備に対して、輸入関税と輸入時の増値税の免除や還付といった優遇措置を与え、外資の産業別構成を誘導するような政策を実施していた。

一九九二年以降は日米欧の多国籍企業による家電や機械などの産業への投資が急速に拡大した。九九年まで工業への外資投資件数は全体の七三％を占め、契約金額でも全体の約六〇％を占めている。一九九五年の「中国第三次工業センサス」によれば、外資系工業企業の数は全体の九・七％を占め、製造業では企業数の一〇・八％、売上総額の二一％、資産総額の一八・九％を占めるようになった。

一九九二年以降、日米欧の多国籍企業はその企業ネットワークを中国市場に広げ、本格的に現地市場の開拓と浸透に取り組みはじめた。一九九二年を境になぜこのような変化が起こったのかに関しては、まず、九二年から中国政府は外資への規制を緩和し、市場をいっそう開放させたことがあげられる。これまで厳しく規制していた分野であった物流、小売や銀行保険などのサービス業種にも外資に対して部分的な参入を認めた。内陸部の二八都市が開放され、外資系企業の全国的な展開が可能となった。

また、中国政府は新しい外資政策として「以市場換技術」、すなわち国内市場の開放と引き換えに外国企業から技術を導入する方針を打ち出し、各地方政府は競って上位五〇〇社のグローバル企業の誘致に力を入れた。もう一方では、七九年以降、中国経済が高い成長率を維持し、九四年に中国のＷＴＯ加盟交渉が本格化し、中国国内市場の巨大な潜在需要も顕在化しはじめた。

第三節　対中直接投資のインパクト(3)

中国の市場開放と外資導入は、一方では中国経済の急速な成長と中国市場の拡大をもたらす重要な要因である。もう一方では、中国をグローバルな企業ネットワークに組み入れることで海外企業にも大きなインパクトを与えている。中国のWTO加盟によって中国の対外的なインパクトはいっそう増大するであろう。中国のWTO加盟は一二億人を超える巨大な市場と国民経済を世界貿易体制に組み入れることを意味している。中国市場に参入した企業が中国の現地法人を統合させることとの全体的な衝撃と影響の大きさをグローバルな視点から理解する必要がある。

一　世界貿易の主要国になった中国

WTOの統計資料によれば、この一〇年間において世界の輸出総額が年平均六％で拡大し、二〇〇〇年には六兆一、八六〇億ドルの規模になった。中国のシェアは一九九〇年一・八％から二〇〇〇年の四％に拡大した。図3—6に示されているように、世界の輸出総額に占める中国のシェアは、東欧・CISと中東の地域に匹敵するほどの規模まで拡大している。

このデータからわかるように、中国経済はすでに世界貿易のなかに実質的に組みこまれ、中国は世界貿易の主要国のひとつになっている。WTOへの加盟は、米国をはじめとする先進諸国が主導する世界貿易体制に新興市場である中国を組み入れることである。

すでに述べたように、一九八四年以降、中国政府が海外直接投資を積極的に導入することによって、中国の貿

図3—6　世界の輸出総額に占める国：地域のシェア（2000年）

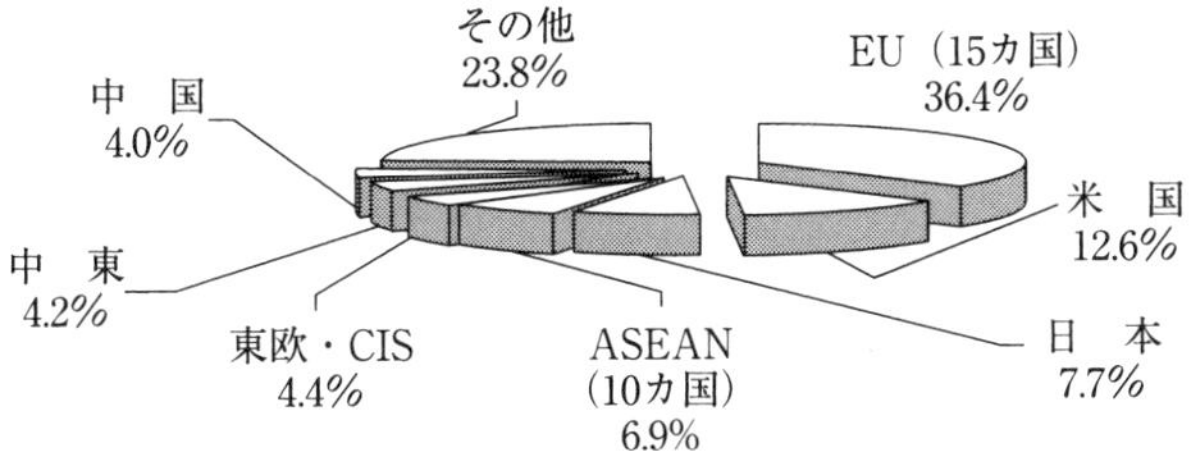

注：WTO, International Trade Statistics 2001より作成。

易を飛躍的に拡大させた。しかしながら、国内市場に関しては、堅く保護する政策のもとで徐々に開放してきた。

WTO加盟によって、中国中央政府および地方政府の国内市場保護政策をやめさせ、地域市場保護主義を抑制する効果がある。もう一方では、WTOの紛争処理手続きに従って中国との貿易摩擦を解決することが可能となる。

農業自由化、サービス貿易、知的財産権の保護および直接投資などの問題に関しては、先進国同士、先進国と発展途上国の間に対立も見解の開きも大きい。ただでさえ不安定な世界貿易機関という制度に、中国という世界最大の新興市場を組み入れることによって、貿易摩擦や貿易自由化に関する交渉がいっそう複雑になり、WTOの信用に大きな打撃を受けるかもしれない。このような疑念は、中国のWTO加盟を反対する人々の根拠でもある。しかしながら、WTOの指導的な加盟国である米国の保護主義的な傾向の影響は、WTOという制度の有効性に対する中国の加盟による影響よりはるかに大きい。その方向性は非常に不透明である。したがって、中国WTO加盟の効果は、これまでの対中直接投資がもたらした結果を詳細に分析して理解すべきである。

二　「世界の工場」となる中国

二〇〇〇年から日本国内において、中国の製造業と輸出競争力に対する評価は

図3―7　世界の工業製品輸出総額に占める国・地域のシェア

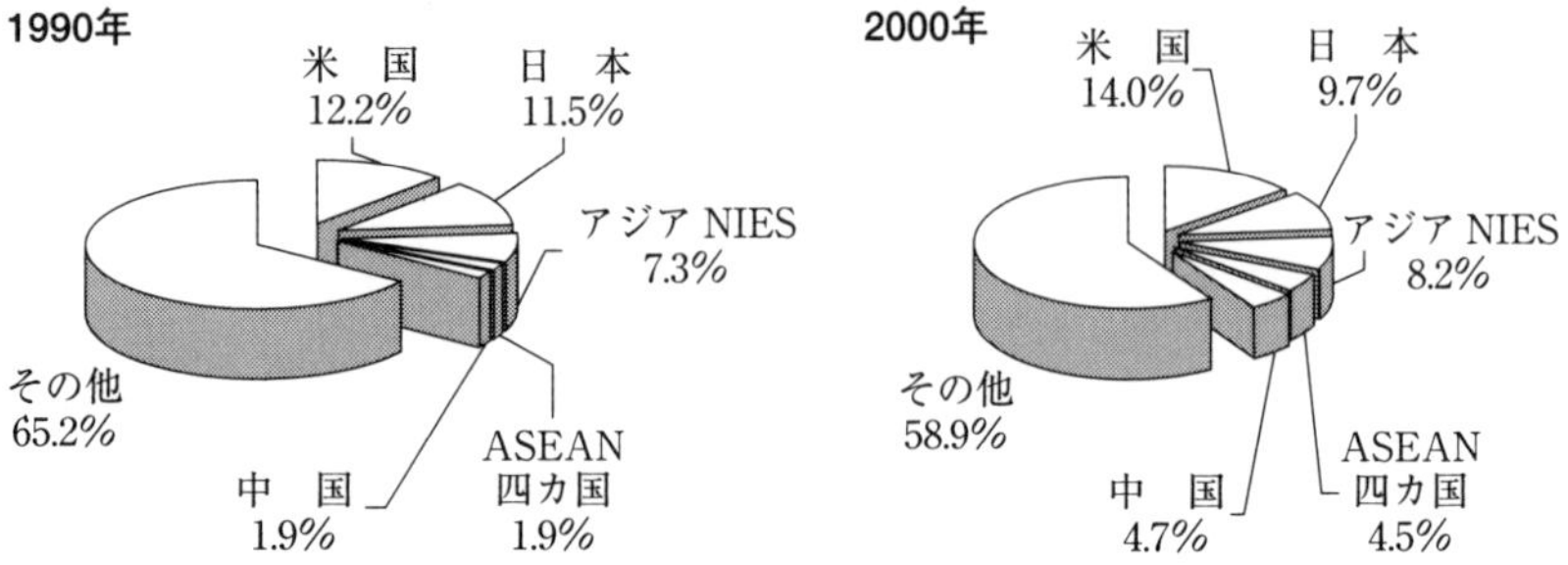

注：WTO, International Trade Statistics 2001 より作成。

急激に高まってきた。中国が「世界の工場」になっているという論調は日本のマスコミに頻繁に登場するようになった。しばしば、そういう議論の多くは、輸出拠点としての中国の現状と特徴を冷静に認識していない。まず、現時点で中国を「世界の工場」と呼べるほど、中国の工業製品輸出が世界に占めるシェアは高くない。

図3―7に示しているように、一九九〇年では、中国の工業製品輸出額はマレーシア、タイ、インドネシアとフィリピンのASEAN四カ国とほぼ同じであった。それはアジアNIESよりはるかに小さい規模である。しかしながら、九〇年代において中国は年平均一七%のスピードでASEAN四カ国を追い越して、二〇〇〇年では、中国からの工業製品輸出が全世界の四・七%を占めるようになった。

全体的にみて、世界の工業製品輸出における中国と東南アジアの地位は高まったのに対して、日本とその他の国・地域のシェアは低下した。しかしながら、工業製品の主要な輸出国は依然として米国と日本である。二〇〇〇年末では、中国は工業製品の輸出拠点としてASEAN四カ国とほぼ同じ規模であり、NIES諸国との間に大きな差がある。WTO加盟後も中国からの工業製品輸出が現在のペースで増えるかどうかを検討する余地がある。

表3—10　外資系企業による輸出入の占めるシェア

年　度	輸出額（億ドル）	全輸出に占める比率（%）	輸入額（億ドル）	全輸入に占める比率（%）	輸出輸入額（億ドル）	貿易総額に占める比率（%）
1986	5.8	1.9	24.0	5.6	29.9	4.0
1987	12.1	3.1	33.7	7.8	45.8	5.6
1988	24.6	5.2	58.8	10.6	83.4	8.1
1989	49.1	9.4	88.0	14.9	137.1	12.3
1990	78.1	12.6	123.0	23.1	201.2	17.4
1991	120.5	16.8	169.1	26.5	289.5	21.3
1992	173.6	20.4	263.7	32.7	437.3	26.4
1993	253.4	27.6	418.3	40.2	671.7	34.3
1994	347.1	28.7	529.3	45.8	876.5	37.0
1995	468.8	31.5	629.4	47.7	1,098.2	39.1
1996	615.1	40.7	756.0	54.5	1,371.1	47.3
1997	749.0	41.0	777.2	54.6	1,526.2	47.0
1998	809.6	44.1	767.2	54.1	1,576.8	48.7
1999	886.3	45.5	858.8	51.8	1,745.1	48.4
2000	1,194.4	47.9	1,172.7	52.1	2,367.2	49.9
2001	1,332.4	50.1	1,258.6	51.7	2,591.0	50.8

注：『中国対外経済貿易年鑑』より算出。

つぎに、中国から輸出される工業製品の大半は、外資系企業によって生産されたものである。中国に直接投資した外国の企業が中国を輸出するための生産拠点として活用した結果、中国の世界貿易における地位が急速に高まったのである。

表3—10は、中国の外資系企業による貿易のシェアを示している。一九八五年以降、外資系企業の中国貿易に占めるシェアは拡大しつづけ、二〇〇〇年には五〇%を超えた。すでに述べたように、これに加えて海外から材料や設備を持ちこみ、中国国内で加工し

表3—11　地域ブロック内と地域ブロック間の相互依存性

（縦は輸出元，横は輸出先の地域）

2000年	北米	中南米	西ヨーロッパ	東ヨーロッパ	アフリカ	中東	アジア	世界
北　米	39.8	16.5	18.5	0.6	1.1	1.9	21.6	100
中南米	61.3	17.3	12.5	0.8	0.8	0.8	5.8	100
西ヨーロッパ	10.8	2.3	67.8	5.3	2.4	2.5	8.2	100
東ヨーロッパ	4.4	2.2	54.2	26.6	1.1	2.6	7.4	100
アフリカ	17.9	2.8	49.7	0.7	7.6	1.4	17.2	100
中　東	15.6	1.1	18.3	0.8	3.8	6.5	47.9	100
アジア	25.7	2.5	16.9	0.9	1.3	2.5	48.9	100
世　界	22.7	5.6	39.4	3.7	1.9	2.4	23.1	100

注：WTO, International Trade Statistics 2001より作成。

た製品を輸出するなどの委託加工形態の貿易額を計算に入れると、二〇〇〇年中国からの輸出の六一%を占めている。工業製品に限定してみると、外資系企業と委託加工による輸出額はじつに中国からの輸出総額の七〇%近くになる。

中国に参入した海外企業にとって、中国がまさに世界へ輸出するための生産拠点であり、その安くて豊富な労働力、そして急速に形成された沿海部の産業集積は大きな魅力であった。このように、中国が世界市場へ組み入れた最大の推進力は、中国へ直接投資した海外企業である。このような現状のもとでは、中国WTO加盟の影響が中国からの輸出ではなく、中国市場への輸入、そして中国国内での販売の側面に強く現れてくるであろう。

三　中国とアジア・日本との相互依存度

世界貿易の相互依存関係は、国の間でなく地域ブロック内部で非常に高くなっている。中国をグローバル・ネットワークに統合することの影響をもっとも受けるのはもちろん中国自身であるが、対外的なインパクトではもっとも影響を受けるのは日本とアジアである。

図3―8　先進国の輸入総額に占める中国からの輸出のシェア

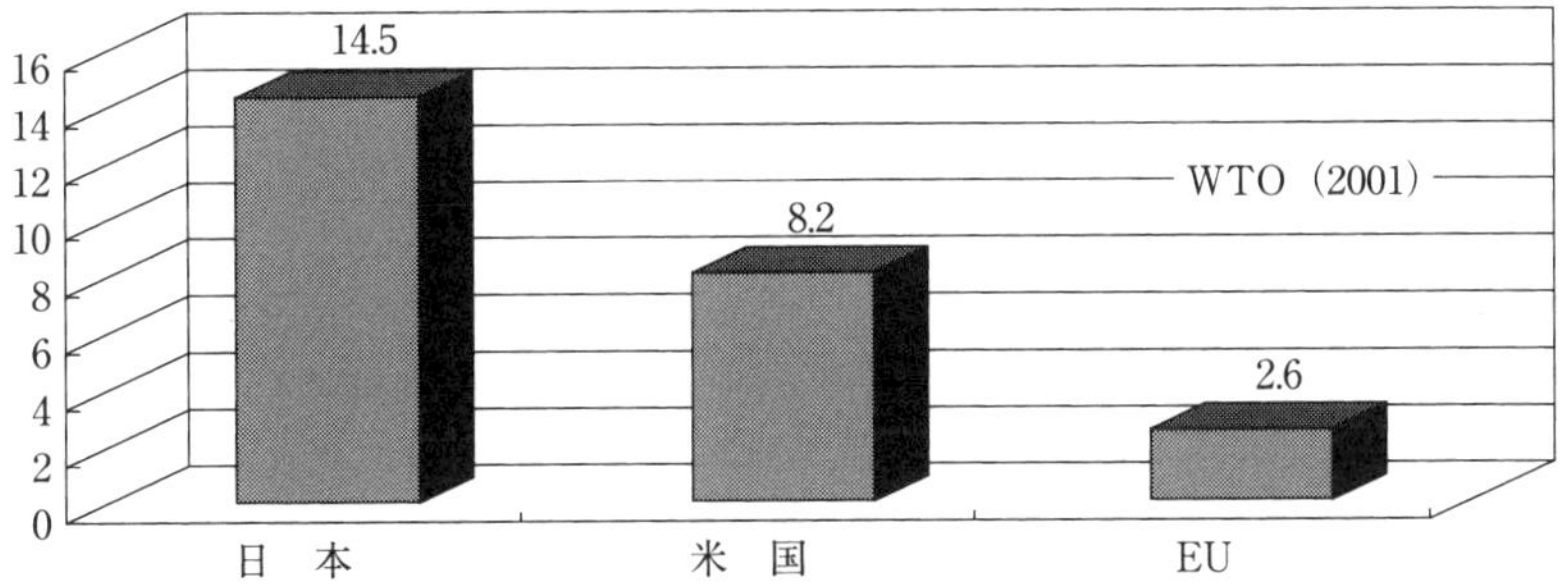

図3―9　日本の輸入額に占める中国からの輸入比率（通関統計，2001年）

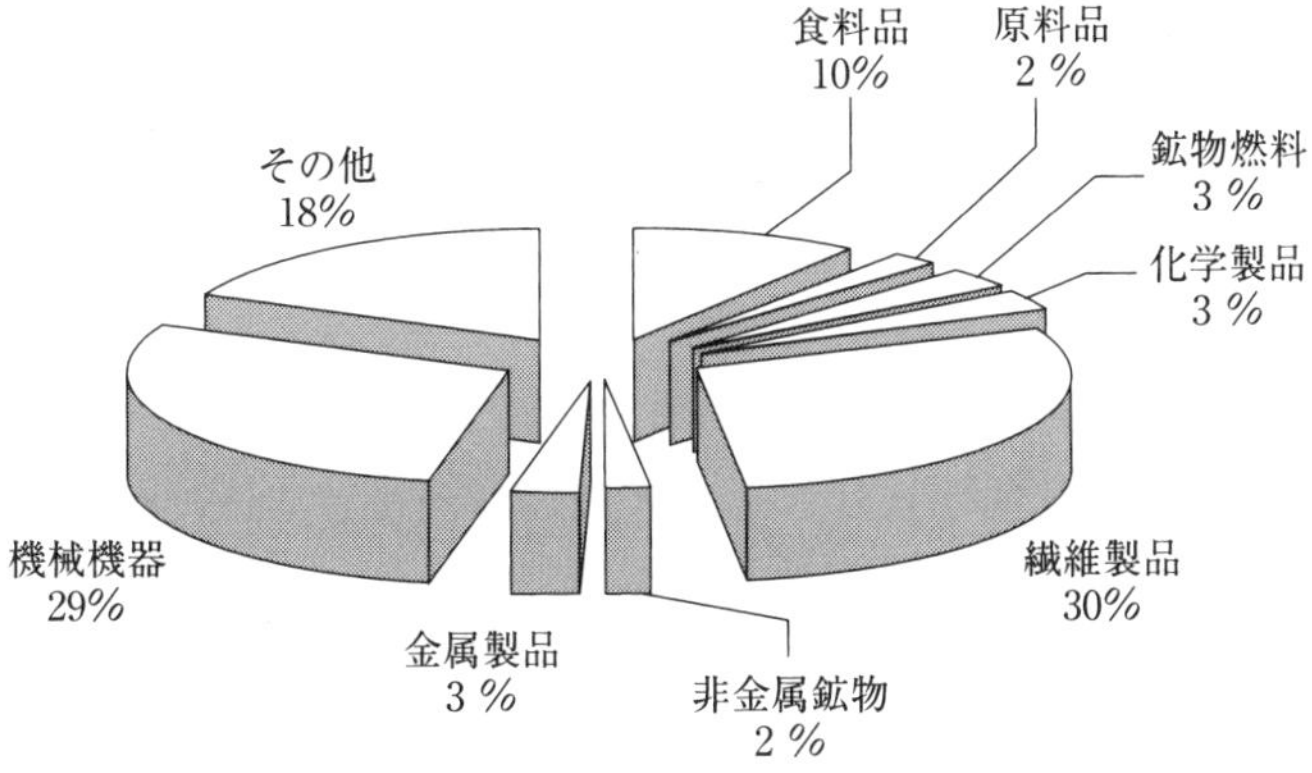

表3―11は、世界全体に対する地域ブロックの輸出を一〇〇にして、地域ブロック内の輸出比率と地域間の輸出比率を示している。地域ブロック内と地域間の輸出比率をみると、NAFTAを中心とした北米と中南米、西・東ヨーロッパとアフリカ、アジアと中東の三つの地域ブロックに分けることができる。

米国などの北米の国々からみれば、アジアは西ヨーロッパや中南米以上に重要な輸出先である。西ヨーロッパの国々からみれば、アジアへの輸出はそれほど高くない。しかしながら、アジアの国々からみて地域ブロック内の輸出は重要である。

図3―8に示されているように、米国とEUの輸入に占める中国のシェアに比べて、日本の中国からの輸入への依存度は高い。しかも、図3―9に示されているように、日本の中国からの輸入は衣類、履物や玩具などの労働集約的な製品だけではなく、二〇〇一年では、最大の輸入品目は依然として繊維製品であるが、機械機器の輸入もほぼ同じ額となり、日本の輸入全体の約二九％を占めるようになった。二〇〇二年の上半期では、機械機器が中国からの輸入の三三％を占め、繊維製品の二五％を大きく超えている。

アジア地域内での輸出に関して中国の影響力がますます増大している事実は、対中直接投資や中国WTO加盟の意味を理解する際にきわめて重要である。中国WTO加盟によって制度的に中国をグローバル・ネットワークに組み入れることの対外的なインパクトを強く受けるのは米国ではなく、日本とアジアである。

また、中国市場の対外開放の主な受益者は日本である。日本は中国の最大の貿易相手国である。中国の貿易額に占める日本のシェアは一五％を超えているが、日本から中国への輸入の五〇％以上が機械機器である。関税の引き下げ、非関税障壁の低下、そして国際貿易と国内流通への参入の自由化は、日本の対中国輸出の拡大をもたらすであろう。

四　外資系企業の市場シェア

『一九九五年第三次工業センサス資料』より、製造業の業種別に外資系企業が占めているシェアが計測できる。その結果は表3―12に示されている。

中国の製造業の企業数と年間販売額に占める外資系企業のシェアが上位になっている業種は、デジタル交換機や移動通信端末などの電子通信機器、皮革・毛皮・羽毛製品、アパレル製品と繊維製品、コピー機やFAXなど

表3—12　中国の製造業における外資系企業のシェア（1995年）

販売額シェア上位15業種	企業数％	販売額％
電子・通信機器	36.26	60.80
皮革・毛皮・羽毛およびその加工品	24.01	54.14
アパレル製品および繊維製品	29.81	50.81
文化・教育・スポーツ用品	21.35	50.71
計器類および事務用機器	17.72	38.83
プラスチック製品	15.78	33.05
家　　具	8.46	30.67
木材加工および竹，藤，棕櫚，藁製品	8.2	27.27
金属加工	7.72	26.64
飲　　料	8.17	26.20
輸送機械	7.25	25.21
ゴム製品	10.08	24.98
電気機械	11.34	24.17
食　　品	6.16	24.15

注：『中国1995年第三次工業センサス資料』より，各業種の独立採算企業に占める外資系企業（合弁企業，合作企業と独資企業）の企業数と販売額の比率を算出。

事務用機器と計測機器、写真フィルムなどの文化・教育・スポーツ用品などの製品分野である。このほかに化学繊維、紡績品、医薬品、電気機械・機器などの外資系企業の数は全体の一〇％を超えている。

一九九五年の調査時点においては、デジタル交換機、移動通信、ファクシミリー、衛星通信、光通信、集積回路などの分野では、外資系企業は約九〇％の市場シェアを占めている。パソコン分野では、外資系企業の生産額シェアは六〇％であり、現地企業の多くは外資系企業の委託加工や委託製造を行っている。食品、化粧品や化学製品の分野

表3―13　中国市場における外資系ブランドの知名度

（2000年12月6日付「中国信息報」）

炭酸飲料（1998-2000）

1998年		2000年	
商品名	比率（%）	商品名	比率（%）
可口可楽	70.1	可口可楽	42.4
百事可楽	22.4	百事可楽	19.8
雪　碧	2.0	雪　碧	15.0
健力宝	0.4	健力宝	5.9
醒　目	0.3	醒　目	1.6
美年達	0.9	非常可楽	1.3
佳得楽	0.4	汾　煌	1.3
旭日升	0.8	八王子	1.2

携帯電話（1998-2000）

1998年		1999年		2000年	
商品名	比率（%）	商品名	比率（%）	商品名	比率（%）
摩托羅拉	52.2	愛立信	27.3	摩托羅拉	38.7
愛立信	29.8	摩托羅拉	22.7	諾基亜	32.0
諾基亜	9.0	諾基亜	11.9	愛立信	19.4
三　星	3.3	ALO k la	8.8	西門子	3.1
西門子	1.4	阿爾 ka 特	3.8	中国電信	1.8
飛利浦	0.8	西門子	3.1	飛利浦	0.8
松　下	0.6	飛利浦	1.5	NEC	0.7
亜　泰	0.4	索　尼	1.1	中国聯通	0.6

では、日米企業が激しく競争しているが、日本企業は繊維・アパレルや家電などの分野に強く、米国企業が通信機器、航空機、建設機器やコンピュータなどの分野に強いと指摘されている。

表3―13は、一般消費者が特定の商品に対してどのようなブランド名を思い浮かべるかという、商品別市場における代表的

ブランド名のアンケート調査の結果である。この調査は北京、上海、広州、武漢、成都、保定、寧波、綿陽、錦州、咸陽など一〇都市と、湖北刑州、広州江門、保定、寧波、綿陽、錦州、咸陽など七地区の農村と一四の郷鎮から任意に選ばれた一八歳以上五、五八四名の一般消費者を対象に一九九八年から行われている。調査した結果のなかで外資系企業のブランドがとくに高い炭酸飲料と携帯電話端末の知名度を示しているが、コカ・コーラとペプシ、モトローラ、ノキアとエリクソンなどの外資系企業がほとんどこの二つの市場を占有している。(4)

【注】

（1）香港には、中国政府系企業が投資した貿易会社や企業も多く、これらの企業も外資として中国国内に直接投資して優遇政策を得ていた。しかしながら、全体に占めるその比率は不明である。

（2）中国ビジネスの企業形態と貿易形態の歴史的な変遷については、杉田俊明（二〇〇二）『国際ビジネス形態と中国の経済発展』（中央経済社）が詳しい。

（3）この節は、黄　磷編著（二〇〇二）『WTO加盟後の中国市場』（二一—二八ページ）を加筆修正したものである。

（4）第六章での携帯電話の事例のなかで示されるが、急激な成長とともに、中国の携帯端末市場での企業シェアは激しく変化している。

第四章 参入動機の変化と参入形態の選択

九〇年代では中国の貿易は基本的に輸出超過であったが、外資系企業の輸出額がその輸入額を超えたのは一九九八年になってからである。つまり、近年になって外資系企業を中心に中国が「世界の工場」として本格的に世界貿易の主要国になったといえる。

前章では、さまざまな角度から対中直接投資の特徴と現状を分析し、企業のグローバル戦略における中国市場の重要性を「世界の工場」としての側面だけでなく、巨大な潜在市場の側面も明らかにした。

第一章で述べたように、企業の戦略志向を大きく分けて二つのタイプ—「輸出拠点志向」と「現地市場志向」—がある。前者はおもに豊富かつ安価な労働力を求めて中国に進出し、輸出拠点を中国に据える戦略である。後者は中国の現地市場を目指して直接投資を行う企業の戦略を指す。戦略志向によって企業が形成しようとするネットワークの構造も現地法人の機能も大きく異なっている。

中国の市場開放と潜在需要の拡大に対応して、日米欧企業は「現地市場対応型」の戦略志向を強め、現地生産—現地販売拠点の設立や転換を進めている。外資系企業が占める中国国内市場のシェアは九五年以降高まっている。中国に進出した企業の多くは中国の現地法人を世界への輸出拠点としていち早くグローバル・ネットワークに組み入れてほかの海外拠点と連動させている。

この章では、日米欧企業の中国市場への参入動機を比較し、日本企業の参入動機の変化を分析して、日本企業の参入形態選択に影響する要因を明らかにする。

第一節　参入動機の変化

この節では、まず、日米欧企業に関するアンケート調査のデータに基づいて、中国市場への参入動機の違いを比較分析したい。つぎに、現地市場環境あるいはグローバル競争の変化に対応するために、進出時点によって参入動機が異なることが大いにある。九〇年以降、日本企業の参入動機の変化を明らかにするために日本輸出入銀行（現国際協力銀行）の海外投資研究所が毎年実施している調査データを分析する。欧米企業との比較、そして、時系列的な変化に関する分析によって、日本企業の「輸出拠点志向」と「現地市場志向」がほぼ同じぐらい強いという実態を示したい。

一　日米欧企業の参入動機の比較

筆者は九五年に行った日本企業に関する調査に基づいて、日本企業の対中投資戦略に大きく二つのタイプ―「コスト競争対応型」と「現地市場対応型」―があること、そして、日本の国内要因をおもな理由として豊富かつ安価な労働力を求めて中国に進出し、生産拠点を中国に移す日本企業が多いことを明らかにしている（黄　一九九五）。

すでに表3―5で示されたように、中国への直接投資に関して、日本企業と米国企業が先頭に立って競ってい

表 4—1　日米欧企業の対中直接投資の推移

（上段：契約額，下段：実行額，単位：億ドル）

	1995	1996	1997	1998	1999	2000	2001	2002. 1-6
日　本	75.9	51.3	34.0	27.5	25.9	36.8	54.2	31.5
	31.1	36.8	43.3	34.0	29.7	29.2	43.5	20.5
	8.3%	8.8%	9.6%	7.5%	7.4%	7.2%	9.3%	8.3%
米　国	74.7	69.2	49.4	64.8	60.2	80.0	75.2	43.6
	30.8	34.4	32.4	39.0	42.2	43.8	44.3	24.5
	8.2%	8.2%	7.2%	8.6%	10.5%	10.8%	9.4%	10.0%
EU	74.2	67.6	46.0	59.4	41.0	88.6	51.5	23.7
	21.3	27.4	41.7	39.8	44.7	44.8	41.8	20.6
	5.7%	6.6%	9.2%	8.8%	11.1%	11.0%	8.9%	8.4%
合　計	912.8	732.8	510.0	521.0	412.2	623.8	692.0	439.9
	375.2	417.3	452.6	454.6	403.2	407.2	468.8	245.8

注：1）出所：対外貿易経済合作部『国際貿易』2002年10月号。
　　2）EU：ドイツ，オランダ，英国，フランス，スウェーデン，イタリアなどの合計。

る。表4―1は、一九九五年以降日米欧企業の対中直接投資の契約額と実行額の推移を示している。対中直接投資の実行額では、日米欧企業の合計が全体の二二％から約三〇％を占めるようになったが、それぞれほぼ同じ水準で対中投資を行っている。米国企業を調査した時点の九七年末の累積投資件数では、米国企業が二万四、四三六件、日本が一万六、二九五件に対して、累積実行額では、日本が一八五億ドル、米国が一七四億ドルと、香港、台湾企業に次いでそれぞれが第二位と第三位を占めている。

しかしながら、一九九八年以降、日本企業の対中投資の契約額と実行額は縮小し、一九九九年の契約額は二六億ドルで、一九九五年の七六億ドルに比べて約三分の一の水準に落ちた。日本企業の後退に対して、米国企業の毎年の直接投資実行額は九八年を境に三〇億ドル台から四〇億ドル台に拡大し、二〇〇一年の累積実行額は日本を抜いて第二位を占めるようになった。

表 4－2　日米企業の中国市場への参入動機

対中投資の理由	米国企業		日本企業		平均値の差
	回答の平均値	回答数	回答の平均値	回答数	
潜在的な市場の大きさ	1.20	45	1.74	237	－0.54a
進出した企業の需要	2.54	41	2.70	225	－0.16
豊富な労働力	2.60	43	1.71	239	0.89a
協力的な産業政策	2.62	42	2.51	224	0.11
税金などの優遇政策	2.78	40	2.35	228	0.43
輸出用の生産拠点	3.07	41	2.33	225	0.74a
豊富な天然資源	3.63	40	2.91	227	0.72a
ゆるやかな環境基準	4.54	39	3.51	222	1.01a

注：1）対中投資の理由としての重要度：1＝非常に重要，…… 5＝重要ではない。
2）平均値の差に関するｔ検定の有意水準：a＝1％
3）日本企業に関しては95年の調査，米国企業に関しては97年の調査に基づく。

表4－2からわかるように、九五年の調査時点では、日本企業は中国の「豊富な労働力」と「潜在的な市場の大きさ」を同時に重視している。米国企業は日本企業に比べてより重視している進出理由は、中国の「潜在市場の大きさ」という点のみである。

日本企業は中国の「豊富な労働力」をもっとも重視し、「輸出生産拠点」として中国をとらえている企業の意識が米国企業に比べて非常に強い。「税金などの優遇政策」に関しても、米国企業に比べて日本企業がより重要としている。回答した日本企業のうち約三〇％の企業は「潜在市場の大きさ」と「豊富な労働力」を同時に「非常に重要」だとしているのに対して、二つの項目を同時に「非常に重要」とする米国企業の比率はわずか七％である。なお、回答した米国企業の約七五％が一九九五年以前に中国に進出している。

さらに、豊富な天然資源とゆるやかな環境基準に関しては、日米企業ともあまり重要ではないとしている。ただし、環境基準のゆるやかさに関しては、米国企業がすべて「あまり重要ではない」か「重要ではない」としているのに対して、約一〇％の日本企業は、それが進出の理由として「重要」または「やや重要」としている。

したがって、米国企業の多くは中国市場に関して「現地市場対応

表4−3　日米欧企業の参入動機

対中投資の理由	日本企業		米国企業		欧州企業	
	平均値	度数	平均値	度数	平均値	度数
潜在市場の大きさ	1.74	237	1.20	46	1.34	59
進出した外資の需要	2.70	225	2.46	41	2.94	53
豊富な労働力	1.71	239	2.59	44	3.00	54
協力的な産業政策	2.50	224	2.70	43	3.44	57
税金などの優遇政策	2.35	228	2.76	41	3.64	55
輸出用の生産拠点	2.34	225	3.07	42	3.13	54
豊富な天然資源	2.91	227	3.63	41	3.87	55
ゆるやかな環境基準	3.51	222	4.47	40	4.62	52

注：1）　対中投資の理由の重要度：1＝非常に重要，……5＝重要ではない。
　　2）　日本企業に関しては95年の調査，米国企業に関しては97年の調査，欧州企業に関しては99年調査に基づく。

型」の戦略に最初から絞り込み、中国の潜在市場の獲得を市場目標として明確にしている。これに対して、日本企業のなかで、複数の参入動機をもち、「コスト競争対応型」と「現地市場対応型」の戦略を同時に展開している企業が多い。つまり、日本企業が対中投資した主要な目的のなかに、豊富な労働力の活用があるのにたいして、米国企業の参入動機はきわめて単純明快であり、中国の「潜在市場の大きさ」という点に集中している。

九七年以降は対中投資が安定期に入り、日本企業の新規投資に関しては、中国市場を目指すという動機が中心となった。しかしながら、このような変化を考慮に入れたとしても、日系現地法人の大半は輸出拠点としての使命が与えられていて、現在はいかに現地市場を開拓するのかという課題に直面している。これに対して、米国企業の大半は最初から現地市場を目指し、そのための戦略を展開してきたといえる。

表4−3は欧州企業の参入動機に関する調査結果も示しているが、米国企業と同様、欧州企業も「潜在市場の大きさ」を理由に中国市場に参入している。しかも、欧州企業の戦略志向はきわめて明確である。米国企業と比較して欧州企業は中国の

「潜在市場の大きさ」のみを重要としている。日本企業と欧州企業に関するt検定の結果、「潜在市場の大きさ」の重要度に関して、日本企業と欧州企業との間に統計的な有意差があることがわかった。

結論的に、現地市場志向をもつ外資系企業の比率は九五年以降確実に増えているといえる。米国企業は、「潜在市場の大きさ」を中国参入の目的としてきわめて明確にしている。しかも、「進出した外資系企業の需要」を第二位の進出目的としている。欧州企業になると、中国の「潜在市場の大きさ」のみを重要視している。日本企業と欧米企業との間には、「豊富な労働力」の重要度に関する明白な違いがあることがわかった。

二　日本企業の参入動機の変化

筆者が行ったアンケート調査には、それぞれ約二年間のタイムラグがある。一九九五年以降、日本企業の対中投資の目的や参入動機にどのような変化が生じたのか。日本企業と欧米企業との間にある参入動機の違いはタイムラグの影響によるものであるとも考えられる。この問題を明らかにするためには、時系列的に比較可能なデータが必要である。

日本輸出入銀行（現在国際協力銀行）の海外投資研究所が一九八九年から毎年実施している『日本企業の海外事業活動と海外直接投資に関する調査』がある。この調査は、海外現地法人を三社以上（うち生産拠点を一社以上）設立した製造企業を対象に実施している。一九九三年から一九九八年まで、そして一九九九年から二〇〇一年までの調査データについては、対中投資の理由に関する時系列的な比較が可能になっている。表4－4に示されている調査結果は、日本企業の対中投資目的に大きな変化があったことを示している。

一九九一年の調査では、日本企業の中国への投資目的として「安い労働力の確保」がもっとも上位となってい

表 4―4　有望投資先としての中国への投資理由の変化

（単位：%）

中　国	1993	1994	1995	1996	1997	1998		1999	2000	2001
マーケットの維持拡大	62.0	30.2	46.2	49.2	59.8	55.8	マーケットの成長性〈マーケットの規模〉	88.2	79.6	81.2
安い労働力の確保	46.7	49.8	61.9	47.9	47.5	41.1	安価な労働力	58.2	57.9	71.3
新規市場の開拓	28.0	61.5	56.7	58.3	55.7	47.9				
回答社数	150	169	248	240	219	163	回答社数	153	240	324

注：1）「海外投資研究所報」99年1/2月号，「開発金融研究所報」各年1月号より中国に関する回答の上位理由のみを抽出。表中の数字は設問「中期的（今後3年程度）有望投資先国の国別投資理由（複数回答）」に対する回答社数の比率である。

2）調査結果では，中国が中期投資先国の第1位になっている。

る。その割合が四〇%であるのに対して、「進出先マーケットの維持・拡大」が二二・九%であった。また、九五年、九六年と九七年の調査結果をみると、中国とASEANに関しては、「安い労働力の確保」を投資増加の理由とする企業の割合がこの間では減少している。ASEANに関しては、その割合が四〇・一%から三六・四%、そして三〇・〇%とゆるやかに減少したのに対して、中国に関しては、九五年の六一・九%から四七・九%、そして九八年の四一・一%に、「安い労働力」を求めて中国に進出する企業の比率が急速に減少した。もう一方では、「マーケットの維持拡大」を対中投資の理由とする企業の比率は九四年の三〇・二%から九七年の五九・八%までに増えた。「進出先マーケットの維持と拡大」と「新規市場の開拓」を中国投資増加の理由としている企業の比率はこの間に高くなっていた。九四年の「新規市場の開拓」を対中投資の理由にあげた企業の比率は六一・五%となり、「進出先マーケットの維持と拡大」と「新規市場の開拓」が日本企業の対中投資の第一位と第二位の理由になっていた。この調査結果からわかるように、九七年以降、日本企業の対中直接投資の最大な動機は、中国の現地市場を目指すこととなった。一九九九年に質問項目が変更されたので以前の調査との比較はできないが、「安い労働力」を求めて中国に進出する企業の比率は六〇－七〇％と高く、デフレ経済に対応する価格競争力を高めようとして、中国を生産拠点として重視する日本企業の戦略がみえてくる。

二〇〇〇年調査では、現地市場の拡大へ対応するために中国での事業を中期的に強化する日本企業の比率は七四％に達し、中国市場の拡大への対応は日本企業が対中投資の主要な動機になっている。

また、筆者が二〇〇一年に行った日米企業の調査では、最近設立した中国現地法人の所在地に関して、日米企業とも上海市と北京市を重視している。その最大な理由は日米企業とも「販売市場と取引先に近い」ことをあげている。第二位と第三位の理由として、日本企業は「労働力が得やすいこと」と「輸出拠点としての良さ」をあげているのに対して、米国企業が「人材（管理者・技術者）が得やすいこと」と「インフラ整備が進んでいること」を重視している。

では、なぜ一九九五年以降に日本企業の中国市場への参入動機は変化したのか。

この変化に関しては、つぎのように説明できる。中国が改革開放政策をとってから一五年を経過した九二年以降、中国経済が高い成長を維持し、国内市場の潜在需要が顕在化しはじめた。また、すでに第三章で述べたように、九二年以降、とくに九四年以降、中国政府がＷＴＯ加盟を目指して国内市場の開放をいっそう拡大した。多国籍企業を中心とした外資系企業の中国国内における市場シェアがこの間に急速に高まった。中国の消費者の購買力が向上し、潜在需要が急速に顕在化するようになった。このような現地市場環境の変化に対応して、日本企業は従来の豊富な労働力を求める「コスト競争対応型」の対中投資から「現地市場対応型」の戦略志向を強め、中国国内市場を狙って現地生産するようになってきたのである。

このように、八〇年代の後半から日本企業はその生産拠点を急速に中国に移転したが、九〇年代に入って日本国内市場と中国国内市場の変化に直面した日本企業は、その対中投資戦略の調整が余儀なくされている。九五年以降、このような戦略調整の動きは明確になった。しかしながら、戦略調整によって資源展開の的確な方向性を示すためには、グローバルな企業ネットワークにおける中国現地法人の位置づけを明らかにする必要がある。日本企業の多くは、依然として「コスト競争対応型」と「現地市場対応型」の対中投資を同時に志向している。理論的に、事前に想定された資源展開の方向性としての戦略は、その後の資源展開に強い影響を与えるが、現実の資源展開を完全にコントロールできない。

中国現地法人を「輸出拠点」とする日本企業の比率もほぼ維持されている。欧米企業に比べて、「現地市場志向」と「輸出拠点志向」を同時に持っていることが日本企業の対中投資戦略のきわだった特徴となっている。

第二節　日本企業の参入形態の選択

企業の戦略志向は海外市場における事業形態の選択に影響を与え、選択された事業形態は企業の資源展開を規定する構造的な要因となる。資源展開の方向は事前に想定した戦略の方向性とは必ずしも一致せず企業が完全コントロールできない。本研究では、このような資源展開プロセスのダイナミックスをとくに重視して、輸出と現地生産、間接投資と直接投資、合弁形態と子会社形態などをすべて同時選択可能な代替案としない。個々の参入形態の選択を企業戦略の展開プロセスと関連付けて分析する。

一　参入形態の選択

参入形態の選択の分析に当たっては、市場環境要因、とくに海外市場の多様性と異質性、そして企業要因といった要因を強調すべきである。研究を深めるためには、諸理論を総合する必要があるという立場から複合的な分析枠組みで、中国市場における日本企業の参入形態の選択を分析する。以下では、第二章で考察した既存の理論研究と実証分析で論じられてきた諸要因のさまざまな変数とその影響のパターンについてみることにしよう。

（1）参入形態選択の実態

中国の国土が広く、地理的または歴史的な要因で地域の多様性と地域間の異質性がきわめて大きい。外資系企業の多くが中国に複数の現地法人を設立し、地域別の拠点を展開している。中国政府の外資系企業の事業内容に関する規制として「一法人一事業」という原則がある。たとえば、筆者の九七年調査では、米国企業が設立した現地法人の平均数は三・二社であり、もっとも多い企業は二〇社の現地法人を展開している。これに対して、日本企業が設立した現地法人の平均数が三・八社であり、現地法人が五社以上の日本企業は回答企業の一五％を超えている。最も多い企業は三八社の現地法人を設立している。

また、現地法人一社のみの企業は日米とも約四八％を占め、二社以上の現地法人をもつ企業は過半数を超えている。表4―5に示されているように、日米企業の多くは複数の参入形態を選択している。しかしながら、中国投資の参入形態に関しては、日米企業の間に明確な相違がみられる。

まず、日本企業は米国企業に比べて他社と共同で進出することが多い。四一・五％の日本企業は他社と共同で

表4－5　日米企業の中国市場への参入形態

提携の有無	参入形態	米国企業		日本企業	
単独進出	中国側と合弁	28	40.6%	122	31.9%
	中国側と合作	6	8.7%	23	6.0%
	100%出資	19	27.5%	57	14.9%
	委託加工	3	4.3%	14	3.7%
	小　　計	56	81.2%	216	56.4%
他社と共同進出	中国側と合弁	3	4.3%	111	29.0%
	中国側と合作	0	0.0%	11	2.9%
	100%出資	3	4.3%	34	8.9%
	委託加工	0	0.0%	3	0.8%
	小　　計	6	8.7%	159	41.5%
そ の 他		7	10.1%	8	2.1%
	合　　計	69	100.0%	383	100.0%

注：日本企業に関しては95年調査。米国企業に関しては97年調査。

中国に進出している。これにたいして、米国企業の共同進出はわずか八・七％である。九〇％以上の米国企業は単独で中国市場に参入している。

『海外進出企業総覧'98』に掲載されている日本企業の現地法人二、二九九社のうち、第二出資者が総合商社、すでに進出した日本企業、または華人企業であるケースが全体の約四三％を占めている。完全子会社が約一八％であるが、単独で中国側と合弁しているケースは全体の約三二％であり、残りの七％は不明である。このような比率は、表4－5の調査結果とは一致している。したがって、中国に関してもいわゆる「二人三脚型」あるいは「三人四脚型」の共同進出という参入形態は日本企業によって広く採用されている。

参入形態に関する日米企業の間にみられる第二の違いは、日本企業が中国側との合弁をより多く採用している点である。日米企業がもっとも多く採用している参入形態は中国側との合弁であるが、米中合弁企業の比率が四四・九％であるのにたいして、日中合弁企業の比率は六〇・九％である。逆に米国企業の完全子会社の比率が三一・八％で、日本企業のその比率が二三・八％である。このように、現地資本も加えた「三人四脚型」の合弁形態が多くみられる点は日本企業の海外投資に共通にみられる特徴のひとつである。ちなみに、日本企業の場合、中国側の合弁相手の六七・二％が国有企業、二二％が郷鎮企業であるのに対して、米国企業の場合、八三・九％が国有企業、九・七％が郷鎮企業である。残りのパートナーは政府機関、個人や私営企業である。

『中国対外経済貿易白書一九九八年版』によれば、九七年末までに認可された直接投資の三〇万四、八二一件のうち、一〇〇％外資が二五・四％、合弁が六〇・〇％、合作などが一四・六％になっている。毎年の認可ベースでは、九二年以降一〇〇％外資の比率が増加し、九七年に認可された二万一、〇〇一件のうち、一〇〇％外資が全体の四五・七％も占め、はじめて合弁より多くなったのである。また、『中国工商行政管理年鑑九七年版』によれば、九六年末に登録されている外資企業約二四万社のうち、合弁が全体の五九・五％、一〇〇％外資が二六・二％、合作などが一四・三％である。表3―8に示されているように、最近の三、四年に約半数の企業は一〇〇％子会社という形態を選択している。

日本企業に関しては、『平成八年海外事業活動基礎調査』（通産省）によれば、中国における八七六社の日系企業のうち、日本側が一〇〇％出資の完全子会社が全体の二三・六％である。また、『海外進出企業総覧’98』に掲載されている二、二九九社のうち、一〇〇％出資の現地法人は約二〇％である。複数の日本企業による合弁を考慮した場合、日本企業による一〇〇％出資の現地法人比率が若干高くなる。『平成一一年海外事業活動動向調査』（経済産業省）によれば、二〇〇〇年三月までに設立した中国における二、三五三社の日系企業のうち、日本側が一〇〇％出資の完全子会社が九九六社で全体の四二・三％を占めている。出資比率が五〇％を超える日系企業は七四七社で全体の三一・七％になる。

したがって、日本企業の出資形態は中国に進出した外資系企業の全体的なパターンとほぼ同じであるが、完全子会社の比率がやや低い。これに対して、米国企業の完全子会社の比率が平均よりやや高いといえる。米国企業に関する調査の回答社数は四六社しかないため、幾分留保する必要があるが、外資の出資比率に関してさまざまな規制がある中国においても、米国企業は合弁より出資による現地法人の支配を強く求めていることが特徴である。

合弁形態は参入のリスクを分散化し、合弁相手の経営資源や能力との相互補完が期待される参入形態である。一方、一〇〇％子会社は本社の戦略を貫徹でき、企業のグローバル・ネットワークへの統合と調整を実現しやすいというメリットがある。

理論的には、香港企業や本国の企業と共同で進出することは、参入時のリスクを分散化し、共同参入による企業同士の経営資源のシナジー効果が期待される。しかしながら、複数のパートナーが現地経営に関わるため、コンフリクトが起こりやすい。これに対して現地子会社による単独進出は、リスクを引き受ける代わりに既存の企業ネットワークへの統合を実現しやすい。

従来の研究では、輸出経路の選択に関して、(1)外国の中間業者、(2)輸出代理店、(3)現地パートナーとの合弁、(4)現地販売子会社の四つに分け、あるいは(1)を市場取引、(2)と(3)を中間形態、(4)を内部統合組織として従属変数を定義している（Klein et al. 1990）。表2―1のように、現地経営の統制度と資産投下量からさまざまな参入形態を連続的に定義する研究者が多い。出資比率に関しては、少数出資、対等合弁、過半数出資と現地の四つに分け、または合弁形態と現地子会社の二つに分けて分析している（Gatignon and Anderson 1988）。本研究では、合弁形態と現地子会社という二者択一的な従属変数を分析する。ただし、既存の研究の分析レベルとは異なっている。既存の研究は個々の現地法人を合弁形態グループと子会社形態グループにわけてその意思決定を分析している。ここでは、現地子会社をもっているのか、それとも合弁形態のみをもっているのかという基準で企業を二つのグループに分け、全体的な違いを分析する。

(2) 参入形態選択の規定要因

(i) 市場環境要因

数多い市場環境要因の変数のなかでとりあげられてきた重要なものは、現地市場の需要特性、市場の異質性、市場リスク、投資環境および競争状況などである。また、本国市場の環境要因も重要とされている。

需要特性のなかでも、需要規模がとくに重要である。需要の不確実性が高い場合、企業は限られた経営資源しかその市場に投下しない。たとえば、ある水準までの需要規模が予測されなければ、企業は現地生産しようとしない。現地需要の不確実性が高い場合、企業はリスクを分散できる合弁形態を選ぶ。しかし、多国籍企業が本国市場や第三国市場へ供給する輸出拠点をつくるために、新興市場に参入する。この場合、企業は需要の不確実性を吸収する能力をもたなければならない。多くの企業にとって、参入時には海外市場の需要や顕在化した外資系企業の需要は、現地の潜在需要より重要である。

市場リスクは、環境リスクとビジネス・リスクにわけることができる。前者は参入先の全体的な不安、国有化や制度変更による環境不確実性を指す。後者は現地経営が直面するさまざまな不確実性である。たとえば、輸出比率、現地調達や為替などに伴うリスクである。市場リスクの絶対水準が高く感じる企業は、直接投資による参入をためらう。一般に市場リスクが高い場合、合弁形態の選択にもマイナスの影響を与える。従来では、経験や現地市場知識の蓄積によって、企業が認知する国内市場のリスクに対する海外市場のリスクの相対水準が低下する。市場リスクの相対水準があるレベルまで達すると、企業は投資の量を増やし、現地経営への統制を強め、現地市場へのコミットメントを高くする。市場リスクの絶対水準が同様であれば、企業のもつリスク吸収能力に違いがあれば、リスクの影響パターンが異なってくる。

競争戦略論の議論では、合弁形態が相対的に環境リスクを分散できる柔軟な競争手段とされている。したがって、リスク吸収能力が十分でない企業は資源の投入が少なく、リスクが分散できる合弁形態を選択する可能性が高くなる。市場リスク変数は、合弁形態の選択にプラスの影響をあたえる。しかしながら、企業理論では、現地市場知識が蓄積されると、現地市場に関する理解と認識能力が高まる。環境リスクの絶対水準が高い新興市場では、企業はさまざまな手段でリスクを回避したうえで市場機会を追い求める。リスク吸収能力が高い企業ほど、同様な環境リスクの水準に直面しても、子会社形態を選択できる。理論的に企業能力の相違によってこの変数が合弁形態の選択にマイナスの影響を与える。

競争状況は、現地市場での競争相手の数や競争の度合などを指す。多国籍企業が競争相手の行動に対抗するために、あるいは新たな競争拠点を築くために参入を決めることがある。競争戦略の視角に基づいた研究は、企業がすばやく競争の拠点を築くために合弁形態を選択するとしている。また、従来の研究では、現地市場の産業の集中度が高い場合、競争が激しく産業の平均利潤が低下するため、企業は子会社形態による参入をためらうとしている。しかしながら、新興市場では、急速な成長段階での競争であり、しばしば新規参入によって激しい競争が起こる。現地市場知識の蓄積が多い企業ほど、この競争状況と市場機会に関する理解と認識能力が高くなる。

図 4—1　企業の国際化プロセス，企業能力と外部要因の影響パターン

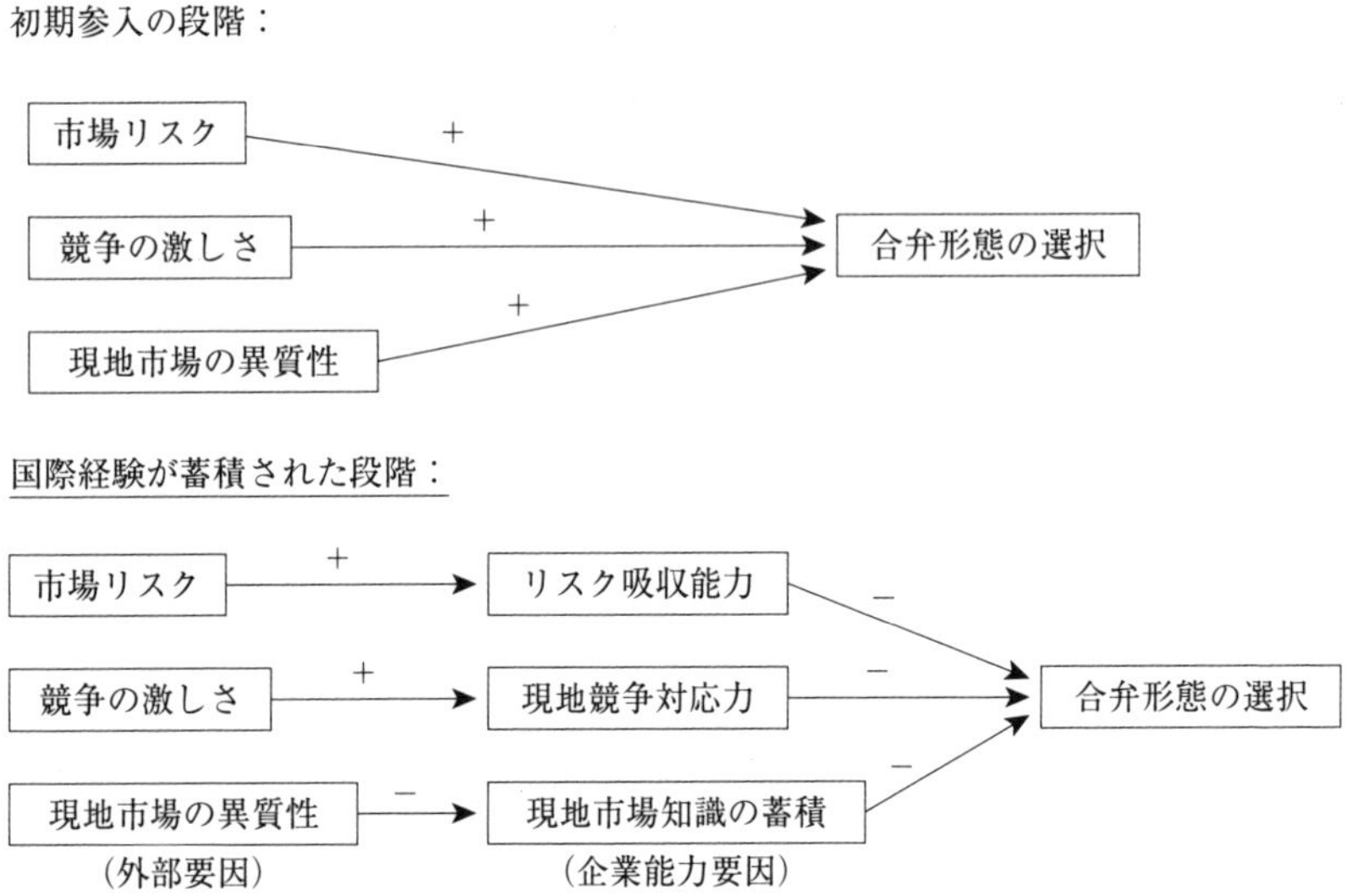

企業能力の視角からは、この変数が企業能力の違いによって合弁形態選択にマイナスの影響を与える。

市場の異質性は、本国と参入先との文化、経済システム、取引慣行や経営スタイルなどの相違を指す。このような異質性に関する認識は心理的な距離であるが、現地での事業経験によって認識が変化する。市場の異質性が大きい場合、現地市場に関する情報取得のコストが高くなるため、外部の不確実性が増大し、企業の現地市場知識の蓄積も困難になる。企業は間接形態や合弁形態などを通して現地市場知識を取得しようとする。また、市場異質性が高く急激に変化する環境のもとでは、企業のもっている既存知識の有効性は低下する。したがって、この変数は合弁形態の選択にプラスの影響を与える。図4—1は企業の国際化プロセスでの企業能力の違いによる外部要因の影響パターンの変化を示している。

中国に参入した外資系企業の参入形態選択と経営業績に関する実証研究の数はまだ非常に少ない（Beamish 1993）。Pan（1996）は中国の外資合弁企業四、二二三社の統計データ（七九―九二年）を用いて、出資比率の選択に対するカントリーリスク、文化距離、競争の程度、地域ダミーや投資国などの要因の影響を代用変数で分析している。年度別の機関投資家によるカントリー信用リスク評価の指数で代用した市場リスク指標が、少数比率出資の選択にはマイナスの影響、過半数選択にはプラスの影響を与えている。また、日本企業の出資比率選択は、欧米企業と香港企業と異なって市場リスクによって影響されない。さらに、米国の産業別競争に関する指標で代用した競争の程度という変数も過半数選択にプラスの影響を与えている。このような結果は、市場リスクと競争の程度の参入形態選択に与える影響のパターンが複雑であり、企業能力などの第三の変数によって対等合弁を境に影響の方向が変化することを示唆している。

投資環境は、現地政府の外国資本に関する政策や制限、現地市場のインフラ条件などを指す。原材料市場や労働市場などのほかに、エネルギーや交通通信などの条件は企業の参入戦略に影響する。とくに新興市場では、この変数の影響が大きい。政府の干渉や制限が多い場合、企業は子会社形態による参入が困難になり、合弁形態の選択が多くなる。したがって、政府による干渉という変数は後者の選択にプラスの影響を与える。

現地のインフラ条件は現地法人の立地によって大きく異なる。現地のインフラ条件がよいほど、企業の直接投資による参入にはプラスの影響を与える。しかしながら、合弁形態による参入の場合、合弁パートナーの選択によって立地が決定されるため、インフラ条件の影響のパターンは一概に言えない。これに対して現地子会社形態による参入の場合、立地選択の自由度が高くなり、インフラ条件のよい立地が選ばれる可能性が大きい。したがって、この変数は、子会社形態の選択にプラスの影響を与える。

本国市場の環境も企業の海外参入に影響を与える。本国や海外にある既存の海外生産拠点の費用構造がグローバル競争に対応できなくなった場合、企業は新たな生産拠点を労働コストのよりやすい海外市場に移転させる。

この場合、既存の企業ネットワークとの調整が必要となり、他の変数の影響が一定であれば、この変数は子会社形態の選択にプラスの影響を与える。

(ii) 取引要因

取引費用理論や内部化理論は、企業特殊的な資産の特性の重要性を強調している。個々の参入において、投下した有形無形の固有資源の価値が高いほど、企業が統制度の高い子会社形態を選ぶ可能性が大きいとしている。企業全体からみれば、ノウハウなどの企業固有の資源は暗黙的な知識として無形的なものが多い。また、ノウハウや技術などは企業固有の経営システムや業務ルーチンとは完全に分離しえないものも多い。無形な固有資源を移転するためには、企業は人的資源を投下し、固有の経営システムや業務ルーチンを現地に移転する必要がある。この場合でも、現地の経営活動を統制する必要がある。したがって、移転される企業固有資源の価値と無形性の二つの変数は、合弁形態の選択にマイナスの影響を与える。

(iii) 企業要因

海外市場の投資リスクを吸収し、大規模な初期投資を行うためには、企業のもつ経営資源の規模は海外参入の制約条件でもある。企業は資金、設備、知的所有権など有形または価値が評価可能な資産を所有する一方で、知識と情報に関連するさまざまな無形の資源と企業能力をもっている。企業能力は経験や学習によって蓄積されるため、参入形態選択への影響パターンは複雑になる。

理論的には、国際経験は参入形態の選択に強い影響を与える要因とされている。国際経験と現地市場知識の蓄積は、海外市場参入のリスクと収益性に関する企業の予測能力を高め、資源の投下量が大きい参入形態の選択を可能にする。輸出などの取引経験の蓄積は、リスクが相対的に低い合弁形態による参入にプラスの影響を与え、合弁などの現地経営の経験は資源の投下量もリスクも大きい子会社形態による参入にプラスの影響を与える。

国際経験の量は企業のもっている国際事業の規模に比例して蓄積されると考えられているが、蓄積された経験と知識はしばしば特定の市場に限定される。したがって、特定の市場での取引や事業によって蓄積された経験はより重要である。たとえば、現地企業との関係は長い時間をかけて構築され、現地企業に関する知識は市場特定的であり、企業が現地での幅広い事業展開を可能にする。

したがって、現地企業とのつながりが多いほど、合弁形態を選択する可能性が高くなる。また、現地政府との関係も市場特定的である。企業の投資戦略に現地政府が強い影響を与えるという環境のもとでは、現地政府との関係が緊密であるほど合弁の機会が増える。したがって、この二つの変数は合弁形態の選択にプラスの影響を与える。

(iv)　グローバル戦略要因

企業のグローバル戦略は参入形態選択を規定する要因である。既存の研究では、グローバル統合戦略、グローバル・シナジー戦略やグローバル差別化戦略などの変数をとり上げている。

グローバル統合戦略は全社目的を達成するために世界中に分散している事業拠点を統合的に調整する企業の戦略志向を指す。このような戦略志向のもとでは、新規市場への参入はグローバルな企業ネットワークとの相互依存性によって影響される。全社目的は競争相手の本国市場での直接対抗、世界市場に供給する輸出拠点や既存市場の維持などさまざまである。世界市場に供給する輸出拠点づくりを志向して、新興市場に参入する企業は全社的な調整の必要性が高く、現地経営への統制を高める。輸出拠点志向は合弁形態の選択にマイナスの影響を与える。また、本国の顧客や取引先が海外移転し、それに追随して海外市場に参入する場合、本国市場や国内の取引先との調整が必要になる一方、企業のもっている既存の顧客知識とノウハウは現地にも移転できる。このような既存顧客志向の戦略も合弁形態の選択にマイナスの影響を与える（Eramilli and Rao 1993）。

グローバル・シナジー戦略をもつ企業はノウハウ、システムや人材の移転に積極的になるため、この戦略志向は現地経営に関する統制の度合を高める。また、世界共通の企業イメージを維持し、ユニバーサルな製品とサービスを供給しようとする企業は現地の経営とマーケティングを全社的な基準で統制しなければならない。グローバル差別化戦略をもつ企業ほど、統制度の高い参入形態を選択する可能性が高い。取引要因でみたように、個々の参入に関しても、企業固有の資源の移転が多いほど、企業は子会社形態を選ぶ可能性が大きい。したがって、経営資源の移転は合弁形態の選択にマイナスの影響を与える。

(v)　現地企業要因

既存の研究は現地企業要因を分析枠組みには取り入れていない。理論的に、現地企業の利用可能性やパートナーの経営資源と企業能力に関する評価は参入形態の選択に影響を与えるとされている。優れたパートナーの存在は、合弁形態の選択にプラスの影響を与える。また、現地生産を行う場合、現地の要素市場に関するさまざまな知識と経験が必要であり、この変数は合弁形態の選択にプラスの影響を与える。

諸変数の操作化と尺度開発については、つぎに詳しく述べるが、合弁形態の選択に対して、理論的に予想され

図 4―2　参入形態選択の分析枠組み

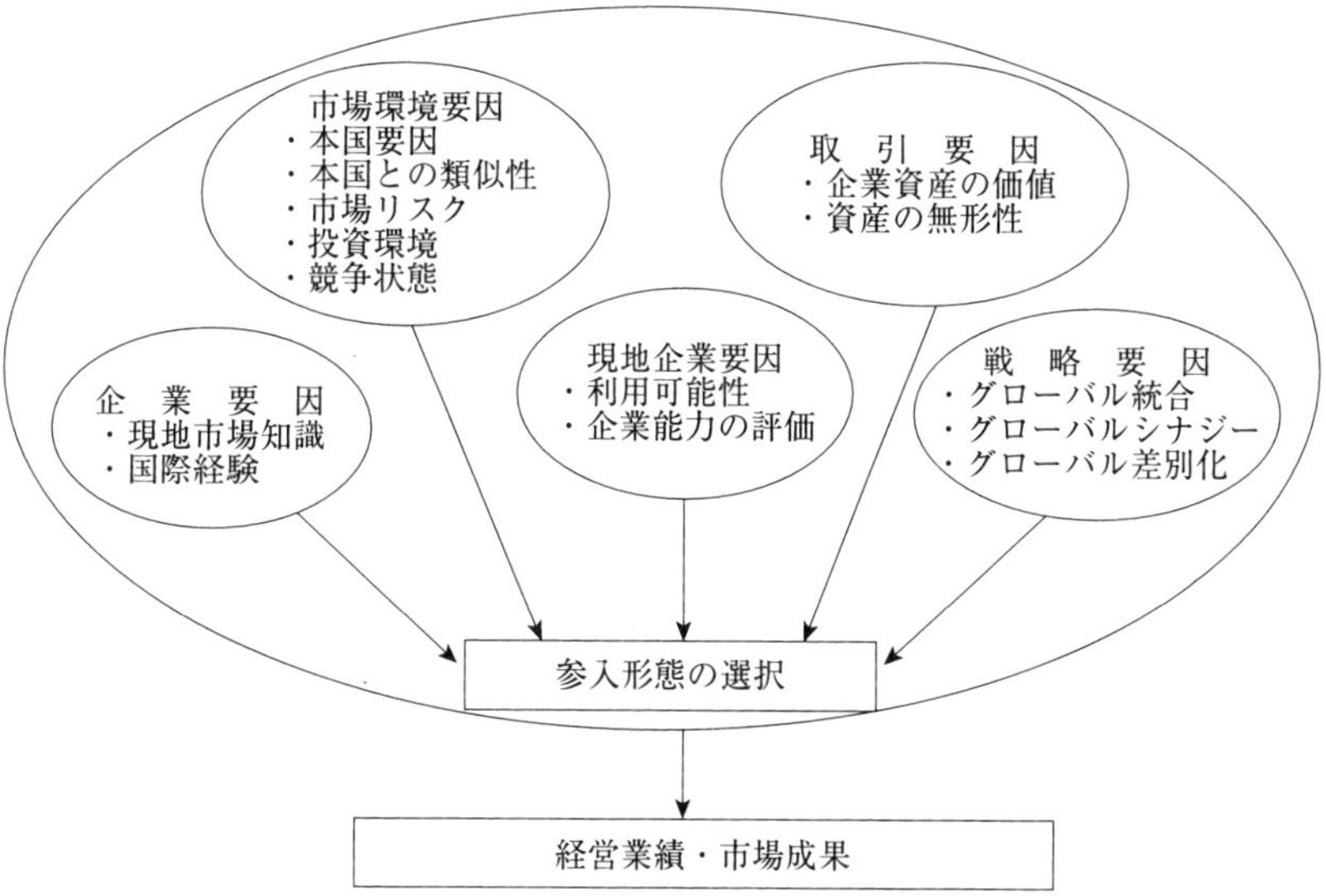

る各変数の影響方向を表4―6の最後に示している。

二　参入形態の選択に関する分析

第二章では、海外市場参入に関する国際マーケティング論、取引費用理論、競争戦略論と企業理論の流れを概観したが、以上に述べたように既存の研究においてとり上げられ、企業の参入形態選択を規定する基本要因として、市場環境要因、取引要因、戦略要因、参入企業と現地企業の要因などがあることを明らかにしている。

図4―2は、これらの五つの要因で構成される分析枠組みの概念モデルを示している。過去の研究はこれらの要因のなかから、それぞれの理論視角に基づいて重要とされるいくつかの要因を取り出して実証分析している。

Hennart（1991）は、取引費用理論の視角から日本企業の米国での参入形態の選択を分析し、現地子会社の選択には異業種への参入、親会社が最初に設立した米国現地法人の年度、現地法人の年数、産業の成長率と資源産業ダミーが有意に影響し、親会社の売上に占めるR&D比率と広告支出比率が有意ではない実証結果を示した。このような結果は、取引費用理論の仮説を支持するものではなく、経営資源と企業能力の補完性や国際経験の視角から再解釈する必要が大いにある。

Kim and Hwang（1992）は、環境要因と取引要因に加えて戦略要因を強調し、表2—1の参入形態に関する米国製造企業の選択を分析し、産業のグローバル集中度、グローバルシナジー戦略、企業の戦略動機、カントリーリスク、市場の異質性、ノウハウの無形性などの要因が影響していることを実証した。その実証結果は、間接形態から直接投資形態への移行と、合弁形態から子会社形態への移行に影響する要因が異なることを示している。

同様な分析枠組みを用いて、Aulakh and Kotabe（1997）は企業能力の要因を取り入れ、米国企業の国際流通経路の選択を実証した。この研究は、国際経験変数を企業の世界市場での総売上に占める輸出比率で測っている。カントリーリスク、企業の国際経験、グローバル統合戦略と差別化戦略が国際流通経路の統合度に影響を与え、そして諸要因とチャネル選択の適合性は高いチャネル成果をもたらすことを示している。(1) その分析結果は、戦略要因が市場取引から中間形態への移行をもたらす要因であるが、国際経験が戦略要因以上に販売子会社への移行に影響する要因であることを明らかにしている。

図4—2には、海外市場の参入形態選択問題に関する既存の研究が論じてきた基本要因のさまざまな変数が示されている。この分析枠組みは、理論的総合によって参入形態選択問題にアプローチしなければならないことを示している。多くの変数に関して既存の指標や尺度が利用可能であるが、変数の操作化は研究者によって大きく異なっている。分析の焦点によって変数の新しい操作化と尺度の開発が必要である。

（1）日本企業の参入形態

第三章で詳しく述べたように、一九七九年から中国が市場開放政策によって外国資本に対して門戸を開いた。いくつかの段階を経て、九三年以降中国は米国についで世界第二の直接投資受入国となった。急速な経済成長、巨大な潜在市場、経済の市場化による制度的な不安定性、そしてグローバル競争の焦点などの特徴をもつ中国市場はまさしく典型的な新興市場である。

九四年末までに設立された日本企業の中国現地法人一、〇〇三社のデータ（東洋経済新報社『中国進出企業総覧'95』）を分析した結果、日系企業のうち、中国側の出資比率が五〇％以上、五〇％と五〇％未満の企業の比率はそれぞれ約二三％、二〇％と三六％であり、残りの二一％は日本企業の一〇〇％子会社である。

九五年七月に実施した「日本企業の中国事業に関するアンケート調査」の約五割の解答者は部長職以上であり、残りのうち約四割は海外事業部や中国室などの部署に所属している。現地法人が製造業である企業は全体の六四％を占めている。以下では、この調査データに基づいて中国における日本企業の参入形態選択を説明する規定要因を分析する。

この調査では、現地法人が一社のみの企業は全体の約半数、二社の企業と三社以上の企業は二〇％と三〇％を占めている。約三割の企業は子会社形態と合弁形態を同時に採用している。つまり、複数の中国現地法人をもつ企業の多くは、合弁と子会社を同時に採用している。子会社の現地法人をもつ企業のうち、約八割の企業は同時に合弁形態も採用している。子会社しかもたない三〇企業のうち、約八割は九二年以降に設立した製造子会社である。このうち、繊維、アパレルや食品などの企業が多く、現地企業と委託加工などの取引を長年してきた。

参入形態選択という企業の投資戦略は、現地経営の方向性を決め、長期的な影響を与えている。現地経営レベルでは、参入形態によって経営資源の移転、企業ネットワークへの統合度、そして直面するビジネス・リスクが大きく異なる。

現地法人の調査データから日系の独資企業の平均規模が六三四人に対して、日系合弁企業の平均規模は三〇〇人未満であることがわかった。また、売上成長率や収益などの財務基準に基づく中国事業の五段階評価では、子会社をもつ企業七三社の平均が三・八二、合弁のみの企業一五一社の平均が三・五八で有意な差がみられる。また、中国事業の将来計画についても、前者グループの八二%の企業が拡大志向であり、後者グループの企業の三九%が中国事業を現状維持または縮小したいとしている。したがって、子会社をもつ企業グループが委託加工や合弁などを通して中国での事業経験を積み、その現地法人の規模や現在のコミットメントは合弁のみの企業に比べて大きく、中国事業の業績評価にも差がある。

そこで、子会社をもつ企業を〇、合弁のみをもつ企業を一として、なぜこのような二者択一的な結果が起こったのかについて図4―2の分析枠組みに基づき、その規定要因を明らかにしたい。

(2)　変数の操作化と尺度の開発

まず、独立変数となる諸要因の変数を操作化する必要がある。すべての変数に関して、既存の指標や尺度が利用可能ではないので、分析対象の特性に合わせて新しい尺度を開発しなければならない。以下では、要因別に変数の操作化と尺度開発について説明する。

(i) 市場リスク

環境リスクの指標として、近い将来、中国の政治、経済と社会に大きな変化が生じるというカントリーリスクの大きさを五点評価尺度で測った。参入前に感じているビジネス・リスクについては、統計資料と現地情報の不足、インフレーション、外貨バランス、知的所有権保護の不足、政治的な不安定性、法的制度の不備と社会保障制度の不備を五点尺度で測った。この七つの項目を合計した合成尺度の信頼係数（alpha係数＝〇・八二）が高いが、次に述べる市場異質性の合成尺度とは非常に高い相関（〇・六〇）があるため、独立変数から外した。

(ii) 競争状態

よく用いられる指標は産業集中度、競争者の数と競争の度合である。急成長し、新規参入が激しい新興市場の場合、競争者の数はあまり適切な指標ではない。実際、回答者の四三％はこの質問に反応していない。競争者が五社以下とする回答は全体の三〇％未満である。したがって、現地市場の競争の度合に関する五点評価尺度はより適切であると考える。

(iii) 市場の異質性

本国市場と現地市場との類似性に関するこの概念には多様な側面がある。一般には文化、政治、社会や法制度などの相違を指す。すでに述べたように、経済、政治、社会と法制度の問題はビジネス・リスクの指標として操作化できる。ここでは、文化、経営に関する考え方と行政制度の相違に関する三つの項目で測った合成尺度を用いる。この合成尺度の信頼性係数は〇・六〇である。この数字は基礎研究が推奨している値であり、尺度の信頼性係数が〇・七〇以上の場合、より適切とされている。

(iv)　本国要因

この変数に関しては、既存の利用可能な指標がない。ここでは、日本国内の人手不足、コスト削減の努力、予想以上の円高と輸入品の激増の四つの項目で測る合成尺度を開発した。その信頼性係数は〇・七七である。

(v)　投資環境要因

現地インフラ条件に関しては、現地法人の立地都市というダミー変数で測った。沿海部の経済特別区である都市では、交通、通信、エネルギーなどの物的インフラが他の地域に比べて整備され、外資に関する政策環境と行政サービスも整備されている。

具体的には、すべての現地法人が沿海部の経済特別区にある企業を一とした。投資の産業分野、ハイテク型や輸出型などのタイプ(2)と地域、そして、パートナーの選定や出資比率などに関して、外国企業は中央や地方政府からさまざまな干渉を受ける。投資環境のこの側面を操作化するために、合弁パートナーの選定に関する現地（中央と地方）政府の意向の影響を五点尺度で測った。

(vi)　企業要因

既存の研究は、企業規模を従業員総数や売上高で測っている。また、企業の国際化の程度を売上総額に占める海外売上の比率で測っている。しかしながら、この尺度は企業の国際経験に関する総体的な指標であるが、市場特定的な経験と現地市場知識の指標としては適切ではない。ここでは、市場特定的な企業能力を測るために、取引開始年度、最初の法人の設立年度、現地法人の数、現地企業とのつながりおよび現地政府との関係の五つの指標で測った。現地政府との関係は中国側からの誘致と企業のもつコネクションという二つの項目に関する五点評価の合成尺度である。その信頼性係数は〇・七二である。取引開始年度と最初の法人が設立した年度との相関がやや高いため、分析には現地市場での事業経験の蓄積を現地法人の数で測る。

(vii) 戦略志向要因

既存の全社戦略の志向に関する尺度ではなく、中国市場に関しての戦略志向を操作化した。中国国内市場をめざして参入する企業と輸出拠点を構築するために参入する企業の戦略志向は大きく異なる。現地市場志向に関しては、中国市場の大きさ、進出した日系企業の需要および取引先・系列会社の中国進出といった三つの項目に関する五点評価の合成尺度で測った。この変数は中国に進出した既存の顧客や取引先の需要への戦略対応を示す尺度である。その信頼性係数は〇・六三である。これに対して、輸出拠点志向に関する尺度は、輸出用の生産拠点と豊富な労働力の二つの項目に関する五点評価で合成した。この合成尺度の信頼性係数は〇・六八である。

(viii) 取引要因

従来の研究では、投下した企業資産の価値と無形性で測る。無形的な資産の国際移転はきわめて困難であるため、人的資源の投下が必要になる。この変数を出向社員総数で測る。この指標は現地法人の数とは高い相関があ

表 4－6　変数の平均，標準偏差，相関行列と信頼係数

	独立変数	項目	平均	標準偏差	相関行列 1	2	3	4	5	6	7	8	9	10	11	12	13	14	15	影響の方向 1)
1	カントリーリスク	1	2.87	1.102	(N. A.)	.														−
2	競争の度合	1	4.05	.918	.02	(N. A.)														−
3	市場の異質性	3	12.29	1.966	−.01	.09	(.60)													+
4	本国要因	4	14.02	3.779	.02	.13	.13	(.77)												−
5	現地政府の干渉	1	4.28	.851	.10	.14	.18	.09	(N. A.)											+
6	取引開始年度	1	76.85	15.127	.11	.02	.00	−.01	−.01	(N. A.)										+
7	現地法人数	1	3.86	6.845	−.20b	.14	.05	.14	.06	−.22b	(N. A.)									−
8	現地企業とのつながり	1	3.81	1.018	.20b	.07	.01	.01	−.04	−.08	.16	(N. A.)								+
9	現地政府との関係	2	6.76	1.741	−.12	−.14	.20b	.06	.23b	.04	.01	−.01	(.72)							+
10	既存顧客志向	3	10.94	2.641	−.14	.01	−.08	−.05	.13	−.14	.23b	.13	.06	(.63)						−
11	輸出拠点志向	2	7.83	2.004	.05	.05	−.01	.50a	.07	.05	.10	.11	−.05	−.01	(.68)					−
12	パートナーの評価	4	14.53	3.170	−.05	.14	.29a	.15	.12	−.00	.04	.12	.01	.01	.12	(.69)				+
13	企業資産の移転	5	18.27	3.458	−.22b	.07	.14	.12	.00	−.04	.06	−.03	−.04	.11	.09	.16	(.77)			−
14	製造業ダミー	1	.79	.412	−.10	−.11	.00	.39a	.12	−.03	−.02	−.05	.13	−.25a	−.22b	.09	.06	(N. A.)		+
15	地域ダミー	1	.59	.494	.01	−.19b	−.01	−.14	−.07	.18	−.25a	−.14	.05	−.15	−.27b	−.13	−.25a	−.21	(N. A.)	−

注：1）合弁形態の選択に対して，理論的に予想される独立変数の影響の方向。＋：合弁形態を選択する確率が高い；－：現地子会社が選択する確率が高い。

2）n＝112，有意差の両側検定：a：p＜.01；b：p＜.05

3）対角線上の括弧内の数字は合成尺度の信頼性係数（Cronbach's alpha）。

るため、独立変数から外した。投下した企業資産の価値に関しては、製品・サービス、企業名・ブランド、マーケティング能力、最新設備、技術・ノウハウの移転といった五つの項目に関する五点評価で尺度を合成した。その信頼性係数は〇・七七である。

(ix)　現地企業要因

パートナーとしての現地企業の技術力、販売網、原材料調達、立地条件の四つの項目に関する五点評価で合成された尺度でこの変数を測った。その信頼性係数は〇・六九である。現地パートナーの利用可能性に関しては、現地企業に関する知識や政府による制限などの側面がある。すでに企業要因と市場環境要因の指標として操作化した。また、現地法人が製造業である企業を一、その他の企業を〇として、現地生産の影響をダミー変数で測る。

分析のなかでとりあげた変数の基本構造は表4―6に示されている。表4―6は各変数の平均、標準偏差、合成尺度の信頼性係数および二変数間の相関行列を示している。変数の操作化と尺度開発の段階では、相関がとくに高い変数を取り除いたために、本国要因と輸出拠点志向の間の相関（〇・五〇）がやや高いほかは、独立変数間の多重共線性問題が避けられた。また、すべての合成尺度の信頼性係数は〇・六〇以上になっている。

三　規定要因に関する分析結果

二者択一的な事象を分析する多変量解析の方法としては、ロジスティック回帰推定[3]と判別分析がある。既存の研究の多くはこの二つの分析方法を用いて推定している。表4―7は、ロジスティック回帰のフルモデルと最終モデルの推定結果、そして判別分析の標準化係数を示している。

ロジスティック回帰の推定では、最初のフルモデルに一五の独立変数をまずすべて取り入れている。表4—7に示されているように、最終的な推定結果は現地法人数、カントリーリスク、現地政府との関係および本国要因の四つの変数が有意になっている。本国要因と輸出拠点志向の相関（表4—6）が高いので、本国要因を取り除いたフルモデルでは、輸出拠点志向が有意となっている。

判別分析では、判別関数の標準化係数に関する検定方法がないが、経験則として±〇・三〇以上の係数が有意とされる。この基準に従えば、現地法人数、カントリーリスクと現地政府との関係は企業の参入形態選択に影響を与えていることを示している。ちなみに本国要因と輸出拠点志向の係数はともに〇・二五である。

フルモデルの推定結果の符号をみると、合弁形態の選択を促す変数として、市場の異質性、取引開始年度、現地政府との関係、パートナーの評価と製造業ダミーである。逆にカントリーリスク、競争の度合、本国要因、現地法人数、現地企業とのつながり、現地需要志向、輸出拠点志向、企業資産の移転および地域ダミーは、子会社形態をもつ企業との違いを示す要因である。理論的に予想される影響の方向と逆なのは、現地企業とのつながりのみである。

有意な変数のみをみると、企業能力の影響が大きいことがわかる。この変数の符号(−)は、現地法人の数が少ない企業ほど国際経験や現地市場知識の蓄積が少ないため、合弁形態を選ぶ可能性が大きいという仮説を支持している。逆に言えば、現地法人の数が多い企業ほど、中国での事業経験や中国に関する市場知識が多く蓄積されている。

これに対して、現地政府との関係の符号(+)は、現地政府との強いコネクションや現地政府からの積極的な誘致を受ける企業ほど、合弁形態を選ぶ可能性が大きいことを示している。政府が企業の投資戦略に深くかかわって

表 4―7　参入形態選択の規定要因に関する分析結果

独立変数		ロジスティック回帰 フルモデル	最終モデル	標準判別係数
1	カントリーリスク	−.489*	−.416*	.407
2	競争の度合	−.399		.090
3	市場の異質性	.016		−.042
4	本国要因	−.133	−.132*	.254
5	現地政府の干渉	.042		.021
6	取引開始年度	.014		−.146
7	現地法人数	−.307**	−.340***	.642
8	現地企業とのつながり	−.116		.102
9	現地政府との関係	.294*	.311**	−.409
10	既存顧客志向	−.118		.204
11	輸出拠点志向	−.188		.247
12	パートナーの評価	.046		−.138
13	企業固有資産の移転	−.059		.181
14	製造業ダミー	.531		−.130
15	地域ダミー	−.121		−.066
	定数項	6.674*	2.895**	

	フルモデル	最終モデル		
Log Likelihood	−49.40	−52.82	固有値	.400
Goodness of Fit	99.49	114.66	共相関	.535
モデルの χ 二乗	41.87	35.03	Wilks'L	.714
自由度	15	4	χ 二乗	34.50
有意水準	p <.001	.001	自由度	15
全体の判別率	81.3%	80.4%	有意水準	p <.01
標本数	112	112	標本数	112

注：1）推定の過程で除去された独立変数。
　　2）Wald 検定量の有意水準：*：p <.10　**：p <.05　***：p <.01

いる制度環境のもとでは、現地政府との関係も企業固有の能力のひとつである。現地政府との関係が強い企業ほど、外部資源の取得の有利な立場にある。

理論的には、市場リスクをつよく感じている企業ほど、現地市場へのコミットメントが低いとされている。現地市場へのコミットメントという側面では、合弁形態は子会社形態より低いとされている。しかしながら、表4―7に示している推定結果は、カントリーリスクを強く感じる企業ほど、合弁形態の選択を好まないことを示している。この推定結果は市場リスクという要因を企業能力の視点から企業の国際化プロセスにおいて理解する必要があることを示している。

市場リスクの絶対水準が高いと予想されるとき、企業は合弁形態を含めて直接投資による参入をためらう。これに対して、環境リスクの水準が高くても、正確に市場リスクを認識でき、回避手段をもっている企業は参入形態の選択幅が広くなる。現地市場の環境リスクに関して正確に理解し、さまざまな回避手段を講じることができる能力は企業固有のものである。表4―7の推定結果はこの企業能力の影響を示している。

この関係についてもう少し詳しくデータからみることにしよう。近い将来（五年以内）の中国の政治、社会と経済の変動が現地経営に大きな困難をもたらすかという質問に対して、「生じない」と答えた企業と「生じる」と答えた企業はそれぞれ約二五％である。四六％の企業は中国のカントリーリスクについて「なんともいえない」と答えている。

合弁のみの企業グループと一〇〇％現地子会社をもつ企業グループの間には反応の差がみられない。二つのグループの間には、カントリーリスクへの対策に関する違いがみられる。表4―8に示しているように、一〇〇％現地子会社をもつ企業は合弁のみの企業にくらべて、投資規模の上限の設定、投資資金の短期回収、そして、他社（日系・香港企業）との共同参入の対策をより重視している。合弁のみの企業は、リスク回避の手段として現地企業との合弁をより重視している。中国のカントリーリスクが高くないと思う企業は、現地パートナーとの合弁を重視しているのに対して、リスクが高いと思う企業は投資資金の短期回収や投資規模の上限設定をより重視している。また、興味深い点は、現地政府との関係強化がもっとも重要なリスク対策になっている。

以上の分析結果を総合すると、市場リスクに関する認識が参入形態選択に与える影響のパターンは、企業の国

表4−8　参入形態，カントリーリスクとリスク対策

カントリーリスクの対策（複数回答）	リスクが高くないと思う	なんともいえない	リスクが高いと思う	独資をもつ企業グループ	合弁のみの企業グループ	全体
現地企業との合弁	44.6%	43.1%	32.8%	19.7%	51.3%	40.8%
現地政府との関係強化	47.7	37.3	42.6	42.3	41.6	41.7
投資規模の上限の設定	35.4	33.3	44.3	50.7	30.5	36.8
投資資金の短期回収	21.5	32.4	32.8	39.4	24.7	29.4
他社との共同参入	23.1	26.5	23.0	35.2	20.1	24.6
新規投資を手控える	13.8	18.6	19.7	9.9	21.4	17.5
その他の方法	.0	.0	1.6	.0	.6	.4
回答企業数	65	102	61	73	155	228

注：表の数字は回答企業数に対する各リスク対策に反応した企業のパーセンテージ。

際化プロセスにおいて一定ではない。参入の初期では、市場環境のリスクを相対的に低いと思う企業でも、リスクを分散できる合弁形態を選択する可能性が高い。そして、現地での事業経験が蓄積された企業ほど、環境リスクの水準や性質に関してより正確に認識できるようになる。この段階になると、企業は新規投資を手控えることよりも、投資規模の上限設定、投資資金の短期回収、そして、他社との共同参入などの対策でリスクの吸収をはかり、環境リスクの分散化を行う。

また、本国の要因に動機づけられ、輸出拠点志向をもつ企業ほど、合弁形態よりも子会社形態を選択する可能性が大きい。この結果は参入形態の選択に企業戦略の影響を示している。日本や世界市場に供給する輸出拠点を中国に構築することは、グローバルな企業ネットワークでの調整が必要となる。また、輸出拠点志向による参入は、現地市場への適応の必要性が低くなり、現地政府からの干渉も小さい。したがって、企業は子会社という形態の選択可能性も大きくなる。グローバル統合戦略をもつ企業は、現地子会社を選ぶ可能性が大きいといえる。

表4−7の分析結果は、企業要因、市場環境要因と戦略要因が日

本企業の中国参入戦略に同時に影響していることを示している。また、諸要因のなかで、参入形態選択に対する企業要因の影響がもっとも大きいといえる。

小括　新興市場参入に関する示唆

本研究はひとつの仮定から出発している。企業は海外市場での取引や事業を通して国際経験と現地市場知識を蓄積する。蓄積された経験と知識がある水準に達すると、企業の能力に質的な変化が起こり、企業には海外での事業活動のための新しい経営システムやルーチンが形成される。このような企業固有の能力は異なった市場環境においても競争優位を発揮でき、維持できるもっとも重要な経営資源となる。企業は多様な市場環境のもとでも現地市場のさまざまな制約条件を乗り越えて新しい市場機会を手にすることができる。このような理論的な仮定のもとでは、海外市場の参入問題を企業の国際化プロセスから切り離して理解することができない。

企業能力がもたらす影響を検証するために、市場機会が多く環境変化が激しい中国における日本企業の参入形態選択を分析した。第二節の実証結果は、現地子会社をもつ企業と合弁形態のみの企業の間には明確な違いがあることを示している。まず、中国市場のリスクに関する認識能力とリスク吸収能力に両者の企業の間に違いがみられる。このような企業能力の相違は、現地市場での事業経験を通して蓄積された知識とノウハウの違いによってもたらしている。このような企業能力は、本国と現地の市場環境の変化に対応する競争力を高めるものである。世界に供給する輸出拠点として、中国の現地法人を企業のグローバル・ネットワークに統合できるように統制度の高い一〇〇％子会社を選択できる。

これに対して、合弁形態のみの企業は内部で必要な能力を開発するかわりに、現地企業との合弁を通して必要とする経営資源と企業能力を取得している。現地政府が深く投資戦略にかかわっているという中国の制度条件のもとでは、現地政府との関係強化は合弁形態とともに一種のリスク分散メカニズムになっている。この発見は、企業の国際化プロセスにおいて、リスク吸収能力とリスク分散メカニズムがある段階から別の段階に移行できる重要な要因であると示している。

現地市場環境のリスクについて、取引費用理論は内部化によって意思決定を企業組織の内部で行い、外部不確実性を吸収するとしている。これに対して、競争戦略論は企業が合弁などの中間組織形態で環境の不確実性を分散するとしている。しかし、従来の理論枠組みに企業能力の視角を統合すると、市場環境リスクの分散メカニズムに関しては、組織形態の調整のみではないことをここでの分析結果が示唆している。

国際経験と現地市場知識の蓄積によって、企業は固有のリスク吸収能力を高めることができる。また、海外市場の参入に関していえば、企業組織のみでなく、政府との関係の構築によってもリスクを分散することができる。このようなリスク吸収能力とリスク分散メカニズムの相違が企業の国際化プロセスの動態をもたらす重要な影響要因である。

さらに、この発見は海外市場のリスクをカントリーリスクとビジネス・リスクに分けることの重要性を示唆している。本章では、操作化の段階でこの二つの変数を示したが、ビジネス・リスクが市場環境の多様性と異質性と深く関連しているので、市場の異質性というより根源的な変数で分析した。市場異質性から由来するビジネス・リスクに関しては、その吸収と分散のメカニズムは環境リスクと異なる可能性があることを分析結果が示している。この点については、第七章で詳しく分析している。

分析結果の実務的な示唆も明白である。市場異質性と環境リスクが高く、市場機会の多い市場に参入するとき、企業は学習を通して市場特定の経験や知識を蓄積できるような組織構造とメカニズムを形成する必要がある。また、市場特定の経験と知識の蓄積をリスク吸収の具体的な手段に結びづける必要がある。さらに、企業は参入形態の選択などの組織構造的な手段以外のリスク分散メカニズム、たとえば、本国政府の制度的メカニズムや現地政府との関係などを重視する必要がある。したがって、市場リスクに関する企業の吸収能力あるいはその分散の手段とメカニズムについての研究も深めなければならない。

【注】

（1）個々の参入形態の選択は経営業績や市場成果には直接的に結びつかないという視点が重要である。Chowdhury（1992）は、米国企業の海外合弁会社と現地子会社の経営業績を合弁解消率、存続年数や輸出比率などの複数の基準で比較した結果、二つの参入業績は明確でないことを明らかにしている。Luo（1997）は、中国の外資系企業一二七社の会計データを用いて経営業績に対する投資戦略とマーケティングの影響を分析した。その結果、設立年数、製品の品質、販売費支出と産業の成長率が投資収益性と売上成長率に強い正の影響を与えていることを明らかにしている。

（2）中国政府は、輸出促進型と技術集約型の外国資本を誘致するための政策をとっている。輸出比率が七〇％以上の外資系企業が「輸出促進型」に認定される。また、基準が不明瞭であるが、「ハイテク型」に認定された外資系企業にはさまざまな優遇措置を与えている。

（3）ロジスティック回帰はある二者択一な結果が起こる確率を、一組の独立変数から予測する。

第五章　現地市場での資源展開プロセス

グローバル・ネットワークにおける資源展開プロセスは、従来の標準化戦略論争の問題設定をはるかに超えているため、分析課題の設定を考えなおす必要がある。資源展開のプロセスにおいては、親会社がもつ資源を現地法人に移転する問題だけでなく、現地資源の獲得問題、現地市場での資源活用、異質的な市場環境に関する学習による資源創出、さらにグローバルな資源共有の問題もある。

グローバル企業は付加価値活動を全体的に統合させるという戦略課題に直面する。グローバル・ネットワークにおける統合問題の核心は、資源と市場機会を共有しながら、世界に分散している研究開発、調達、製造や販売などの活動の機能連携を実現させ、ネットワーク全体の適応力、創造性と柔軟性を維持することである。

この章では、こういった広い視点から日米欧企業の中国市場における資源の展開を分析する。具体的には、日米欧企業の販売・調達活動の実態分析、そして、中国国内市場を目指した外資系企業のマーケティング資源の移転という二つの側面から解明することにする。

第一節　調達と販売に関する日米欧企業の比較

まず、調達と販売に焦点を当て、日米欧企業に関する調査データによって中国現地法人の実態を明らかにする。表3―9に示されているように、「来料加工」と「進料加工」などの委託加工貿易形態によって、グローバル企業の国際分業ネットワークに中国現地法人が深く組み込まれている。グローバル・ネットワークにおける中国現地法人の位置付けは、輸出と現地販売、そして調達といった側面からとらえることができる。

一　日系メーカーの調達と販売

表5―1では、日系製造現地法人による原材料・部品の現地調達と海外からの輸入に関する全体平均と参入形態別の平均を示している。

原材料・部品に関しては、九五年調査時点で現地調達比率の全体平均は三九％であり、日本からの原材料・部品輸入比率の全体平均が四七％である。第三国からの輸入比率の全体平均が二六％である。なお、現地、日本と第三国という仕入先について内訳項目と合計のすべてを満たしていない企業も含めたそれぞれのグループに関する全体平均であるため、三者の合計が一〇〇％を超えている。

参入形態別にみると、現地調達比率が低いのは一〇〇％子会社の独資企業である。その現地調達率の平均は二二％と、合弁企業の約半分以下である。日系独資の約六割はアパレル、繊維、電気・電子部品と精密機器などの業種の企業によって占められている。もう一方では、中国側合弁比率が高い場合、現地調達率が高い。中国側出

表 5—1　中国での日系企業の調達と販売

	現地法人の原材料と部品の調達先と調達比率						
現地法人の企業形態	中国国内から		日本から		第三国から		企業総数
	平均	企業数	平均	企業数	平均	企業数	
中国側出資比率50％以上	58％	19	30％	20	29％	10	24
中国側出資比率50％	41％	27	45％	26	27％	14	32
中国側出資比率50％以下	46％	46	47％	50	15％	29	55
中国側出資比率０％(独資)	22％	41	58％	42	35％	25	47
回答企業全体	39％	134	47％	139	26％	79	158
	現地法人の売上高に占める輸出比率と輸出先						
	輸出比率		その内日本へ		その内第三国へ		企業総数
	平均	企業数	平均	企業数	平均	企業数	
中国側出資比率50％以上	53％	14	78％	13	43％	9	24
中国側出資比率50％	67％	20	65％	19	39％	19	32
中国側出資比率50％以下	68％	40	64％	39	43％	33	55
中国側出資比率０％(独資)	91％	42	75％	41	42％	29	47
回答企業全体	75％	119	69％	115	42％	92	158

注：95年調査，出資比率が不明の企業４社が除かれている。

資比率が五〇％を超えるマイノリティー合弁の現地調達比率の平均は五八％に達しているが、ほかの合弁企業の現地調達率は四〇％台である。一〇〇％子会社の独資形態を選択した企業は、中国の豊富な労働力を利用して中国の現地法人を輸出拠点にしているという実態が、この調査データからみて明らかである。売上の七〇％以上という「輸出促進型」企業の基準に達して現地政府からさまざまな優遇政策を得ることができるだけでなく、海外市場で要求される品質基準を達成するために輸入される海外の部材を利用しざるを得ないという側面もある。

もう一方では、日系の合弁企業は中国側パートナーの経営資源を利用して、現地調達比率を高めている。と同時に日系合弁企業が日本や第三国など海外からの調達比率は全般的に高い。出資比率の多少に関わらず合弁企業の日本側パートナーは、既存のグローバル・ネットワークを通して原材料と部品を世界から調達して中国の現地法人の生産活動を支えている。グローバル・ソーシングという日本側パートナーの企業能力が重要な役割を果たしている。

現地調達比率は業種によってかなりの差がある。回答企業の多い製造業種に限ってみると、現地調達比率がとくに高いのは食品（七三％）と機械（六三％）である。現地調達比率がとくに低いのはアパレル（二一％）、電気・電子部品（二二％）、精密機器（二三％）と繊維（二四％）である。後者は日本企業が多く参入している業種であるが、中国の現地法人を輸出拠点にしている産業分野でもある。

つぎに、売上高に占める輸出の比率をみると、日系企業の全体平均は七五％に達している。独資企業の平均は九〇％を超えているが、中国側出資比率が五〇％を超える合弁企業でも五三％に達している。中国現地法人が生産した製品を完全に日本と世界に輸出している現地法人の比率は回答企業全体の約四割であるが、その半数以上が調達比率の低い業種の企業である。どの参入形態の企業でも、製品の約六割を日本に輸出し、残りの四割を第三国に輸出している。(1)

経済産業省が行った『平成一二年度海外事業活動動向調査（第三〇回）』によれば、九九年の中国における日系製造現地法人の現地調達比率は四一・五％である。日本からの輸入は三五・七％で、第三国からの輸入が二二・八％である。もう一方では、九九年の中国における日系製造現地法人の現地販売比率が四六・一％で、日本向け輸出の比率が三七・一％で第三国向け輸出の比率が二六・八％である。ちなみに第三国向け輸出の八二・三％がアジア向け輸出である。二つの調査結果を直接比較できないが、この五年間に日本企業の現地調達率が飛躍的に高まったとは言えない。これに対して、中国市場における日系企業の現地販売比率はこの五年間にかなり上昇した。このような変化は中国が市場としても顕在化していることの証左でもある。(2)

以上の分析結果からわかるように、九五年以前に中国に進出した日系の独資企業は、基本的に輸出拠点であり、企業のグローバル・ネットワークに完全に組み込まれ、全社戦略のもとで一つの工場として経営活動を展開している。独資企業は調達の面でも販売の面でも現地市場との関わりが薄いため、現地調達能力と現地販売能力が相対的に弱く、そのための経営資源と企業能力を蓄積することが相対的に難しい。これに対して、中国側パートナーの現地調達・現地販売能力と日本側の海外市場での調達販売能力との間に強い補完性があり、合弁企業の現地市場への適応能力が相対的に高いといえる。

二　日米企業の調達と販売に関する比較

表4—2に示されているように、日米企業の間に中国市場への参入動機に明白な差がみられる。この戦略志向の相違によって、現地法人の販売活動と調達活動もかなり異なっていると考えられる。

(1)　輸出比率

表5—2は、日米製造業企業の中国現地法人の販売と調達を比較した結果を示している。九五年七月に実施した「日本企業の中国現地法人に関するアンケート調査」の総回答数が一六二社であるが、日米比較可能にするために、サービス業企業、操業まもなくの企業や回答していない企業を取り除いている。そのために、表5—1と表5—2の日系企業に関する全体平均の比率が一致していない。

分析の結果、輸出比率が五%未満の米国系企業は回答企業全体の四八%を超えている。これにたいして、九五%以上輸出している日系企業は全体の四八・七%にものぼり、完全な輸出拠点は回答した日系企業の半数も占め

表5−2　中国における日米企業の販売と調達

輸出・調達比率別企業数分布	輸出比率 米国	輸出比率 日本	本国へ 米国	本国へ 日本	第三国へ 米国	第三国へ 日本	現地調達率 米国	現地調達率 日本	本国から 米国	本国から 日本	第三国から 米国	第三国から 日本
5%未満	48.4%	3.4	73.3%	16.7	53.3%	50.0	3.6%	21.6	22.2%	14.1	34.5%	56.4
5%〜 25%未満	16.1	13.4	3.3	25.0	26.7	14.5	39.3	24.5	37.0	25.2	41.4	22.1
25%〜 50%未満	6.5	5.0	3.3	11.7	10.0	14.5	0.0	18.0	14.8	11.9	10.3	10.0
50%〜 75%未満	9.7	21.8	10.0	13.3	10.0	8.1	35.7	18.0	14.8	25.9	3.4	6.4
75%〜 95%未満	6.5	7.6	6.7	9.2	0.0	8.1	14.3	9.4	7.4	11.9	10.3	3.6
95%〜100%未満	12.9	48.7	3.3	24.2	0.0	4.8	7.1	8.6	3.7	11.1	0.0	1.4
回答社数	32	126	30	124	30	124	29	141	28	141	29	141
平均値（%）	30.5	73.6	17.2	48.8	12.0	23.8	48.7	37.6	31.8	46.6	20.2	14.7
平均値の差（%）	−43.2		−31.6		−11.8		11.1		−14.7		5.5	
有意水準	a		a		b				b			

注：平均値の差に関するｔ検定の有意水準：a＝1％，b＝5％

ている。また、輸出比率が五〇%未満の日系企業は全体の約二二%しかないが、日系企業の輸出比率の全体平均が七三・六%であるのにたいして、米国系企業のそれが三〇・五%で、日米企業の間の差は四三・二%にも達している。

つぎに、輸出先に関しても日米企業の間に大きな違いがある。現地生産された製品をほぼ完全に本国へ逆輸入する日系企業は全体の約二四%を占め、中国で生産した製品の五〇%以上を日本に輸出している日系企業は全体の約四七%にものぼる。このような本国市場に大きく依存するタイプの米国系企業はわずか二〇%である。日系企業の本国向け輸出比率の平均値は四八・八%で米国系企業の一七・二%のおよそ三倍に近い。

さらに、第三国向けの輸出に関しては、日米企業の輸出比率別の企業数分布にも相違がみられる。約五%の日系企業は中国で生産した製品を完全に第三国に輸出し、第三国への輸出比率が五〇%以上の日系企業は全体の二一%も占めている。日米企業の第三国への輸出比率の平均値にはやはり倍ぐらいの差があり、統計的にも有意である。

日系企業の中国市場への販売比率に関しては、九六年一〇月に行った日中投資促進機構の調査でも、約半数以上の日系企業の中国国内販

表 5―3　日米欧企業の中国現地法人の販売と調達

		輸出比率	うち本国へ	うち第三国へ	現地調達	本国調達	第三国調達
日　系	平均値（%）	67.7	45.0	22.3	37.6	47.0	14.7
(95年調査)	回答社数	134	133	133	141	141	141
米国系	平均値（%）	30.5	14.4	14.4	48.7	31.8	20.6
(97年調査)	回答社数	32	29	29	29	28	28
欧州系	平均値（%）	23.3	11.0	12.7	62.5	25.7	11.8
(99年調査)	回答社数	32	31	31	33	33	33

売比率が三〇％に達していない。これは、表5―2の結果とは一致した結果である。

以上のような結果は、日米企業の対中投資への戦略志向の違いに由来するものであると言える。中国政府が政策的に米国企業に対して現地市場への販売の条件を相対的に緩めているとは考えられない。むしろ、米国企業が強い「現地市場志向」のもとで、自国政府の支援も得て中国市場への販売を強力的に進めていた結果であるといえる。

(2) 現地調達比率

表5―3に示されているように、原材料・部品の調達先と調達比率に関しては、日米企業の違いが販売市場ほど大きくない。統計的に有意な差がみられたのは、本国からの調達比率である。米国系企業の現地調達率の全体平均は四八・七％に達し、日系企業の全体平均の三七・六％を大きく上回っている。これに対して、日系企業の本国からの調達比率は四六・六％に達したが、米国系企業との間に一四・七％の差がある。このような結果は、日系現地法人の本国への高い依存度を示し、日本本社から見れば、中国現地法人は本社の戦略に従うひとつの海外工場という位置付けしかないという実態を示している。つまり、九五年の時点では、約半数の日系企業は、日本から部材を輸

入し、組み立てた製品を日本へ輸出するといった工場に過ぎない。

つぎに、第三国からの調達に関しては、日系企業の調達率の全体平均は一四・七％で、米国系企業の全体平均が二〇・二％になっているが、日米企業の間に有意な差はない。

通商産業省が行った『平成八年度海外事業活動基本調査』によれば、九六年中国現地法人の現地調達比率の全体平均が三四・一％、日本からの輸入比率と第三国からの輸入比率の全体平均はそれぞれ四五・八％と二〇・一％になっている。このような数字は、表5―2の調査結果とほぼ同じになっている。すでに述べたように、経済産業省の調査では、九九年の中国製造現地法人の現地調達比率は四一・五％となり、全体的に上昇している。しかしながら、米国系企業に比べて、日系企業の現地調達率が相対的に低いことは事実である。

さらに、調達比率別の分布に関して、現地調達率が五〇％を超えている米国系企業の比率は五七・一％であり、そのような日系企業の比率は三六％になっている。表5―2の調査結果は、米国系企業が現地調達率二五％未満のグループと五〇％以上のグループに二分化されていることを示唆している。これに対して、現地調達率が五％未満の日系企業、すなわちほとんど日本や第三国から原材料と部品を調達している企業は二一・六％にもなるという点が注目される。

以上の分析結果を総合すると、日米企業の参入動機と現地法人の調達販売との間に明確な関連性があるといえる。中国の現地法人を輸出拠点として位置付けた約八割の日系企業は、その製品の大半を日本、そして第三国へ輸出している。そのために、部品や原材料の本国への依存度が否応なく高くなっている。九七年以降に、現地市場志向のもとで新たに設立した中国現地法人や、中国現地市場への販売に戦略を転換した日系企業はいかに現地調達率を高めるかという課題に直面する。

これに対して、約七割の米国系企業は最初から中国市場への販売を現地法人の戦略目標に据えているため、現地販売比率と現地調達率がともに高い企業も多い。海外市場での競争力維持と現地市場での競争力獲得は同時に達成できるほど容易な戦略課題ではないため、日米の中国現地法人の戦略志向がこのような対照的な構図になっている。そのために両者の販売活動と調達活動にも明白な差が生じている。

三　日米欧企業の販売と調達に関する比較

すでに表4―3で示されたように、欧州系企業は米国系企業以上に現地市場志向が強い。おそらく欧州系企業の調達活動と販売活動は米国企業に近いと推測される。表5―3には日米欧企業に関する三つの調査の分析結果をまとめて示している。

日米欧企業に関する三つの調査の質問項目はほぼ同じであるが、三つの調査の間にはそれぞれ二年ずつのタイムラグがある。比較可能にするために、九七年と九八年に実施された日中投資促進機構の調査結果も取り入れて、日系企業の販売活動と調達活動の変化、そして欧米系企業との相違を同時に分析したい(3)。どの調査も非製造業を同時に調査対象としているので、ここでの分析はすべて製造業企業に限定している。

(1) 輸出比率

まず、輸出比率に関しては、欧州系企業の全体平均が二三・三%と、米国系企業の三〇・五%より低くなっている。これに対して、日系企業の輸出比率の全体平均は六七・七%になっている。欧米系企業の平均値の差に関するt検定の結果、統計的に有意な差が見られないため、欧米系企業の現地販売比率と輸出比率がおよそ七〇%

対三〇%になっているのに対して、日系企業の現地販売比率と輸出比率はちょうどその逆で三〇%対七〇%になっているといえる。

すでに述べたように、中国において外資系企業は現地での経営に対する支配権を獲得するためには、特定の条件をクリアする必要があった。そのなかでは、輸出比率が七〇%以上という「輸出促進型」の条件は、中央政府も各地方政府も提示する認可条件の一つである。日系企業の輸出比率が約七〇%になっている事実は、この認可条件に合わせて受身的に中国現地法人の生産した製品を輸出していることを意味していない。むしろ、日本企業が中国現地法人の役割を輸出拠点として位置付けた結果であると解釈すべきである。

つぎに、米国系企業と欧州系企業に共通しているのは、本国向け輸出と第三国向け輸出の平均比率がほぼ同じ数値になっている点である。欧州系企業は本国市場への依存度が米国系企業に比べても低いことは、図3―8に示されているマクロ統計データの結果と一致するものである。表5―3の分析結果は、本国向け輸出比率に関して日系企業と欧米系企業との間に大きな差があることを示している。日系企業の本国向け輸出の平均比率が四五%になっているのに対して、欧米系企業のそれがそれぞれ一一%と一四・四%になっている。ちなみに第三国向け輸出の平均比率に関して、日系企業と欧米系企業の間には有意な差がない。

表5―4は、輸出比率をブレークダウンして企業数の分布を示している。約四七%の日系企業の輸出比率が七〇%を超えている。したがって、日本企業にとって、中国現地法人の多くが輸出拠点であり、その販売のほとんどが本国向け輸出になっているという実態を表5―3と表5―4の二つの表から読み取ることができる。つまり、九五年調査の時点では、約半数の日系企業が輸出拠点志向であった。

さらに、九八年一月に実施された日中投資促進機構の調査（回答社数三六三社）によれば、輸出比率が一〇〇

表 5—4　中国における日米欧外資系企業の輸出比率

輸出比率	日系企業 95年調査		日系企業 97年調査*		米国系企業 97年調査		欧州系企業 99年調査	
＝　0%	14	10.4%			15	46.9%	13	40.6%
0＜～≦ 10%	7	5.2%	9	40.9%	3	9.4%	5	15.6%
10＜～≦ 30%	14	10.4%	2	9.1%	4	12.5%	5	15.6%
30＜～≦ 50%	9	6.7%	0	0.0%	1	3.1%	4	12.5%
50＜～≦ 70%	16	11.9%	1	4.5%	2	6.3%	2	6.3%
70＜～≦ 90%	11	8.2%	4	18.2%	2	6.3%	1	3.1%
90＜～＜100%	14	10.4%	6	27.3%	1	3.1%	0	0.0%
＝100%	49	36.6%			4	12.5%	2	6.3%
平均値（%）		68.2%				30.5%		23.3%
回答社数	134		22		32		32	

注：*日系企業に関する97年調査のデータは日中投資促進機構（1997）によるが，輸出比率が0%と100%の企業は10%以内と90%以上の分類に含まれている。

%の日系企業は依然として全体の二〇%を占めている。近年、中国国内市場の供給過剰による競争激化は外資系企業の現地販売に不利な影響を与えている一方で、税関の取締り強化による密輸入品の減少は、外資系企業への現地需要を部分的に拡大させている。[4]

結論的に、現地市場志向をもつ日本企業は九七年以降に増えてきているが、中国現地法人を「輸出拠点」としている日本企業の比率がほぼ維持されている。九九年の欧州系企業に関する調査のように、距離的に遠く離れた中国への直接投資の大半は現地市場志向のもとで行われている。約二〇%の米国系企業も輸出拠点になっているが、二つの戦略グループに分化していることは、日本企業の重要な特徴のひとつになっている。

(2)　現地調達比率と本国からの調達比率

つぎに、グローバル・ネットワークにおける中国現地法人の位置づけを原材料・部品調達の側面から、現地調達、本国調達と第三国調達に分けて日米欧企業の比較分析がで

表 5−5　日米欧企業の現地調達比率に関する企業数分布

現地調達比率	日系企業						米国系		欧州系	
	95年調査		96年調査*		98年調査*		97年調査		99年調査	
0%	18	12.8%	40	14.6%	30	9.8%	1	3.4%	4	12.1%
～10%未満	34	24.1%	42	15.3%	45	14.7%	3	10.3%	2	6.1%
～30%未満	25	17.7%	56	20.4%	53	17.3%	8	27.6%	3	9.1%
～50%未満	21	14.9%	24	8.8%	38	12.4%	3	10.3%	4	12.1%
～70%未満	16	11.3%	30	10.9%	36	11.8%	7	24.1%	2	6.1%
～90%未満	12	8.5%	32	11.7%	38	12.4%	4	13.8%	8	24.2%
～100%未満	5	3.5%	29	10.6%	39	12.7%	2	6.9%	4	12.1%
100%	10	7.1%	21	7.7%	27	8.8%	1	3.4%	6	18.2%
回答社数	141		274		306		29		33	

注：*日系企業の96年と98年現調率データは，日中投資促進機構（1998），pp. 147–148による。

きる。表5―3には、日米欧企業の調達比率の平均値を示している。

この三つの調達比率に関しては、欧米系企業の間に統計的な有意差がない。だが、現地調達に関して日系企業と欧州系企業の間に、また、本国からの調達に関して日系企業と欧米系企業の間に有意な差がある。したがって、分析結果から、日系企業の本国からの調達比率は欧米系企業に比べて相対的に高いといえる。

九五年以降、日系企業の原材料・部品の現地調達比率がどのように変化したのか、そして、日米欧企業の現地調達比率をもう少し詳しくみるために、日中投資促進機構が実施した二つの調査と比較可能な形で、現地調達比率を八段階に分けて、日米欧企業の企業数分布を表5―5にまとめて示している。これらの五つの調査のうち、日本企業に関する九五年の調査、そして、日中投資促進機構の二つの調査に関しては、対中投資した日本企業の主要な企業をほぼ対象にし、また回答企業の数も多いため、日本企業の現地調達比率の変化をかなり正確にとらえているといえる。

表5―5に示されている調査結果から、日系企業の現地調達率は九五年以降徐々に高まってきていることがわかる。

現地調達比率が三〇%未満の企業数の構成比率をみると、九五年調査では約五五%、九六年調査では約五〇%、そして九八年調査では約四二%までに減少している。もう一方では、現地調達比率が七〇%以上の企業数の構成比率をみると、それぞれ一九%、三〇%、三四%と年を追って高まってきている。米国系企業は日系企業とほぼ同様に、現地調達率がとくに低い（三〇%未満）企業の構成比率は四一%を超え、とくに高い（七〇%以上）企業は全体の約二五%になっている。これに対して、現地調達比率が七〇%以上の欧州系企業は全体の約五五%も占めている。

以上の分析結果を総合すると、日系企業の大半は原材料と部品をおもに日本からの輸入に依存している状況から徐々に現地調達比率を高めているが、日本企業にとって、現地調達比率を高めることが容易でないことの理由については、つぎの第六章で詳しく論じる。

(3)　販売と調達に関する戦略調整

企業のグローバル・ネットワークにおける中国現地法人の位置づけ、そして、参入当時に想定されていた戦略的な方向性は、その後の本国や現地市場の多様な要因の変化によって強い影響を受けると考えられる。

日系企業に限定してみると、輸出比率の全体平均が非常に高く九五年時点では七五%であったが、一〇〇%子会社の場合、輸出比率の平均は九〇%を超えていた。経済産業省の調査でも、九九年時点で日系企業の輸出比率の平均が六四%になっている。

図5―1　中国の日本向け輸出に占める外資系企業の比率

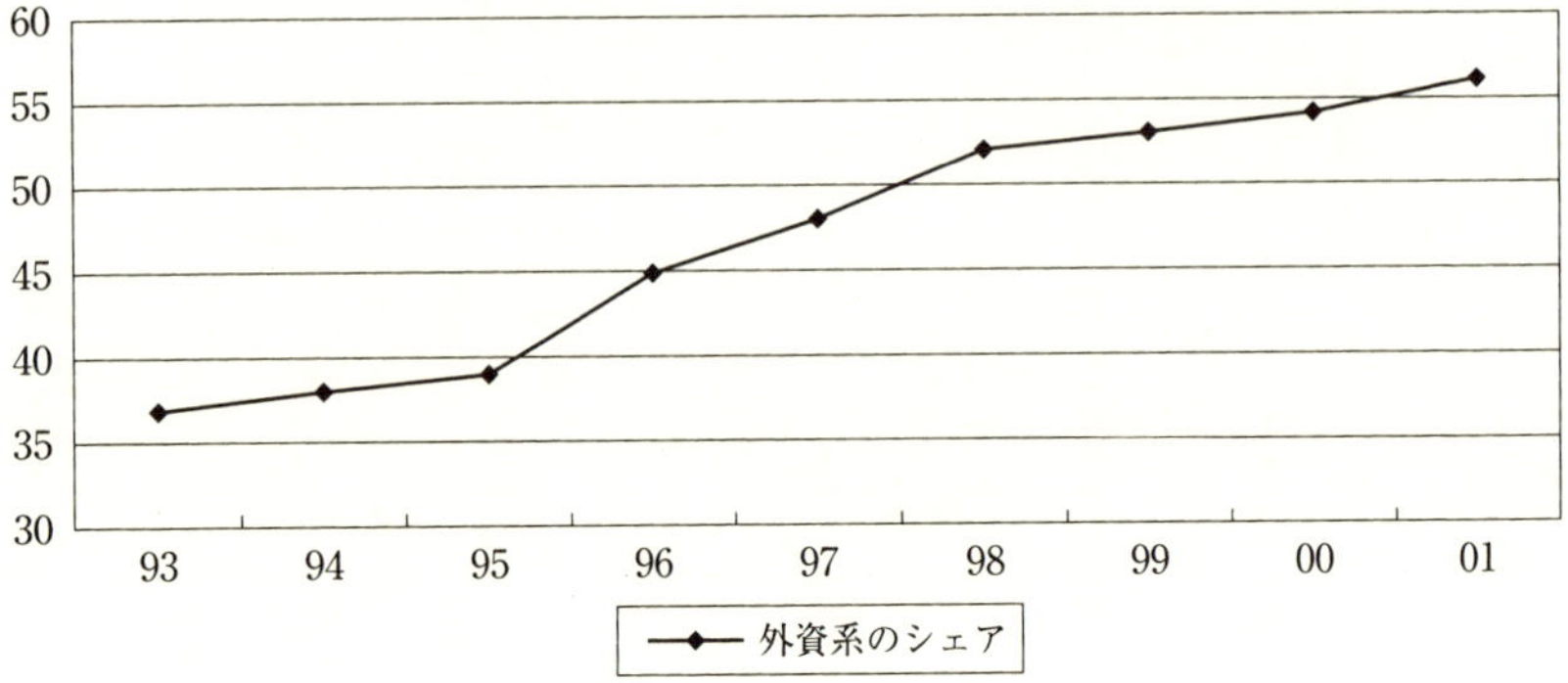

注：『中国海関統計』各年版より算出。

このような日系企業の現状は中国の比較優位や中国政府の外資政策に適応した結果である。とくに独資企業に関しては、製品の現地販売の認可を得るために生産した製品の七〇%以上を輸出することが条件付けられている。しかしながら、独資企業は原材料・部品を持ち込み、製品を輸出するという委託加工型の貿易形態に適しているうえ、現地の安価な労働力や現地政府の優遇条件を獲得しながら、高いグローバル競争力のもつ輸出拠点として機能しやすいことを示している。

日本企業の海外生産拠点の中国移転が一九九五年以降に急速に進むにつれて、企業のグローバル・ネットワークでの調整はますます重要になった。マクロ的には、まず、日中間の貿易における日系企業の市場シェアが急速に高まった。

図5―1は中国税関の通関統計に基づいて、日本向けの輸出に占める外資系企業のシェアの推移を一九九三年から二〇〇一年まで示している。日本向けに輸出している外資系企業のほとんどは日系企業である。[5]

九二年以降の第二次対中投資ブームのなかで中国に進出した日本企業は九五年当たりから本格的に工場が稼動し、日本向けの輸出に

表5―6　中国の独資企業と合弁企業による貿易の形態別構成比とシェア

独資企業	通常貿易	来料加工	進料加工	その他	独資の貿易総額	貿易総額に占める独資のシェア	貿易総額
1995	3.7%	3.9%	78.3%	14.1%	36,510	13.0%	280,864
1996	4.8%	5.0%	74.3%	15.9%	49,021	16.9%	289,881
1997	5.5%	6.2%	77.0%	11.3%	59,644	18.3%	325,162
1998	5.9%	7.5%	76.8%	9.9%	68,018	21.0%	324,046
1999	7.8%	10.6%	72.7%	8.9%	81,198	22.5%	360,630
2000	9.8%	10.0%	69.6%	10.6%	113,621	24.0%	474,297
2001	10.8%	10.4%	67.4%	11.4%	130,726	25.6%	509,768
合弁企業	通常貿易	来料加工	進料加工	その他	合弁の貿易総額	貿易総額に占める合弁のシェア	
1995	13.1%	5.8%	58.7%	22.4%	57,523	20.5%	
1996	15.5%	6.8%	53.6%	24.1%	70,845	24.4%	
1997	17.9%	8.0%	56.0%	18.0%	74,895	23.0%	
1998	19.9%	8.2%	55.9%	16.1%	73,008	22.5%	
1999	26.7%	9.0%	51.9%	12.3%	78,255	21.7%	
2000	30.8%	8.2%	50.1%	10.9%	104,641	22.1%	
2001	33.4%	7.7%	48.2%	10.7%	110,458	21.7%	

注：『中国海関統計』各年版より算出。

占めるそのシェアは急速に高まっている。九五年では、四〇％に達していない日本向け輸出に占める外資系企業のシェアは、九八年には五二％を超えるようになった。表3―10に示されている中国の輸出に占める外資系企業のシェアの推移に比べて、日本企業の本国向け輸出への依存度が高いこともこのデータからわかる。

また、表5―6に示されているように、中国の貿易総額に占める独資企業のシェアは一九九五年以降、急速に高まっている。一九九五年の一三%から二〇〇一年には二五・六%になった。これに対して、合弁企業のシェアはほぼ二二%台を維持している。このデータは日系企業を含めた外資系企業全体の変化を示しているが、第四章の日本企業の参入形態選択からわかるように、独資形態の日系企業が日中間の貿易に占めるシェアはこれ以上に高くなっていることを推測できる。したがって、中国現地法人の販売と調達に関しては、二つの戦略調整が起こっている。

第一の戦略調整は、輸出拠点志向から現地市場志向への調整である。第二の調整は、原材料・部品の調達と製品の販売の双方が本国親会社への依存体制からの独立である。経営権を支配できる一〇〇%子会社が増え、グローバル・ネットワークにおいて中国現地法人の経営の自由度が高まる。そこでは、最適調達と最適販売という戦略志向が必要とされる。生産拠点に限って言えば、図2―2に示されているような「グローバル生産拠点」という段階IIに移すことである。

親会社から原材料や部品を輸入して、加工した製品を親会社に輸出する委託加工貿易という「進料加工」や「来料加工」の形態から、一般の商品輸出入の「通常貿易」の形態に移っていく。表5―6のデータは、中国の独資企業と合弁企業による貿易の形態別構成比の推移であるが、まさにこのような調整が進んでいることを示している。

欧米系企業の多くは最初から中国の現地市場を目指して進出している。九五年以降、日本企業の中国市場戦略も大きく現地市場志向にシフトしはじめた。しかしながら、中国現地法人の経営業績に関しては、輸出比率が高い企業に比べて、現地販売比率が高い企業の評価が相対的に低い(6)。とくに「現地調達―現地生産―現地販売」という市場戦略を多く採用している欧州系企業の場合、その経営業績に関する自己評価がとくに低い。このことは、現地市場志向という市場戦略には大きな困難を伴っていることを示唆している。したがって、一旦輸出拠点として位置付けられた現地法人の戦略調整の方向は、現地市場志向に変えることではなく、むしろグローバル・ネットワークへの統合という調整である。

第二節　マーケティング資源の移転と取得

この節では、現地市場志向の外資系企業における資源展開の問題を取り上げる。第二章の第二節で論じたように、国際マーケティングの標準化戦略に関する過去四〇年の論争はあまり生産的ではないため、本研究の問題設定は、マーケティング資源の移転、活用と変容として標準化戦略をとらえなおすことである。

そこで、日米欧企業の調査データによって、中国市場へのマーケティング資源の移転の実態を明らかにして、資源展開と現地市場での競争優位の関係を分析する。さらに、現地市場戦略志向は資源の展開プロセスに強く影響を与えていることを示したい。

一　経営資源の移転と現地経営資源の取得

理論的には、新しい海外市場への参入は、多国籍企業がその固有な経営資源、とくにパッケージされた資源を現地市場に移転することである。企業固有な経営資源の移転と活用によって差別的な優位性が生まれ、多国籍企業はその市場での潜在的な利益を手にすることができる。

企業の戦略志向が資源展開の方向に影響を与えることはすでに論じてきたが、現地市場環境のさまざまな要因

表 5—7　中国市場で成功するために重要とされる経営資源

	米国企業 回答数	米国企業 平均値	日本企業 回答数	日本企業 平均値	平均値の差
ブランド・企業名	42	1.69	200	2.78	1.09
製品・サービス	40	1.48	200	2.39	0.92
マーケティング能力	40	2.00	203	2.72	0.72
トップのコミットメント	41	1.56	207	2.12	0.55
豊富な資金	41	2.15	211	2.68	0.54
地元政府	37	2.76	214	2.18	−0.58
優秀な現地人	38	2.76	215	1.98	−0.79
タイミング	40	2.85	211	2.01	−0.84

注：1）　各項目の平均値の差に関するｔ検定の有意水準：a＜１％
　　2）　各項目の重要度：1＝非常に重要，…… 5＝重要ではない。

によって移転された資源の展開に多くの制約を加える。既存の実証結果では、マーケティング資源のうち、ブランド名が国際移転しやすく、広告、価格と流通チャネルに関する知識やノウハウの移転が困難であることを示している。ここでは、まず現地市場志向が強い米国企業と輸出拠点志向が強い日本企業との比較を行い、中国市場において重要と思われる資源についてみることにする。

現地法人の経営資源は、親会社などから移転された経営資源と現地で取得した経営資源によって構成される。前者を中国事業の成功にとって本社が重要とみなした経営資源、後者を現地に期待される経営資源として、この二つの側面から日米企業の市場戦略の相違をみることができる。

親会社などから移転される経営資源は多種多様であるが、日米企業の本社に関する調査データを用いて日米企業の違いを示したい。中国市場で成功するために重要と思われる一九の項目のうち、日米企業の回答者が評価した各項目の重要度の平均値に有意な差があり、しかも平均値の差が〇・五ポイントを超えた項目のみが表５—７に示されている。

中国市場で成功するために重要とされている経営資源に関しては、

日米企業の間に明白な違いがみられる。

日本企業は、米国企業に比べて、ブランド・企業名、すぐれた製品・サービス、マーケティング能力、トップの中国事業へのコミットメント、そして豊富な資金の投入などを重視する程度が相対的に低い。逆に日本企業は現地政府との関係、優秀な現地人幹部や社員、そして進出のタイミングを相対的に重要視している。(7)

もう一方では、委託加工、合弁や合作などの参入形態は、現地パートナーの経営資源を獲得する重要な手段である。合弁の場合に重要とされる項目に関しては、日米企業の間に有意な差がみられないのは「パートナーとの過去のつながり」、「パートナーの販売網や生産設備」である。これに対して、日米企業の間に有意な差があるのはつぎの三つの項目である。すなわち、「地元政府の意向」、「現地パートナーの立地条件」と「現地パートナーの技術力」である。

平均値の差の大きさからみると、日本企業は米国企業より地元政府の意向をより重要視している。計画経済から市場経済に移行する中国市場においては、現地政府との良好な関係は現地での経営活動にとってきわめて重要な環境条件である。これまで築いてきた地元政府との良好な関係は一種の経営資源として考えられる。また、現地市場に参入するに際して、地元政府の意向を受け入れ、重要と思われる現地の経営資源を獲得できるのも一種の企業能力であると考えられる。

以上の分析結果を総合すると、米国企業はブランド力、製品力や資金力などの自社の経営資源、そしてマーケティング能力や経営者能力を相対的に重視しているのに対して、日本企業は、現地政府との関係、現地パートナーのもつ資源や現地人材などの現地経営資源の獲得を重視しているといえる。いいかえれば、現地市場志向が強い米国企業は、その戦略に従って親会社のもっている市場関連の経営資源を中国に投入することに対して、日本

表 5—8　欧米企業のマーケティング・プログラム移転と現地適応

	米国企業	欧州企業
わが社のCI・ブランド戦略を中国市場に適用した	52.3	63.8
本社から広告の企画や素材を導入したことがある	29.5	8.6
わが社の価格政策を中国市場に適応した	36.4	39.7
中国市場に適応した製品を開発したことがある	43.2	53.4
わが社のチャネル・販売戦略を中国市場に適応した	59.1	56.9
回　答　数	44	58

企業に比べても積極的になっているのである。一方では、輸出拠点志向が強い日本企業にとって、現地政府との関係が重要であり、合弁形態でしか参入できない場合には現地パートナーのもっている経営資源が重要になる。

この分析結果は、戦略志向と展開されるべき資源の種類にはある種の関連性があることを示している。この関係を明確にするために、現地市場志向の強い欧米企業が移転しようとしているマーケティング・プログラムの種類についてみることにする。

表5—8は、ブランド、広告、製品、価格と流通チャネルに関する欧米企業の資源移転と現地適応の状況を示すデータである。表5—8に示されている実証結果は、従来の実証研究の結論とはほぼ整合的である。

まず、ブランド戦略に関しては、欧米企業の多くは新興市場の中国にも適用している。欧州企業のブランド戦略の標準化志向は、米国企業に比べていっそう強い結果になっている。しかしながら、もう一方では、製品を含めて、価格やチャネル、広告素材などプロモーションといったマーケティング・ミックスの要素に関しては、欧州企業の現地適応志向は、米国企業に比べてより鮮明である。とくに広告活動に関しては、欧州企業は本社からの広告企画や広告素材の移転に対してきわめて消極的である。

つぎに、流通チャネルと販売促進に関しては、現地適応志向の欧米企業が多い

表5−9　欧米企業の標準化戦略とマーケティング・プログラムの移転状況

	米国企業	欧州企業	合　計
製品・サービスのグローバル標準化戦略を採用したことがない（%）	18.6	11.3	14.3
標準化戦略を採用している（%）	81.4	88.7	85.7
回　　答　　数	43	62	105
本国や海外で成功したプログラムを中国に移転したことがない（%）	42.9	43.2	43.0
移転したことがある（%）	57.1	56.8	57.0
回　　答　　数	42	44	86

のに対して価格政策を中国市場に適応せず、独自の価格政策を展開している企業が多い。後者の結果は日本市場における欧米企業の価格戦略に関する実証結果とは異なっている。

既存研究の理論的な流れにおいては、製品活動のグローバル管理が強調され、製品・サービスのグローバル標準化戦略が注目されている。表5−9の上段の数字は、中国市場における欧米企業の製品標準化戦略の現状を示すデータである。八八・七%の欧州企業、そして八一・四%の米国企業が製品・サービスのグローバル標準化戦略を採用していると回答している。この結果からわかるように、欧米企業の製品戦略の標準化志向は非常に高い。

もう一方では、表5−8に示されているように、中国市場に適応した製品を開発したことのある欧州企業は五三%を超え、そうした米国企業も四三%を超えている。次の第六章で詳しく述べるネスレやモトローラのように、グローバル標準化する製品を世界市場に導入する一方で、「ローカル・ブランド」として現地市場に適応した製品も開発している実態がこのような数字に現れている。

表5−9の下段に示されているように、本国や海外で成功したマーケティング・プログラムを中国に移転したことがあると答えている比率は、

結果は、近年のグローバル・マーケティングの特徴を明確に示している。この実証研究で対象とした日本企業はアジア地域に積極的にマーケティング・プログラムやノウハウを他の海外市場に積極的に移転させる企業が大半を占めている。ほかの海外市場で成功したマーケティング・プログラム、広告やブランド、営業管理手法など多岐にわたっている。欧米企業ともに約五七％である。移転されているマーケティング・プログラムの中味をみると、販促材料、顧客サービス・プログラム、広告やブランド、営業管理手法など多岐にわたっている。

二　資源展開と競争優位の関係

すでに述べたように、現地法人の経営資源と企業能力には、親会社や他の子会社から移転したものと現地で取得したものとがある。新興市場に参入する場合、人材、資金、技術、設備、ブランドやノウハウなどが海外から現地法人に移転され、現地市場で成功するための重要な基盤となる。現地で取得する経営資源と企業能力は、現地での事業活動と経験を通して徐々に学習して蓄積されたものである。そこで、現地市場での競争優位を支える経営資源と企業能力は具体的にみてみたい。

まず、日米欧企業が、中国ビジネスを成功させるために、どのような競争優位の基盤を重視しているのかという全体像を因子分析によって確認しておきたい。海外から移転される経営資源は多種多様であるが、日米欧企業が重視している経営資源がどのようなものであるのかはこの分析によってわかる。中国市場で成功するために重要とされる経営資源の種類を因子分析によって確認したうえで、日米欧企業が重要視し、移転しようとしている経営資源の相違について分析することもできる。

中国市場での成功要因としての一八項目について五点尺度（1＝重要ではない、…5＝非常に重要である）で評価したデータを因子分析した結果、表5－10に示されているように、五つの因子を抽出した。

①現地経営資源…現地への大幅な権限委譲、長い中国事業の経験、
　中央政府・地方当局とのつながり、よい進出タイミング、
　現地情報の直接収集能力、優れた中国側パートナー

②マーケティング資源…知られた企業名やブランド、すぐれた製品やサービスの移転、
　すぐれたマーケティング力

③人　的　資　源…すぐれた現地での人事労務管理制度、すぐれた現地社員の研修制度、
　優秀な現地経営幹部や現地社員

④技　術　的　資　源…すぐれた技術とノウハウの移転、本国からの最新設備の導入

⑤本社経営能力…経営陣の中国事業へのコミットメント、本社からの支援、
　現地法人の幹部に適した本社人材

それぞれの因子の項目をまとめ、日本企業と欧米企業とが成功要因の重要度に関する評価が違っている順番で並べ替えると、図5―2のようになる。この図に示されているように、日本企業と欧米企業との間に明確な相違があり、欧米企業の間の相違がほとんどの項目に関して評価の差が小さいことがわかった。

重要度の平均値を詳細にみると、日本企業に比べて欧米企業は企業名とブランド名が知られていること、すぐれた製品とサービスの移転、すぐれたマーケティング力、そして経営者トップの中国事業へのコミットメントをより重要視している。一方、日本企業はよい進出のタイミング、現地情報の直接収集能力とすぐれた中国側パートナーを相対的に重要視している。なお、欧州企業は、日米企業にくらべて「中国政府と地方当局とのつなが

表 5−10　中国で成功するために重要とされる要因に関する因子分析

変　量	因子 1	因子 2	因子 3	因子 4	因子 5
よい進出のタイミング	0.71	0.07	0.02	0.21	0.02
現地情報を直接収集する能力	0.63	0.01	0.32	0.15	0.11
すぐれた中国側パートナー	0.60	−0.06	0.20	0.24	0.00
長い中国事業の経験	0.45	0.10	0.07	−0.02	0.14
中国政府・地方当局とのつながり	0.41	0.01	0.33	0.05	0.14
現地への大幅な権限委譲	0.32	0.18	0.27	0.11	0.11
知られている企業名やブランド	0.03	0.82	0.11	0.07	0.23
すぐれたマーケティング能力	0.21	0.72	0.14	−0.04	0.20
すぐれた製品やサービスの移転	−0.05	0.68	0.21	0.31	0.15
すぐれた現地での人事労務管理制度	0.16	0.11	0.72	0.14	0.14
すぐれた現地社員の研修制度	0.16	0.24	0.68	0.27	0.15
優秀な現地経営幹部や現地社員	0.37	0.18	0.54	0.04	0.20
豊富な資金の投入	0.28	0.12	0.30	0.23	0.09
本国からの最新設備の導入	0.20	0.14	0.16	0.87	0.09
すぐれた技術とノウハウの移転	0.22	0.06	0.18	0.58	0.18
経営陣の中国事業へのコミットメント	0.04	0.24	0.19	0.07	0.76
現地法人の幹部に適した本社人材	0.28	0.29	0.36	0.10	0.54
本社からの支援	0.19	0.22	0.10	0.22	0.54
固有値	2.25	2.04	2.01	1.56	1.48
分散の%	12.48	11.33	11.19	8.66	8.21
累　積%	12.48	23.82	35.01	43.67	51.88

注：因子抽出法：最尤法
　　回転法：Kaiser の正規化を伴うバリマックス法，6 回の反復で回転が収束した。

り」をあまり重要視していないが、最新設備の導入にはやや積極的になっている。

表5－7の分析結果とは一致しているが、市場参入のタイミングの良さはしばしば幸運に左右されるが、因子分析結果からわかるように企業の持っている現地市場知識と国際事業経験の蓄積とも強く関連している。すでに述べたように、現地市場に関して熟知していること、現地市場の変化や傾向をすばやく読み取る企業能力を有することがタイミングの良さを決める要因である。さらに、欧米企業に

図5−2　中国市場での成功要因に関する日米欧企業の評価

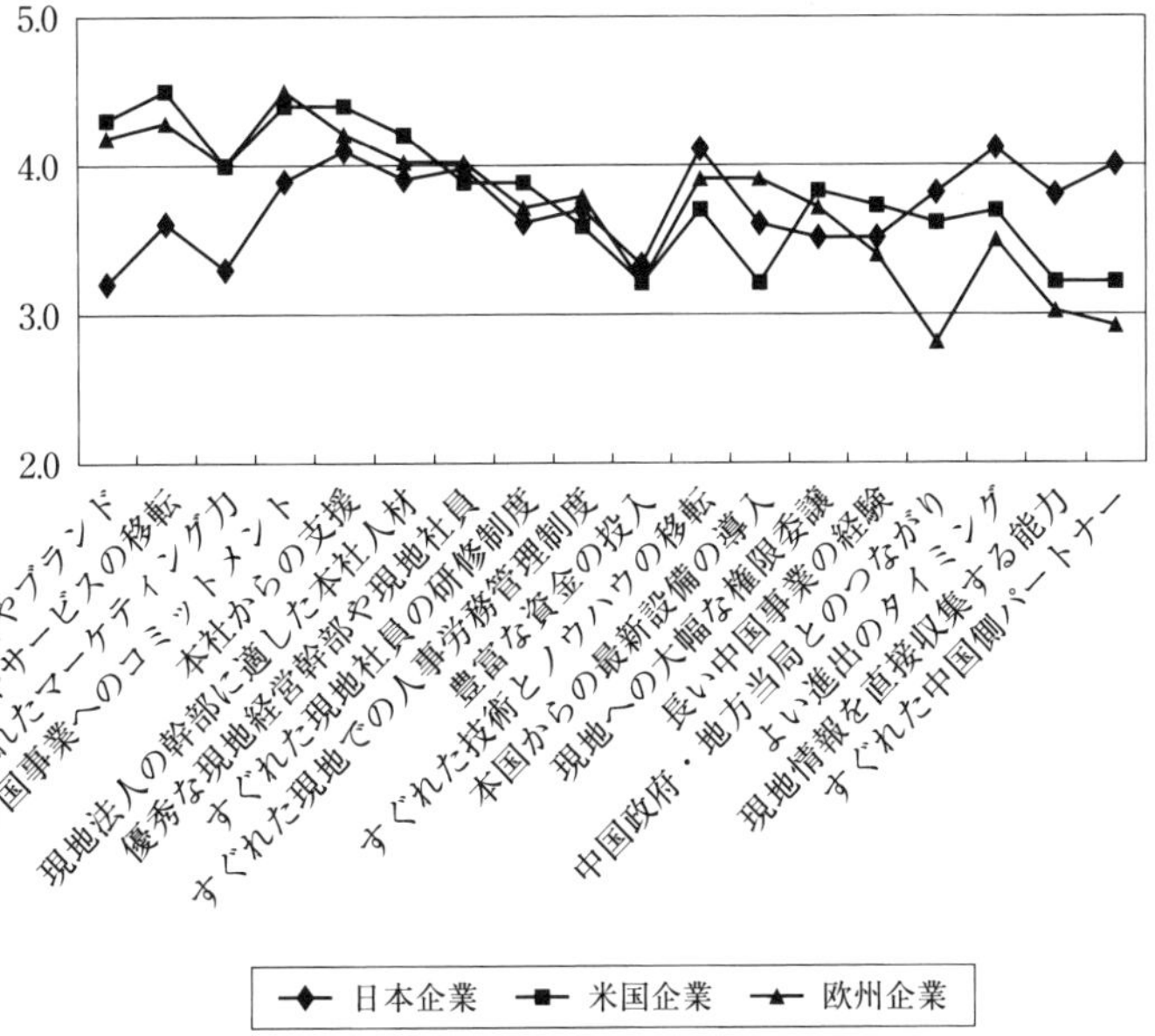

注：中国市場での成功要因としての重要度：1＝重要ではない，…… 5＝非常に重要である。

比べて日本企業は中国政府と地方当局とのつながりを重視している。

日米欧企業に共通して重要視している競争優位の基盤は、本社からの支援、現地法人の幹部に適した本社人材と優秀な現地経営幹部や現地社員などの人的資源の要因である。

以上の分析結果を総合すると、欧米企業はブランド力、製品力とマーケティング力などのマーケティング資源を競争優位の基盤として重視しているのに対して、日本企業は現地政府との関係、現地パートナーとの関係を重視し、現地経営資源の獲得を目指している。

日本企業と欧米企業の間に見られるこのような明確な相違は、日本企業と欧米企業の市場戦略志向の相違からきていると考えられる。つまり、現地市場を強く志向する欧米企業はその戦略に従って親会社がもっているマーケティング資源を競争優位基盤として中国現地法人に積極

表 5—11　現地市場志向と成功要因との相関分析

重要とした成功要因	相関係数	有意確率	N
知られている企業名やブランド	0.409	0.000	262
すぐれたマーケティング力	0.313	0.000	266
すぐれた製品やサービスの移転	0.243	0.000	259
現地への大幅な権限委譲	0.219	0.000	268
すぐれた現地社員の研修制度	0.187	0.002	269
優秀な現地経営幹部や現地社員	0.177	0.003	275
経営陣の中国事業へのコミットメント	0.170	0.005	272
すぐれた現地での人事労務管理制度	0.162	0.007	270
現地法人の幹部に適した本社人材	0.162	0.008	268

注：現地市場志向＝「潜在市場の大きさ」の重要度に関する 5 点尺度の評価。

的に移転し、現地市場の開拓に対して日本企業に比べて積極的になっているのである。これに対して、輸出拠点志向が強い日本企業は、技術的な経営資源と現地の経営資源をより重要視している。

グローバル・ネットワーク化した企業の戦略志向、経営資源の移転と現地資源の活用との間に明確な一貫性がある。この仮説は、本研究の基本的な理論的スタンスである。したがって、現地市場志向の企業ほど、市場関連の競争優位基盤となるマーケティング資源をより重視するとの仮説が成り立つ。因子分析の結果と図5―2はこの仮説の直観的なイメージを示しているが、この仮説を検証するために、参入動機のなかで「潜在市場の大きさ」の重要度を「現地市場志向」の指標として、そして成功要因との相関関係を日米欧企業の調査データで分析した。

相関分析が統計的に有意になった項目とその結果を表5―11にまとめている。相関係数がとくに高いのは、「知られている企業名やブランド」、「すぐれたマーケティング力」と「すぐれた製品やサービスの移転」の三つである。つまり、現地市場志向の企業にとって、企業とブランドの知名度、製品力とサービス力などのマーケティング資源は中国市場で成功するためのもっとも重要な競争優位基盤である。また、中国市場において成功するための企業内部的な要因としては、経営者トップの中国事業へのコミットメント、現地への権限委譲が重要であるほかに、本社人材と現地人材などの人的資源、そしてすぐれた現地での人事労務管理制度があげられる。

三　現地でのマーケティング活動

マーケティングという企業の需要創造活動の成功は、市場に革新を引き起こし、企業の差別的な優位性を形成することで高い市場シェアまたは収益性につながる。マーケティング・ミックスのなかで広告という要素はブランド戦略と深く関連している。

マーケティング標準化戦略に関する過去の研究は、いささか個々の広告と消費者ないし購買行動のみに集中し過ぎて、研究の焦点が広告主の企業戦略とマーケティング戦略から遊離してしまっているという批判がある。また、ブランド研究においても、新興市場で外資系企業はいかに既存のブランド体系を持ちこみ、ブランドを定着させるのかという実態を記述し分析した研究も少ない。

グローバル企業のマーケティング活動は、現地市場環境への受動的ないし受身的な適応という側面だけでなく、市場にイノベーションを引き起こすことで現地消費者の意識と行動を変え、競争相手を刺激して市場の発達を促進する積極的な企業活動として展開されている。マーケティング資源の活用というマーケティング・プロセスの問題を明らかにするために、また、欧米企業がいかに現地市場での広告活動を通して「知られている企業名やブランド」を実現させているのかをみるために、以下では中国市場での広告活動をとりあげる。

表 5—12　中国の広告媒体別の広告費支出

（単位：百万元）

年　度	テレビ	ラジオ	新　聞	雑　誌	その他	合　計	広告代理店取扱額
1993	2,944	349	3,771	184	1,542	8,790	4,617
1995	6,498	738	6,468	382	2,529	16,615	10,712
1997	11,441	1,058	9,683	527	4,074	26,783	19,414
93年構成比（%）	33.5	4.0	42.9	2.1	17.5	100.0	52.5
97年構成比（%）	42.7	4.0	36.2	2.0	15.2	100.0	72.5
97/93比（%）	389	303	257	286	264	305	420

出所：『中国広告年鑑1998年版』

（1）中国の広告市場

第三章の第一節では、急成長する移行経済という中国市場の特徴を示すために、すでに中国の広告市場の急速な拡大を説明している。表5—12にはメディア別の広告費規模と構成比が示されている。外資系企業が本格的に中国現地市場を開拓しようとしはじめた九二年ごろから中国広告市場が前年比で倍々ゲームの急成長ぶりをみせた。

広告メディア別では、テレビにおける広告費支出が一九九五年に新聞を超えて、一九九七年になると二つの広告メディアの構成比が逆転した。世帯当たりのテレビ保有率をみると、一九八五年には農村部が一二%、都市部でもわずか一七%であったが、一九九五年にはそれぞれ八一%と九〇%になり、九七年になると都市部が一〇〇%に達し、農村部も九〇%を超えた。

一九九五年末のテレビ局数は八〇〇以上になり、約九〇〇のテレビ番組が放送され、対人口比のカバー率が約八五%に達した。全国ネットである中央電視台の夜七時のニュースは約一億五、〇〇〇万世帯、六億人の視聴者をカバーしているといわれている。また、九二年に誕生したケーブル・テレビ局の数が一九九七年末には約二、〇〇〇局になった。九五年にテレビが名実とも最大の広告メディアに成長したのである。

マスメディアの主役がテレビになる前は、新聞が中心的な広告メディアであった。八五年の統計によれば、新聞の種類が二、三三七紙にのぼり、半数以上が八〇年代に創刊されたものである。八八年末に政府に登録された新聞の数が一、五三七種類となり、定期発行部数が約二億部、新聞総印刷数はおよそ二六八億部になった。一九九六年末に日刊新聞の総数が六五八種類、全体の三〇・四％を占め、一日の発行部数は約四、二〇〇万部であった。九六年日刊紙トップの『人民日報』と『参考消息』の発行部数はそれぞれ二四〇万部と四〇〇万部である。広告メディアとしては、生活に密着した夕刊紙が注目されている。九三年にはその種類が九〇〇紙を超え、一日の発行部数は一、〇〇〇万部になった。ラジオと雑誌の広告費支出に占める比率はあまり変化していないが、それぞれの広告費の支出規模は拡大している。

したがって、テレビがマスメディアとして社会のインフラになっていくなかで、現地市場を狙う外資系企業のマーケティングにとって広告は中心的な活動になっている。

(i)　広告業の急成長

中国の広告費支出に占める広告代理店の取扱額比率が九七年に七二・五％となり、約三、〇〇〇億円規模になっている。市場の拡大によって広告代理店の数が増え、サービス業としての地位を確立しはじめた。

まず、外資系の広告代理店に関しては、一九八五年以降から市場参入がみられた。たとえば、電通は中国国際広告公司との合弁会社「電揚広告有限公司」が八六年一〇月に北京で操業しはじめた。また、九四年に「北京電通広告有限公司」が設立され、従業員規模はそれぞれ一〇〇人を超えた。さらにその後に上海電通も設立されて

表5―13　中国における主要な日系広告代理店

日本側出資企業	出資比率	現地企業名	操業開始年月	資本金　単位	従業員数	事業内容
アイリス	100	上海愛麗丝広告㈲	95 08			
テレビクリエイションジャパン	49	北京創造廣告㈲	96 03	3,000万円	7	テレビ・ラジオCMおよび広告業務
ボディソニック	50	中鉄ボディソニック広告㈲	98 00	255万US＄		
旭通信社	50	北京華聞旭通国際広告㈲	94 02	500万元	29	広告代理業
旭通信社	40	鉄旭広告有限責任公司	96 09	38万US＄		交通広告
旭通信社	50	上海旭通広告㈲	93 02	50万US＄	36	広告業務
旭通信社	50	廣東廣旭広告㈲	93 01	30万US＄	46	広　告
大　広	50	大広太平洋国際広告㈲	95 08	423万US＄	30	広告業
大　広	44	上海大広貿促広告㈲		42万US＄	20	広告業
第一企画	50	北京全咸第一企画広告㈲	96 11	30万US＄	25	広告業
第一企画	49	上海第一企画互通広告㈲	96 07	30万US＄	44	広告業
電　通	45	電揚広告㈲	86 10	60万US＄	84	広告業
電　通		北京電通広告㈲	94 05	200万US＄	70	広告業
博報堂	50	上海博報堂広告㈲	96 09	60万US＄	40	広告業

いる。博報堂は上海広告公司と対等合弁で九六年に「上海博報堂広告有限公司」を設立し、九七年の売上額は一一億円となり、従業員が四〇人となった。表5―13には、九八年末までに設立した主要な日系広告代理店八社の現状が示されている。なかでも、旭通信社はもっとも積極的に中国市場に進出し、九三年から北京、上海と広州に四社の現地法人を次々と設立した。また、現地での化粧品の製造販売が成功したアイリスは広告代理事業にも進出している。

しかしながら、広告出稿の手続きに関しては、営業許可証、品質検査機構の証明書類、表彰・特許・商標登録などの証書、新聞出版機関の審査許可などが必要である。また、広告の内容によっては、労働局、人事管理部門、衛生・医薬管理部門や衛生防疫事務所などの許可、検査や証明が必要になる。一方では、ニセモノや劣悪な商品が横行しているため、広告に対する信用度は決して高くない。

広告料金に関しては、通常毎年一度は改訂され、北京電通の調べによれば、ゴールデンタイム三〇秒一本当たりのCM価格は、中央電視台が一三・四万元、北京、上海のテレビ局が二万~四万元、ケーブルテレビが一万~二万元になっている。大都市のテレビ広告価格が上昇傾向にある。

広告業の取引慣行に関しては、まず、人気のメディアでは一カ月から三カ月前に予約する必要がある。また、広告の企画制作費はおよそ広告費の五~一〇%であり、一九九五年までは海外企業、独資企業、合弁起業と国内企業の広告価格は異なっていた。一九九六年以降、広告価格が一本化されたが、公表価格が交渉によって割引が可能である。新聞広告の一種である記事広告が随所に見られる。有償のPRと無償の一般記事の区別がまだ曖昧である。

(ii) 現地消費者のブランド意識の変化

Gallup社は中国の消費者のブランド意識について九四年以降継続的に調査している。その調査結果によれば、中国の消費者にもっとも知られているトップ・ブランドは日本企業からアメリカ企業に変わり、九〇年代後半から中国現地企業のブランドが上位を占めるようになった。

九四年にはじめて実施したGallup社の消費者ブランド意識調査では、もっとも知られているブランドは「Hitachi」であった。九七年の調査では、中国で知名率がもっとも高い外資系企業のブランドはコカ・コーラであり、米国企業のブランドが上位を占めた。そのなかで中国銀行（Bank of China）の知名率が八五%で、コカ・コーラの八一%を超えた唯一の現地企業ブランドとなっている。

九九年に行った同様な調査では、消費者にもっとも知られている上位一〇ブランドのうち、七つのブランドは中国企業のブランドになっている。具体的には、もっとも知られている上位三つのブランドは、現地ミネラルウ

表5−14　シャンプーのブランド知名率に関する調査結果

商品名	大都市	中小都市	農　村
飄柔	46.73	40.51	44.95
海飛絲	7.13	14.68	13.65
潘婷	6.75	8.55	7.06
沙宣	6.7	3.67	3.10
夏士蓮	4.8	5.36	3.83
舒蕾	3.87	8.36	1.65
首鳥	2.53	2.89	2.72
力士	2.91	4.49	0.82

（「中国信息報」2000年12月5日，アミ＝外資系，白＝民族系）

ォーター・メーカーの「娃哈哈（WAHAHA）」、中国銀行とテレビメーカーの「長虹（Changhong）」である。外資系企業のブランドとしては、コカ・コーラが第四位となり、P&Gのブランドである「海飛絲（Head & Shoulders）」とVW社と上海自動車の合弁企業が生産する乗用車ブランド「桑塔納（Santana）」は中国現地メーカーのブランドとして認知されている。

「中国信息報」が実施したブランド知名率の調査結果はGallup調査結果と一致している。調査された主な商品はミネラルウォーター、炭酸飲料、シャンプー、香水、冷蔵庫、パソコン、携帯電話、自動車と風邪薬などである。コカ・コーラの炭酸飲料、モトローラの携帯電話、P&G社のシャンプー、フランスの香水、ドイツ勢の自動車は約四〇%の知名度を獲得し、これに対して、聯想のパソコン、海爾の冷蔵庫、農夫山泉と娃哈哈のミネラルウォーターはローカル・ブランドとして四〇%以上の知名度を獲得している。コカ・コーラとモトローラの知名度が低下したのに対して、海爾の知名度が高まっていることも注目される。

(iii)　中国市場での広告出稿額

現地の最終消費市場への浸透を戦略志向する欧米企業はテレビ広告をとくに重視していることを示すデータがある。一九九八年に中国のテレビ局一七〇社と新聞二〇〇〇紙への広告出稿額を集計した統計結果の一部が表5−

15に示されている。

このデータからわかるように、P&G社が中国でのテレビ広告をもっとも積極的に展開している。一九九八年の一年間に少なくとも約一億二、一〇八万ドルを広告に投入し、その九九%はテレビ広告に投入している。しかもこの額は二位のフィリップスの約六倍ときわめて大きい。その競争相手であるユニリーバ・グループは「聯合利華（上海）」のほかに、グループ傘下ブランドである「夏士蓮」と「PONDS」の広告出稿額を合計してもP&G社の四分の一しかない。

シャンプーの知名度では、「飄柔」、「海飛絲」、「潘婷」と「沙宣」は上位四ブランドを占めている。とくに「飄柔」は約四五%の知名度を獲得している。この四つのブランドはすべてP&G社の製品である。これに対して、ユニリーバ・グループの「夏士蓮」と「力士」の知名度はそれぞれ五%以下である。

一九九九年P&G社の中国市場での売上総額が一三〇億元（約一、九五〇億円）を超えたが、一九九七年では、P&G社の中国市場での占有率がシャンプーで六〇%、化粧石鹼で四一%、女性生理用品で三六%、洗剤で三三%、ローションオイルで二五%になっている。それぞれ製品分野でP&G社はトップブランドの座を獲得している。

（2）広告活動に関する外資系企業の意識

なぜ中国に進出した日本企業が広告活動に積極的ではなく、九五年まで構築した高いブランド知名度をその後維持できなかったのか。アンケート調査データの分析を通してこの疑問を解明したい。具体的には、中国に進出した日本企業がその戦略目的の達成手段として、またブランド戦略との関連でどのように広告活動を捉えている

表5—15　1998年テレビ・新聞広告出稿額に関する統計

順　位	広告主企業名	中国語企業名	万ドル			配分率（%）	
			テレビ広告	新聞広告	合　計	テレビ	新　聞
1	P&G	中国宝潔	12,028	80	12,108	99	1
2	フィリップス	飛利浦	1,046	1,043	2,090	50	50
3	ノキア	諾基亜	1,026	801	1,827	56	44
4	モトローラ	摩托羅拉	723	762	1,484	49	51
5	J&J	上海強生	1,423	0	1,423	100	0
6	INTEL	英特尓	564	764	1,328	42	58
7	リーバー	聯合利華	1,314	0	1,314	100	0
8	LG	LG	498	616	1,114	45	55
9	夏士蓮*	夏士蓮	1,004	0	1,004	100	0
10	紅牛飲料（タイ）	紅牛飲料	988	0	988	100	0
11	松下電器	松下電器	134	843	977	14	86
12	三星	三星	637	298	936	68	32
13	コカ・コーラ	可口可楽	766	62	828	93	7
14	エリックソン	愛立信	527	245	772	68	32
15	IBM	IBM	116	655	772	15	85
16	リグレー**	箭牌糖果	766	0	766	100	0
17	花王	上海花王	693	0	693	100	0
18	ペプシ	百事可楽	652	0	652	100	0
19	シーメンズ	西門子	242	397	639	38	62
20	PONDS*	旁氏	630	0	630	100	0
21	ヤンソン	西安楊森	537	64	601	89	11
22	康氏***	康師傅	581	0	581	100	0
23	統一	統一	542	0	542	100	0
24	エプソン	EPSON	153	338	491	31	69
25	金利来	金利来	486	0	486	100	0
26	ソニー	索尼	0	470	470	0	100
27	コンパック	康柏	0	438	438	0	100
28	NEC	NEC	0	419	419	0	100
29	マクドナルド	麦当労	408	0	408	100	0
30	NIPPON PAINT	日邦	294	81	375	78	22
31	アサヒビール	朝日啤酒	360	0	360	100	0
32	ネスレ	雀巣	351	0	351	100	0

*リーバー・グループのブランド　　**アメリカ企業，世界最大のガムメーカー

***台湾系企業

出所：北京広告市場推広有限公司，広告出稿額が350万ドル（約4億円）を超えた企業のリスト。

のか。実施している販売促進の内容、広告を利用するさいの問題点、活用している広告媒体、広告内容から解明したい。

(i) 広告活動と戦略目的の関係

回答された一三一社のうち、非製造業企業は一四社、輸出のみの企業が二一社、中国に販売している企業が約八五社、残り一〇社は未回答で不明である。(8) 表5―16に示されているように、九五社の企業は何らかの形で中国国内市場での販売促進を行っている。約七五％の外資系企業は営業マンによる顧客への直接販促を重視している。また、各種広告や各種PR活動よりも卸売業者や代理店への販促活動を重視する外資系企業が多い。小売店頭での販売促進活動や小売店への販促活動を行っている外資系企業は二〇％以下である。

現地法人の実施している販売促進活動に違いが、外資系企業の市場戦略志向によって生じている。企業の戦略目的が設定されれば、市場ターゲットに働きかける有効なマーケティングの手段は異なってくる。この仮説を検証するために、現地法人の戦略目的とそのマーケティング手段との関係を分析した。

表5―17に示されているように、各種広告活動、小売店や小売店頭の販促活動を実施している企業と営業活動・ディーラーヘルプを実施している企業との間には、現地市場の開拓と従来の取引先への販売という戦略目的において明確な違いがある。日系企業ほどこのような違いがより明確になっている。Aグループの日系企業は中国からの輸出、そして原材料活用にも積極的になっている。

つまり、現地市場の開拓のみを重視する企業ほど、広告活動に積極的になり、小売店や小売店頭への販促活動も積極的になっている。これに対して、従来の取引先への販売を重視する企業ほど、営業活動や代理店への販促

表 5－16　中国市場で実施している販売促進活動

	回答数	回答総数%	回答者数%
営業マンによる直接販促	71	40.8	74.7
ディーラーヘルプ	30	17.2	31.6
各種広告	27	15.5	28.4
各種 PR 活動	22	12.6	23.2
POP による消費者への販促	15	8.6	15.8
リテールサポート	9	5.2	9.5
回答総数	174	100.0	183.2

注：回答社数は95である。

表 5－17　中国進出の戦略目的と広告活動との関係

現地法人の戦略目的	タイプ	回答企業全体			日系企業のみ		
		N	平均値	t 検定	N	平均値	t 検定
現地市場の開拓	A	31	4.6	0.01	23	4.6	0.00
	B	88	3.8		76	3.9	
従来の取引先への販売	A	26	3.3	0.05	19	2.9	0.01
	B	85	3.9		72	3.9	
安い労働力の活用	A	29	3.7		23	4.1	
	B	89	3.7		76	3.9	
輸出拠点	A	27	3.4		20	3.8	0.03
	B	88	3.1		74	3.1	
原材料・資源の活用	A	27	3.2		20	3.7	0.10
	B	87	3.1		73	3.1	

A＝広告・POP・小売販促を重視する企業
B＝営業・ディーラーヘルプを重視する企業

を重視している。

(ii) 広告活動と製品特性との関係

つぎに、広告活動を重視するかどうかは、企業が製造または販売している製品の性質にも影響されると理論的に想定される。

表5―18に示されているように、回答企業のうち、完成品メーカーと部品・材料メーカーはほぼ半数を占めているが、完成品メーカーには広告活動と小売店・店頭の販促活動を

表5—18　製品特性と広告活動との関係

		実施している販促活動		
		B	A	合　計
消費財か産業財	消　費　財 産　業　財	36.6 63.4	63.0 37.0	43.1 56.9
合計度数		82	27	109
カイ二乗検定の有意水準：0.016				
		実施している販促活動		
		B	A	合　計
完成品か部材	完　成　品 部品・半製品・原材料	39.0 61.0	85.2 14.8	50.5 49.5
合計度数		82	27	109
カイ二乗検定の有意水準：0.000				

A＝広告・POP・小売販促を重視する企業
B＝営業・ディーラーヘルプを重視する企業

重視するという傾向が非常に強い。回答企業のうち、消費財メーカーと産業財メーカーの比率は四三％対五七％であるが、産業財メーカーに比べて消費財メーカーは広告活動を重視している傾向が読み取れる。

この結果は当然のように思われる。しかしながら、日系企業以外の外資系企業（一八社）を取り出して分析した結果、このような関係が成り立っていないことがわかった。いいかえれば、表5―18に示している製品特性と広告活動の関係は日系企業に関してのみ成り立っている。したがって、中国市場において日本企業が広告活動に積極的でない理由のひとつは、販促活動を展開している日系企業のなかで部材メーカーが多いからと解釈できる。

(iii)　中国で広告を利用するさいの問題点

日系企業が広告活動を積極的に行っていない理由は中国の広告市場にも求めることができる。表5―19は中国で広告を利用するさいの問題点を示している。約

表5—19　中国で広告を利用するさいの問題点

問　題　点	回答数	回答総数%	回答者数%
広告効果が明確ではない	47	47.5	74.6
広告料金が高騰している	24	24.2	38.1
広告制作費が高い	11	11.1	17.5
広告代理店の能力が十分ではない	11	11.1	17.5
放送内容と時間の管理ができない	6	6.1	9.5
合計回答数	99	100.0	157.1

七五％の回答企業は広告効果が不明確でないことを問題点としてあげている。

中国市場において広告効果が明確でないと考えている四七社のうち、二一社は広告活動や小売販促活動を実施している企業である。また、広告活動を実施している二七社のうち、一六社の企業は広告効果が明確でないことを問題点としてあげている。つまり、広告活動を行っている日系企業も大半が中国市場における広告の効果に関して確信を持てない。このことは、広告効果が不明確になる原因が中国の広告市場にあることを示唆している。

中国の広告市場は国有メディア系の広告代理店は高い市場シェアを占めているが、その競争力の源泉はメディアの独占的な地位にある。激しい市場競争のなかで、広告主企業が広告効果を判断するさいに依拠するテレビの視聴率や新聞の発行部数などの情報は、メディア系広告代理店の自称する数字が多い。香港系のメディア調査会社が新聞発行部数と閲覧率を調査しようとしたが、有力な新聞社は参加しない。視聴者が四億人と称する中央テレビは、中国国内の八〇％をカバーし、午後七時のニュースなどの視聴率が五〇％としている。しかしながら、中央テレビの内陸部の一部都市における視聴率は五〇％に過ぎず、大都市ほどその視聴率が低下し、とくに広州市や上海市ではその視聴率は一〇％以下である。また、中国国内の八〇％をカバーしていることも事実ではなく、省によっては地元テレビ局に比べてもカバー率は二〇％も劣る。視聴率、閲覧

表5－20　広告媒体の利用状況

		その他外資	日系企業	合　計
広告媒体を利用せず	度数	1	21	22
	%	5.9	33.9	27.8
広告媒体を利用している	度数	16	41	57
	%	94.1	66.1	72.2
合　計	度数	17	62	79

率、発行部数などの客観情報を提供するサービス会社の出現に対しては、全国新聞などメディアは反対している。外資系のACニールセンなどはこの市場に参入したが、採算が取れずに撤退している。

このように、メディアと広告主の間に大きな情報不均衡があり、この情報格差を縮小させることもままならぬ中国においては、広告効果を明確にすることは非常に困難である。

(3)　日系企業の広告活動の特徴

(i)　広告媒体の利用状況

回答企業の六〇%が広告媒体の利用状況を回答している。回答していない四割の企業のうち、大半はサービス企業か輸出中心企業である。表5－20は各種広告媒体の全体的な利用状況を示している。回答した企業七九社のうち、全く広告媒体を利用したことのない企業が二二社、二七・八%である。回答した日系企業の総数が一〇八であるので、二一社の企業、全体の約二割がまったく広告媒体を利用していない。

日系企業と対照的に、外資系企業一七社のうち、広告媒体を利用していないのは石油元卸企業の僅か一社である。したがって、かなりの日系企業は広告活動と無縁であり、外資系企業とは対照的であると結論づけることができる。

表５—21　活用されている広告メディア

	回答者数	平均値	1 利用したことがない	2 余り利用しない	3 毎年何回か	4 毎月何回か	5 毎週何回か
全国TV	66	1.14	59	5	2	0	0
%			89.4	7.6	3.0		
中央ラジオ	65	1.09	60	4	1	0	0
%			92.3	6.2	1.5		
全国新聞	66	1.36	52	6	6	2	0
%			78.8	9.1	9.1	3.0	
全国雑誌	67	1.90	37	10	12	6	2
%			55.2	14.9	17.9	9.0	3.0
地方ネット・CATV	68	1.29	57	6	2	2	1
%			83.8	8.8	2.9	2.9	1.5
地方新聞	67	1.55	46	7	12	2	0
%			68.7	10.4	17.9	3.0	
地方雑誌	67	1.81	37	11	15	3	1
%			55.2	16.4	22.4	4.5	1.5
電子媒体	65	1.37	55	2	4	2	2
%			84.6	3.1	6.2	3.1	3.1

(ii)　**雑誌媒体と地域市場広告媒体**

回答した企業のなかで全国テレビ広告とラジオ広告を行っている二社はアメリカの保険会社およびドイツ系の会社である。全国新聞広告を行っているのは大手家電メーカーと総合商社のみである。また、全国雑誌に出稿している外資系企業と日系企業はほぼ半数になっている。とくにコンプレッサーなどの産業材部品大手メーカーも全国雑誌に広告を出している。一方、地方雑誌に出稿している一九社のうち、一四社が日系企業である。地方テレビ局に出稿している四社のうち、三社が日系のビール、加工食品やオートバイのメーカーである。さらに地方新聞に広告を出している企業一四社はすべて日系である。

表５—21のデータは、中国市場における日系企業が広告媒体を選択するときの傾向

表 5－22　中国での広告内容の制作方法

		その他外資	日系企業	合　計
そのまま活用	度数	1	6	7
	%	7.7	13.3	12.1
本国案がベース	度数	3	3	6
	%	23.1	6.7	10.3
折衷案	度数	2	6	8
	%	15.4	13.3	13.8
現地案がベース	度数	4	5	9
	%	30.8	11.1	15.5
新しく製作	度数	3	25	28
	%	23.1	55.6	48.3
合　計	度数	13	45	58

を明確に示している。すなわち、地域市場にフォーカスできる地方雑誌、地方新聞、そして地方テレビ局を活用している。全国広告の媒体に関しても、全国テレビや全国放送ではなく、全国雑誌を選好している。

(iii)　**現地に合わせた広告内容**

広告媒体の選択に関しては、日本企業は地域市場別に適応する戦略を採用している。広告内容に関しても日本企業は現地適応戦略を採用している。

広告内容の制作方法は、本国で制作した広告を言語や文字の修正程度でそのまま活用するやり方から、現地に合わせて完全に新しく制作するやり方までがある。

表5－22に示されているように、五六％の日系企業は現地に合わせて完全に新しく制作するやり方を採用している。また、一三％の日系企業は文字などを修正して日本で制作した広告をそのまま中国に持ち込んでいる。これに対して、そのほかの外資系企業は現地の案をベースに、または本国の案をベースに本国あるいは現地の意見を取りいれて広告内容を決定している。

表 5—23　ブランド管理を実施している比率

			その他外資	日系企業	合　計
ブランド管理	NO	度数	6	49	55
		%	30.0	52.7	48.7
	YES	度数	14	44	58
		%	70.0	47.3	51.3
	合　計	度数	20	93	113

注：カイ二乗検定の有意水準：0.06

表 5—24　ブランド管理と広告内容の制作方法

			ブランド管理		合計
			NO	YES	
その他外資	現地主導	度数	2	5	7
		%	66.7	50.0	53.8
	本国主導	度数	1	5	6
		%	33.3	50.0	46.2
合　計		度数	3	10	13
日系企業	現地主導	度数	13	17	30
		%	76.5	60.7	66.7
	本国主導	度数	4	11	15
		%	23.5	39.3	33.3
合　計		度数	17	28	45

回答した外資系企業の数は一三社と少ないので、表5—22からは日系企業と外資系企業との決定的な違いを読み取れない。しかしながら、日系企業が広告内容の決定に当たっては、本社と現地法人との間でのコミュニケーションをあまり密にする必要のない方法を採用している。そのまま移転する方法と完全に新しく作成する方法をひとまとめにすると、日系企業の特徴はより明確になる。

(iv) ブランド管理と広告戦略

現地市場のローカルな広告媒体を選好し、現地に合わせた広告内容を新しくする企業が多いことは、ブランド・イメージにどのような影響を与えているのか、また、それは組織内部でブランド管理に連動しているのか。表5―23は、日系企業とそのほかの外資系企業がブランド管理を中国で実施している比率を示している。四七・三％の日系企業がブランド管理を実施しているが、ほかの外資系企業の七割はブランド管理を実施している。この結果は、ブランド管理に関しても日本企業が相対的に重視していないことを示唆している。

しかしながら、表5―24では、広告内容の制作方法を本国主導にするのか、それとも現地主導にするのか、あるいは本社と現地とのコミュニケーションの問題を考慮しても、ブランド管理を実施している企業と実施していない企業との間に明確な差がない。

ブランド管理を実施している企業は、ブランド・イメージを統一的に管理することを強調している。これに対して、ブランド管理を実施していない企業は、中国市場においてブランドを重視する顧客の比率がまだ低いこと、現地で生産している製品が大量生産の標準品であること、そして、ブランド管理の効果が見込めないことを理由にあげている。

小　括　資源展開と戦略一貫性

この章では、中国に進出した日米欧企業の市場戦略志向、マーケティング資源の移転と現地取得、広告を中心とした現地でのマーケティング活動と資源活用に焦点を当てた。新興市場での資源展開は企業の戦略志向によって方向付けられるが、グローバル・ネットワークにおいて移転されるべき経営資源や必要とされる現地資源との間には、ある種の明白な関係が存在する。ここでは、このような戦略志向と資源展開との間にある関係ないしパターンを「戦略一貫性」と呼ぶことにする。(9)

(1)　日米欧企業の資源展開パターン

中国市場に進出した日米欧企業を分析した結果、図5―3に示されたような資源展開のパターンを発見した。参入動機としての戦略志向の相違によって、現地法人のグローバル・ネットワークにおける戦略的な役割も、現地法人に移転されるべき経営資源も、そして現地で獲得すべき経営資源も異なっている。

どのような戦略志向をもつ企業でも、本社人材、現地人材、すぐれた人事管理システム、豊富な資金力と高い技術力が必要である。現地市場志向の場合、マーケティング資源、とくにブランド力、製品力、サービス力、販売と営業などのマーケティング能力が重要な競争力の基盤となる。現地への権限とともにトップのコミットメントも重要である。これに対して、輸出拠点志向の場合、現地パートナーや現地政府との関係、現地情報収集力、そして参入のよいタイミングが重要である。このような戦略一貫性によって、企業に蓄積される資源の種類も形成される能力も異なってくる。したがって、企業はその市場戦略志向によって現地市場での資源展開と活動を統合させることがきわめて重要である。

この章での実証分析を通して、中国市場における日本企業の市場戦略の特徴とその変化を明らかにしている。まず、一九九五年ごろまで、日本企業は豊富で安価な労働力を求めながら、現地市場も志向するという複合的な参入動機をもって中国での事業を展開していた。これに対して、欧米企業の参入動機は単純明快である。この

図５−３　戦略志向と資源展開のパターン

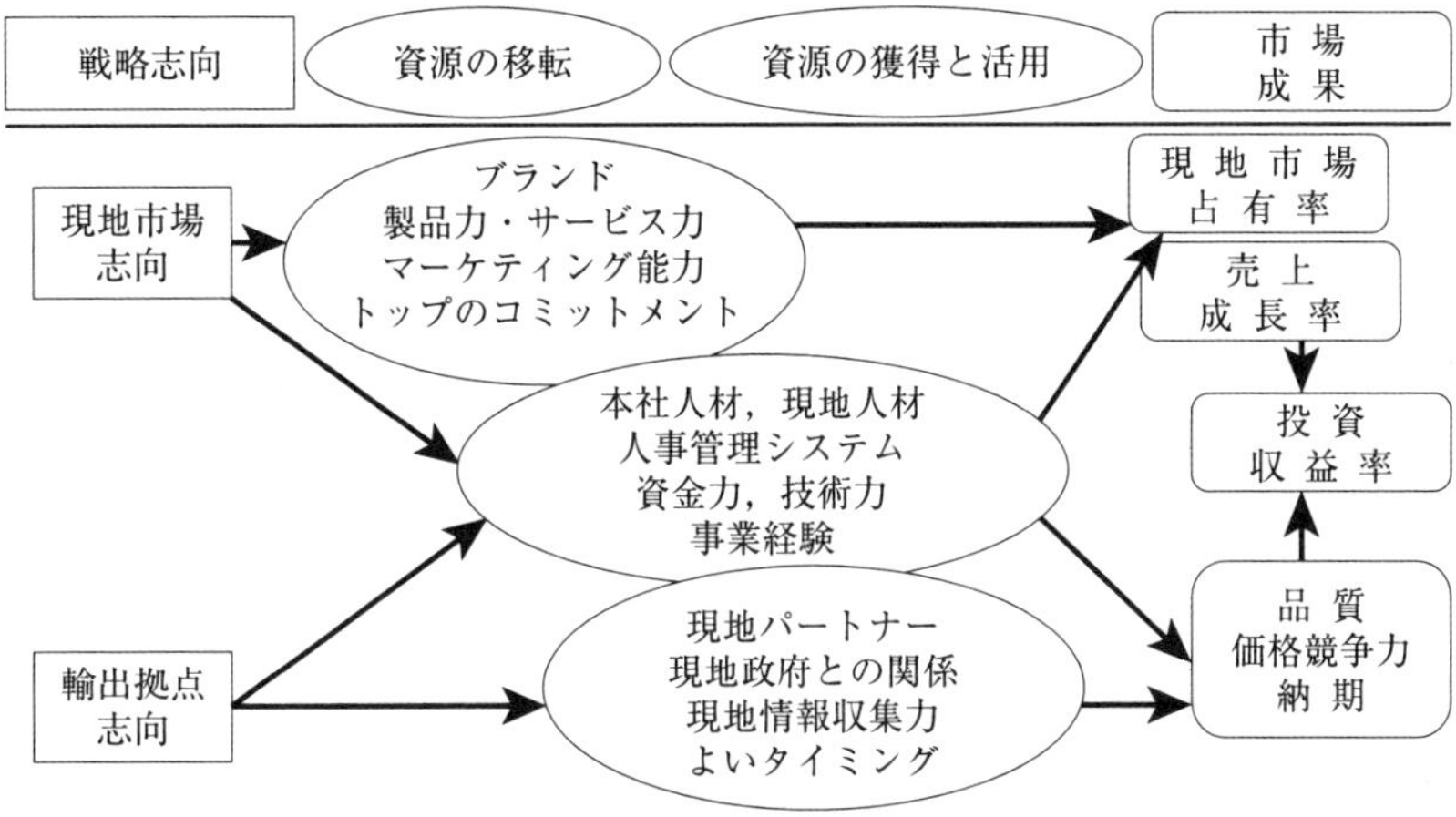

戦略志向の相違は、企業の資源展開だけでなく、中国との貿易などにみられる相互依存関係にたいしても明白な影響を及ぼしている。企業の市場戦略志向は現地法人のマーケティング活動に強く影響し、現地法人に移転される経営資源の種類にも反映されている。日本企業と欧米企業の戦略展開にそれぞれ明確な戦略一貫性があるようにみえる。

輸出拠点を求めて中国へ投資した日本企業は、現地経営資源の獲得を重視しながら、中国の現地法人を既存のグローバル・ネットワークのなかに急速に組み入れたのである。これに対して、現地市場を目指す欧米企業は、製品力、ブランド力とマーケティング力の現地への移転に積極的であり、中国市場でのシェア拡大と売上成長を重視している。経営業績と市場成果については、第七章で詳しく分析する。

本章の分析結果は、マーケティング資源の国際移転、活用と取得をとらえるために従来の標準化戦略という理論概念だけでは不十分であることを示している。資源の国際移転を意味するグローバル標準化と創造的適応との組み合わせはグローバル競争優位の基盤になっているのである。マーケティングのプロセスとプログラムに関しては多様な組み合わせを考える必要がある。しかしながら、ブランド戦略に関しては、欧米企業はともに重視し、日本企業に比べて積極的になっている。

日米欧企業の経営資源の移転と現地経営資源の獲得に関しても明確な相違があるという事実は、現地市場知識と国際事業経験の蓄積プロセスとして中国市場戦略の展開をとらえることの重要性を示している。企業の市場戦略の展開は市場環境、戦略志向、経営資源と企業能力によって影響される。日本企業と欧米企業が移転しようとする市場関連の競争優位基盤、そして求めている現地経営資源の相違は、参入動機や現地法人の戦略的位置付けの違いから生じているだけでなく、日米企業の持っている現地市場に関する認識や過去の関わりなどの国際経験によってももたらしている。

(2) 戦略志向と競争優位の基盤

この章の分析によって、外資系企業の戦略志向と中国市場における競争優位を支える中核的な資源との間に明確な関係があることを明らかにしている。この事実発見からの理論的な示唆としては、「パッケージされた資源の国際移転」という従来の多国籍企業の概念をより豊かにする必要があることを示している。

欧米企業は企業とブランドの知名度、製品・サービス力、マーケティング力、そして本社経営者の中国事業へのコミットメントを中国ビジネスの成功にとって重要としている。一方、日本企業は技術力とノウハウ、進出のタイミングと中国側パートナーを相対的に重要視している。この発見からの実務的な示唆として、中国市場戦略を調整している日本企業にとって、現地市場での競争優位性を高めるために企業名やブランドの知名度、製品力とサービス力、販売力と営業力などのマーケティング資源を積極的に移転し、現地市場の革新を目指さなければならない。

(3) 効果的なマーケティング活動

この章での分析を通して、新興市場である中国における効果的なマーケティング活動とはどのようなプロセスを通して実現したのか、また、ブランド戦略と広告活動の関係を中心にマーケティングプログラムの要素間での関係がどのようになっているのかを明らかにしようとした。

新興市場では、制度の変化と市場参入の自由化といった市場環境の変化に対して受動的になっているのではなく、外資系企業は変化のデモストレーターあるいは推進者的な役割を果たしている。とくに現地市場志向の外資系企業は、現地市場環境に変化を起こすイノベーター的な存在になっている。

中国市場への長期的なコミットメント、進出した初期でのブランド・イメージの確立、全国市場を目指した戦略展開、そして、親会社のもつマーケティング資源の移転が現地市場でのマーケティング活動を効果的に遂行するさいの重要な要因である。

中国市場における日本企業の広告活動は相対的に低調である。その主要な理由は日本企業が複数の対中進出目的をもっていることにある。輸出拠点としての中国現地法人はもちろんのこと、中国市場に販売している日系企業の多くは従来の取引先への販売を中心にしている。これらの企業にとって、現地市場でのブランド・イメージの確立や消費者に働きかける広告活動はそれほど重視されない。

日本企業の多くは中国市場での広告効果に疑問を感じている。これは一面では新興市場である中国広告市場の特異性によるものである。もう一面では、現地市場に焦点を絞っていない企業が広告活動を重視しない言い訳にもなっている。欧米系企業は全国広告を積極的に行っているのに対して、日本企業は地域市場に合った広告メディアを選好し、現地に合わせて広告内容を完全に新しくすることを進めている。この事実は本研究の発見でもある。結果的に、日本企業は早期にあったブランド資産を維持することをできず、また、現地市場の競争が激化した段階になると、多くの日本企業は中国市場でのブランド・イメージを確立することもできなくなっている。

この研究では、広告戦略とブランド戦略にフォーカスしている。しかしながら、現地市場志向へ移行しようとする日本企業にとって、生産技術や製造プロセスに関連した資源、あるいは組織内の人的資源の移転や蓄積のみでなく、マーケティング資源にもっと目を向ける必要があること、そして、環境が激しく変化する新興市場においても、企業のグローバル競争力の維持にとっても、マーケティング資源の重要性はいっそう高まっているといえる。

【注】

（1）輸出比率の平均がとくに高い業種は、鉄鋼（九七％）、食品（九六％）、輸送用機器（九三％）、アパレル（九二％）と繊維（八九％）である。輸出比率がとくに低い業種は化学（三〇％）、機械（五二％）と金属製品（六二％）である。

（2）二〇〇一年秋の在阪の製造業企業一、三九六社に対する調査では、回答した二一九社のうち、約六割の企業が中国に販売している。回答した企業の約三分の二が、従業員二〇〇人以下のいわゆる「中小企業」である。

（3）調査の詳細については、日中投資促進機構（一九九七）『中国内販問題に関する訪問調査報告』と日中投資促進機構（一九九八）『第五次日系企業アンケート調査集計・分析結果』を参照。

（4）これは、一九九九年長江デルタ地域の日系企業を現地調査するなかで確認された事実である。

（5）二〇〇〇年になって、パソコンの生産拠点を台湾から福建省の廈門（アモイ）に移転した米国企業のデル社の場合、中国から日本向けにパソコンを輸出している。このような中国の現地法人を日本向け輸出拠点にしている欧米企業はそれほどないが、WTO加盟後、上海周辺地域へ欧米企業が進出し、その現地法人を世界各国への輸出拠点にしているケースが増えている。

（6）外資系企業の経営業績については、第七章で詳しく分析している。

（7）市場参入のタイミングの良さはしばしば幸運に左右される。しかしながら、企業の持っている現地市場知識や国際事業経験の蓄積も重要である。現地市場に関して熟知していること、現地市場の変化や傾向をすばやく読み取る企業能力を有することがタイミングの良さを決める要因であるとすれば、参入のタイミングの良さは企業能力の指標の一つになる。

（8）東洋経済新報社『海外進出企業総覧（国別編）二〇〇一年版』から中国進出した日系企業を一、〇八三社抽出し、また、CIS「Foreign Companies in China, 1999 Yearbook」というデータベースから欧米系企業二五〇社を抽出し、二〇〇一年一〇月に質問表を郵送して一三一の有効回答を回収した（六九社が宛先不明で返送されている）。全体の有効回答率は一〇・四%であるが、日系企業は一〇八社、外資系企業は二三社である。

	有効回答数	%	送付総数
日系企業	108	82.4	
その他外資	23	17.6	
	131	100.0	1,264社

（9）経営戦略論における「戦略」という概念には、事前に資源展開の方向性を示す企業の意図と、事後にみられる

資源展開のパターンという二つの意味がある。本研究では、前者の意図としての戦略を「戦略志向」と呼び、後者の事後的な資源展開のパターンを「戦略一貫性」と呼ぶことにしている。

第六章　グローバル・ネットワークの発展プロセス

この章では、日米欧企業が中国市場でどのように新しい取引関係を形成し、現地法人を取りまくさまざまな関係をどのように維持管理しているのか、そして、企業のグローバル・ネットワークを現地企業にも拡張させるさいにどのような問題に直面しているのかを実証的に分析する。日米欧企業の事例研究を通して、企業と現地市場環境との相互作用、ネットワークにおけるさまざまな関係の動態を明らかにしたい(1)。

第一節　輸出拠点志向のネットワーク

まず、輸出拠点志向が強い日本企業のネットワークのケースを取りあげる。これらの企業は、中国での現地法人を設立して生産拠点を中国に移転する前にすでに日本国内、あるいは海外に生産と販売のネットワークを形成している。

一　海外子会社によるネットワーク――マブチモーター

中国が外資を導入しはじめた初期に、多くの日本企業は輸出拠点を中国に移した。そのなかでもっとも早く中国での生産ネットワークを形成した典型的な事例は、マブチモーターである。

マブチモーターは小型モーターの専業メーカーである。一九六四年当時、まだ中小企業にすぎなかった同社は一〇〇％子会社の香港マブチを設立し、海外での生産を開始した。香港マブチに続いて一九六九年に合弁企業の台湾マブチ、一九七九年に台湾の高雄に海外の主力工場としての新しい生産拠点を設立し、生産活動の大半をこれらの海外拠点に移転した。この時期に中国語圏における有形無形の経験と知識、そして海外生産のノウハウがマブチグループのなかで蓄積された。

しかしながら、台湾工場での人手不足とコストの上昇が進み、生産能力の拡大が望めなくなったため、一九八六年からマブチモーターは香港に隣接する深圳と東莞に五つの委託加工工場を次々と設立し、次第に生産拠点を中国大陸に移転した。

一九八七年一〇月にマブチモーターが中国の大連市経済技術開発区のなかに「大連マブチ」を設立した。この工場は中国全土における日系一〇〇％出資現地法人の第一号となったことでたいへん注目された。八九年六月に大連マブチが生産を開始し、九四年末になると、大連マブチの生産量はマブチグループの全生産量の一八％を占めるようになった。生産拡大に合わせて、従業員数も増え、九四年末には七、五〇〇名を超えた。

また、台湾マブチの生産力増強のために八九年にマレーシアマブチを設立し、そして一九九三年に中国の江蘇省にも工場を設立した。九六年に中国に対するリスクヘッジとしてベトナムにも一〇〇％出資の生産拠点を設立した。図6－1のようにマブチモーターは基本的に一〇〇％子会社によるグローバルな生産販売ネットワークを九〇年代の前半にほぼ完成し、企業ネットワーク内での統合と柔軟な調整を通してグローバル競争優位を維持している。

図6―1　マブチモーターのグローバルな生産販売ネットワーク

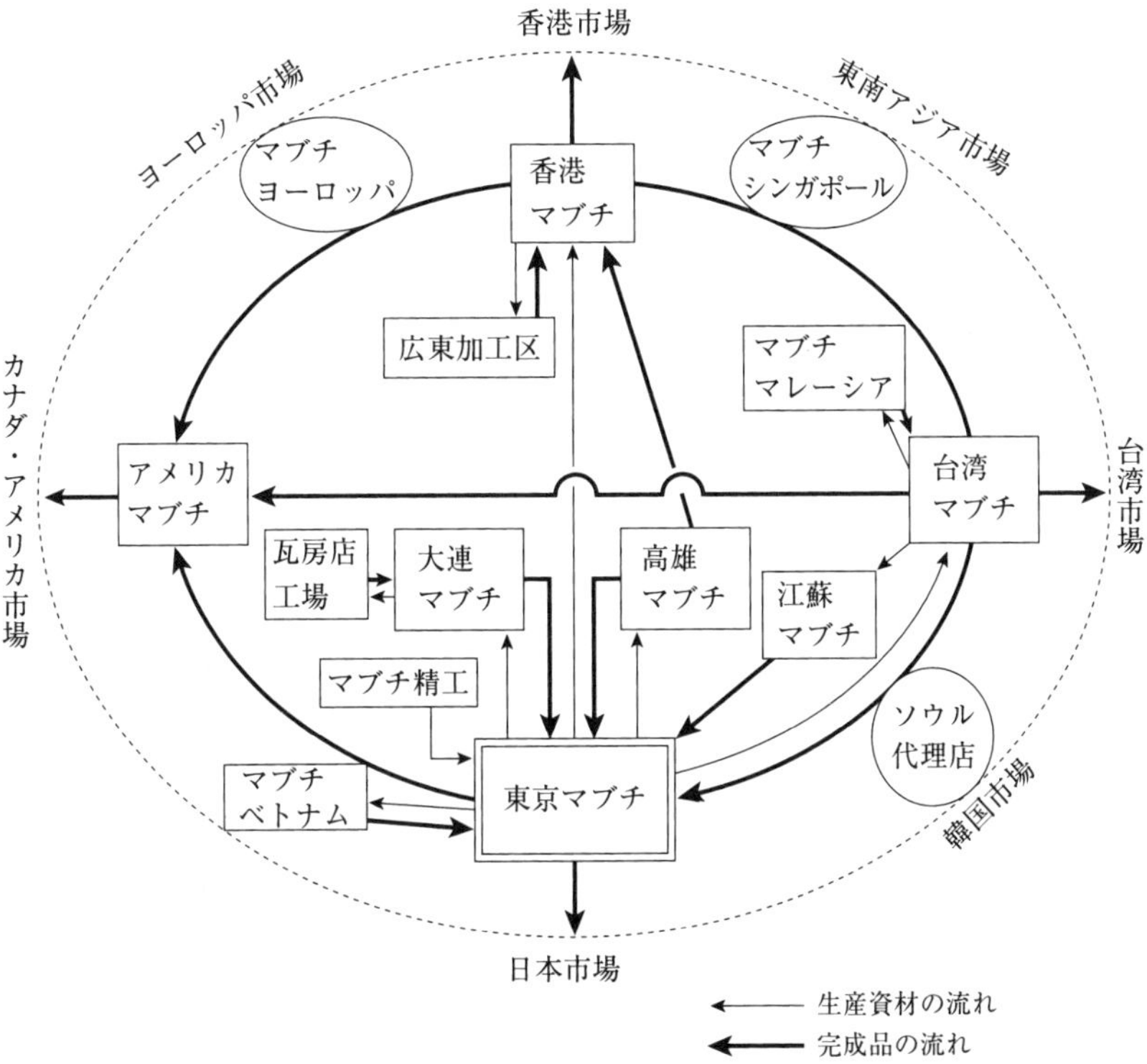

出所：マブチモーター㈱の会社案内1999 をもとに作成。

さらに、全世界の需要拡大と大連市経済技術開発区のコスト上昇に対応して、一九九五年に大連市と高速道路でつながっている瓦房店開発区に三、二〇〇人規模の新工場を稼動させ、九七年末に二つの大連工場の従業員規模は一万人を超え、売上合計が約二〇〇億円に達した。ちなみに、マブチモーター九八年度のグループ売上は一、二四五億円であったが、CD―ROM用やDVDなどの音響映像分野で五八五億円、自動車電装分野で二七九億円、精密事務家電分野で二九六億円および玩具模型分野で八五億円であった。千葉にあるマブチ本社の社員が一、〇〇〇名で、本社の売上高が九〇〇億円

（九八年度）であるのに対して、香港マブチは管轄する従業員総数が三万三、二〇〇人、売上高が六一七億円（九七年度）である。また、米国とドイツにある販売子会社の九七年度の売上高がそれぞれ一三六億円と一〇二億円になっている。

マブチモーターの中国での委託加工工場と大連工場は、いわゆる典型的な輸出拠点型の対中投資である。では、なぜマブチモーターが中国に輸出生産拠点をすばやく移転でき、きわめて短い期間で世界市場の変化に合わせて生産拠点の立地と生産能力を調整し、安定した品質の製品を供給できたのか。

（1）　頭脳としての本社

日本国内では、千葉にあるマブチモーターはグループ全体の管理機能、そして研究開発機能を東京に集中させてグループ全体の「頭脳」としての役割を本社に集中させている。

東京マブチでは、高度な加工技術を必要とする部品と特殊モーターならびにモーター製作に必要な設備機械を限定して製造している。九〇年には日本国内でのモーター生産量を前年の一〇%に減らし、生産機能をほぼ完全に海外に移転した。九四年に東京マブチの国内生産量は約四七万個であるが、グループ全体の年間生産量の一一億個に占める比率はほぼゼロである。しかしながら、同社のもっている中核技術、すなわち新製品と生産技術の研究開発機能は日本本社に集中されている。日本国内に資本・技術集約工程（精密・基幹部品・設備機械の製造や試作品の生産）の一部を残し、組立巻線などの労働集約的な生産工程を広東、大連、江蘇、台湾、マレーシアやベトナムの海外生産拠点に配置している。

（2）　独自の生産設備と生産システム

マブチモーターはその独自の生産システムと管理ノウハウによって海外でも生産ラインをスムーズに軌道にのせ、アジア内で生産拠点の立地をすばやく調整できた。マブチモーターは小型モーターの製品開発のみではなく、生産設備と周辺技術の開発も社内で行っている。自社の生産設備とノウハウに基づく独自の生産システムの確立は組立生産拠点の海外移転をスムーズにしている。

たとえば、大連マブチの場合、独自の生産設備が導入され、ワーカーの質を考慮して班ごとに品質管理の人員を増やすなどして現地での生産ラインの編成を変更させている。

（3）　販売の要としての香港マブチ

図6―1に示されているマブチグループのグローバルな生産販売ネットワークにおいて、香港マブチはきわめて重要な地位を占めている。

広東省の開発区にある五つの委託工場の生産量はグループ全体の約六割を占め、販売額もグループ全体の六〇％を超え、そこで生産された完成品は香港マブチを経由して世界各地に輸出されている。香港マブチは香港市場に販売するとともにおもに欧州市場に輸出していた。また、香港マブチは台湾マブチやベトナムマブチの製品を輸入して再輸出する商社機能も担っていた。

（4）　製品の標準化

六〇年代に玩具模型業界の季節変動に苦しんだ同社は、何百種もあった機種を徹底的に分析し、製品の標準化を進めた。

この製品標準化戦略の成功は価格競争力を向上させ、当時では製品価格をライバルに比べて三割安く設定することができた。多品種少量生産が全盛の八〇年代後半でも、マブチモーターは製品をエコノミー、低ノイズ、高出力、電子ガバナーの四シリーズ六〇機種の基本モデルに集約した。

製品標準化は部品の共通化を同時に可能にした。部品点数の削減は製品品質の向上、生産設備の簡素化をもたらし、コストダウンの効果をいっそう拡大させた。さらに重要なことは、製品の標準化と部品の共通化によって労働集約的な生産工程や組立作業の海外移転を容易にしている点である。

（5）限定的な顧客適応

マブチモーターの九八年総合カタログでは、音響機器、映像機器、自動車電装機器、家電機器、ＯＡ機器、工具、精密機器と玩具模型の主な用途別に代表的機種、または小型直流、高電圧直流、同期、電子ガバナーとギヤユニットの五シリーズに整理した機種のなかから顧客が必要なモーターを選定できる。

しかしながら、発注数量についてはワンロット一万個以上に限定し、コストメリットを提供するために部品の共通化・製品の標準化・少機種大量生産の方針を掲げ、標準機種の使用を顧客に薦めている。限定的な顧客適応という戦略は、デジタルカメラなどのようなカスタマ部品が要求される市場では競争力の低下につながることもあるが、製品の標準化戦略と海外への生産拠点の柔軟な展開との間に明確な戦略一貫性がある。

(6) 拠点機能の明確化

一九九五年以降、香港マブチの生産機能はすべて広東省の委託工場に移転され、香港マブチは欧米市場や東南アジア市場向けの販売機能と委託工場の管理機能に特化するようになった。もう一方では、台湾マブチとマレーシアマブチは現地市場の需要を満たす機能が与えられ、大連工場とベトナム工場は日本市場と世界市場に輸出するための組立生産拠点としての機能が与えられている。大連、江蘇やベトナムの工場では、豊富で安価な労働力というコスト削減のメリットを十分に活用することに特化している。

九五年の現地調査では、大連マブチは部材の約九七％を輸入し、現地調達しているのは部品生産用の鉄材および梱包用の段ボールのみであった。また、大連工場で組み立てられた完成品は約七〇％が日本に輸出され、残りの約三〇％は香港を経由して欧米市場および東南アジアに輸出されていた。九四年ごろから人民元による国内販売も始めたが、大連マブチの売上全体に占める比率は一％未満であった。九八年では、部材の四七％が日本から、残りの五三％が第三国から輸入されている。大連での完成品の八三・五％が日本向け、残りの一六・五％が中国国内向けになっている。また、大連マブチの総売上に占める現地販売比率は、九五年の三％から九七年の一〇・七％に拡大し、現地販売先は日系企業と他の外資企業が約半々になっている。

(7) 出資による統合

一九九一年にマブチモーターは台湾マブチへの出資比率を五〇％から七六％に引き上げ、おもな海外生産販売拠点を基本的に一〇〇％子会社またはマジョリティー出資によって統合的な自社ネットワークを再編した。このように、マブチモーターは独自の研究開発―調達―生産―販売の事業システムをグローバルな企業ネットワークとしていち早く全世界に広げることによって、コスト競争力を維持してきた。

マブチモーターのような標準化された製品と独自の生産設備をもち、常にコスト競争力を求める企業にとっては、最適な立地とネットワーク全体のリスクヘッジを考えたうえで大連、マレーシア、江蘇やベトナムへの生産拠点の柔軟な調整は、きわめて合理的な行動である。このようなタイプの企業がもつグローバル・ネットワークの発展は、「渡り鳥」の海外移転ではなく、むしろ個々の海外生産拠点と販売拠点の間で常に調整され、機能分担が明確にされることが重要である。

二　企業グループのネットワーク——アパレル関連A社

A社は、創業六五年のアパレル関連の専業メーカーで、九六年の売上高が約二五〇億円の業界大手である。A社は九四年九月に蘇州地域に一〇〇%出資の現地法人を設立し、年間生産能力が六二〇万個の現地工場の操業を九五年六月から開始した。A社の製品の約九五%は有名ブランドのOEM供給になっているが、現地工場の製品はほぼ一〇〇%日本に輸出され、世界各地に販売される。日本や海外のOEM先に要求される品質を達成するため、原材料となる糸はすべて日系企業から調達し、包装材料の約八〇%も日本から輸入されている。

(1)　企業グループ内での調達と販売

素材の調達はすべて親会社の購買部によって行われる。原材料は大阪にある繊維商社を通して調達しているが、日本から直接輸入される少量の特殊の糸以外は、ほとんどの糸は上海、南通や東莞にある日系染色工場の製品である。取引の流れでは、原材料が一〇〇%日本や香港から輸入されるという形態になっているが、モノの流れは

図6—2　企業グループの調達販売ネットワーク（アパレル専業メーカーのケース）

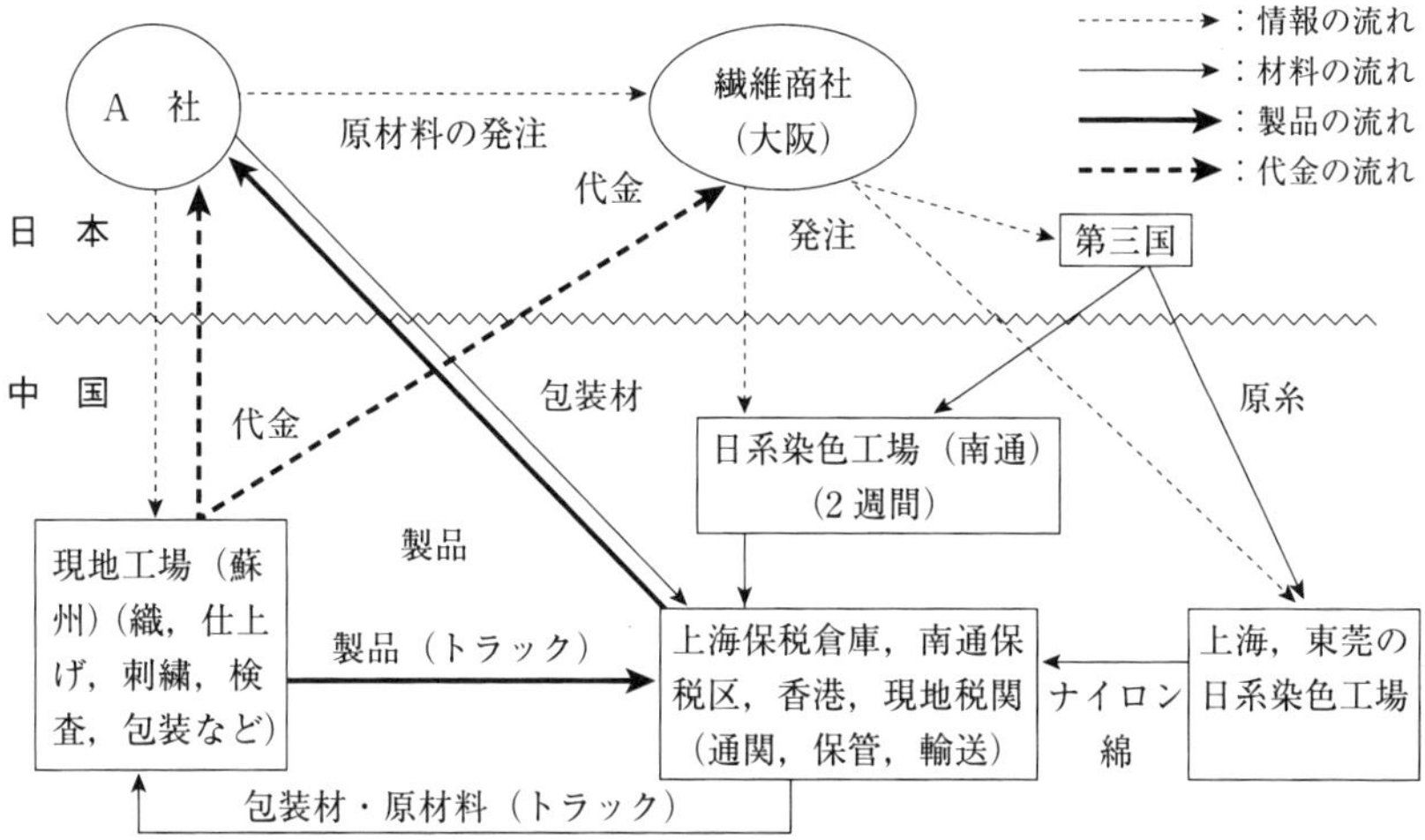

出所：99年の現地調査のヒアリングによる。

上海外高橋の保税倉庫、南通の保税区、あるいは香港を経由するという複雑な形になっている。

また、代金支払いというカネの流れでは、A社と現地法人との間に製品代金の決済が行われるが、原糸などの決済は現地法人と繊維商社との間で行われる。

図6—2に示されているように、ウールなどの原糸はまずA社の購買部門が大阪の繊維商社を通して発注し、商社の手配で原糸はインドネシアなどの第三国から上海、南通や東莞の日系染色工場に運ばれ、染色加工される。

染色された糸は上海外高橋の保税倉庫で集中保管され、A社の現地工場へは包装材などとともに定時的にトラックで配送される。現地工場では、織、仕上げ、刺繍、検査そして包装などの工程を経て、完成した商品は再び蘇州の税関で通関し、現地工場の近くにある港からコンテナ定期船で名古屋港に運ばれる。

原糸の発注から染色工程を終えて上海の保税倉庫までの納品期間が約二週間、また、本社からの発注から製品の納品まで約二週間がかかるため、現地生産のリードタイムは約一カ月になっている。リードタイムが長いため、現地工場と保税倉庫には月約三、〇〇〇万円の在庫をもたなければならない。

現地日系企業から調達される材料は日本国内に比べて安いが、現地メーカーに比べてかなり高いことから、原材料費用は現地工場のコスト全体の約五〇％も占めている。とくにブランド別に包装し、百貨店などの店頭に直接納品できるように要求されるため、包装が多重になる。中国国内で印刷される包装材料の品質に関しては不安があり、外箱や外袋など包装材の約二〇％を中国国内で調達している。結果的に包装材料のコストだけでコスト全体の約九％を占めている。

(2) 専業メーカーと現地販売

また、現地工場の敷地に三階建ての従業員宿舎を建設し、織機などの設備は日本から輸入されている。九七年の従業員規模は三四〇名になっているが、現地工場のコストに占める人件費の比率はわずか七％である。一五％の関税と実質四％の付加価値税（増値税率が一七％で還付率が一三％）も現地生産のコストとなる。

A社は自社ブランドで量販店にも納品しているが、その売上高は全体の約四％しか占めていない。現地生産した製品を上海の日系百貨店にも納品したことがあるが、親会社の方針で現地工場はコスト削減のための生産に専念し、中国国内での販売を断念している。九五年六月から開業した現地工場は九六年から連続黒字になっているが、この二、三年日本国内の消費低迷によってA社の受注量が減り、現地工場の稼動率が低下している。常駐する日本人の数を一人に減らすなどの対策をとっているが、計画している第二期生産能力の拡張に関しては見通しが立たない。その後、常駐する日本人を引き上げて本社が負担している人件費を減らす努力を続けている。

このケースもマブチモーターと同様、専業メーカーが安価な労働力を求めて生産工場の一部を中国に移転し、現地生産した製品が日本向けに輸出するというパターンである。全体の調整が商社に依存するアパレルのグローバルな企業ネットワークにおいて、A社は織、仕上げや包装検査などの生産工程に特化している。また、原材料を日本や第三国から中国の現地法人に輸出し、現地法人の半製品や製品を国際市場で販売することによって親会社が収益を上げる利益構造はこのような事業システムに組み込まれている。

また、単価一、〇〇〇円の製品に小さいワンポイントを刺繡するだけで小売の値段が二、〇〇〇円に跳ね上がる。ブランドの価値を実現できる海外市場の品質要求に満足するために原材料や包装などのコストが高くなる事業システムになっている。そのブランドの価値を認める消費者がまだ非常に限られている中国では、外資系百貨店で売れても中国国内の同類品に比べてまったく競争力がない。

さらに、A社のような織縫製専業メーカーには現地市場を開拓する営業販売力はほとんどない。とくに中国での現地販売には与信管理や代金回収などの問題があることから、現地市場の開拓は容易ではない。

(3)　企業間ネットワークの問題点

日本のアパレル産業は複雑な企業間ネットワークで成り立っている。このような企業間ネットワークが海外に拡張したとき、個々の企業ではなく、産業全体の調整が必要となる。このケースのように、グローバル・ネットワークの中心は繊維商社であるが、本社と現地工場、原材料工場など複雑な調整が必要になってくる。

専業メーカーの中国現地法人は日本市場向けの輸出拠点型であり、労働集約的な生産工程のみが中国に移転している。管理機能、調達機能やマーケティング機能の多くは企業グループ内に分散していることから、現地法人にとって品質、コストと納期などの目標を常に販売市場と現地市場の環境の変化に合わせて実現させることは容易ではない。このケースは、企業間ネットワークのなかで労働集約的な生産工程のみを中国に移したときの問題点、そして、輸出拠点志向から現地市場志向に転換させるときの問題点も示唆している。

三　系列ネットワーク——電機・電子機器部品メーカーB社

B社は資本金七億円で九一年一二月に設立した総合電機メーカーの中国現地法人のひとつである。B社の経営範囲は電機・電子機器の部品と半製品の製造販売になっている。親会社の出資比率は七八％で、パートナーは現地市政府の傘下会社のひとつであるが、その傘下にある国有工場の土地と建物を現物出資している。

(1)　系列内部の分業体制

この合弁企業は上海デルタ地域にいち早くから進出した日系企業の一つであり、生産される部品と半製品はすべて日本に輸出されている。図6－3の組織図に示されているように、この現地法人のなかに七つの工場がある。そのきわだった特徴は、この現地法人に関する親会社の本社と取引関係の強い協力会社との機能分担にある。

親会社本社から三名の社員が派遣され、現地法人の総務（現地政府やパートナーとの関係など）、人事労務、財務、調達開発の管理機能を担当し、親会社グループの部品メーカーはその建物のなかに生産ラインを立ち上げ、提供される従業員と部材を利用してモノづくりに専念している。すべての生産設備は日本から輸入されているため、いわば、親会社本社が中国に事業システムのインフラを構築し、その上に企業グループの複数の部品メーカーは生産工場の一部を中国に移転している。

図6−3　電機・電子機器部品メーカーB社の組織図

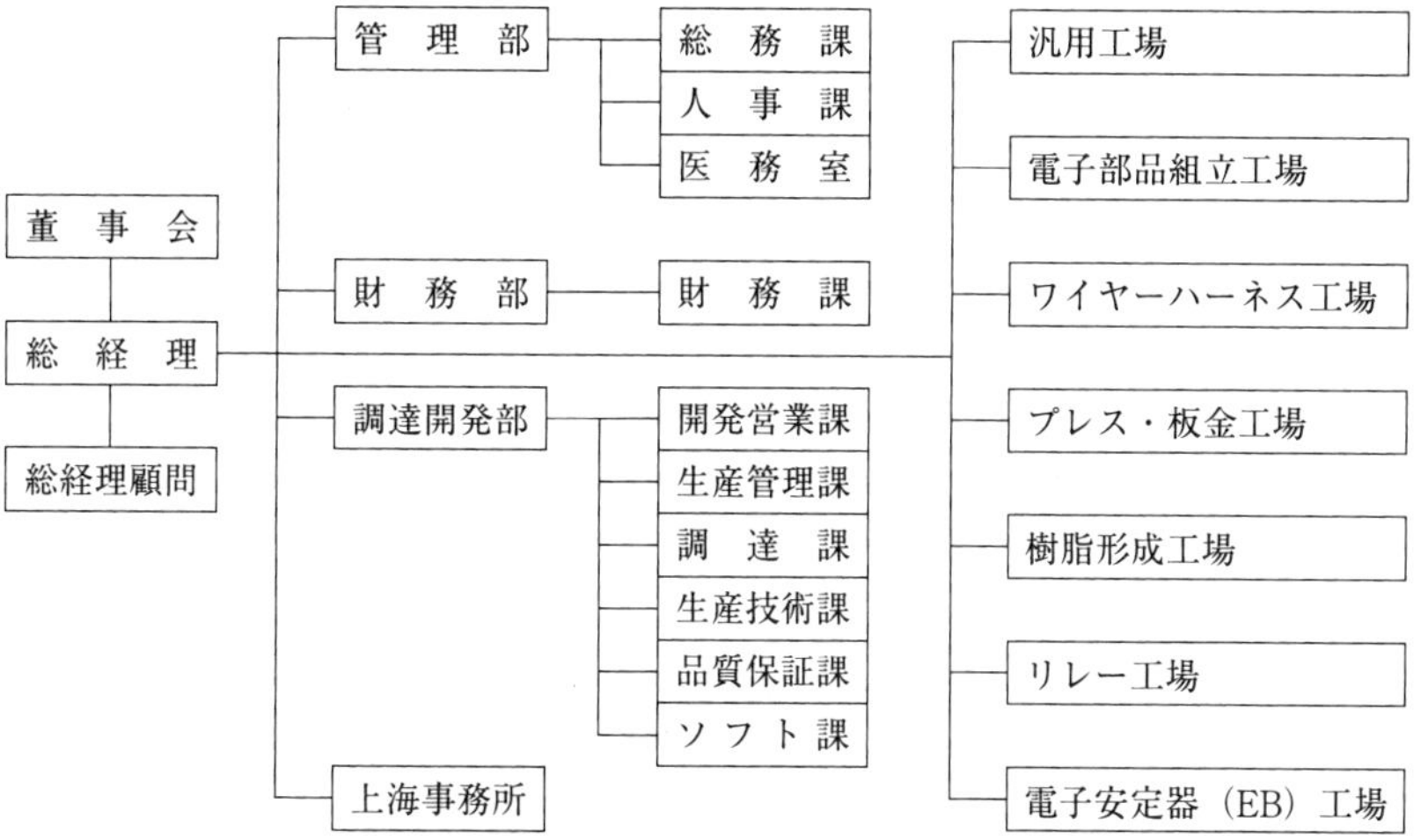

出所：B社の会社紹介および現地調査による。

九一年の事業化調査の段階では、部品メーカーの構造的な人手不足の解消と安定的な部材調達を目的として、親会社が中国に進出することを決定した。当初から生産する部品・半製品を限定せずに、九二年六月にまず汎用工場、電子部品組立、プレス板金、ワイヤーハーネスの生産を開始し、同年一二月に樹脂成形、九三年一月にリレー、九七年に電子安定器の生産を開始している。九九年一〇月末の従業員の数が九二一人になっているが、各工場の稼動率が変動する場合は、それに合わせて従業員の配置を調整することもしている。

各工場の生産ラインに部品メーカーの独自な技術が導入され、完成品は親会社のグループ企業に納品される。おもな完成品は、洗濯機用PCB（プリント回路基板）組立、ビジネス電話子機、螢光灯用電子安定器などの半製品などである。

（2）現地調達活動の集約化

部品メーカーのうちの数社は需要の安定的な部分を現地

の工場で見込生産し、顧客の注文の変動部分に合わせて日本国内でも同様な部品と半製品を生産している場合もある。たとえば、洗濯機のモジュール部品に関しては、日本国内のモデルチェンジに合わせて発売期日の六〇日前に日本からの輸入部材を注文し、四五日前から生産を開始する。

現地工場と顧客との間の物流リードタイムは一〇日前後である。具体的には、現地工場から上海までの輸送（一日）、上海での通関（一日）、海上輸送（三―四日）、日本での通関（一日）と顧客への配送（一日）などを考慮すると、部材の輸入と完成品の輸出はそれぞれおよそ一〇日前後かかる。

最終製品需要の不確実性の大きさ、需要の安定部分に関する予測の精度は、現地工場での部材在庫コストにつよい影響を与える。電子安定器のような安定生産の部品もオフィスビル建設の変動がきわめて大きい時は需要の不確実性が非常に大きくなる。洗濯機のような家電製品の場合、モデルチェンジの影響と季節変動を考慮して現地での生産を日本国内の生産と連動させている。しかしながら、国際物流コストなどを含めた部品の海外生産のトータルコストと日本国内での生産との差が数％であれば、コスト削減努力によってすぐ日本国内の競争相手に追随され、海外生産のメリットがなくなる。電気・電子部品業界では、トータルコストの削減効果が二〇％以上であれば、生産の海外移転が起こるといわれてきた。現実に部品生産拠点の一部をB社に移転した七社のうち、日本経済不況のあおりを受け、受注量が大きく減った二社は現地工場の撤退を決めた。

三〇％以上のコスト削減を実現するために、B社が取り組んでいるのは部材の現地調達の強化である。B社の調達開発部は七つの工場の実質なIPO（国際調達センター）として機能をしている。九九年上半期の部材購買（金額ベース）状況は次のようになっている。

(1)支給部材、すなわち企業グループ内調達が約四〇％、外部調達が約六〇％、

(2)中国国内での調達比率が三二%、日本と第三国からの調達比率が六八%、
(3)日本円が七四%、中国人民元が一六%、米国ドルが八%、ドイツ・マルクが一・五%、香港ドルが〇・五%、
(4)中国での調達先別では、日系が五七・三%、現地企業が三七・二%、その他が五・五%、
(5)中国での調達品目では、電子部品が三六・九%、素材その他が二八・九%、電線部材が二二・三%、金属部材が六・七%、機械部品が〇・二%になっている。

このように、現地工場での部材調達は親会社のグローバル・ネットワークに支えられ、進出した部品メーカーは現地法人のなかで提供されている調達機能や財務管理機能などから大きなメリットを得ている。

現地調達のための課題のひとつは、設計が日本国内で行われ、日本国内メーカー指定の場合が多いことである。注文仕様書に日本国内のメーカーが指定されている場合、設計変更を行っているケースもある。

より重要なのは、日本から要求される品質、コストと納期に対応できる能力をもつ現地メーカーを見つけることである。B社では、江蘇省や上海市などの地域に五四社（九九年一〇月）の有力現地部材メーカーをリストアップし、現地メーカーからの調達を推進している。

これらの現地メーカーは日系企業や郷鎮企業である。たとえば、プラスチック五社、プレス板金五社、鋳物一社や金型三社などが含まれている。B社が技術指導し、現地部品メーカーに親会社の要求する品質、コストと納期を達成するように求めている。最近になって現地企業のなかに開発設計の対応能力をもつ部品メーカーも現れている。その一例として、体育館用ランプホルダーの部品を現地の材料と塗料で生産するために、寧波にある照明器具メーカーがB社および日本の納入先の技術指導を受けて、金型や塗装技術を開発し、日本仕様のソケットを設計して六カ月の試作期間を経てB社のひとつの現地協力メーカーになっている。もう一方では、生産技術の

特性によって現地メーカーが未だに対応できない工程もある。たとえば、ＩＣ、電子部品がそれにあたる。

このような事業システムは中国進出の形態として特殊な事例と思われていた。しかしながら、系列をベースとした企業ネットワークの場合、現地での開発設計、モノづくり、販売や調達などの業務活動、そして現地法人での人事、財務、総務などの間接的な業務活動を含めて、効率かつ有効な事業システムを構築することを考えるうえでＢ社のケースはきわめて示唆の多い事例である。

四　基幹部品の現地生産と現地販売

九六年中国の電気・電子製品の輸出額は二一五億ドルになり、輸出総額の一四・四％を占めるようになった。アパレル衣類輸出額の二五〇億ドルに次いで中国の主要な輸出品目になっている。九七年では、アパレルと繊維品の輸出総額が四六〇億ドルであるのに対して、中国の機械・電気・電子製品の輸出額が五九三億ドルとなり、全体の三二・五％を占めるようになった。一九九九年中国の電子製品の輸出額は三九〇億ドルになり、中国の輸出の二〇％を占めていた。

また、九五年中国税関の統計によれば、ＩＣチップの輸入量は約六一億枚である。その年中国国内での需要量はおよそ七〇億枚以上と推定されたが、中国国内の生産量が四・六億枚であることから、その差額分はさまざまな経路で不正輸入されている。九二年ごろから中国政府にとって、国内家電市場の急速な拡大を支える半導体などの基幹部品の国産化も重要な課題となったが、日米欧と韓国台湾企業は競ってこの分野に参入した。

表6—1　集積回路後工程の外資系企業

現地法人名	外資側	中国側	投資規模	外資比率
上海松下半導体（有）	松下電器産業	華　旭	11.7億 円	76
上海阿爾法泰克電子	米国系，タイ系	華　旭	8,000万ドル	55
上海新泰電子	米国系	上冶金所	600万ドル	50
天津摩托羅拉半導体	モトローラ		2,500万ドル	100
無錫華芝公司	東　芝	華　晶	2,500万ドル	60
深圳賽意法電子	フランス，SGS	深圳賽格	7,700万ドル	60
珠海超大群英微電子	台湾群立	珠海市	2000万　元	90
廈門台港合資 IC 公司	台湾硅品精密，HK	廈門市	8,000万（予）	90
intel 上海 IC 封装公司	米国，intel		3,000万ドル	100
AMD 蘇州 IC 封装公司	米国，AND		3,000万ドル	100
三星電子蘇州半導体	韓国三星集団		6,877万ドル	100
三菱四通集成電路	三菱電機・三井物産	北京四通	3,500万ドル	70
常州 ATMEL 公司	米国，ATMEL	常州半導体	600万ドル	40
江陰飛利浦半導体	フィリップス	長江電子	1.5億ドル	70
南通富士通微電子	富士通中国	南通晶体管廠	1,000万ドル	70
上海華虹 NEC 電子	NEC	上海華虹微電子	5.25億ドル	28.6

注：予定総投資規模が intel が1.5億ドル，AMD が1.3億ドル，三星が1億ドル。
出所：王洛林編（1997）。

（1）基幹部品の需要拡大

日本企業も九四年から半導体やマイコンの組立と検査などの後工程を中国に移し、中国政府の国産化政策に対応した。もっとも早く展開したのは松下と東芝である。

松下電子工業（出資比率五一％）と松下電器産業（二五％）は九四年一一月に上海華旭微電子公司（二四％）とICとマイコンの組立、検査と販売の合弁会社を設立し、中国での半導体生産を開始した。また、東芝は六〇％の出資比率で中国華晶電子集団公司に資本参加し、九四年一〇月に無錫にAV機器用のICとマイコンの組立工場を設立した。この現地法人の九七年売上高が二億元を超えた。コンピュータ市場の急成長に対応して、米国系のインテル社とAMD社は一〇〇％の現地法人を設立し、三菱電機（出資比率六〇％）と三井物産（一〇％）は九六年三月に中国のパソコン有力メーカー四通集団公司と半導体製造の現地法人を設立した。また、富士通は九七年一〇月に南通にＩＣと電子部品の製造販売会社を設立した。〇・八ミクロン以下の半導体はほとんど外資系企業によって製造されているが、ＮＥＣは九七年八月に一、〇〇〇億円の総投資で〇・三ミクロンの生産ラインを上海で稼動させ、ＬＳＩ製品の製造をはじめた。

半導体製造などの中国への技術移転に対しては、先進国側の厳しい規制がある。しかしながら、カラーテレビやＶＣＤなどのように、海外メーカーから生産管理技術と組立生産技術を習得した現地メーカーはＩＣ基盤などの基幹部品の重要な顧客になっている。日米欧企業が競って集積回路後工程を中国に移転した目的はまさにこのような現地市場の確保にある。しかしながら、基幹部品の現地化にはさまざまな問題がある。

(2)　現地市場の急激な変化

九四年にいち早く進出した上海松下半導体有限公司は、中国政府のビデオ用ＩＣの国産化プロジェクトとして設立された。しかしながら、中国の家電市場では、カラーテレビ用やＶＣＤ用のＩＣとマイコンの需要が大きいため、九六年に上海松下半導体は製品ラインの構成を大きく調整し、九七年には洗濯機用とポケットベル用ＩＣ製品も生産することになった。現在では、三極管、八ピンと二八ピンＳＯＰ、一六ピンＳＳＯＰ、二八ピン、四二ピンと六四ピンＳＤＩＰ、八四ピンＱＦＰと一〇〇ピンＴＱＦＰなど一〇種類のＩＣとマイコンを製造している。九八年度の売上高が約一・五億元であるが、そのうち三極管が一六％、ＩＣが四三％、そしてマイコンが四一％を占めている。現地市場のみでは、現地での多品種少量生産を維持することができないことは明らかである。九八年上海松下半導体の販売状況をみると、中国国内での販売比率が五二％であるが、松下グループの中国現地法人への販売が四六％を占め、現地企業への販売はわずか六％である。また、海外への販売比率は四八％になっているが、そのうち日本向けの松下グループへの販売が三四％を占め、第三国向けの輸出は一四％になっている。

（3）現地法人の販売力不足

日本向けと第三国向けの販売は基本的に松下の資材部を通して輸出される。中国国内での販売については、松下グループの現地法人とは直販体制になっているが、現地メーカーへの販売は上海の現地法人が統括している。カラーテレビにはＩＣを一〇数枚使用するため、長虹、康佳、ＴＣＬなどの有力現地メーカーに松下が設計されたＩＣ基板を採用してもらうことが重要なポイントになる。しかしながら、現地法人の技術者は最終製品の設計能力をもたないため、現地販売のさいにも日本本社の設計能力に依存せざるをえない。たとえば、長虹に松下の設計したＩＣを採用してもらうために親会社の設計部門は二年間の時間をかけた。現地のＶＣＤメーカーへの販売も、またソニーの現地法人などの日系企業への販売も同様な状況にある。

現地法人の販売能力不足は外資系企業が共通に直面している問題である。東芝の現地法人である華芝の場合、現地工場が無錫にあるが、合弁パートナーには現地生産された製品の販売能力をもっていないため、上海の営業拠点に設計の技術チーム、調達チームと販売チームが協力体制を組んで現地市場の開拓と拡大を進めている。

組立メーカーのニーズはＩＣ部品ではなく、ＩＣ基板などモジュール化された部品キットの調達であるために、ＩＣのみを生産する現地パートナーはまったく対応する能力がない。そのため、現地販売のプロセスは、まず技術チームがユーザーごとに基板を設計し、東芝のＩＣを採用してもらうことからはじまる。調達チームは現地調達可能な部品と東芝の香港法人を通して輸入される部品を組み合わせて現地工場での組立と検査を行い、ユーザーごとのＩＣ基板を生産している。さらに、販売チームは現地ユーザーの販売状況を直接把握し、現金販売を原則とし、ユーザーの与信管理と資金回収を担当している。

（4）複数の製品規格

中国のカラーテレビの生産台数は八八年に一、〇〇〇万台を超え、九五年に二、〇〇〇万台に達し、九八年には約三、五〇〇万台になった。香港資本の合弁テレビメーカー「康佳」を除いては、現地メーカーにはIC回路のシステムの自主設計能力がない。現地メーカーはブラウン管やIC基板などの基幹部品を海外や外資系企業から調達しなければならない。九五年には電子工業部が指定したカラーテレビ組立メーカーとして現地メーカーが約一三社、外資系メーカーが四四社あるが、近年では、現地組立メーカーの成長が目覚しい。たとえば、四川省にあるテレビ組立メーカー「長虹」の生産台数は九五年の二九〇万台から、九七年には六六七万台に拡大し、トップメーカーに踊り出た。九九年では、「長虹」は二一インチのブラウン管を生産しているが、そのほかのブラウン管を東芝とフィリップスからほぼ半々ずつ調達している。

調達価格を優先する現地メーカーによって、テレビ専用ICに関しても四つの異なった規格の部品が中国国内で使用されていた。中国政府が定めた標準規格は二つにまとめられているが、複数の製品規格をもつ現地組立メーカーにIC基板を供給する松下や東芝などの外資系企業にとって、組立ラインの稼動率を維持することが重要な問題になっている。

ICの前工程の中国移転に関しては、先進国側の規制によって困難である。しかしながら、リードフレームの素材である金、銅、鉄やニッケルなどに関しては外資系企業からの現地調達が可能になっている。基礎技術がネックになって素材の現地調達にもさまざまな課題があるため、基幹部品の国産化を困難にしている。

五　グローバル生産拠点への転換――松下電器産業の電子レンジ

上海松下電子応用機器有限公司（ＳＩＭＥＩＣ）は、電子レンジの基幹部品であるマグネトロンを国産化するために九五年に設立された。電子レンジ用のマグネトロンに関しては、日本と韓国の六社の間でグローバル競争を展開している。カラーブラウン管やビデオヘッドなどの基幹部品と同様、中国政府の国産化政策のもとで上海揚子江電子（四〇％出資）と松下電子応用機器（六〇％）が一五億円を投資して年間一二〇万個の組立工場を上海松下微波炉（電子レンジ）有限公司の隣に建設した。

(1)　素材現地調達の難題

九五年ごろから中国国内の電子レンジの生産能力と販売市場が急速に拡大した。九九年では中国国内の生産能力は八〇〇万台となり、国内市場の規模も三〇〇万台に成長した。最大手の組立メーカーである「格蘭仕」だけで年間約六〇〇万台を生産し、その約半分を輸出している。ＳＩＭＥＩＣは原材料を日本から輸入して組み立てた完成品の約八〇％を自社の流通チャネルで販売し、残りの二〇％を米国松下や松下（中国）を通して輸出している。

国内では、有力な競争相手がないが、大量な正規輸入品とともに香港経由した不正輸入品も多いため、完成品の市場価格は事業化調査（Ｆ／Ｓ）時の約半分まで下落している。生産規模はすでに計画以上の一六〇万個に達したが、ＳＩＭＥＩＣの経常利益は減少傾向にあり、九九年では四〇％も減少している。ＳＩＭＥＩＣにとって、日本から輸入される原材料をいかに現地調達に切り替えていくかはコスト削減の重要課題になっている。マグネトロンの材料は約四〇種類あるが、完成品の総重量は約一キログラムしかない。SIMEICは原材料の重要度と実現可能性を基準に毎年現地調達推進一覧表を更新し、専任の担当者を置いて約二〇％の現地調達率を高めようとさまざまな努力を重ねている。

一個のマグネトロンには、〇・二〜〇・六ミリメートルの冷圧鋼鈑が約三〇〇グラム使用される。国内メーカーのなかで上海の宝山鋼鉄廠は技術的に生産可能であり、単位価格も日本から輸入されるモノに比べて安い。しかしながら、試作品の最低ロットは二五トンに設定しているため、まったくSIMEICのニーズに対応できない。また、韓国浦項の最低輸出ロットは七トンになっているため、年間使用量を超える在庫のコスト負担を入れてコストの削減にはならない。また、特殊銅板も三種類使われているが、国内素材メーカーの最低生産ロットが八トンになっていることがネックになっている。量産効果がまだ現れていないため、SIMEICはいっそう生産規模を拡大し、二〇〇〇年計画で二一〇万個を目指している。

(2)　試作工程のコスト

一方では、SIMEICはセラミック材料、金型や金属の表面処理などの現地化を成功させている。江西省の陶磁工場や上海近郊の郷鎮企業に対して技術指導しながら、試作―小ロット―中ロット―量産のプロセスを経て国内メーカーの製造した金型と国内の素材で部品の現地化を実現させた。たとえば、上海の現地メーカーから一個当たり一四グラムのアルミ部品に関しては、調達量が二〇〇キログラム、三〇〇キログラム、そして五〇〇キログラムの三段階を経て現地調達が実現した。また、ある部品の金型に関して現地メーカーはSIMEICから一年余りの技術指導を受けながら、金型一個当たり三〇万元の試作費をかけて八回の試作で松下の品質基準にパスした。現在、この金型メーカーは他の外資系企業にも注目されている。さらに、銀や銅などの表面処理についても、SIMEICは現地メーカーに必要な設備を貸し付け、日本側親会社からの技術指導を仲介し、技術者の日本での研修も橋渡しをするなどによって現地化を実現した。

外部調達する部材の品質に関しては、SIMEICは輸出と国内販売の評価基準を共通にし、松下の認証システムにしたがって試作―小ロット―中ロットというプロセスを踏んで行われている。IC基板やマグネトロンのケースでわかるように、現地部品メーカーの基礎技術を向上させ、基幹部品の現地調達を実現するために地道な努力と時間が必要である。

(3) 研究開発と設計の技術者不足

東芝のようにIC基板の設計に関する技術チームも現地の営業拠点に配置するケースはまだ少ない。現地調査のなかで日系企業に共通して抱えている問題は、現地での設計や研究開発の技術者が不足している点である。現地市場を志向して設立された合弁企業には、契約のなかに研究開発部門をもたないことが明文化されているケースもある。

中国側のパートナーも従来の研究開発部門を市場経済の変化に合わないことから解散させている。現地法人のなかで設計機能も持たないため、現地市場の変化と現地調達の必要に合わせた製品開発と設計変更も日本側に依存せざるをえない状態にある。このことは外資系企業と現地メーカーとの競争に苦戦している原因のひとつでもある。

図6—4　上海松下微波炉（電子レンジ）の新製品（2001年に発売）

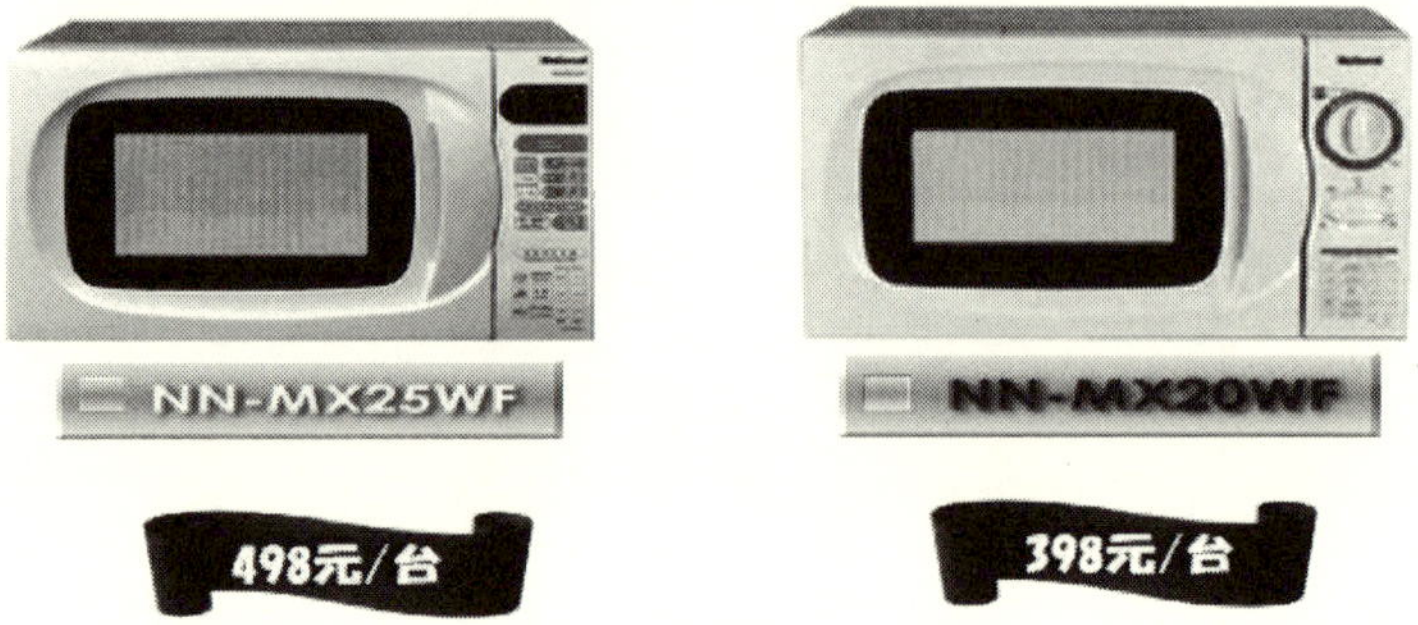

出所：松下電器産業・中国北東アジア本部の社内資料による。

（4）グローバル生産拠点への転換

しかしながら、図3—9に示されているように日本家電市場にも中国製品が大量に輸入され、小売店頭にハイアールなど中国メーカーのブランドの製品が並ぶようになった。欧米市場でも、中国製品のシェアが急速に伸びて、日本企業の欧米市場での製造事業の将来性にも大きな影響を与えている。

日本企業のもつグローバル・ネットワークのなかで、アジアの生産拠点と中国の生産拠点との競争が激しくなり、中国現地法人へのグローバル事業機能の集結傾向が明白に現れている。また、製造機能だけでなく、欧米企業を中心としたマーケティング機能とR&D機能も中国市場に整備され、欧米企業と現地企業との提携が急速な広がりを見せている。

現地企業が海外企業への製造委託やOEMビジネスによって製造技術を習得し、管理能力を急速に高めている。また、部品産業が集積化し、巨大な国内消費市場をバックに量産効果によって、圧倒的なコスト競争力を見せている。

二〇〇〇年に、松下電器産業グループは中国事業の新しい戦略を打ち出し、競争力低下に悩む現地生産拠点をグローバル生産拠点へと転換を図った。そのなかで戦略転換に成功した事例として、上海松下微波炉の電子レ

ンジが含まれている。(2)

まず、商品企画と設計段階から自社内の原価積み上げ方式ではなく、最大手の現地メーカーである「格蘭仕」のボリュームゾーンの小売価格をベンチマークとして設定し、価格競争力のある製品開発をした。次に、現地メーカーの製品に使われている部材を調べ、現地部品メーカーを活用した設計に変更し、キーデバイスであるマグネトロンのコスト削減を実現させた。

二〇〇〇年一一月に売り出した新製品の価格帯は、中国の電子レンジ需要の約七〇％を占める五〇〇元以下に設定され、現地メーカーの価格競争に対決する姿勢を明確にした。七、〇〇〇円という小売価格でも利益を確保できるようにするために、日米中の三国で同時発売できるような商品規格にし、価格も全国統一価格に設定した。グローバル生産拠点へ転換することによって、中国国内市場のボリュームゾーンに対応した価格競争力を実現させた。現地販売に関しては、スピーディーで柔軟な対応ができるために、ブランド・販売サービスの権限を現地責任者に委譲し、松下電器（中国）に一元化した。また、現地の有力流通業者の販売アライアンスを強化した。

その結果、二〇〇一年一一月発売後の二カ月の売上が七万一、四〇〇台になり、前年同期の二万五、五〇〇台を大きく上回わった。現地市場シェアも前年同期の一三％から三一％に高めることができた。

第二節　現地市場志向のネットワーク

外資系企業のなかで、成功した現地市場志向の企業として、上海大衆汽車（上海VW）、摩托羅拉（中国）電子（モトローラ中国）、北京吉普汽車（北京ジープ）や広州宝潔（P&G中国）などをあげることができる。

表6―2は、一九九六年における売上トップ一〇社の外資系企業のリストである。そのなかで、慶鈴汽車（スズキ）、上海三菱電梯（三菱電機）、北京松下彩色ブラウン管と佳能珠海（キヤノン）といった日系企業もこのトップ10リストに入っている。ここでは、このなかでも消費財メーカーの事例を取りあげて、現地市場志向の外資系企業がいかにそのネットワークを発展させているのかを示したい。

一　コミットメントと先発優位――モトローラ社

九五年中国市場におけるモトローラ社の売上高は約三二億ドルとなり、外資系企業のなかで第二位であった。その後、モトローラ社は中国の外資系企業におけるこの地位を維持しつづけている。また、九七年にモトローラ社の大陸と香港での売上高は三七億ドルを超え、同社の全世界総売上の一一％を占めるようになった。モトローラ社の対中投資戦略は明確に中国の現地市場を目指している。

一九九九年にモトローラの中国市場での売上高が一八〇億元となり、中国市場での売上が拡大している。技術ライセンシングや貿易などを含めると、二三六億元になっている。二〇〇〇年六月にモトローラは中国で一六〇億元の増資を行い、中国市場への総投資額は二八五億元に達した。

(1)　明確なコミットメントの表明

一九八六年に北京駐在事務所を開いたモトローラ社は、最初から一〇〇％現地子会社の設立を摸索していた。一九九〇年に香港モトローラという持株会社を通して、三、〇〇〇万ドルを投じて天津経済技術開発区に一〇〇％出資の子会社「天津摩托羅拉（中国）電子有限公司」を設立した。三、〇〇〇万ドルという投資額は天津市政

表6−2　1996年売上トップ10の外資系企業

順位	企業名	売上（万元）	輸出（万ドル）	売上利益率（%）	輸出比率	利潤（万元）
1	上海大衆汽車	2,430,674	1,113	11.3	0.4%	275,299
2	摩托羅拉（中国）電子	1,630,000	69,000	—	35.2%	—
3	广東核電合営	612,334	47,248	23.2	64.2%	141,921
4	康佳集団株式	602,531	3,569	6.4	4.9%	38,545
5	北京吉普汽車	536,448	235	4.7	0.4%	25,106
6	上海貝尔電話設備制造	456,068	2,059	12.7	3.8%	57,719
7	广東科龍器株式	450,164	1,480	9.5	2.7%	42,716
8	广州宝潔	399,580	13	5.2	0.0%	20,732
9	慶鈴汽車株式	392,455	—	14.3	—	56,068
10	上海三菱電梯	370,943	995	13.8	2.2%	51,273
11	中国国際海運集装箱（集団）	347,799	33,915	6.4	81.1%	22,365
12	广東容声冰箱	318,103	11,805	14.3	30.9%	45,349
13	南京金城机械	307,909	1,107	5.2	3.0%	16,018
14	上海嘉士徳一華海集団	301,726	35,924	10.3	99.0%	31,200
15	南海油脂工業（赤湾）	298,106	13,889	1.4	38.7%	4,204
16	一汽一大衆汽車	294,906	39	0.0	0.1%	34
17	北京松下彩色ブラウン管	294,506	11,448	15.3	32.3%	44,956
18	希捷国際（无錫）	281,145	33,872	9.6	100.0%	26,859
19	上海大江（集団）株式	252,512	9,075	5.2	29.9%	13,079
20	佳能珠海	250,488	30,129	5.2	100.0%	13,020

出所：「中国対外貿易経済年鑑1997年」。

府が許認可できる範囲内に合わせていた。

一九九二年に現地市場の拡大に対応して一・六億ドル増資し、九四年五月に現地工場の拡張のために二・八億ドルまで再度増資した。この工場では、ポケットベル、セルラーホンや電子部品などを生産している。一九九五年にこの天津工場で組み立てられた七〇万台のポケットベルと五〇万台の移動電話端末は当時中国国内の生産台数の約七〇%と五〇%を占めていた。

また、当初二、五〇〇万ドルの投資で設立された一〇〇%現地子会社「天津摩托羅拉半導体公司」は、移動通信用の半導体部品の現地生産を開始したが、九五年にはこの子会社も七・二億ドルまで増資した。九五年以降、モトローラ社は合計二億ドルを投じて次々と上海、杭州、内陸の四川省楽山や東北の遼寧省に八つの合弁企業と四つの合作プロジェクトを展開した。九五年末にモトローラの対中投資総額は一二億ドルを超えている。二〇〇〇年六月時点で、モトローラは中国に二六の現地法人を設立している。

モトローラ社は初期投資を三、〇〇〇万ドルに抑えることによって天津経済技術開発区の許可権限内で一〇〇％現地子会社の設立を実現させ、増資を繰り返すという方法で中国国内市場の拡大に対応した。また、その後交渉段階において中国政府に二〇〇〇年までに計一二億ドルの投資計画と、つぎのような対中投資方針を表明している。

(1)投資と技術移転によって得た利益を再投資に回し、最新の技術を導入すること
(2)現地社員の教育を重視し、従業員に対して年間最低五日間の教育訓練を行うこと
(3)二〇〇〇年までに約五〇〇の主要な取引先である現地企業から一〇億ドルの調達を行うこと

明確なコミットメントの表明によって、現地法人への支配権を最大限に確保し、また高い現地販売比率の許可も得ることができている。表6—2に示されているように、一九九六年モトローラ（中国）の現地販売比率は約六五％である。一九九九年になると、モトローラの輸出比率は約四五％になり、中国の現地法人をグローバルな生産拠点に転換している。このように世界市場と現地市場の変化に合わせて段階的に調整できるような企業能力を獲得しえたのは、モトローラに限ったものではない。(3)

ポケットベルに関して、モトローラ社は当時の最新技術と生産システムを現地工場に導入すると同時に、テレビや新聞雑誌で広告を大量に投入した。早期参入によって競争優位を高め、高いブランド・イメージを確立した。

一九九五年末ポケットベルの登録台数が一、四〇〇万台を超えた中国市場で五〇％以上の市場シェアを獲得した。

(2) 複数の流通チャネルによる市場開拓

モトローラ社は、現地市場での販売を拡大させるために、現地生産拠点の生産能力を段階的に拡大する一方で、積極的に複数の流通チャネルを開拓していた。

まず、銀行、企業や政府機関への販売は有力な現地の流通業者と合弁パートナーを通して行っている。そのなかに中国電子工業部（旧）傘下の有力流通企業が多い。つぎに、輸入代理店のなかに電子部品の流通業者として売上規模が世界四位のFuture Electronics社（Hong Kong）がある。また、合弁相手である大型国有企業のパンダ電子集団公司の流通チャネルを通して現地への販売活動も行っている。さらに、中央政府および地方政府の情報通信インフラ整備の計画に積極的に関与することによって現地販売を拡大させている。これらの流通チャネルを通して中国全土への販売を展開している。

モトローラの移動通信機器の代理店は中国全土におよそ一〇〇社あり、北には約四五社の代理店がある。南北に分けられているモトローラの販売組織は、各主要都市に営業拠点を配置している。それぞれの地域にあるポケットベルと携帯電話の端末を販売する小売店を受けもつモトローラの営業マンは定期的に巡回し、販売促進活動を展開している。

営業マンは小売店舗との契約管理、店舗設計、各種ＰＯＰ材料や販売キャンペーンなどに関して標準的なマーケティング・プログラムを提供している。たとえば、中国の南方では、販売店の面積がやや小さく決められており、売上の二％を販売促進費として代理店との契約に明記している。

また、営業マンは代理店の顧客データベースづくりに協力し、小売店舗の売上状況、財務状況および市場調査を営業リポートにまとめ、上司に提出するように訓練されている。第一線の営業マンの入れ替えが激しいため、営業部門の主な管理職は香港、シンガポールや米国国籍をもつ中国人が多い。ドル決済の権限に関してすべて本社採用の中国人がもつなど、組織内の人事や財務などの権限を明確に決められている。

(3) 部品調達の現地化

九五年モトローラ(中国)の現地調達比率は約一五%、米国からの輸入が六五%であった。九七年には現地調達額が約五億ドルになり、米国からの一〇億ドルの約半分になっている。

現地調達を増やすために、モトローラ社はおよそ六〇〇社の現地企業の生産管理、コストと品質管理の改善に協力し、必要な図面や技術を提供している。また、重要な電子部品について合弁などで現地化を進めている。たとえば、二、七八〇万ドルを投資して四川省の楽山無線電有限公司と合弁部品会社を設立した。

(4) デジタル技術導入の遅れ

中国の移動通信市場が急速に成長し、世界市場と連動して変化している。アナログ技術の世界トップであったモトローラはデジタル技術の開発と導入が遅れ、中国の移動通信市場でも一時期急速にシェアを落とした。九六年になってもモトローラはアナログ技術に固執し、改良型の「Startac」を発売し、デジタル技術に関しては、エリクソンやノキアなどのヨーロッパ勢に遅れをとった。

中国電子工業部によれば、九五年中国の携帯電話市場の規模は年間約三〇〇万台となり、モトローラに次いでエリクソン、シーメンズとノキアの年間売上高も約一〇億ドルになったと推定された。モトローラ社の市場シェアは当初の約七〇％から九六年の約四〇％に落ち、九七年に約八五〇万台に成長した中国携帯電話市場でのシェアは、エリクソンが三五％、モトローラが二六％、ノキアが二二％、シーメンズが九％、その他が八％と推定されている。

一九九八年からは、モトローラがデジタル対応のL2000などの新機種を発売し、ポケットベルなどの営業担当人員を二〇％削減して携帯電話端末の販売に力を入れた。その結果、九九年モトローラの市場シェアは三〇％台に回復した。

モトローラのケースは、現地市場志向をもつ外資系企業の戦略もグローバル競争のなかで構想しなければならないことを示唆している。電子通信に限らず、多くの製品分野で中国市場は世界市場と連動して変化し、変化のスピードも非常に早い。グローバル競争のなかで早期参入した外資系企業さえも中国市場での競争優位を維持することは容易ではない。

(5)　最終消費市場と広告戦略

このような現地市場志向のもとで、モトローラが積極的に広告戦略を展開している。表5―15に示されているように、外資系企業のなかでモトローラの広告出稿額は第四位を占めていた。ライバルのノキアには及ばないが、エリクソンの広告投入の約倍である。

モトローラのポケットベルに関する広告は、主に新聞メディアを利用している。中国の最大の市場である上海に参入した初期では、九三年九月九日に「解放日報」の片面に予告広告を出し、九月一一日に再び同様なテーマで全面広告を出した。上海の市民にとっては、初めての全面広告であった。

九七年五月には、モトローラは夕刊の「新民晩報」に大学の卒業予定者をターゲットにしたポケットベルの新製品広告を連続に出した。九七年に上海のポケットベル保有総数は二五〇万個に達し、大学生の約三割が保有している。その年中国全土の大学卒業予定者は約九〇万人であった。また、九八年にモトローラは都市のサラリーマンをターゲットにした新聞広告を出し、ポケットベル市場の深耕を進めている。

これに対して、エリクソンは欧州での競争劣位を教訓に、九六年五月に当時世界最小の携帯端末GF788を発売するさいに、中国市場で全く違う広告戦略を展開した。まず、九六年一一月に中国著名の映画監督張芸謀とシンガポールの広告代理店によって制作したCF「講述老百姓的故事」（皆の物語）を全国のテレビ広告、そしてビネットに出稿し、大きな話題を呼んだ。つぎの年の九七年には、香港映画スター二人を起用したテレビ広告、九八年には劉徳華などの香港スーパースターが出演したCFによるテレビ広告のキャンペーンを継続して展開し、エリクソンの知名度を急速に高め、当時の中国携帯電話市場でのトップブランドの地位を獲得した。しかしながら、二〇〇〇年には、モトローラの知名度が再びトップになった。表3―12の携帯電話ブランド知名度に関する調査結果に、モトローラ、ノキアとエリクソンの三社が激しく競い合っている実態が如実に現れている。

(6)　現地メーカーの参入と過剰供給

一九九九年に中央政府の計画委員会が定めた携帯電話の生産計画目標は八、〇〇〇万台、うち国内販売は四、〇〇〇万台になっている。しかしながら、携帯電話メーカー二七社を対象にした統計では、二〇〇〇年の携帯電話生産量は五、三九六万台、販売は五、二五七万台、輸出は二、三一〇万台、在庫は一三九万台であった。二七社のうち、外資系企業の一七社の生産台数が五、〇五二万台、販売台数は四、九四一万台で全体の約九四％を占めている。また、外資系企業による輸出は二、三〇八万台で、国内メーカー一〇社の生産量は三四四万台で総生産量の六・三七％を占め、販売量は三一六万台であった。

二〇〇〇年末までに中央政府の認可を得た携帯電話の外資系企業は北京エリクソン、三菱数源移動通信公司とモトローラ（天津）工場の三社のみである。ノキアなどの企業は国外の携帯端末生産ラインを関連部品工場と併せて中国に移転し、二〇〇一年に北京ノキアの工業団地では、携帯電話生産と関連製品の生産を同時に開始した。

二〇〇〇年外資系企業の生産量は総生産量の九三％を占めている。そのうち、モトローラ（三社）の生産量が総生産量の三三・三％、ノキア（二社）が三〇・二％、エリクソン（二社）が九・七％と、三つのブランドをあわせた生産量は総生産量の七三％を占めている。第四位のシーメンズは七・五％、そしてフィリップが四・二％、松下が三・九％、Alcateが二・八％でこの七つのブランドの生産量が総生産量の九一％、その輸出量は総輸出量の九七％を占めている。しかしながら、外資系企業のシェアは国産携帯電話企業の出現により年々下がりはじめている(4)。

二〇〇一年中国の携帯電話生産量合計が八、五〇〇万台で前年比一五七％増である。モトローラの生産シェアが二八％、ノキアが二八％、エリクソンが一一％、三つのブランドをあわせた生産量が総生産量の六七％に低下した。

二〇〇二年七月八日にエリクソン・モバイル・プラットフォーム（ＥＭＰ）社と中国最大のローカル携帯電話機メーカーであるＴＣＬ移動通信有限公司とが合意書を締結し、ＴＣＬにＧＰＲＳ携帯電話プラットフォーム技術を供与することになった。この合意に基づき、ＴＣＬの携帯電話開発と生産は、ＥＭＰ社がＴＣＬに供与する業界最新の携帯電話プラットフォーム技術を使用することになる。TCLは電話機の生産から出発した企業であるが、TCL移動通信有限公司はその子会社のひとつである。TCLはその独自な製品設計力、全国の販売網と強力な販売力をベースに、エリクソンとの技術提携によって携帯電話機の開発期間を短縮させ、最短期間に新製品を市場に出すことができるようになる。

二〇〇三年携帯端末メーカー各社の生産計画を総合すると、供給量は一億七、〇〇〇万台になる。しかしながら、予測される需要は七、〇〇〇万台にとどまる。携帯端末の利益率は他製品より高いため、現地メーカーの新規参入が増えている。国産ブランドの携帯端末は二〇〇一年下半期からTCLや波導を中心に価格下落が目立ってきている。外資系ブランドのシェアが低下するなかで、モトローラとノキアが価格競争に参入するかどうかは非常に注目されている。

二　マーケティング資源の展開——P&G社

一九八八年八月にP&G社は広州石鹼工場、香港和記黄埔（中国）有限公司および広州経済技術開発区との四者合弁で「広州宝潔有限公司」を設立し、「海飛絲」シャンプーの現地生産を開始し、その一〇月に華南地域を中心に販売しはじめた。

香港和記黄埔（中国）有限公司は、香港最大の財閥「李嘉誠集団」の主要グループ企業のひとつである和記黄埔の傘下にある対大陸投資の窓口企業である。和記黄埔の傘下には「百佳超市（Park Super）」（二〇〇〇年店舗数が二五〇）と「屈臣氏個人護理商店（Watson's）」（化粧品・身の回り用品・薬品や玩具など二万五、〇〇〇アイテムのドラッグストア、二〇〇〇年店舗数が五五二）の二つの小売チェーンがあり、P&G社の香港と東南アジア市

図 6—5　宝潔の製品ブランド構成と発売開始時期（1995年まで）

髪用品（88/10）　化粧品（89/5）　髪用品（89/10）　生理用品（91/10）

髪用品（92/3）　石鹸（92/11）　洗剤（93/2）　洗剤（94/8）

フケ取りシャンプー「海飛絲」

中国宝洁

シャンプー＆リンス「飄柔」

場における重要なパートナーである。

（1）　P&Gのブランド導入戦略

P&G社は一九八八年八月に広州工場を設立する前に広州市場に関して詳細な市場調査を行った。その結果、当時広州地域ではフケの人が多く、フケ取りシャンプーの生産技術をもつローカル・メーカーは一社もないことがわかった。

そこで、P&G社は現地市場に最初に導入する製品として「head & Shoulders」に決定し、「海飛絲」というブランドで現地生産を開始した。わずか四カ月の期間でテレビや新聞などでの大量広告によって九九％の広州市民にブランド名「海飛絲」が知られるようになった。

そして、販売開始一年で中国市場に「フケ取りシャンプー」という新しい市場細分を確立させ、そのセグメントでのトップブランドの地位を獲得した。

広州市場での「宝潔」ブランドの知名度を高めるために、P&G社は八九年五月に「玉蘭油（Oil of Olay）」を発売した。ピンク色を基調にしたイメージ広告を展開し、一方で広州市総工会（組合連合会）を通じて市内八〇万人の女性に試用品を無料配布した。「玉蘭油」はローカル・メーカーが生産しているスキンケア製品に比べて価格が高いが、イメージ広告によって所得の高い女性層の支持を獲得した。

ブランドの初期導入を成功させたP&G社は、その戦略ブランドのひとつである「飄柔（Rejoice）」を八九年一〇月に素早く中国に導入した。リジョイはシャンプーとリンスが一体化された製品で日本やアジアでも発売されている。中国の消費者に、広告を通して「シャンプーとリンスが一体化して髪をサラサラにする」という製品コンセプトを明確に伝え、まったく新しいタイプのシャンプーとして受け入れられた。競争相手のローカル企業は、P&G社の多ブランド戦略、すなわちただ一年の間にシャンプーという商品分野で二つのブランドを同一企業が発売することに驚きを感じたという。

(2)　全国市場に向けての企業ブランド戦略

複数の製品ブランドを導入して広州での生産と華南地域を中心とした販売からスタートさせたP&G社は、八九年六月に大学生二〇名を新規採用する一方で、一二月に新しい生産拠点「広州黄埔工場」の建設を開始した。また、九〇年九月には広州開発区の工場敷地に合弁会社「広州宝潔紙品有限公司」を設立し、九一年の一一月に女性保健用品「護舒宝（Whisper）」を発売した。さらに、九一年七月と八月に北京と上海に分公司を設立した。

八九年六月に「天安門事件」が起こり、中国経済に関する悲観的な見方が急速に広がった時期である。多くの外資企業の対中戦略が動揺していた。また、中国国内市場は一時的に停滞し始めた時期でもある。しかしながら、P&G社は中国市場に対するコミットメントを変えることがなく、むしろ対中投資を加速させた。

中国の政治と社会が混乱するなかで広州黄埔工場の生産開始が一年以上かかり、「護舒宝（Whisper）」の発売も約一年あまりの時間がかかった。P&G社の対中投資姿勢を中央政府の指導者は高く評価した。九一年九月に呉学謙副総経理が宝潔総裁を接見し、一〇月に李鵬総理、そして一一月に李鉄映国務委員が「黄埔工場」を見学した。九二年六月に朱鎔基副総理が宝潔総裁を接見し、田紀雲副総経理は護舒宝工場を見学した。中央政府の指導者、とくに当時アメリカ国内でもっとも批判していた李鵬総理の工場見学を受けいれたことに非常に象徴的な意味があった。

中国政府や指導者達が世界からの非難と国内の不安に直面している時期に、P&G社が中国市場に明確なコミットメントを示した。これは、ローカル社会の一員として企業市民というイメージを確立しようとする企業ブランド戦略の一貫としてみることができる。

宝潔は中国全土に展開するための企業ブランド戦略として、アジア大会や第一回世界杯女子サッカーに一〇万元単位でのスポンサーとなっただけでなく、九一年に長江下流の大洪水災害に見舞われた華東地区に一〇〇万元の寄付を行い、これによって「広州宝潔」は中国全土で知名度を急速に高めた。ちなみに九一年当時では、広州宝潔はまだ黒字経営ではなかった。とくにP&G社は中国国内の基礎教育や大学研究機関への寄付や奨学金・基金の提供など積極的にPR活動を展開した。広州宝潔が設立してから一九九九年までP&G社の中国での寄付総額は約五、〇〇〇万元にのぼった。

その結果としては、九九年Gallup調査に示されているように「海飛絲」はローカルのトップ・ブランドとし

表6—3　P&G社が中国全土に展開した生産拠点の状況

工　　場	製　　品	展開状況	
広州経済技術開発区工場		設　立	生産開始
（広州宝潔有限公司）	シャンプー・リンス・コンディショナー	1988年8月	1988年10月
（広州宝潔紙品有限公司）	ローション，女性保健	1990年9月	1991年初め
（広州宝潔洗滌用品有限公司）	個人清潔用品，粉洗剤	1992年8月	1992年11月
広州浪奇宝潔有限公司	粉洗剤	1994年3月	*
広州宝潔口腔保健用品有限公司	口内保健用品	1995年9月	1996年6月
北京宝潔洗滌用品有限公司	粉洗剤	1993年12月	*
成都宝潔有限公司	粉洗剤	1993年12月	*
天津香皀工場・天津宝潔有限公司	個人清潔用品	1993年12月	1994年8月
天津西青工場・天津宝潔工業有限公司	シャンプー・リンス・コンディショナー	1996年5月	1998年8月
蘇州工場・蘇州宝潔紙品有限公司	紙ナプキン用品	**	**

注：*：93年2月に広州市内で市場テスト　　**：不明
中国本部：広州　技術センター：北京
分公司：北京　上海　成都　工場：広州　北京　天津　成都　蘇州

て認知されている。九九年五月に中国大使館空爆事件が起こったさいに、大学生が不買対象とした米国製品のリストに宝潔の製品は載せていない。また、大学生がもっとも就職したい企業のトップになっているという調査結果もある。

(3)　複数生産拠点による全国展開戦略

企業ブランドの知名度とイメージを高める広告活動は、消費者の選好を変えるという効果のみではない。中央政府やローカル社会から高い評価を得ることによって、中国全土での販売戦略は非常にスムーズに展開できるようになった。

九二年の三月に「潘婷（Pantene）」シャンプーを発売し、広州市だけでなく北京市と上海市でも宝潔のシャンプーが高い市場シェアを占めるようになった。九二年八月に中国におけるP&G社の第三番目の合弁企業「広州宝潔洗滌用品有限公司」が広州宝潔内に設立され、一一月には「舒肌佳（Safeguard)」を発売した。九三年二月に宝潔は広州市で初めて合成洗剤「碧浪（Ariel)」を売りだし、三〇万袋の試用品を市内に配布した。

九三年一〇月に「宝潔（中国）有限公司」という傘型会社が北京に設立される一方で、一二月に中国北方市場で高い市場シェアを占めている「熊猫」ブランドの洗剤メーカーとの合弁企業を北京に設立し、洗濯用洗剤「汰漬（Tide)」と石鹼「舒肌佳（Safeguard)」を生産する合弁企業を天津市に設立した。また、同じ九三年一二月に西南地域に販売するための洗濯用粉洗剤工場として成都に合弁企業を設立した。さらに、九四年三月に広州市にも洗剤工場の合弁企業を設立した。

このように、九二年からP&G社は北京と上海に販売拠点を展開し、北京、天津と成都に複数の生産拠点を設立するという戦略で中国全土の展開を実現した。九四年末に宝潔は本当の意味で中国全土をカバーする生産販売ネットワークをもつ日用化学製品の総合メーカーとなった。ちなみに二〇〇一年末でP&G社の対中投資総額が三億ドルを超え、従業員総数が四、五〇〇〇人を超えた。

(4)　グローバル・ブランドと全国展開戦略

一九九五年までは、P&G社はそのブランドを中国市場に導入する手順として、まず広州市内でテストを行い、華南地域を中心に発売してから全国に展開していった。また、九四年に発売した洗濯用洗剤「汰漬（Tide)」を天津市に限定して発売した。

中国全土に生産販売ネットワークを確立した宝潔は、一九九六年からP&G社のもつグローバル・ブランドを

図6―6　宝潔の製品ブランド構成と発売開始時期（1996年以降）

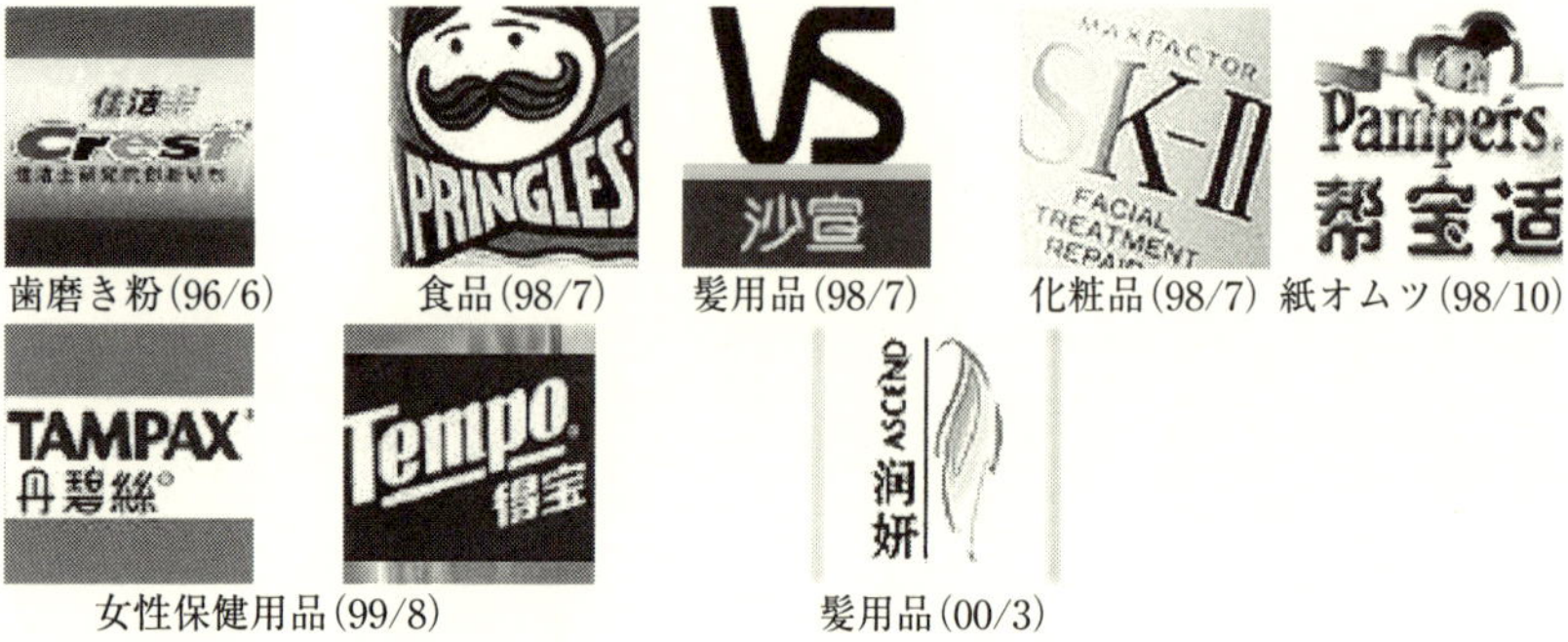

中国全土で同時に導入する戦略を実施し始めた。この戦略とは、一年以上の時間をかけて各地でテスト・マーケティングを実施したのち、全国同時発売のブランドと地域限定発売のブランドに分けて全国展開するものであった。

宝潔はまず歯磨き粉「佳潔士（Crest）」の全国販売を実施した。具体的には、九五年九月設立した広州宝潔口腔保健用品有限公司が生産している「佳潔士」製品の全国虫歯防止組（中央政府プロジェクト）の認証を九六年六月に取得し、九七年九月から中国衛生部と協力して農村部での口内保健知識普及キャンペーンを行った。

歯磨き粉の全国販売経験を踏まえて、宝潔は九七年五月から「帮宝適（Pampers）」、九七年七月から「品客（Pringles）」、九七年九月から「沙宣（VS）」のテストを行い、九八年七月に「品客」と「沙宣」の全国販売を開始し、九八年一〇月に「帮宝適」と「SKII」化粧品の上海限定販売を決め、そして、九九年一〇月から「帮宝適」を全国販売している。このほかに「玉蘭油」ブランドのバスジェルおよび石鹸を武漢市に限定して発売し、「丹碧絲（TAMPAX）」を九九年八月に南京に限定して発売している。

（5）カテゴリー・ブランドの拡張

P&G社のプロダクト・ブランドの管理方式はアメリカ企業の手本になっている（Low & Fullerton 1994）。その特徴のひとつは一つ一つの製品にブランド・ネームを付けてブランド・マネジャーが管理していることである。もうひとつの特徴は同一のカテゴリーのなかに複数のブランドをもっていることである。第三の特徴は、同じブランド・ネームでも、製品の成分や製法などを市場の変化に合わせて調整し、製品の機能や種類を絶えず変化させている。

すでに述べたように、P&G社はそのブランド管理方式を中国に導入している。髪用品というカテゴリーに「飄柔」、「海飛絲」、「潘婷」と「沙宣」という四つのブランドを導入し、広州宝潔の「洗髮護髮類製品市場部」はこのカテゴリーを管理している。

九八年以降、「飄柔」の広告は、「自信」というコンセプトを打ち出している。一方、「海飛絲」の広告は「Cool」、「潘婷」の広告は「スーパーモデル」、そして「沙宣」の広告は「流行とプロ」をコンセプトにして異なった消費者ターゲットに訴求している。

また、カテゴリー内でブランドによってマーケティング活動の重点を調整している。その一例として、二〇〇〇年五月の中国テレビ広告観測システムの調査結果によれば、宝潔は髪用品に投下したテレビ広告費の七二%は「飄柔」と二〇〇〇年に発売した新しいブランド「潤妍」に集中させている。しかも、広州、北京と上海への髪用品テレビ広告費の投下額を減らして農村部を含めた全国展開に重点を置いた。とくに新しい「潘婷」広告の投下額を減らし、新広告の約一〇%を店頭広告に振り当てて店頭販売促進費を従来の五倍に増やした。宝潔は広告戦略を調整しながら、「飄柔」の400ml商品の価格を最大で二〇%引き下げた。

図6—7　P&G中国のブランド管理体系

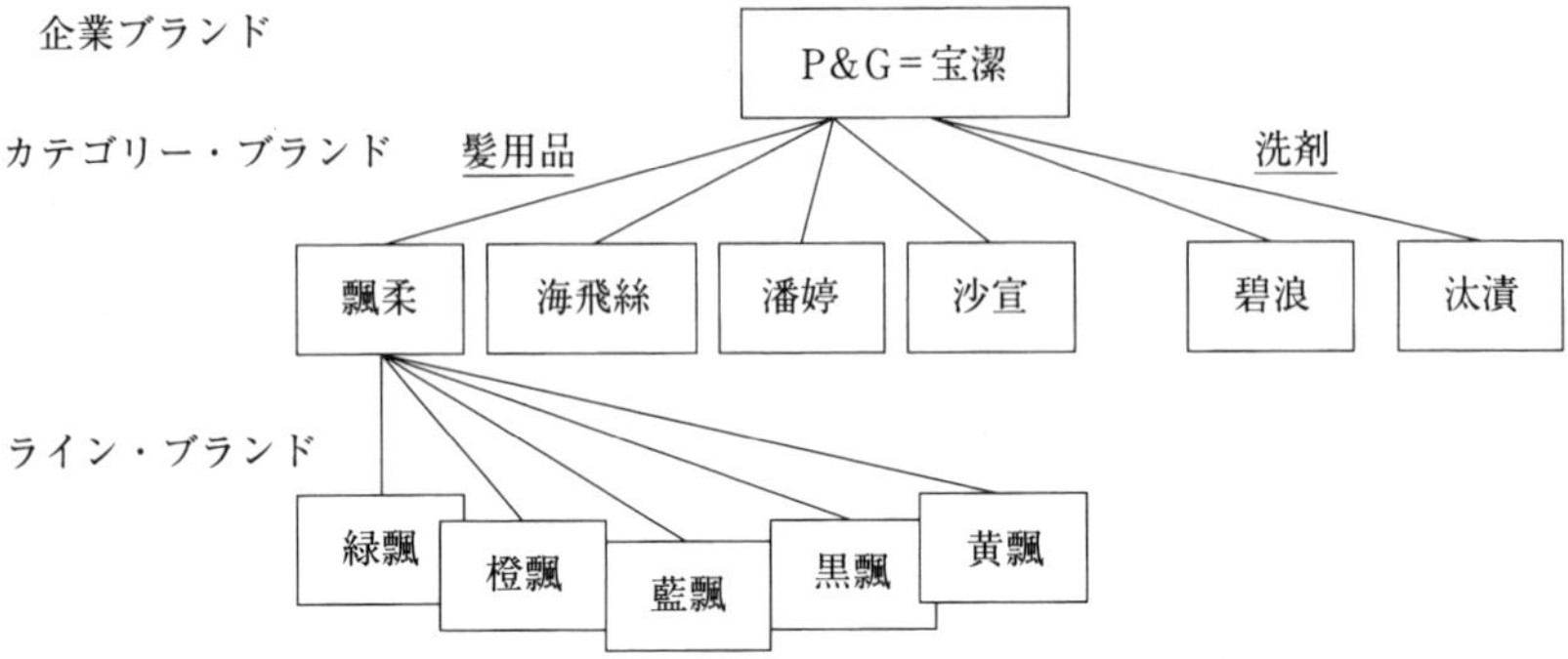

洗濯用洗剤というカテゴリーも「碧浪（Ariel）」と「汰漬（Tide）」という二つのブランドが発売されている。九四年八月に発売した「汰漬」は九八年一〇月に第三代目の製品を出し、二〇〇〇年三月に簡易包装の商品を出して価格も五・九元から三・五元に引き下げている。

P&G社がもつブランドのなかで「玉蘭油（Oil of Olay）」は競争力が弱いカテゴリーである。しかし、宝潔は九七年に「玉蘭油」バスジェル、そして九九年には三種類の「玉蘭油」ブランドの新製品を発売している。とくに二〇〇〇年には、「護舒宝」、「飄柔」、「佳潔士」、「品客」と「沙宣」のライン・ブランドを増やしている。

たとえば、二〇〇一年に知名度が約四五％である「飄柔」ブランドの下に五つのライン・ブランド、すなわち「緑飄（フケ取り）」、「橙飄（髪脂取り）」「藍飄（保湿）」、「黒飄（黒色を補う）」と「黄飄（多製品機能）」を導入した。図6―7はP&G宝潔のブランド管理体系を示している。

(6)　現地競争環境の変化

広州宝潔の売上高は、九五年に三一億元、九六年に四〇億元から、九九年に五四・四億元と拡大してきた。広州宝潔は中国日用化学製品のトップ・メーカーであり、売上高も外資系企業の上位に入っている。表6―4

表6—4　日用化学製品の外資系メーカーの経営業績（1996年）

外資500社のうちでの順位	企業名	96年の売上（万元）	利潤（万元）	売上利潤率	総資産（万元）	輸出（万元）	輸出金額順位	輸出／総生産
8	広州宝潔有限公司	399,580	20,732	5.2	299,229	13	0	0.00
107	上海利華有限公司	112,867	6,793	6.0	70,193	1,271	216	1.13
218	上海花王有限公司	62,807	3,201	5.1	72,265	301	0	0.48
253	天津漢高洗濯剤有限公司	56,400	−371	−0.7	30,282	86	0	0.15

注：『中国対外経済貿易年鑑1997年版』。

に示しているように、広州宝潔の経営業績は聯合利華（上海ユニリーバ）、上海花王と天津漢高（Henkel）を大きく引き離している。

広州宝潔にとって、華南地域、華東地域や北京、天津などの大都市部では、外資系の聯合利華や上海花王は主要な競争相手である。一方、中小都市と農村部では、ローカル企業が主要な競争相手となっている。

聯合利華は積極的に「力士（石鹼）」、「中華（歯磨き粉）」や「老蔡（醤油）」や「京華（お茶）」などの有力なローカル・ブランドを買収している。上海花王の戦略重点も上海、広州、北京などの大都市である。

武漢市に本社がある「絲宝集団」のブランドであるシャンプー「舒蕾」はとくに中小都市での知名度が相対的に高い。「絲宝集団」は香港系の合弁企業であるが、中小都市の主要な小売企業への販売促進と店頭広告を重視している。

二〇〇〇年、ACニルソンの中国の洗濯用洗剤に関する調査結果によれば、ローカル・ブランドの「奇強」、「雕」と「立白」が上位三位を占めている。P&Gブランドである「碧浪」と「汰漬」は第四位の聯合利華「奥妙」より知名度が低い。

「奇強」は山西省運城市という小都市にある南風集団のブランドである。南風集団はもともと運城市政府の一部門である「塩化局」から改革されて設立した企業である。南風集団の洗剤工場は塩湖の傍に立地している。南風集団は九五年に市場ターゲットを農村部に定め、三、〇〇〇人の営業部隊を組織して列車駅のある中小都市に出張所を開設して営業活動を展開した。また、農村部で延べ六〇万平方メートルの壁に「奇強」広告を刷り、外資系企業が相対的に弱い地域で展開した。

また、天然の原材料という低コストと農村部での販売力を武器に南風集団は次々と内陸部の洗剤工場を買収し、西安、安慶、貴州、内モンゴルに生産拠点を展開した。さらに、農村部での成功を踏まえて、南風集団は九七年に北京市、九九年上海市に三〇万のサンプルと景品を配布し、市販価格より三〇％安い酵素入り洗剤を売り出した。

「雕」は浙江省麗水地区にある国有企業「納愛斯」社のブランドである。納愛斯社の「雕」ブランドは洗濯石鹼のトップシェアを占めているが、一九九八年までは、納愛斯社は製品ラインを拡張して「納愛斯」ブランドの化粧石鹼や「雕」ブランドの洗濯用洗剤を売り出したが、あまり売上が伸ばせなかった。

九八年後半に納愛斯社は億元単位の投資で中国国内最大の洗剤生産設備（これまでは生産設備の最大能力が六万トンであったが、納愛斯社の新工場の年生産能力は一二万トン）を稼動させた。これに合わせて九九年初めに中央テレビ、各地方テレビ、衛星テレビやＣＡＴＶの全国テレビメディアに集中的に広告を投下した。納愛斯社は市場ターゲットを「都市部の一般市民層」に設定し、失業した家庭でのお母さんと娘のやり取りをイメージ広告のテーマにして高い知名度を獲得した。製品価格も「奇強」に合わせて低い水準に設定した。

二〇〇〇年末の統計によれば、「雕」ブランド洗剤の生産量と販売量は三〇万トンを超え、「奇強」ブランドを抑えて全国第一位となった。納愛斯社は新規投資した生産設備がフル稼動しているだけでなく、成都宝潔と徐州漢高の洗剤工場にOEM生産の注文を出している。納愛斯社の年間売上が二五億元を超え、税引前利益額も五億元を超えた。

九七年以降、ローカル企業の激しい攻勢が上海、広州、北京などの大都市部に及んだことに対抗して、九九年一一月に聯合利華は洗剤「奥妙」の価格を三・五元に引き下げ、一時上海市でのシェアを三七％まで高めた。聯合利華はまた宝潔がとくに強い華南地域にも販売促進の攻勢をかけた。P&G社も否応なく洗濯用洗剤市場の熾烈な価格競争に巻き込まれ、市場シェアが急速に低下して工場の稼動率が低下した。二〇〇〇年三月に宝潔は三・五元の簡易包装「汰漬」を売り出して、広州市にある浪奇宝潔と広州宝潔の洗剤工場を閉鎖し、北京工場と成都工場に生産を集約して生産コストの削減を図った。

(7)「ROAD SHOW計画」と農村部末端販売網の開拓

広州宝潔に関しては、次々と増資していくなかでローカル・パートナーの出資比率が下がり、一〇〇％の外資企業になった。一〇〇名あまりの管理者が米国本社や海外の現地法人から中国に派遣されている。表5―14に示されているが、「海飛絲」の知名度が大都市よりも中小都市と農村部で高いことは中国市場における宝潔ブランドの強さを示している。このことは宝潔が農村部を含めた全国市場展開戦略と密接に関連している。

すでに述べたように宝潔は九六年から本格的に全国市場の制覇戦略を展開した。宝潔は二二八の人口二〇万人都市に営業チーム「勝利之隊」を組織し、市内販売店の開拓と店頭販促に努めている。一方、農村部市場において宝潔はP&G本社の「ROAD SHOW」計画というマーケティング・プログラムを一九九〇年から導入している。

「ROAD SHOW」計画とは、七名がひとチームになって専用の小型トラックにP&Gブランドの製品を積み、小売店舗の少ない農村部での販売促進活動を展開するマーケティング・プログラムである。二名のチーム・リーダーは製品説明や使用方法のデモに関する訓練を受けて五名のパート販売員を連れて巡回販売を行うが、定価の四割引きで一人サンプル一個という限定販売である。また、夜には無料の映画会を上演して試用サンプルの販売を行う。その目的としてひとつはP&Gブランドの知名度と試用率を高めること、もうひとつはP&G製品の体験を通して消費者の商品知識を高めるためである。

このプログラムは米国、エジプトやインドなどの国で実施されてきたが、インドでとくに大成功を収めている。一九九〇年から広州宝潔はまず広東省や海南省で実験的に行った。一九九六年に杭州から開始して、その後三年間で江蘇、浙江、安徽、湖北、山東、河南、福建、四川、黒龍江など数万の郷鎮で実施した。

農村部では、人口の居住は分散し、消費水準と生活環境の格差が大きい。また、口コミや店頭推奨の効果が大きく、オピニオン・リーダーの影響力が大きい。さらに、卸売市場が発達しておらず、ニセモノが氾濫している。九九年に宝潔の市場部は郷鎮末端販売網を強化するためのテストとして湖北省の荊門市を選んだ。

宝潔の市場部は、まず荊門市に出張所を開設し、武漢市のP&G代理店から商品を仕入れて両者が協力して新しい末端販売網の強化計画を実施した。

つぎに、二〇あまりの郷鎮ごとにその地域出身の営業マンを雇用し、郷鎮の小売店舗の商品補充、商品棚の維持、店頭販促などの業務を担当させた。営業マンは、業務開始前に製品知識、販売ノウハウ、ブランドイメージについての訓練を受けたうえで、毎週少なくとも一回担当地域のすべての小売店を巡回し、店主の個人情報、販売状況、意見や不満、そして支払状況を把握して市場部に報告する。市場部の情報センターは、営業マンが収集した情報をもとに末端店舗のデータベースを整備した。

さらに、市場部は価格競争を回避してニセモノを市場から排除するために、「店主聯誼会」を組織する。小売店主は宝潔が指定した代理店から商品を仕入れ、「店主聯誼会会員契約」にサインして登録すれば、会員となる。登録された小売店には「宝潔公司店主聯誼会会員」という看板を掲げ、小売店頭での販促と無料のＰＯＰなどが受けられる。

営業マンは店頭で販売されている商品が正規ルートで仕入れたものかどうか、常にニセモノには目を光らせる。もし会員店舗のなかでニセモノを発見した場合、市場部の情報センターに報告して市場部は契約に基づき警告、罰金または会員資格の取消しなどの措置を行う。「宝潔公司店主聯誼会会員」の看板が正規の宝潔製品を置いてあるというメッセージとなって消費者の店舗選択に影響し、ニセモノを仕入れる小売店がほとんどなくなった。

営業マンは毎日営業日記をつけ、巡回した店舗の状況を記録し、毎日一回、市場部の情報センターに電話で報告する。仕入伝票は一式四枚になっており、小売店主、営業マン、財務部門と営業部門の情報共有のベースになっている。また、二台のいすゞ小型トラックを改造して専用の配送車が仕入伝票をもとに営業マンのところまで商品を配送し、営業マンは専用の自転車で小売店頭まで商品を配達する。

約三カ月のテストを通して宝潔の市場部は農村部での末端販売網を構築するためのさまざまな情報を集めた。これをもとに二〇〇〇年には大都市部でのテレビ広告出稿額を減らして農村部での販売促進費を大幅に増やした。都市部では、宝潔の末端代理店と直販店の数が多く、主要な代理店の経営を圧迫し始めた。二〇〇一年三月に宝潔の新しく赴任したマーケティング担当副部長は都市部流通チャネルに関する新しい方針を打ち出し、約一年の時間をかけて末端代理店と販売店の集約と整理を行った。とくに武漢など中南地域や広東、福建など華南地域では、大型小売店の店頭販促に力を入れている。

また、二〇〇一年八月に北京の華普スーパーに「美髪店中店」一号店を開設して、ブランド別に洗髪、護髪と染髪の商品を陳列し、高級美容化粧品とともにP&G髪用品ブランドの価値を高める戦略を打ち出した。

(8) 中国発ブランドの開発と広告活動

すでに述べたように、宝潔は九七年にP&Gのグローバル・ブランドである「帮宝適（Pampers）」、「品客（Pringles）」と「沙宣（VS）」を中国市場に同時に導入した。同じ時期に中国発のブランドを開発するプロジェクトも進めていた。このプロジェクトの成果は、二〇〇〇年に世界に先駆けて中国市場で発売した「潤妍」ブランドである。

新しい「潤妍」ブランドの製品コンセプトは、現代アジア女性の黒髪を表現する「しっとりした美しさ」である。また、社内で最初に市場ターゲットを「伝統と現代を融合し成熟した黒髪の女性」と設定した。具体的な製品コンセプトを確定する前に、ターゲットとした消費者三〇〇人に製品コンセプトのテストを行った。三回繰返しテストした結果、「しっとりして生命力のある黒髪の美しさ」を保つための製品コンセプトが確定された。

新ブランド開発に当たってまず問題になったのは、「飄柔」ブランドなどシャンプーとリンスが一体化した商品が広く定着している中国市場で果たしてコンディショナーが受け入れてもらえるかという疑問である。現地の開発担当者は、コンディショナーが先進国では八〇％の消費者に普及していて、とくに日本では八五％の普及率

図6—8　中国発ブランド「潤妍」の広告イメージ

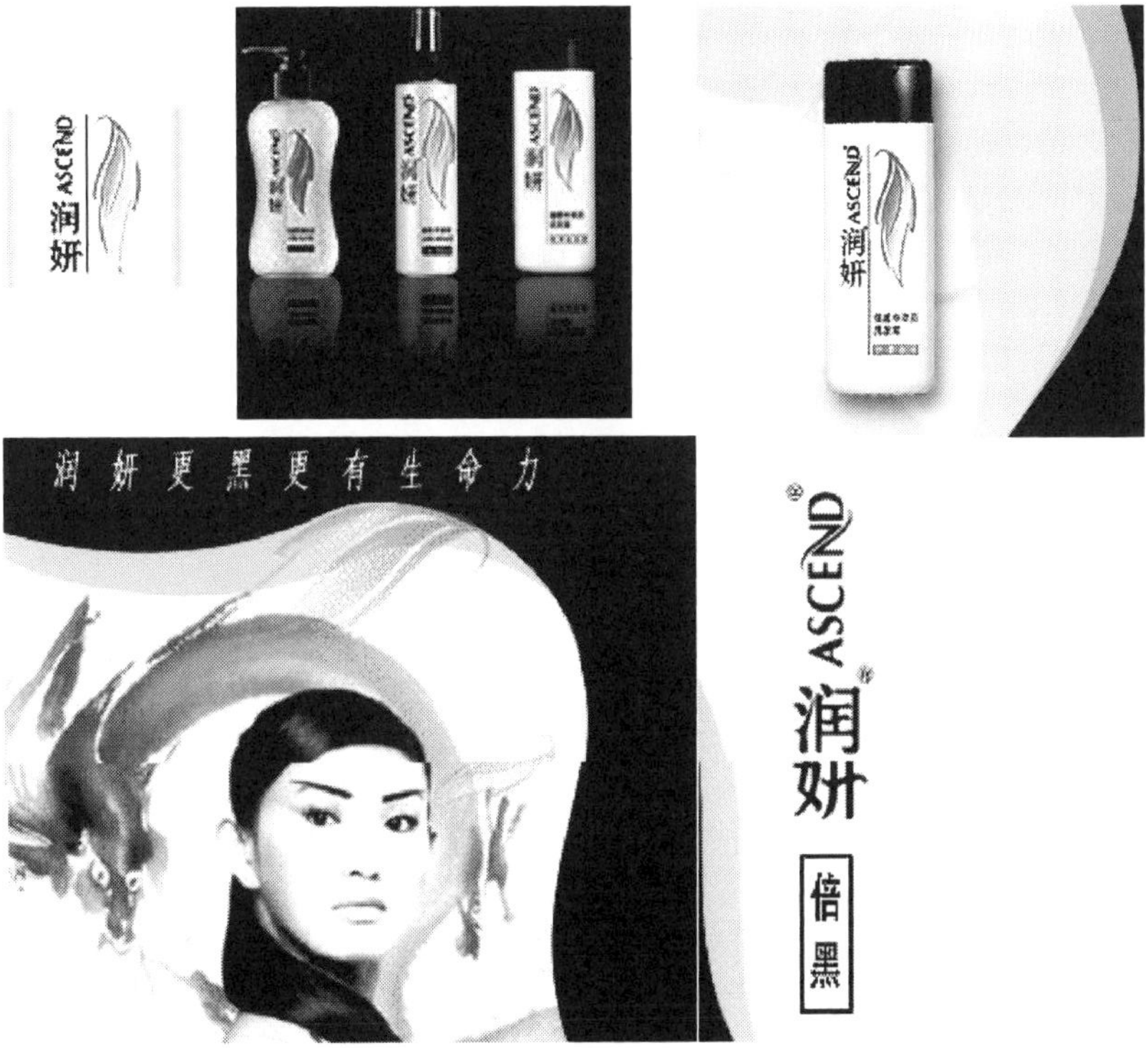

がある。これに対して中国での普及率がわずか六%であることから中国には巨大な潜在市場があると主張した。

P&Gジャパンの技術センターでは、この製品コンセプトに基づいて洗い流すタイプと髪に付けるタイプの製品を開発した。最終的に確定した製品「潤妍（倍黒中草薬潤髪露）」のコンセプトでは、漢方薬「首烏」の成分を加えたアジア女性の髪質と髪色に合うために設計されたという特徴を強調している。

つぎに、新製品を自社と競争相手のブランドと一緒に標準的な小売店頭の陳列棚に並べて、購買局面のテストを行い、商品デザインを確定した。これと並行して、広告会社に六分間のテレビ広告を製作して、ターゲットした消費者にもっとも好まれる三組の画面を選んでもらい、図6—8のような「もっと黒くもっと生命力」という広告イメージを確定した。また、中国古来の黒髪保護に使われてきた薬草「首烏」の成分を加えたこと、宝潔がアジアの女性専用に設計されたこと、世界初の薬草成分入りのコンディショナーであることをこのブランドの最終的な広告訴求ポイントにした。

さらに、二〇〇〇年八月に所得水準が高く、新製品の購買意欲が高い浙江省の杭州市を選び、中国書道のコンテストを開催し、中国美術学院と協賛して墨絵の展覧会を共同開催することなどを通して、「潤妍」のブランド・イメージと知名度を高める活動を展開した。

新しい「潤妍」ブランドを中国全土に導入してから約一年の間に、宝潔はすべての髪用品ブランドの製品ラインにコンディショナーを加えた。P&G本社は、グローバルに成長できる新しいブランドの開発を九八年に発表した長期計画のなかで明確にしているが、「潤妍」は新しいグローバル・ブランドの候補のひとつになっている。P&G社は三年間という時間をかけて開発したこの新しいブランドを杭州—浙江省—中国全土—東南アジア—全世界という順番で中国以外の市場への導入を進めている。

三　創造的適応——可口可楽（コカ・コーラ社）

一九二七年にコカ・コーラ社が上海に設立した最初のボトラーの販売量は一九四八年に一〇〇万箱を超え、中国はコカ・コーラ社にとって海外での最大の市場になった。戦後中国市場から完全に撤退したが、一九七八年にコカ・コーラ社は北京に最初のボトラーを設立し、八一年に操業して早くから中国市場に参入したが、一五年をかけて一九九〇年にこの工場がはじめて黒字に転換した。一九八八年にコカ・コーラ社は一・三億ドルを投じて「上海中美飲料食品有限公司」という合弁会社を設立した。九六年末までにコカ・コーラ社は中国全土に総額約

表6―5　中国の炭酸飲料市場（1995年）

	単　位	コカ・コーラ	ペプシ	合　計
外資ブランドの生産量	万トン	105.18	41.51	146.69
現地ブランドの生産量	万トン	6.50	8.03	14.53
合　計	万トン	111.68	49.54	161.22
発売額	億元			59.47
中国の炭酸飲料総生産量	万トン			554.40
現地ブランドのシェア	万トン	5.82	16.21	9.01
外資系の生産シェア	%	20.14	8.94	29.08
中国の炭酸飲料総販売額	億元			100.08
外資系の市場シェア	%			59.42

出所：王洛林編（1997）「中国外商投資報告」218ページ。

五億ドルを投資して一八のボトラーを設立した。これに対して、ペプシ・コーラも総額約一億ドルを投資して一二のボトラーを設立した。

中国軽工業総会の資料によれば、九五年両社の中国での生産量が一六一万トン、中国全土の炭酸飲料生産総量の二九％を占めているが、コカ・コーラのシェアは二〇％を超え、ペプシが約九％になっている。また、両社の販売総額が約六〇億元になっているが、中国炭酸飲料市場の約六〇％を占めている。

一九九三年にコカ・コーラ社は中国軽工業総会（旧軽工業部）と中国の飲料工業の発展に協力する覚書きを交わし、新しいボトラーを設立すると同時に、中国国内飲料メーカーの技術改造に協力し、現地ブランドの生産が総生産量の三〇％を占めるように努力するなどを確認した。しかしながら、国際ブランドと現地ブランドの平均価格は倍の開きがあり、合弁企業の多くは需要が大きく利益率の高い国際ブランドの生産にシフトし、表6―5に示されているように、九五年コカ・コーラの中国での現地ブランド生産シェアはわずか五・八％である。そこで、一九九六年にコカ・コーラ社は中国限定の新しい果汁飲料ブランド「天と地」を発売し、商標権を現地合作パートナーに無償で譲渡した。また、上海の現地ブランドである「雪菲力」を増産させるために投資を増やした。さらに、お茶、ミルクティー、蜂蜜飲料などの現地ブランドのシリーズを開発した。

一九二七年コカ・コーラが中国で発売された当時、正式の中国語のブランド名がなかったのである。発音すると「コカ・コーラ」に近くなるようにいくつかの漢字（「口啃蝌蜡」）を当てたが、「ろうの蛙をかじる」というような意味になってしまった。また、ある中国人は「口渇口辣」という中国語名を当てたが、「のどが渇いたら、口のなかが辛くなる」という意味のものであった。

当時、アジアでの生産販売を管轄するコカ・コーラ社のロンドン事務所が中国語ブランド名の公募を行い、ロンドンに留学している上海出身の中国人学者が応募した「可口可楽」という中国名が金賞を獲得した。このブランド名はコカ・コーラの発音にも近いだけでなく、「美味しくて楽しい」という中国語の意味もあり、中国市場でコカ・コーラがもっとも高い知名度を獲得することに大いに貢献した。

コカ・コーラのグローバル・マーケティングはブランド価値（スタイル）の一貫性を重視し、創造的適応と呼ぶべき動態的な標準化戦略を採用している。その典型は九七年の「風車」テレビ広告にみることができる。

広告代理店のＤＭＢ＆Ｂ社が中国のハルビンの近郊で現地の農民を中心に撮影し、制作したこのＣＦは九七年の旧正月（春節）に中国をはじめ、世界各国で放送された。雪原のうえに立ててあるコカ・コーラの空きビンに刺し、東風を受けて回転する赤い風車、そして、子供の笑顔、さらに風に揺れる赤穂の鞭をもち、馬車に乗って市に集まってくる楽しそうな人々。字幕もナレーションもなく、すべて視覚で中国旧正月の文化的な要素を表現し、そしてコカ・コーラの「おいしくてさわやか」、笑顔や共感などのブランド価値を巧みに伝えている。

このような広告活動は、コカ・コーラのグローバル・マーケティング戦略に統合された一環である。中国の現地拠点にはその基本原則が移転されている。まず、３Ａ（Availability, Affordability, Acceptability）と呼ばれる基準に従い、上海市ですべての小売店舗をカバーするように営業拠点を設置し、営業テリトリーを明確にしている。また、価格を二―三元に設定し、各種広告やPOPを設置し、そしてマスメディアに絶えず広告を流し、次々と新しい広告シリーズを導入することによってブランドの知名度を高め、維持している。

さらに、コカ・コーラのマーケティング活動の基本原則である3P（Pervasiveness, Price/Value, Preference）にしたがって、上海市内の各地区に流通配送拠点を建設し、上海市全体をカバーする配送ネットワークを構築して、顧客データベース管理によって補充配送を上海の飲料業界ではじめて導入した。「上海申美飲料食品有限公司」のなかに特別にチャネル部が設置され、運動場、飲食店、遊園地、映画館、学校、病院、企業、事業所や団地などに新しい販売拠点を開拓している。このような一貫した広告戦略、そして統合的な市場戦略によって、コカ・コーラは中国市場での高いシェアを獲得している。

四　戦略一貫性――ネスレ中国（雀巣）

本社がスイスにあるネスレは一九〇八年に上海に販売事務所を開設し、もっとも早くから中国市場に参入した多国籍企業の一つである。九八年の総売上額が約五二〇億ドルであったネスレは八一カ国に五二二の工場をもっているグローバル企業である。ネスレは三〇〇以上の製品を飲料、ミルク製品・栄養製品・アイスクリーム、調製食品・調味料、チョコレート・キャンディー、そして薬品の五つのグループに分類している。九八年の製品別構成比率が二八％、二七％、二六％、一四％、五％になっている。

中国政府が商業広告の再開を許可した七九年から、ネスレは「味道好極了（おいしさが最高）」というコピーで雀巣珈琲（ネスカフェ）の広告活動を開始した。八〇年代では、ネスレは一貫してこの広告テーマを堅持して中国市場でのブランド浸透を図った。コーヒーという西洋文化を豊かさの象徴として中国の若者に定着させるために、さまざまな販売促進キャンペーンを実施してきたが、長い期間にわたって同じ広告テーマを打ち出しつづけた。伝統的な中国茶文化に変わって、インスタント・コーヒーを贅沢な飲み物としてのイメージを作り出そうとした。

一八六七年に創業されたネスレは創業者（H. Nestle）の名前に由来する。ネスレはドイツ語では「小さい鳥の巣」を意味しているが、ネスレは現在そのすべての製品にこの企業ブランドを使用し、「安全、暖かさ、母の愛、自然、栄養」などの基本価値を表現している。

食品はもっとも文化の多様性と異質性を反映するものである。ネスカフェは一〇〇あまりの品種があり、各国の消費者の嗜好と好みに合わせて味を調整している。また、各国の食品に関する法規にも適合する必要がある。ネスレは組織において徹底した分権化を進め、現地でのマーケティング活動を現地の需要とニーズに適応するような組織構造になっている。

しかしながら、グローバル・ブランドの一貫性と競争的な差別優位を維持するために、販売促進と広告などのコミュニケーション活動においては、企業の基本価値を共通に表現する包装や商標を標準化することによって世界市場におけるブランド価値を最大化する仕組みを生み出している。

具体的には、本社が全社戦略としての基本方針を設定し、ネスレブランドを含めて八、〇〇〇品目を超える製品を一〇個の企業ブランドにまとめ、それぞれの下に四つまたは五つの戦略ブランドがあり、合計約四五の戦略ブランドをグローバルに管理している。さらに、スイス本社がコントロールする「リージョナル・ブランド」と現地法人が自由裁量権をもつ「ローカル・ブランド」というブランド戦略体系を形成している。その統合性と一貫性を維持させるための仕組みは企業ブランド、戦略ブランドとリージョナル・ブランドに関する詳細な全社規定を制定したことにある。また、広告活動とブランド管理の効率化と有効性を高めるために本社がグローバル対応力のある広告代理店を選定している。

このような統合的な全社戦略を分権化されたグローバル組織を有効に統制するためには、本社が制定した生産技術、生産工程、ブランド、品質管理および主要原材料に関する詳細な規定を三つの基本マニュアルにまとめて世界中の子会社に共有化している。

①ラベリング・スタンダード（Labelling Standards）…ラベルのデザインの各種要素、すなわちロゴ、フォントやカラーなどに関する明確な規定、そして各種要素相互の比例関係に関する説明、さらに各種製品の標準的なラベルの図例をまとめた基準集である。

②パッケージ・デザイン・マニュアル（Package Design Manual）…各子会社がマーケティング戦略策定の基礎資料として、包装の材料や形態などに関する各種標準的な方式を示したマニュアルである。

③ブランド戦略（Branding Strategy）…ネスレのマーケティング戦略の基本原則、戦略ブランドの主要特徴および戦略策定の企業文化背景、さらに戦略ブランドのアイデンティティ、コード、スタイル、コンセプト、期待されるイメージ、関連するグループ企業やブランドの開発などに関する詳細な説明をまとめたもっとも基本的なマニュアルである。

ネスレは四年間をかけて中国東方部の黒龍江省の双城市にミルク製品の現地工場「双城雀巣有限公司」を八七年三月に設立し、九〇年に稼動させた。九八年末にはネスレは中国全土に一五の工場を建設し、地域統括会社の「雀巣（中国）有限公司」は香港を含めて中国事業全体を統括している。現在、ネスレはミルク製品、インスタントコーヒー、調味料、チョコレート菓子やミネラルウォーターなど多様な品目を中国で生産し、九八年にネスレ中国の総売上額は四億ドルに達した。

九七年にネスレは、中国の若い世代のライフスタイルに対応して「好的開始（良いスタート）」というテーマのテレビ広告キャンペーンを開始した。八〇年代では、西洋文明と贅沢な生活というイメージから、友情、家族や暖かさなどのブランド価値を前面に押し出して、若者をターゲットにそのライフスタイルに適合した雀巣ブランドのイメージを作り出そうとしている。

五　グローバル・ライバルの対決――コダック（柯達）と富士写真フイルム

写真フィルム・印画紙市場はグローバルな寡占市場である。九六年の中国市場においても、コダックが三〇％、富士写真フイルムが四八％のシェアを占めていた。現地の有力企業である楽凱集団公司は約二〇％のシェアを辛うじて維持しているが、その利潤額は九五年に七七万元、九六年には一七万元まで低下した。

コダックも富士写真フイルムも大量の広告を投入した。ブランドに関しては、コダックの標準化戦略に対して、富士写真フイルムは現地市場に適応する戦略を採用している。たとえば、フィルムのパッケージに北京「天壇」の写真と中国語の説明文を印刷し、広告に中国人のモデルを採用している。また、「室内の撮影はコダック、室外の撮影は富士」という口コミが上海から中国全土に広がったように、富士は口コミによる宣伝効果を重視しているといわれている。これにたいして、コダックは、製品パッケージや広告のパターンのみでなく、「Take Pictures. Further TM」などの世界共通のプロモーションプログラムを中国市場にも導入している。

富士写真フイルムは、中国地域での販売代理店である「中港照相器材集団有限公司（香港）」を通じ、店舗の無料リフォーム、特別価格による専用現像設備の提供、リベート、現金取引や海外研修旅行などの販売促進手段によって、緑色の看板が目立つミニラボ系列店を次々と大都市に九三年から組織化した。これに追随して、コダックは九五年から黄色看板の系列店を中国の主要都市に展開し、九九年六月末でコダックが約三、五〇〇店、富士写真フイルムが約三、〇〇〇店を中国各地に展開している。

世界のフィルム市場が低迷しているなかで中国市場だけが二桁の成長を遂げている。コダックは九五年ごろから進めてきた楽凱集団との合弁交渉が不調に終わったため、中国政府の国有企業改革方針に沿って上海、天津、無錫や厦門などにある六つの国有写真感材工場の一括買収計画を打ちだした。九八年三月にコダック社は今後数年間で中国に一〇億ドルを投資し、国有企業三社をパートナーとして二つの合弁会社を設立し、合弁相手の生産施設など主要資産の譲渡を受け入れることを中国政府と合意した。コダックは両社に対する出資比率を八〇％と七〇％とし、二〇〇〇年までに中国で販売されるコダック製品をほとんど現地生産にするとしている。

富士写真フイルムが本格的に対中投資したのはやはり九五年である。富士写真フイルムは九五年一〇月に蘇州新区に一〇〇％出資の子会社を設立し、九六年六月からパイロット工場でAPSカメラやインスタントカメラの生産を開始し、九八年七月にデジタルカメラの製造を目的とした二番目の工場を完成した。富士写真フイルムは、中国での生産開始の目的を「市場の需要の増勢に対応できる供給態勢の実現」と「トータルコストダウンの実現」であるとし、現地生産のAPSカメラとデジタルカメラを、日本をはじめ世界に輸出する。

中国の国産フィルムの価格は九〜一一元であるのに対して、輸入フィルムの卸売価格は一二〜一四元である。カラー写真フィルムの国際卸売価格は約三ドルであるが、九四年の中国税関統計によれば、カラー写真フィルムの通関輸入価格は一・三ドルとなっている。また、中国側の九五年統計によれば、中国市場のカラー写真フィルムと印画紙の販売量は約一億巻と六、四〇〇〇万平方メートルであるのに対して、中国国産の写真フィルムと印画紙はそれぞれ二、五〇〇〇万巻と一、一〇〇〇万平方メートルである。差し引いて輸入製品の市場シェアは約七五%と八三%である。しかしながら、中国側の通関統計では、それぞれ一、二〇〇〇万巻と一、一〇〇〇万平方メートルとしか輸入されていない。つまり、中国市場で販売されている約六五%以上のカラーフィルムと印画紙は中国側の通関統計に載らない輸入製品であった。

カラー写真フィルムをめぐる競争の焦点が、広告によるブランドの浸透から、排他的なミニラボ系列店の構築へ、さらに写真感材やカメラの現地生産およびカラー写真フィルムと印画紙の輸出輸入の統合に変わってきている。

六　輸出先行戦略――日本の家電メーカーC社

九〇年代に入って中国はカラーテレビ、VTR／VCD、冷蔵庫、洗濯機、エアコン、そしてCDプレーヤーの生産基地として、また消費市場として本格化した。エアコンに関しては、三洋電機、シャープ、三菱電機、松下電器産業、東芝、日立製作所、ダイキン工業、富士通ゼネラルなどは中国での製造販売拠点を設立したが、C社は日本家電メーカーのエアコン分社であるが、七九年から中国にエアコンを輸出し、九三年に製造販売の現地法人を設立した。

従来では、C社は香港を経由して東南アジアの生産拠点から製品を中国に輸出していたが、九四年から輸出を徐々に中国現地での生産に切り替えた。九八年には中国市場の五二〇万台という総需要のうち、香港経由の輸出品は約三五万台になり、中国市場での販売はほとんど現地生産される製品となった。また、輸出品が密輸入の取締り強化などの影響で極端に減り、中国現地法人の生産が回復した。

商品企画に関しては、C社の海外営業部門は香港経由の輸出と現地生産をすべて担当し、日本本社で現地で行う広告と販促のプログラムが決められる。たとえば、中国市場に合わせて開発した新製品の現地調達、品質管理、コスト削減目標と製品設計がすべてC社の本社海外営業部が担当し、また、エアコンの送風回路、冷凍技術やノイズなどの基本機能の設計は日本に集中している。

営業部門とは別に、広告・販売促進を専門に担当するスタッフ部門があり、広告の企画、カタログや展示POPの作成、現地販売会社と代理店の広告・販売促進の支援、営業マニュアルや営業マンの訓練教育、現地消費者・流通業者向けの展示会企画および現地会社からの工場見学などの受け入れを管理している。これらの業務はほとんど外部委託をしている。

たとえば、中国での広告活動の管理に関しては、広告代理店を基本的に日本国内で入札によって選び、業務を委託している。テレビCMに関しては、全国ネットの広告料金が高いことから、各地のローカルキー局に一カ月か二カ月単位で出稿し、日系広告代理店を通して実施されている。中国では、九六年ごろまでダブル・トリプルブッキングは日常茶飯事であったので、実際に枠通りに放送されたかどうかを常にモニターする必要がある。テレビ局に出稿証明を出させ、調査モニター会社を利用してモニターする必要がある。

日本で中国向けのCFを製作すると、約二、〇〇〇万円かかるが、現地製作はおよそ三〇〇万円である。九七年以降、広告の製作も現地化する方向に進んでいる。テレビ広告CFは五、一五、三〇、六〇秒などの種類が制作され、メディアミックス戦略としては、テレビCMでブランドの知名度を高め、全国紙よりローカル紙を中心に新製品の機能を詳細に知らせるようにしている。九九年にはエアコンの対中輸出業務が極端に減ったため、海外営業部の機能を大幅に縮小した。

さらに、本社の国際部門に中国本部があり、各事業部共通のブランド管理と企業広告を実施している。また、現地での活動規模がまだ小さい事業部の広告・販売促進を支援し、全社のマーケティング・ノウハウの共有を行っている。

現地での広告活動は現地法人の営業本部はテレビと新聞のマスメディア広告、POPなどの制作を全国的に統一管理している。日本国内で行った系列店育成策のような長期戦略に基づいた総合的な販売促進を実施している。さらに、それまで主流だった輸入品としての高級イメージを訴求する企業広告をやめ、「品番訴求」の商品広告に切り替えたことで大きな販売に結びついた。広告と店頭で確実に商品が入手できる連動を実現できる仕組みが重要であることがわかった。

全社的には中国の主要都市に自社製品の補修サービスなどを行うサービスステーションを設置し、アフターサービスの体制を強化してきた。C社の現地法人は華南、華東とその他の地域に分けて営業拠点を設置し、二〇数社の地域代理店を管理している。さらに、中国全土に約一、三〇〇店の契約小売店があり、営業マンによる小売店頭での推薦が重要になっている。たとえば、地域代理店の営業マンがいかに小売店に取扱商品のセールスポイントを伝えるかについて教育を実施している。また、中国の百貨店などはコミッション商売の考え方が強く、卸売活動もしているため、販売代理店の契約では、販売テリトリー、小売価格、決済方法およびリベートなどの取引条件を規定している。バーコードによって地域代理店を管理し、販売テリトリーなどの契約を違反した場合の罰則もある。地域代理店の売上はC社現地法人の売上全体の七〇%を占めている。

小　括　新興市場でのネットワーク発展

既存研究では、マーケティングの標準化による利益を強調している。この章でとりあげた中国市場における日米欧企業の事例でも、標準化戦略の有効性を示している。しかしながら、新興市場での市場戦略展開とマーケティング活動はさまざまな障害要因によって影響され、本国親会社中心の標準化戦略はきわめて困難であることも示している。

本研究が提起したのは、マーケティング標準化という視角では新興市場でのマーケティングの課題を捉えきれないという問題である。新興市場での戦略展開の有効性を高めるために、広告、価格、チャネルなどの個別戦略をグローバル・ネットワークの市場戦略全体に統合させる必要がある。また、現地市場でのマーケティング・ミックスを調和させる前に、企業のグローバル・ネットワークを発展させなければならない。

一　戦略展開のスピードと柔軟さ

中国のような新興市場では、市場環境の変化が激しい。また、グローバル・ライバルや現地競争相手の絶えずの新規参入によって、変化のスピードも加速する。広告産業や携帯電話のように従来未発達の市場分野や新規市場では急速に発展するが、その主要な推進力は外資系企業になっている。このような市場分野では、外資系企業はその優位性を活かして高い市場シェアを手にすることができる。しかしながら、その競争優位性は絶えずほかの海外企業と現地企業からのチャレンジを受け、今まで築いてきた市場地位がけっして安定するものではない。

モトローラは早期参入の優位によってポケットベル市場での圧倒的なシェアを獲得したが、携帯電話の技術革新が早く、現地市場志向をもつ外資系企業の市場戦略もグローバル競争のなかで構想しなければならないことを示唆している。一方、P&Gの中国市場での成功は、新興市場において外資系企業は自社のもっているマーケティング資源を移転し、フルに活用することによって全く斬新な戦略展開ができ、高いブランド・イメージを築き、よい市場成果をあげることができると示唆している。

輸出拠点志向の企業の場合、多くの製品分野で中国市場が世界市場と連動して変化し、そのスピードも非常に早い。グローバル競争のなかで早期参入した外資系企業は中国市場での競争優位を維持することは容易ではない。コダックと富士写真フイルムの比較を通して、競争フォーカスの移動によって市場戦略の展開は単に広告・販売促進活動に止まらず、流通チャネル戦略、投資戦略、そして調達戦略とも連動しなければならないことが明らかになった。コダックは、富士写真フイルムの流通チャネル戦略に追随する一方で、中国の現地フィルムメーカーの一括買収計画を打ち出し、競争相手への参入障壁を築く全社戦略を展開している。このように現地企業との関係やマーケティング活動をグローバルな市場戦略のもとですばやく調整する必要がある。

二　創造的適応と戦略一貫性

新興市場における有効なマーケティング戦略に関する議論を深めるために、企業の戦略志向によってネットワーク発展のプロセスで生じうる問題を明確にすべきである。企業の新興市場での資源展開と競争力は既存のグローバル・ネットワークによって規定され、また、新興市場における資源展開はグローバル・ネットワーク全体に変化をもたらす。ネットワーク発展のこのような動態的な側面を理解しなければならない。

輸出拠点志向にせよ、現地市場志向にせよ、創造的適応、すなわち資源展開の基本原則とノウハウを現地市場に移転するだけでなく、ブランドや生産システムなどの企業の中核資源と基本価値を巧みに現地文化の共通要素に同化させ、さらに創出された新しい資源をグローバル・ネットワークに共有させるという展開プロセスにおいて実現している。松下電器の戦略転換、モトローラやP&Gの段階的なネットワーク発展のプロセスにおいては、現地市場における顧客の需要と現地政府の要請に答えて、現地での競争相手に対抗して現地市場に適した製品の開発に力を入れ、独自の流通チャネルの形成と営業システムやノウハウの現地移転によって高い市場シェアを獲得したのである。

ネスレの場合、企業ブランドに関する全社的な統合戦略のもとで徹底的な分権組織によって、明文化されたブランド管理原則のもとでグローバルブランドとしての価値、そして戦略の一貫性を維持している。ネスレの戦略展開は八一カ国、五二二の子会社、そして八、〇〇〇品目の製品の多様性と異質性を包括している。P&Gのカテゴリー・マネジメントのシステムとノウハウは現地での活動においてその企業価値のもとで統合され、展開されている。

これに対して、日本企業の場合、本社機能、研究開発機能、製造機能、マーケティング機能などは企業のブランドや商品に分かれているだけでなく、組織構造も輸出、現地生産、地域事業部に分かれている。さらに、系列や企業グループに分散している。

日本本社で策定された戦略は現地の状況に適応できず、現地への権限委譲が進まない場合、失敗が生じる事例からもわかるように、全社市場戦略への統合と戦略の一貫性を維持する仕組みがないと、新興市場での競争優位性を維持することができない。

その理由のひとつはブランド戦略よりも、輸出や流通チャネルを重視する日本企業の戦略志向にある。本社の営業部門は現地での販売促進活動、広告活動、流通チャネルの戦略策定、管理および支援を同時に責任をもち、また他の海外拠点から中国への輸出も管轄していることから、ブランド力よりも販売力を重視していることが大きな理由のひとつである。

三　中国におけるネットワーク発展の特徴

コカ・コーラ、モトローラ、P&G社の戦略展開に共通した特徴がみられる。まず、中国市場に対する長期的で明確なコミットメントを表明して企業ブランドを確立していることが重要である。つぎに、現地生産の開始に合わせてテレビ広告を大量に投入して製品ブランドを確立し、ブランド体系を構築していることが重要である。さらに、複数の流通チャネルやローカル企業と提携して市場開拓の能力を強化させることも重要である。代金回収、ニセモノの排除、顧客との接点の維持などのためには、営業活動を重視している。

P&G社のようにブランド管理などの独自のマーケティング資源やノウハウを積極的に現地に移転し、現地人材を活用して標準化戦略の実行プロセスにおいて現地市場への適応化を実現させている。このような企業は中国でも強い競争力を維持している。これに対して、現地企業の戦略展開が低コスト戦略を基本にして低価格の大衆市場を主要なターゲットにしている。しかしながら、海外へのOEM生産だけでなく、外資系企業との提携を通して海外企業の経営資源を活用するような現地企業の戦略展開も増えている。

消費者に直結する消費財分野では、たとえば、中国現地市場のシェア獲得と拡大を目標としている外資系企業も現地企業の競争力向上に直面している。最終消費市場において、現地企業がすでに高い競争力を形成している。

この章での事例分析からわかるように、既存の系列や企業グループをベースに中国に製造機能や労働集約的な生産工程を中国に移転した場合、市場開拓、ブランド戦略、マーケティング活動にたいして積極的ではない日本企業が多く、戦略展開の柔軟性が相対的に欠けている。

巨大な国内市場、急速に形成される地域の産業集積、商品開発のスピード、圧倒的なコスト競争力、国内販売網とサービス力を競争力の基盤として、現地企業は外資系企業が占めていた収益性の高い分野に参入することができる。ネットワークの発展という視点からみれば、今後日米欧企業と中国現地企業との戦略提携がいっそう活発になる。

四　グローバル生産拠点への転換

松下電器産業、モトローラやP&Gなどのネットワーク発展の現状からみて、外資系企業が中国にグローバルな事業機能を集結させる傾向があることがわかる。多くの外資系企業にとって中国市場での戦略調整が迫られている。中国の安価な労働力を求めて労働集約的な生産工程を中国に移し、完成品を日本や海外へ輸出するといった単純な「コスト競争対応型」の輸出拠点の競争力は急速に低下している。

一九八五年のプラザ合意によってはじまった急激な円高で日本企業の多くは輸出中心から海外生産へと戦略の重点を変更した。また、ほぼ同時期に打ち出された中国政府の沿海部都市の開放政策は日本企業を含めて外資系企業の中国進出の環境条件を整えた。安価な労働力の確保を目的に輸出中心の組立生産拠点という中国現地法人の位置づけは多くの日本企業にとって九五年まで続いた。第四章での分析とこの章での事例分析によって九五年ごろから日本企業が中国市場戦略を大きく調整している実態を明らかにした。九五年以降の戦略調整は、グローバル競争という世界市場の変化に対応したものであり、グローバル・ネットワークにおける原材料部品の調達から研究開発、生産、販売までの事業システム全体の動きである。企業のグローバル・ネットワークのなかにおいて中国現地法人と中国ビジネスの位置づけを鮮明にしている企業ほど、資源展開とネットワーク発展の方向性が明確になっている。

マブチモーターのケースのように、グローバルな生産販売ネットワークのなかに中国現地法人を輸出拠点として組み入れ、柔軟性を維持しながら展開する集中特化戦略はとくに中堅中小企業にとって今後も有効である。特定の製品分野に事業を集中させ、本社と海外拠点の機能を特化させることによってそれぞれの拠点の最適立地を柔軟に選択することができる。このような事業システムは、安価な労働力を追い求めて「渡り鳥」と揶揄される海外拠点の安易な移転と本質的に異なり、長期にわたって競争優位を維持しうる。

これまで中国に進出した日系企業の多くが繊維と電気電子関連の業種である。素材から紡績、織布、染色、縫製および附属品まで一貫生産可能な繊維産業の企業集積はすでに中国国内に形成されている。日本国内の既存顧客と既存のネットワークに過度に依存し、人件費などのコスト削減で付加価値を向上させる方法しか持たないような輸出生産拠点は、本国市場と現地市場の急激な変化に持続的に適応することができない。

独自のブランドや現地販売の仕組みを開発することは、すでに進出した日系企業にとってますます重要な課題になっている。このような課題を個々の企業ではなく、商社、メーカー、外資系小売企業および現地企業が形成される企業のネットワークのなかで取り組んでいく必要がある。企業グループや系列をベースにした場合、それぞれの企業が得意とする部分をうまく組み合わせ、調達、人事、総務、物流、販売そして資金回収など業務活動を緩やかな企業ネットワークのなかで分担し、蓄積されている情報や利用されていない余剰能力と資源を活用することによって競争力を高めることができる。

現在、中国国内市場の開拓と浸透は多くの日系企業にとって課題になっている。しかしながら、大企業を含めて事業別または製品別に個別的に展開されている。モトローラやP&Gのケースのように、統一した企業イメージ、統一したブランド戦略、共通した事業システムなどはその企業の競争力の源泉になっている。今後、現地市場の情報と変化をいかに早く企業ネットワークの研究開発拠点と生産拠点との間でリアルタイムに共有し、業務活動のスピードと柔軟性の高い事業システムに中国の現地法人を統合していくかは、日本企業にとって共通の課題になっている。

【注】

(1) この章での事例研究はつぎのような調査方法で資料を収集し、分析した。

マブチモーター、A社、B社、上海華旭微電子、松下電器産業、家電メーカーC社に関しては、本社レベルの中国担当者に対するヒアリング、現地法人を訪れ、日中双方の管理者に対してヒアリングを行い、現地調査によって第一次資料を収集した。そのなかに一九九二年以降複数回にわたって現地法人を訪れ、継続的に観察したケースもある。

モトローラ、P&G、コカ・コーラ、ネスレ、コダックと富士写真フイルムに関しては、現地法人の中国人の管理職に関するヒアリングを実施している。このなかでアンケート調査に協力した企業に対しては、回答者に対して社内資料の提供を求めた。

また、各事例に関する二次資料は各社のホームページやインターネットを通して収集した情報、新聞記事、専門雑誌や中国語の書籍などから得ている。とくにインターネットを通して収集した情報のなかで、それぞれの事例企業に勤めた経験があると思われる情報を注意深く分析した。

（2）このような戦略転換の成功例として、ほかにはDVDプレーヤーとエアコン用コンプレッサーがある。

（3）たとえば、米国のインテル社、ADM社、また韓国の三星も同様に一〇〇％出資の半導体組立工場を設立している。シーメンズも二〇〇〇年までに計一五億ドルを投資し、中国市場での年間売上を七〇億ドルに拡大させる計画を表明している。韓国の三星に至っては、四五億ドルの投資計画を中国政府に表明していた。

（4）二〇〇二年七月一一日付新聞「人民郵電」による。

第七章　中国現地法人の経営業績

一九九二年以降、世界の直接投資が中国に向かい、グローバル競争と世界市場が大きく変化している。日米欧企業にとって中国市場の戦略的な重要性は非常に高まったといえる。もはや中国市場戦略なしには、グローバル事業戦略を語ることができない段階にきている。このことは、とくに日本企業にあてはまる。そこで、日米欧企業の中国市場に関する評価と中国現地法人の経営業績を明らかにすることは重要な意味がある。

第一節　中国市場に関する評価

ここまでの分析結果では、日本企業と欧米企業との間に、中国市場への参入動機、戦略志向、資源展開とネットワーク発展の各側面において大きな違いがあることを明らかにしている。しかしながら、興味深い問題は、なぜ日本企業と欧米企業と間にこのような相違が生じているのかという点である。この問いを答えるには、日米欧企業の世界戦略の相違をみる必要がある。つまり、世界各国の潜在市場に関する相対評価や認識に違いがあるから、日本企業と欧米企業が中国市場に関して異なった評価を行い、異なった市場目標を現地法人に課しているのである。

表7—1　日米企業の中国市場の相対評価（魅力度の順位評価）

国別比較	直接投資先として 米国	直接投資先として 日本	現地生産国として 米国	現地生産国として 日本
中　国	1.63	1.35	1.83	1.32
メキシコ	2.06		2.08	
インド	2.97	3.70	2.62	3.77
インドネシア	3.32	2.93	3.37	2.96
フィリピン		3.99		3.99
ベトナム	4.57	2.71	4.41	2.74
地域ブロック比較				
中　国	2.31	1.50	2.20	1.44
E　U	2.39	3.56	2.42	3.62
東南アジア	2.44	2.02	2.46	1.96
中南米	2.79		2.70	
北　米		2.82		2.88

一　直接投資先としての魅力度

日米欧企業の中国市場に関する相対評価を明らかにするために、調査表のなかで国別と地域ブロック別に直接投資先および現地生産国としての魅力度の順位づけを質問した。日本、米国とEUの地政的な違いを考慮して、国と地域ブロックの選択肢を三つの調査表で調整しているため、完全には一致しない。

日本企業に対しては、ASEANと北米市場の重要性を考慮してフィリピンと北米を選択肢に入れている。米国企業に対しては、隣接メキシコと中南米市場の重要性を考慮して選択肢に入れた。欧州企業に対しては、ロシアと東欧を入れた。

表7—1には日米企業に関する分析の結果をまとめて示している。日米企業に共通しているのは、直接投資先としても現地生産国としても他の国に比べて中国の魅力度を非常に高い評価をしている。七六％の日本企業が中国市場の魅力度をもっとも高く評価していることから、中国市場の評価（一・三五／一・三二）が二位のベトナムの評価（二・七一／二・七

表７—２　直接投資先としての中国の魅力度

順　位		日　系	米国系	欧州系	全　体
1位	度数	168	23	24	215
	%	76.0%	59.0%	42.1%	67.8%
2位	度数	37	11	10	58
	%	16.7%	28.2%	17.5%	18.3%
3位以下	度数	16	5	23	44
	%	7.3%	12.8%	40.4%	13.9%
合　計	度数	221	39	57	317

六）を大きく離している。これに対して、米国企業は、直接投資先としても現地生産国としてもメキシコの魅力度を高く評価している。米国企業の中国とメキシコに関する相対評価はそれほど大きな差が開いていない。ちなみに日本企業は相対的にベトナムを評価しているのに対して、米国企業はインドに魅力を感じている。

地域ブロックに関しては、日本企業が中国、東南アジア、北米とＥＵとその順位づけをはっきりしているのに対して、米国企業の間には中国、ＥＵと東南アジアに関する明確な順位付けは必ずしも存在しない。いいかえれば、日本企業の直接投資と海外生産拠点の展開は、特定の地域に特定の時期に集中する傾向がみられる。これに対して、米国企業の海外直接投資は世界のおもな市場に全面的に展開している傾向がある。

表７—２は、直接投資先としての中国の魅力度に関する日米欧企業の評価を示している。もっとも中国を高く評価している企業の比率は日本企業が七六％、米国企業が五九％、欧州企業が四二％である。中国を三位以下に評価している企業の比率をみると、欧州企業が四〇・四％になっている。つまり、日米企業の約九割が中国の直接投資先としての魅力を高く評価しているが、欧州企業は中国の評価に関しては割れている。

表７－３　日米欧企業の中国市場の投資収益率に関する評価

順　位		日　系	米国系	欧州系	全　体
1位	度数	47	9	5	61
	%	35.3%	30.0%	15.2%	31.1%
2位	度数	47	3	1	51
	%	35.3%	10.0%	3.0%	26.0%
3位以下	度数	39	18	27	84
	%	29.3%	60.0%	81.8%	42.9%
合　計	度数	133	30	33	196

二　投資収益率に関する評価

つぎに、中国市場の投資収益率に関する日米欧企業の評価についてみると、日本企業の三五・三％がもっとも高く評価している。しかしながら、中国市場の投資収益率を三位以下に評価している日本企業も二九・三％にのぼっている。米国企業の六〇％、欧州企業の八一・八％が中国市場の投資収益率が相対的に低いとしている。

日本輸出入銀行が実施した製造業への調査によると、日本の製造企業にとって中国は世界のなかで有望な投資先として中期的にも長期的にも断然トップになっている。しかしながら、ＮＩＥＳ、ＡＳＥＡＮとその他アジアの国々に比べて、収益性や売上高など財務的な業績だけでなく、輸出貢献、技術移転や現地化など非財務的な経営業績に関しても、中国に関する評価が低いという結果になっている。

日本企業にとっては、東南アジア—中国—北米—ＥＵという順で投資収益率が低くなるという調査結果がある。過去、日本企業は最大の投資先である米国市場で高いビジネス・リスクと低い投資収益率（ＲＯＩ）を経験した一方で、東南アジア市場での投資収益性が世界でもっとも高いことも経験している。東南アジアの国々に比べて中国の投資収益性が低いことの理由はさまざまなもの

図7—1　日本製造企業の対中投資に関する評価の推移

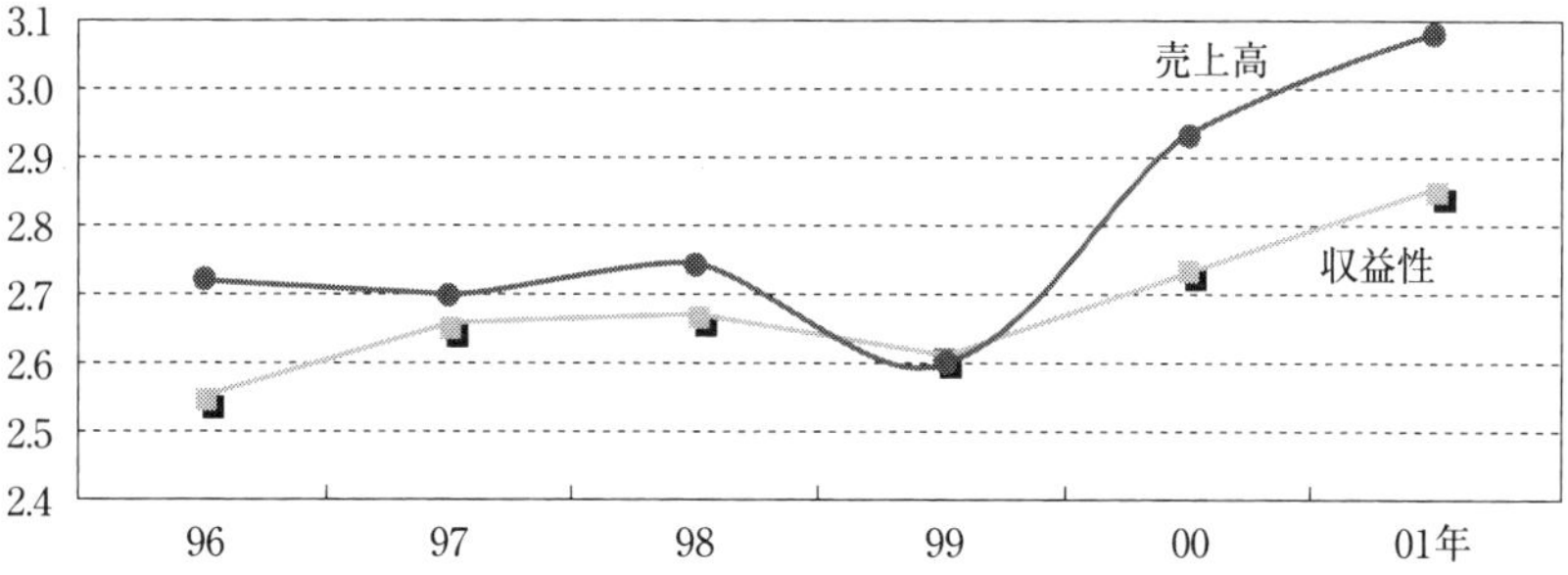

（進出当初の売上・収益目標に対して，1＝不十分，…，5＝満足），国際協力銀行調査

図7—2　日本製造企業の対中投資の業績に関する評価の相対変化

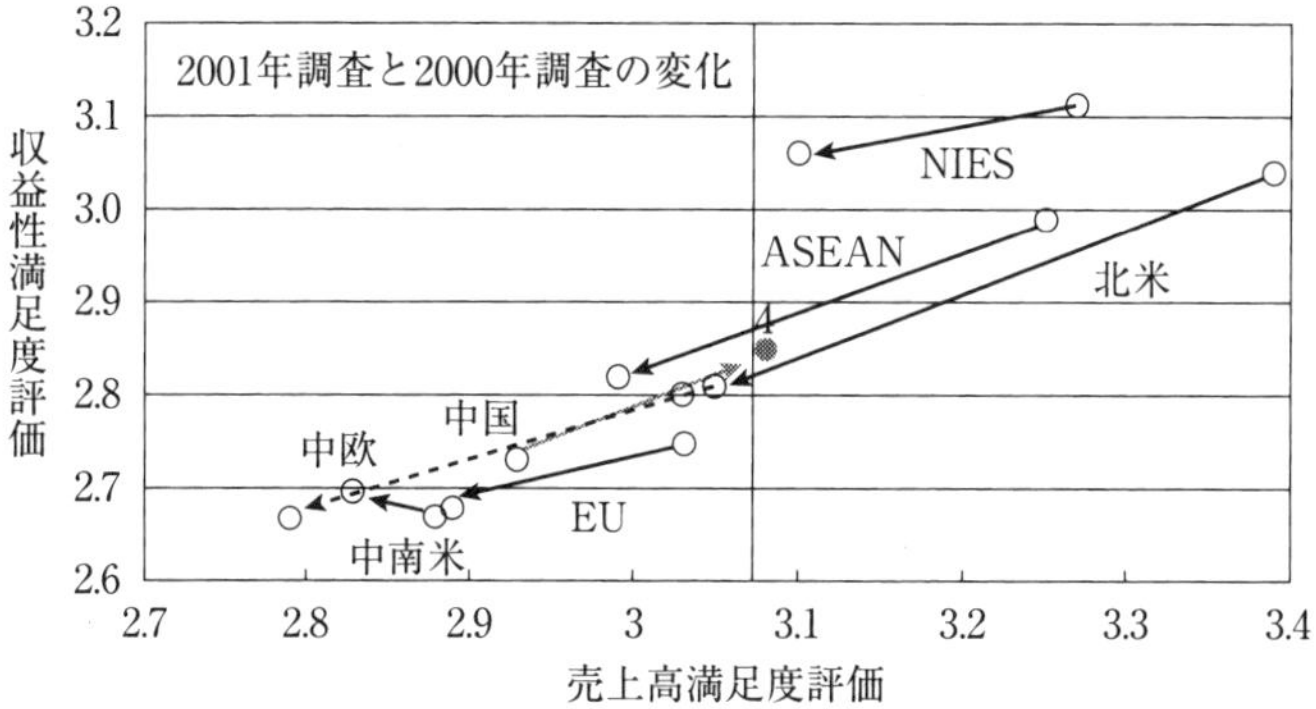

が考えられる。そのなかに中国の特有の制度と商慣習の問題がある。しかしながら、日本企業の競争優位性が中国市場で発揮できないところにも問題がある。さらに、東南アジアの国々と大きく異なる点は、中国では日本企業は欧米企業からの競争、そして香港・台湾の企業からの競争に直面している。

近年では、日本企業の海外直接投資の地域別収益性に変化が生じつつある。海外投資研究所の調査結果によれば、中国市場の投資収益率が相対的に改善されている。

図7—1は九六年以降の対中投資の売上と収益性に関する満足度の推移を示している。表4—4で説明したように、一九九九年に調査質問表

が変更されたのでそれ以前の調査結果とは直接比較できないが、九九年以降では、中国市場における売上目標と収益率目標に対する日本企業の満足度が改善されてきている。また、図7－2は二〇〇〇年と二〇〇一年との対中投資の業績に関する評価の相対変化を示しているが、ＮＩＥＳ地域を除いて世界の各地域に比べて中国市場に対する評価が相対的に高くなってきている。

第二節　中国現地法人の業績評価

この節では、中国現地法人の業績評価についてみることにする。過去の日中双方の調査結果を確認した上で、本社に関する調査と現地法人に関する調査による中国現地法人の成功率と経営業績の現状を確認したい。

一　過去の調査結果

一九九一年の第三次対中投資ブームによって外資系企業の数が急増した。調査時点によって外資系企業の経営業績に関する評価が変わる。

一九九四年に中国工商行政管理局は過去一四年間に不適格な七、五〇〇社の「三資企業」が免許の取り消しまたは取り上げ処分を受けたことを明らかにした。これは三資企業全体の四・三%にあたる。一九九〇年以降に操業を開始している三資企業の四〇%が赤字経営であり、一九九二年の赤字企業比率が四二・五%となり、一九九三年には半数以上の外資系企業が赤字経営であるという統計データを公表している。さらに、外資系企業の経営業績を実態調査した中国工商行政管理局は、一九九三年末までに操業中の外資系企業六万六、九八八社のうち、四一%の企業が黒字経営、八%の企業が損益ゼロ、残りの五一%の三万四、四五〇社が赤字経営であるという調査結果を公表した。明らかに対中投資の件数が飛躍的に増えた年以降には、赤字経営企業の比率が上昇している。進出時期が最近になればなるほど成功率が低くなることが当然ともいえる。

「外資系企業」が集中する沿海地域での調査結果をみると、外資系企業の成功率が高く、赤字経営の企業がおよそ二割以下である。(1)

福建省の一九九三年調査によると、認可された一万五、一〇〇社のうち、七、一一八社が操業しているが、その約八〇%は黒字経営である。また、上海市外国投資工作委員会が一九九三年末に実施した「三資企業」五八〇社に関する調査によると、八一%の企業が黒字経営であり、九八社が赤字経営であった。この調査結果は、約五、〇〇〇社操業中の外資系企業を対象にした上海市統計局の調査結果とも一致する。さらに、日系企業が集中している大連市の調査では、一九九三年末で三、一八五社の外資系企業のうち、撤退した企業の数は二一五社、経営困難に陥った企業の数が約二〇〇社であることがわかった。

日本側が実施した調査の結果をみても、およそ八割の企業がその中国事業を成功と評価している。

リクルートリサーチの一九九四年の調査では、回答した一六六社のうち、「成功だったと思う」企業が三八・六%で、「どちらかと言えば成功だったと思う」の四三・四%と合わせると、八割以上の企業が中国進出を「成功」と評価した。また、日中投資促進機構が一九九四年秋に行った調査結果によると、回答した一九八社のうち、黒字経営と答えた企業が七三%の一四四社である。残り五四社のうち、八五%の四六社が三年以内に黒字化を見込んでいると答えている。

中小企業の対中投資に関しては、帝国データバンクが一九九四年に実施した中堅以下(年間売上高一千億円以下、従業員一、〇〇〇人以下）の企業の調査では、回答した一〇六社のうちほぼ半数の企業が黒字経営であるという結果が明らかになった。進出間もない企業は四四％あるが、中国進出の評価は「成功」（五〇％）および「どちらかといえば成功」（三四％）を含めると、八割を超す中堅中小企業が中国進出を成功したと判断している。

中小企業金融公庫が一九九四年六月に中小企業を対象に実施した調査によると、中国に進出した中小企業は海外進出済み中小企業全体の二割を占め、二年前の一二〇社から二三八社とほぼ倍増した。さらに、海外進出を計画中の一、〇五一社のうち、六六％の中小企業が中国進出を計画している。一九九二年以降の対中投資が大企業から中小企業にまで波及した。

対中投資の失敗企業のなかには、香港や台湾などの華僑系企業が多いといわれている。三資企業の赤字現象については、中国側はつぎのような要因をあげている。(2)

①　投資件数が飛躍的に拡大し、投資規模が小さく、技術レベルが低いうえ、重複した投資が多い。

②　資本金の払込が契約通りに行われない企業が多い。

③　合弁企業の外国側は短期間で投資を回収し、ある程度利益をえると、経営にタッチしなくなることから経営が悪化する。

④　税金逃れのために意図的に赤字を装う企業が多い。

⑤　合弁双方の責任所在が曖昧であるために、管理がうまくいかない企業が多い。

第三次対中投資ブーム前後に日中双方で公表されているさまざまな統計と調査結果を総合すると、中国事業の成功と失敗に関して二つの見方があることがわかる。

ひとつの見方は「中国進出企業の約半数が赤字経営である」。もうひとつの見方は「約八割の三資企業が成功

表7―4　日本企業の財務的基準による経営業績の評価

現地法人の立地 業績の評価	沿海開放都市・経済特区	沿海部地域のその他の都市	内陸部の都市	全回答に占める比率
成　　功	16.4	24.5	5.0	17.3
どちらかといえば成功	36.2	34.0	40.0	36.0
どちらともいえない	41.4	41.5	55.0	42.7
どちらかといえば失敗	4.6	0.0	0.0	3.1
失　　敗	1.3	0.0	0.0	0.9
有効回答企業数	152	53	20	225
%	67.7	23.6	8.9	100.0

注：沿海開放都市・経済特区は，大連，上海など11開放都市，深圳などの4経済特区，海口市および北京市を指す。沿海部地域のその他の都市は，遼寧から広西までの沿海7地域の都市で開放都市と特区を除いた都市を指す。内陸部都市は重慶，成都，西安，武漢などを指す。

している」。中国進出企業の経営業績に関してこの二つの見方のどちらがより実態に近いのかについては議論の余地があり、また、本社での評価と現地法人での財務評価でも結論が分かれる可能性もある。さらに、この種の調査のバイアスとして、経営業績が良くない企業が回答を避けるということが起こりやすい。したがって、時系列の比較と日米欧企業の比較でこの問題を対処したい。

二　日米欧企業の業績評価

そこで、参入時期、立地選択、日米欧企業、参入形態と輸出比率といった側面から中国現地法人の経営業績に関する評価を分析したい。

(1)　参入時期と経営業績

日本企業の経営業績については、九五年調査では、表7―4と表7―5のような中国事業の成功率と収益性に関する分析をした。

売上成長性や利益率などの財務的基準による評価では、

表7－5　中国現地法人の経営実績と見通し

	黒字の場合 開業しての年数	赤字の場合 黒字転換の年数
3年以内	53.9	26.7
5年以内	5.9	4.0
6年以上	1.1	2.0
回答社数	123	66
注＊	60.9	32.7

注：全有効回答数202社に占める比率である。
　　そのうち損益ゼロの企業が13社（6.4%）である。

図7－3　現地法人設立の時期と経営業績評価の関係

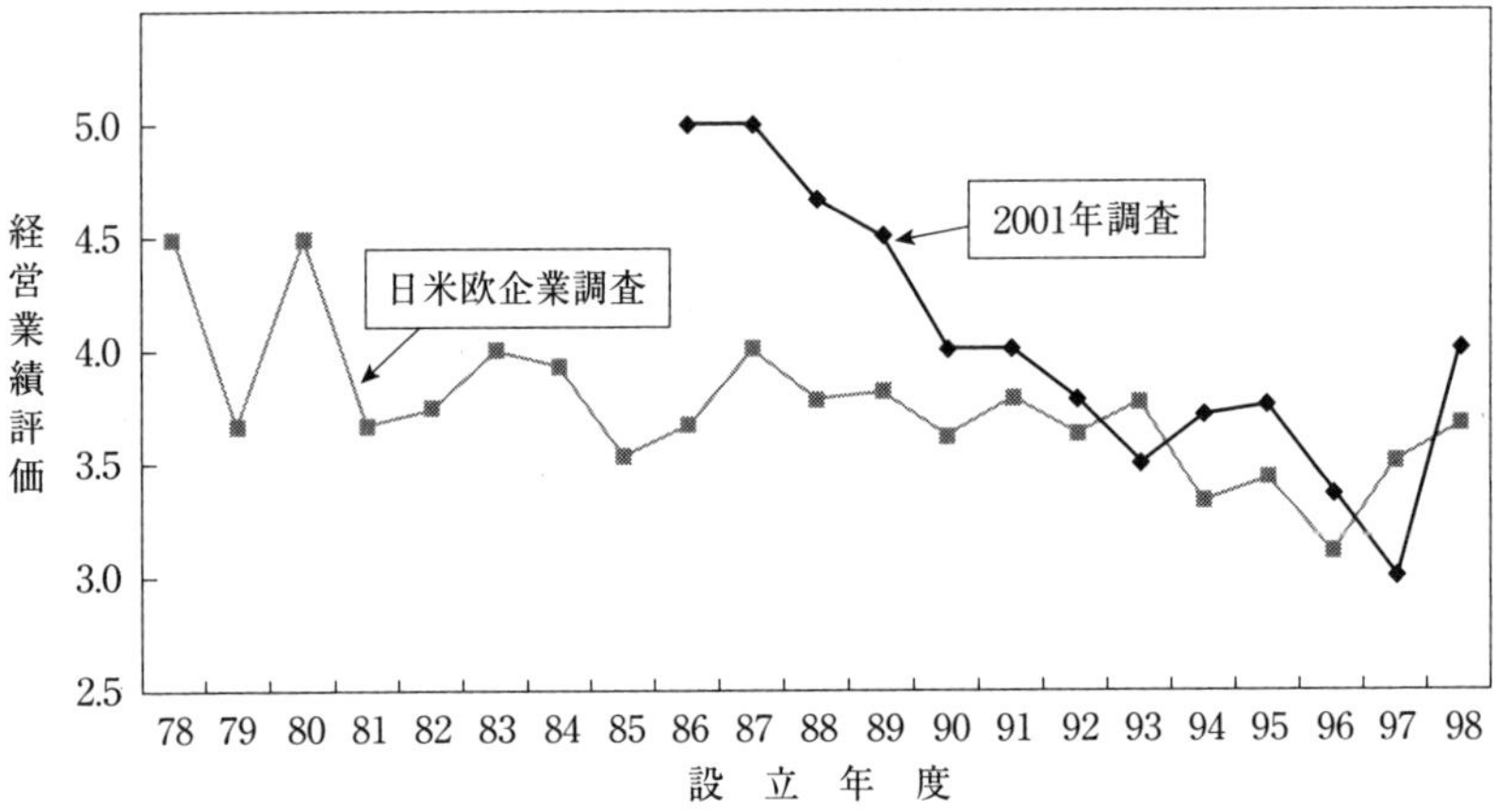

五三・三%の日本企業は「成功」または「どちらかといえば成功」と評価している。「失敗」と答えている企業はわずか四%である。四二・七%の「どちらともいえない」と回答した企業および未回答の二六社の大半は一九九三年以降に中国進出した企業である。

　現地法人の経営実績と見通しという質問に対して、回答した二〇二社のうち、六〇・九%の企業は中国現地法人が黒字経営であると答えている。全体の五四%の企業が開業してから三年以内に黒字転換した。損益ゼロの企業一三社を入れると、中国進出企業の約七割の財務的業績が良い。さらに、現に赤字経営の現地法人が三二・七％あるが、その八割が今後三年以内に黒字転換できるという見通しがある。

操業まもなくの企業が多いことを考慮しない場合でも、以上の調査結果に基づいて、少なくとも六割の日本企業が中国進出を成功していると評価しているとみることができる。もし今後三年以内の経営見通しも考慮すれば、約八割の日本企業が中国事業を成功していると見ている。

図7―3に示されている。設立時期が早い外資系企業ほど、経営業績に関する評価が高くなる。日米欧企業に関する調査は本社レベルの中国事業に関する評価であるが、二年ずつのタイムラグがある。しかしながら、全体的にみて最初の中国現地法人が設立される時期が早い企業ほど、中国事業の経営業績をより高く評価する傾向がある。

また、二〇〇一年調査は現地法人の経営者に対する調査である。設立年数が長い外資系企業ほど、現地法人レベルでも経営業績に関する評価が高くなるという傾向がいっそう明白である。もちろんこの分析結果は、時期が経てば中国現地法人の経営業績がよくなると解釈すべきではない。むしろ、これは、海外直接投資の経営成果は一定の年数を経てはじめて現れるものであり、中国現地法人の業績は年々改善されてきていることを意味している。

（2）　立地選択と経営業績

表7―4の分析結果では、内陸部に進出した日系企業の経営業績が相対的に良くない。

九〇年代に入って、中国の沿海部地域と内陸部地域の経済格差問題が注目され、優遇税制などの外資導入政策は次第に内陸部の都市にも適用されるようになり、経済特区廃止論や優遇政策見直しの議論応酬が表面化した。中国に進出しようとする企業はこうした議論に大いに戸惑いを感じるであろう。しかしながら、日本の対中投資が米国につぐ二位、アジア向け投資で最大となり、今後も長期的には増大する状況にある。さまざまな側面からみても対中直接投資が新しいターニング・ポイントに入った現在こそ、客観的に立地都市の魅力度を評価し、現地での事業の問題点と困難を明確にする必要がある。

日本企業の対中投資目的がすでに多様化し、経済特区や大連など沿海開放都市への集中的な進出から、豊富かつ低廉の労働力を求め、沿海部地域の他の都市への分散化、さらに国内市場を目指した内陸部での布石に、立地選択の範囲を拡大している。

立地選択と現地投資環境の評価については、全体的に上位となった項目は、外資優遇策の充実、インフラの整備、労働力の得やすさ、輸出拠点としての立地のよさと人材（管理者・技術者）の得やすさである。前者の二つは投資環境に関するもので、後者の三つは重要視されている現地の経営資源である。

日本人回答者と中国人回答者の間に大きな違いが見られる項目は、インフラの整備と輸出拠点としてのよさである。インフラの整備は現地経営にとってきわめて重要であるが、インフラの現状に関しては、どのタイプの企業もあまり支障がないと評価している。また、マジョリティー合弁と独資企業は、外資優遇策の充実を相対的に重視している。

独資企業と合弁企業の間には相違がみられる。独資企業が重視するのは、輸出拠点としてのよさと労働力の得やすさである。合弁企業は人材の入手しやすさと販売市場・取引先に近い点を相対的に重視している。約六割の独資企業は輸出拠点としての立地、豊富な労働力を求めているのに対して、現地市場、人材と労働力、そして立地のよさを求めている合弁企業はそれぞれ約三割である。この結果は、全社レベルでの参入戦略に見られる相違と、現地調達比率と輸出比率に関する分析の結論と一致していることを示している。九五年まで設立された大半の独資企業は輸出拠点を求めて中国に参入し、中国の豊富な労働力を相対的に重視している。

中国のいくつかの地域に複数の現地法人をもつことによって、分散投資によるリスク分散とともに輸出拠点型と現地市場対応型の中国事業を同時に展開する日本企業が増えている。九五年調査でも、中国現地法人一社のみの企業が全回答企業の約半数を占めているが、現地法人が二社以上の企業は約三五％、残り一五％の企業が五社以上の現地法人をもっている。

一般的に、海外進出の立地選択にはインフラストラクチャーや制度的条件などの投資環境に強く影響される。中国政府の外資導入政策は地域限定的な方式で進められてきた。八〇年に認可された深圳など四つの経済特区をはじめ、八四年に認可された大連や上海など一一の沿海開放都市、そして海南島や北京市などが九〇年までの外資導入の主要な地域であった。九一年以降、沿海部地域の複数の都市に経済技術開発区が認可され、対中投資の立地が遼寧から広西までの沿海七地域内で分散化した。九三年には、長春、武漢、重慶など内陸部大都市にも経済技術開発区が認可された。

しかしながら、投資環境の整備や優遇政策は立地選択の基本条件であるが、複数立地を志向する日本企業の立地パターンは、表7―6が示しているように、投資目的の多様化によってより強く影響されている。

表7―6では、現地法人の所在都市によって回答企業を「沿海開放都市・経済特区」、「沿海部地域のその他の都市」、「内陸部の都市」の三つのグループに分類し、それぞれの立地選択の理由を示している。この三つのグループの投資目的に大きな違いがある。

表 7—6　現地法人の所在地を選択した最大な理由

現地法人の立地 ／ 最大な選択理由	沿海開放都市・経済特区	沿海部地域のその他の都市	内陸部の都市	全回答に占める比率
労働力が得やすい	18.4	30.6	18.2	21.5
販売市場・取引先に近い	28.5	24.2	40.9	28.5
輸出拠点としての立地のよさ	16.5	14.5	9.1	15.3
原材料が入手しやすい	5.7	6.5	18.2	7.0
管理・技術人材が得やすい	8.9	6.5	0.0	7.4
有力な合弁パートナー	5.7	3.2	13.6	5.8
インフラが整備されている	5.7	6.5	0.0	5.4
投資優遇策が充実している	5.7	0.0	0.0	3.7
その他（記入）＿＿＿	5.1	8.1	0.0	5.4
有効回答数	158	62	22	242
%	65.3	25.6	9.1	100.0

注：所在地の分類は表 7—4 を参照。

それぞれのグループの投資目的は多様化している。表4—3の参入動機に関する分析結果とも一致するが、沿海部地域に投資している企業は「労働力が得やすい」、「販売市場・取引先に近い」と「輸出拠点としての立地のよさ」を重視している。

とくに「開放都市・経済特区」を選択した企業の多くが「販売市場・取引先に近い」点を重視しているのに対して、「沿海部地域のその他の都市」に立地している企業は「労働力が得やすい」という点を重視している。前者グループの現地法人数の平均が二社であるのに対して、後者のそれが四社である。つまり、人件費と土地代の安さを求めて沿海部地域内で立地を分散化させることによって、日本企業がすでに九五年の時点から「コスト競争対応型」と「現地市場対応型」の現地拠点を同時に求めている。

「内陸部の都市」グループは「販売市場・取引先に近い」をもっとも重視し、「労働力が得やすい」とともに「原材料が入手しやすい」、さらに「有力な合弁パートナー」の存在を重視している。このグループの企業は全体の一〇％

表7—7　日米欧企業の経営業績に関する評価

	日　系	米国系	欧州系
1 成　　功	17.3%	11.4%	11.5%
2 どちらかといえば成功	36.3%	47.7%	46.2%
3 どちらともいえない	42.5%	34.1%	30.8%
4 どちらかといえば失敗	3.1%	4.5%	11.5%
5 失　　敗	0.9%	2.3%	
回答社数	26	44	52
2001年調査	日　系	その他外資	
5 成　　功	22.3%	31.6%	
4 どちらかといえば成功	33.0%	42.1%	
3 どちらともいえない	34.0%	21.1%	
2 どちらかといえば失敗	8.7%	5.3%	
1 失　　敗	1.9%	0.0%	
回答社数	103	19	

でまだ数が少ないが、「現地市場対応型」戦略を展開している。いいかえれば、内陸部の都市に外国資本を誘致する場合、豊富な天然資源と有力な合弁パートナーの存在が重要な要素になるといえる。

表7—4には立地別の経営業績の評価を示しているが、「沿海部地域のその他の都市」に立地している企業の業績が相対的によい。そして、失敗している四％の企業はすべて「沿海開放都市・経済特区」に立地している点も興味深い結果である。しかしこのデータからは「内陸部の都市」グループの経営業績を明確に評価できない。

(3)　日米欧企業の比較

中国現地法人の経営業績を財務的基準（売上高成長率、利益率など）に基づく評価では、日米欧企業の五点評価の平均値がそれぞれ二・三四、二・三九と二・四二、ともに「やや成功」と評価している。表7—7に示しているように、財務的な業績に関して日米欧企業の間にはあまり大きな差がない。

表７－８　日米欧企業の中国現地法人の経営業績

日米欧企業		黒　字		損益ゼロ		赤　字	回答数
日　系	年数	2.2		2.2		3.0	
	%	60.9		6.4		32.7	202
米国系	年数	2.8				3.0	
	%	57.6		0.0		42.4	33
欧州系	年数	2.8				2.4	
	%	65.9				34.1	41
2001年調査	%	57.7		4.9		37.4	123
		黒字基調	累積黒字	損益ゼロ	累積赤字	赤字基調	
	%	22.4	23.2	4.0	27.2	23.2	125

興味深いのは、九五年、九七年と九九年という調査時点が異なっていても、日米欧企業の中国現地法人に関する評価はほぼ同じパターンになっている点である。このような経営業績に関する評価がかなり実態に近いことの証左であると考えることができる。

二〇〇一年の調査では、欧米系企業の回答が少ないので、日系企業とその他外資に分けて経営業績を分析した。日系企業の評価の平均値が三・六五で、その他外資企業の平均値が四・〇である。統計的には有意な差がないが、「成功」と「どちらかといえば成功」と回答した日系企業の比率が五五・三％であるのに対して、その他の外資のそれが七三・七％になっている。

表７―８には、日米欧企業の経営業績の実態を示しているが、黒字企業は約六割で赤字企業は四割という結果はどの調査でも共通している。年数は黒字転換になった年数、または黒字転換になる見通しの年数であるが、日米欧企業がともに二年から三年の間である。

(4)　参入形態と経営業績

九五年の日系企業の調査データを分析した結果、参入形態と経営業績の間に一定の関係があるとわかった。

表7−9　現地法人の経営業績の評価（95年調査）

参入形態	中国側出資50%以上	中国側出資50%以下	中国側出資25%以下	中国側出資0%	合　計
成功・どちらかといえば成功	20 95.2%	20 74.1%	26 54.2%	29 67.4%	95 68.3%
失敗・どちらともいえない	1 4.8%	7 25.9%	22 45.8%	14 32.6%	44 31.7%
企業数	21	27	48	43	139

注：カイ二乗検定の有意水準：p<.010

まず、独資をもつグループと合弁のみのグループの間では、黒字計上の年数には差がないが、業績の総合評価には有意な差が見られる。独資をもつグループの業績評価が高く、将来計画についても拡大志向がより強い。また、単独参入した企業と共同参入企業の間にも業績の総合評価の有意な差が見られる。単独参入した企業の業績評価が相対的によく、将来計画についても拡大志向がより強い。

表7−9は、現地法人の経営業績評価を示している。現地法人レベルでは、マジョリティー合弁と独資企業の経営業績は相対的によくない。財務指標を見ても、約半数の独資企業と三割のマジョリティー合弁企業の経常利益は赤字であり、その売上高経常利益率も二％以下または赤字である。マイノリティー合弁と対等合弁の赤字企業比率は一〇％以下で、売上高経常利益率が四％を超えている企業はそれぞれの六割を超えている。

設立年度をみると、六七％のマジョリティー合弁と六三％の独資企業は一九九二年以降に設立され、対等合弁の四割とマイノリティー合弁の三分の一も九二年以降に設立された。すでに述べたように、設立年度の短さは現地法人の業績に大きな影響を与えている。

独資とマジョリティー合弁の経営業績があまりよくない要因は、設立年数が短いことのほかに、投資規模が相対的に大きく、日本からの出向社員の数が多いことによる影響も大きい。タイプ別の従業員平均規模は二六六人、二九九人、二九七人と六三四人であり、出向社員数の平均はそれぞれ二人、三人、五人、七人である。独資企業の規模が大きく、日本側の出資比率が高いほど出向社員の数が増える。出向社員の人件費に関する財務処理は企業によって異なるが、事業を立ち上げるための短期出向もある。

経営業績の評価に関する分析結果は、独資企業と合弁企業の優劣が明確でないことを示している。独資をもつ企業の多くは複数の現地法人を設立している。したがって、全社レベルでの評価と個々の現地法人の経営業績とは必ずしも一致しない。

表7—10　中国側出資比率と経営業績の評価（2001年調査）

中国側出資比率	評価の平均	回答数
0%	3.69	48
25%以下	3.65	23
50%以下	3.77	38
50%以上	3.78	9
全　体	3.71	118

表7—10は二〇〇一年の調査データに関する分析結果を示している。中国側出資比率の多少にかかわらず、現地法人の経営業績の評価（五点尺度）には大きな違いがないが、独資企業あるいは外資が絶対的なマジョリティー（外資側の出資比率が七五%以上）を占める合弁企業の経営業績評価が相対的に低いことがわかる。

（5）輸出比率と経営業績

現地法人の輸出比率と経営業績との関係を分析するために、輸出比率が七〇%以上の企業を「輸出拠点型」グループとして、また輸出七〇%未満の企業を「現地市場対応型」グループとして分ける。この二つのグループの間に経営業績の差があるかどうかをみるために、中国事業の成功と失敗に関する評価、売上成長率、そして収益

表7—11　輸出比率と経営業績（2001年調査）

事業評価	輸出比率		全体
	70%未満	70%以上	
失敗		2.0%	0.9%
どちらかといえば失敗	12.5%	4.0%	8.5%
どちらともいえない	35.7%	28.0%	32.1%
どちらかといえば成功	33.9%	32.0%	33.0%
成功	17.9%	34.0%	25.5%
回答数	56	50	106
99年売上成長率		カイ二乗検定の有意水準：0.02	
−3%以下	21.2%	17.6%	19.4%
−3%～0%以下	1.9%	5.9%	3.9%
0%～3%以下		17.6%	8.7%
3%～6%以下	13.5%	9.8%	11.7%
6%～以上	63.5%	49.0%	56.3%
回答数	52	51	103
収益満足度		カイ二乗検定の有意水準：0.007	
たいへん不満足	22.8%	9.8%	16.7%
満足な結果とは言えない	36.8%	35.3%	36.1%
赤字だが心配していない	15.8%	2.0%	9.3%
ほぼ満足	15.8%	37.3%	25.9%
大変満足	8.8%	15.7%	12.0%
回答数	51	57	108

の満足度などの業績指標を分析した。その結果が表7―11に示されている。

まず、中国事業の評価に関しては、輸出拠点型企業と現地市場対応型企業との間にほとんど差がないが、輸出比率が高いグループのなかで成功としている企業の比率が相対的に高い。

つぎに、九九年度の売上成長率に関しては、二つのグループに明確な差がある。「現地市場対応型」グループの売上成長率が六%を超える企業が全体の六三・五%を占め、外資系企業の現地市場における販売が拡大している状況を示唆している。一方、このグループの売上がマイナス成長の企業も二

表7―12　中国市場のリスクに関する評価

政治動乱の可能性	政治動乱			政治動乱 2001年調査	ビジネス・リスク
	日系	米国系	欧州系		
非常に小さい	12.1%	2.2%	11.3%	32.8%	14.4%
小さい	15.3%	35.6%	50.9%	26.4%	45.6%
どちらとも	46.8%	40.0%	26.4%	25.6%	26.4%
大きい	16.9%	13.3%	9.4%	10.4%	10.4%
非常に大きい	8.9%	8.9%	1.9%	4.8%	3.2%
回答数	248	45	53	125	125

一・一％あり、「輸出拠点型」グループとはほぼ同じである。

しかしながら、収益性に関する満足度については、「輸出拠点型」グループの五三％の企業は「たいへん満足」または「ほぼ満足」と評価している。これに対して、「現地市場対応型」グループのなかでは収益性に対して満足している企業の比率が二五％にも達していない。

以上の分析結果を総合すると、中国現地法人の経営業績に関しては六割の企業が成功と評価し、現地市場での販売拡大は評価の理由になっているが、半数以上の外資系企業は中国事業の収益性に対して不満を感じている。このような結果は、図7―1と図7―2に示している国際協力銀行の調査結果とは完全に一致している。

第三節　中国市場のリスクに関する評価

二〇〇一年調査では、中国市場のカントリー・リスクとビジネス・リスクについての質問を設けている。現地市場環境に関する認識は、現地法人に対する企業の基本姿勢に強い影響を与えると考えられる。

表7—13　中国市場のリスクへの対策

	日　系	米国系	欧州系
現地政府との関係	21.8%	30.0%	35.5%
現地パートナー	21.4%	23.3%	19.7%
投資の上限設定	19.3%	18.9%	19.7%
投資の短期回収	15.4%	6.7%	10.5%
共同進出	12.9%	5.6%	1.3%
新規投資手控える	9.2%	13.3%	2.6%
そ の 他	0.0%	2.2%	10.5%

一　カントリー・リスク

まず、カントリー・リスクとして、近い将来（五年以内）の中国の政治や社会の変動が現地法人の経営に大きな困難をもたらすかという質問に対して、可能性が小さいと評価する外資系企業の比率が年々増えている。

表7—12では、九五年日系企業の評価が厳しいが、二〇〇一年の調査では、「政治不安」などの可能性が非常に小さいと評価する企業は三二・八％にのぼり、全体的に中国市場への信頼が年々高まっている。

つぎに、中国市場のリスクに対する対策に関する分析結果は表7—13に示されている。日米欧企業とも「現地政府との関係強化」を最上位のリスク対策としてあげている。その次に、「現地パートナーとの合弁」と「投資規模の上限の設定」が主要なリスク対策になっている。カントリー・リスク対策に関しては、日米欧企業はまったく同じ見方をしているといえる。

二　ビジネス・リスク——現地経営が直面している問題

つぎに、ビジネス・リスクについて、九五年調査では、日系企業が強く感じている問題は、(1)製品品質管理、(2)経営についての考え方の違い、(3)法律の不備、(4)文化の違い、(5)インフレーションである。

また、日本企業が今後に生じる可能性のある問題として、(1)賃金の上昇やインフレによる事業計画の狂い、(2)法律、制度の変更による経営困難、(3)輸送能力や納期安定の確保、(4)品質管理の問題、(5)官僚的な行政による問題を上位にあげている。

本社に関する調査では、独資をもつグループは、法律・制度の変更による経営困難、労働争議や労使対立、幹部社員の引き抜きや高い退職率、現地での原材料・部品調達の問題を重要視している。これに対して、現地法人に関する調査では、現地経営が直面している主要な問題は、(1)法律・制度の不備、(2)賃金上昇などのインフレ傾向、(3)原材料・部品の調達である。とくに原材料・部品の調達問題に直面している独資の現地法人の比率は合弁企業の二倍で、六〇%を超えている。この結果は、「輸出拠点志向」の企業が直面する主要な問題を示している。また、単独参入した企業と共同参入した企業が感じているカントリー・リスクには差がほとんどないが、共同参入した企業は労使対立、幹部社員の引き抜き・高い退職率、人民元の調達などのビジネス・リスクをより強く感じている。

以上の結果を総合すると、法律・制度の不備や変更、賃金上昇などのインフレ傾向は九五年ごろ日本企業が感じている中国市場の主なビジネス・リスクである。

中国市場でのビジネス・リスクは、参入時と操業後ではそして、参入形態によって変化する。共同で参入した企業や独資をもつグループの企業は、労務管理や原材料・部品調達などの現地経営の問題をより強く感じている。合弁企業は現地パートナーを通してこれらのビジネス・リスクを相対的に低減させている。

回答者が中国人である比率は表7―9に示されている四つのタイプ別にそれぞれ五四%、三六%、一八%と六%であり、中国側の出資比率が高いほど高くなっている。したがって、マイノリティー合弁と対等合弁企業から

表7―14　日米欧企業の直面している現地経営の主要な問題

	日　系		米国系		欧州系
法制度の変更	3.53	労働争議	3.84	労働争議	4.12
賃金上昇	3.53	人民元の調達	3.38	インフレ	3.88
インフレ	3.52	外資バランス	3.37	賃金上昇	3.83
納期の不安定	3.47	賃金上昇	3.17	品質の不安定	3.79
品質の不安定	3.43	品質の不安定	3.12	現地調達	3.66
		インフレ	3.12	外貨バランス	3.57

注：1＝全くない，…，5＝非常に生じる可能性がある。

の回答は相対的に中国側の意見を反映している。

九五年当時の現地経営の主要な問題は、法律・制度の不備、インフレ傾向、原材料部品の調達や言葉の問題である。法律の不備とインフレの問題はどのタイプの企業も直面しているが、参入形態によって現地経営上の問題はかなり異なっている。合弁企業は現地での資金調達と外貨バランスの問題に悩まされている。また、マジョリティー合弁と対等合弁にとって、日本本社の現地環境の理解不足が第四位の問題であり、マイノリティー合弁の企業では、日本人社員と現地管理者の関係およびパートナーとの関係が問題になっている。

回答者別に見ていくと、中国人管理者は日本本社の現地環境の理解不足を強く指摘し、日本人管理者は現地での人的関係の問題を相対的に強調している。とくに対等合弁の日本人回答者の九五％は、日本人出向社員が現地管理者との関係に苦労していると指摘している。

現地での資金調達の問題は金融引締めなどのマクロ経済環境問題を反映している。合弁企業の場合、現地パートナー間の衝突や現地管理者間の摩擦が不安定性の原因である。

表7―14は日米欧企業が直面している現地経営の主要な問題を示している。日本企業と欧米企業の戦略志向が違っていることから、現地経営の主要な問題も異なっている。賃金上昇、インフレ、品質の不安定といった問題は日米欧企

表7−15　日米欧企業が直面している現地調達販売時の問題（2001年調査）

現地調達販売時の問題			現地販売しない理由			現地販売に直面している問題		
	その他	日系		その他	日系		その他	日系
法律不完備	3.7	3.8	債権回収	4.0	4.4	債権回収	4.0	4.2
代金回収	3.9	3.8	物流問題	3.1	4.0	国産品競争	3.6	3.8
税収制度	3.4	3.8	流通業者の販売力	3.2	3.5	外資系競争	3.4	3.6
物流問題	3.4	3.7	顧客情報	2.2	3.8	顧客情報	2.6	3.6
パートナー販売力	0.0	3.5	流通業者の信用力	3.0	3.1	物流問題	2.8	3.5
材料品質	2.7	3.5	経路開拓	2.7	3.2	コピー商品	2.2	3.4
政府関係	3.2	3.3	国産品競争	3.3	2.7	流通業者の信用力	2.4	3.2
販路拡大	3.3	3.1				経路開拓	2.9	3.1
価格競争力	3.3	3.0				流通業者の販売力	2.3	3.2
親会社理解	3.4	2.9						

業に共通した現地経営の問題である。輸出拠点志向の強い日系企業にとって、法制度の変更と納期の不安定さが重大な問題である。これに対して、欧米企業にとって、労働争議、人民元の調達や外貨バランスなど現地市場での販売に関連した問題が重大である。

表7―15は、中国における現地調達と現地販売のときに日米欧企業が直面している主要な問題を示している。この結果からわかるように、現地調達または現地販売を行っている企業は、法律の不完備、代金回収、税収制度、物流問題、パートナーの販売力不足と材料品質の不安定を問題と感じている。

現地販売を行っている企業にとって、債権回収、国産品や外資系との競争、顧客情報の不足、物流問題とコピー商品などの問題が重要である。また、まだ現地販売をしていない外資系企業にとって、債権回収、物流問題、流通業者の販売力不足や顧客情報の不足が中国の現地市場での販売をためらう主要な理由になっている。この結果からわかるように、中国市場での現地販売を志向する外資系企業にとって最大のビジネス・リスクは代金回収の問題である。

九五年の時点では、インフレや賃金上昇による事業計画の狂いが主要な「ビジネス・リスク」であったが、また、日系企業にとって、中国の法律と制度が頻繁に変更されることによる経営困難という「制度的リスク」を強く感じている。そして、近年、中国現地市場への販売が急速に拡大するなかで、代金回収といった「ビジネス・リスク」への対応の不十分さが日本企業の戦略転換を遅らせている原因である。このような「ビジネス・リスク」への有効な対策を十分に立てておくことが重要であると示唆している。

三　ビジネス・リスクへの対処――代金回収問題

表4―4に示されているように、一九九五年以降日本企業が対中投資を行う理由のトップが現地市場の開拓ないし維持拡大である。しかしながら、現地販売するさいに日系企業もその他の外資系企業も代金回収を最大の難題と感じている。最近になって、中小企業を含めて中国市場への販売に期待が高まっている。(3)代金回収問題への対策として、確実に回収できる現金販売のほかに、販売先に関する事前の信用調査、販売先との契約の重要性、あるいは公証債権証書や担保の設定、さらに訴訟裁判に持ち込む法的な手段があると考えられる。しかしながら、販売促進の視点から見て、現金販売という回収方法はむしろ現地での販売を拡大させるためのネックになっている場合が多い。

図7―4は、中国における売掛金の回収形態の実態を示している。現金一括回収を実施している企業の比率はわずか一四・六％である。そして、一七・五％の企業は輸出・輸入などの形態や販売先の海外親会社などを通した形で売掛代金を回収している。しかしながら、五五・三％の企業が現金や手形による掛売りを行っているため、代金回収のリスクを負っている。現金と手形を併用している一二・六％の企業も手形が回収不能になるというリスクがある。

図7－4　中国における売掛金の回収形態（2001年調査）

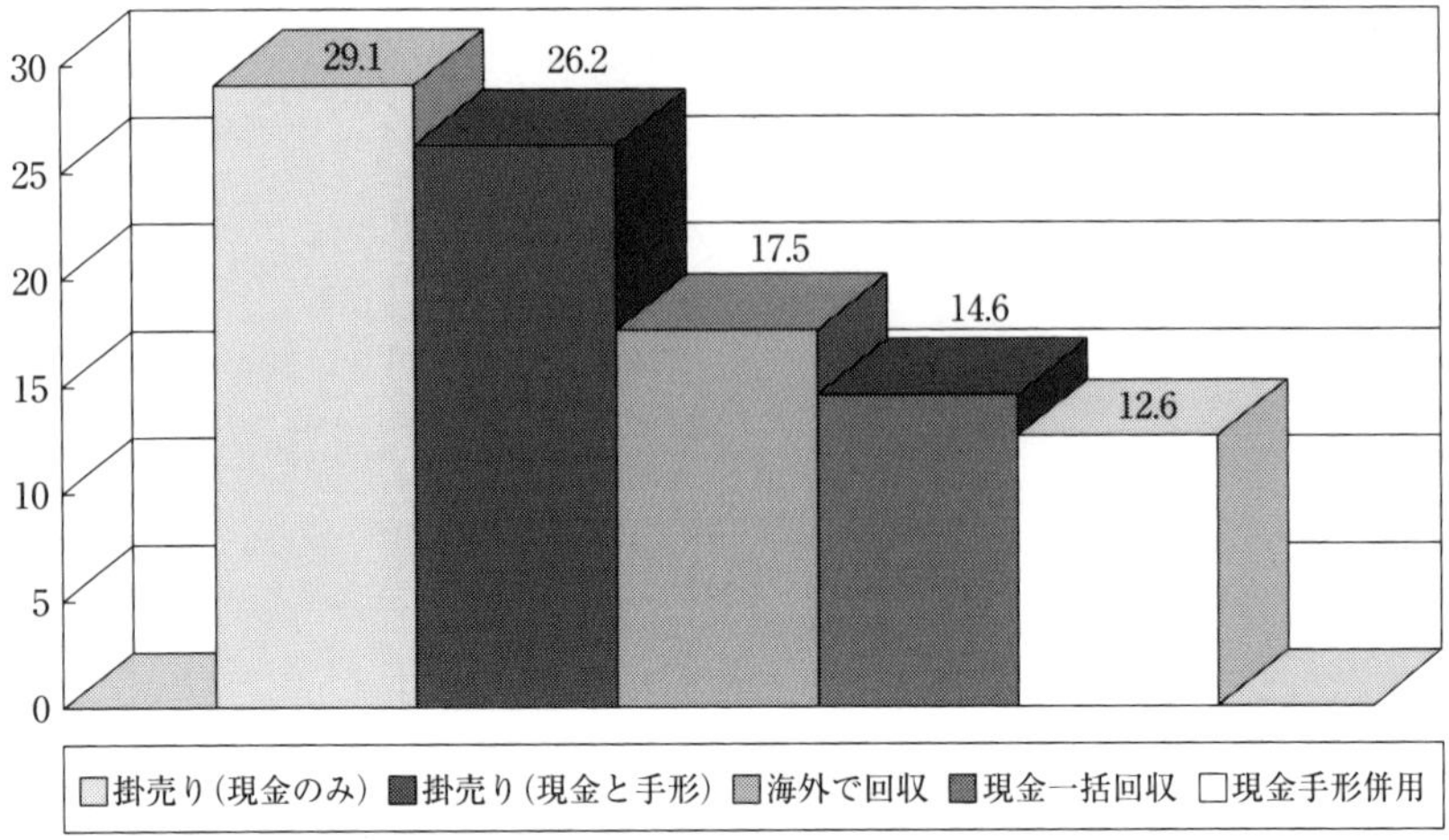

表7－16　中国国内販売における売掛金回収の実態（2001年調査）

	98回転期間	99回転期間	手形サイト		売掛金比率	回収困難比率
1カ月	20.0	16.7	20.0	0%	9.0	40.7
2カ月	31.4	27.7	31.4	～10%	15.7	34.6
3カ月	17.2	18.1	14.3	～20%	23.6	6.2
4カ月	8.5	12.5	2.9	～30%	9.0	4.9
5カ月	7.2	11.1	8.5	～40%	7.9	2.5
6カ月	5.7	2.8	17.2	～50%	4.5	4.9
6カ月超	10.0	11.1	5.7	～60%	5.6	1.3
				60%～	24.7	4.9
有効回答数	70	72	35		89	81

回転期間＝年末売掛金残高/当年月平均売上高（月）
売掛金比率＝年末売掛金総額/年間現地販売売上高（%）
回収困難比率＝回収困難見込み金額/年末売掛金総額（%）

表7－16は、中国国内販売を行っている企業の売掛金回収の実態を売掛金の回転期間、手形サイト、年間売掛金比率、回収困難比率から示した調査結果である。

中国でも、約五〇%の外資系企業が手形サイトを二カ月に設定している。一方では、売掛金の回転期間も二カ月になっている企業がもっとも多く、全体の約三〇％である。九八年と九九年については、回転期間がやや延びていることをこの調査結果が示している。

売掛金比率が二〇％以内に抑えている企業が回答企業全体の四八・三％を占めているが、売掛金比率が六〇％を超えている企業も二四・七％ある。約六〇％の企業が何らかの回収困難な売掛金を抱えているが、とくに回収困難比率が三〇％を超える企業の比率が一四・六％になっている。

売掛金残高を減らすためには、販売先に関する信用を事前に調査することが重要で、それぞれの販売先に関する信用限度を設定して販売活動を展開している企業が三七・四％にのぼっている。また、二一・四％の回答企業が営業業績の評価指標に売掛金残高の減少を取り入れている。さらに、一七・六％の企業には代金回収を専門に担当する従業員がいる。仲介人や弁護士など第三者に債権回収を委託している企業は六・九％である。

表7−17　売掛金残高を減少させるための方法

信用限度の設定	37.4%
営業業績評価	21.4%
回収専門職	17.6%
外貨L/C	6.1%
第三者に依頼	6.9%
何の対策も立てていない	11.4%

以上の調査結果からわかるように、代金回収問題は中国国内での現地販売を困難にしている最大の問題である。しかしながら、約四〇％の企業は顧客の信用管理や営業マンの管理によってこの問題を完全に回避している。

小　括　新興市場の魅力と難しさ

この章では、直接投資先としての中国市場の魅力度、中国市場の収益性、外資系企業の経営業績について、とくに外資系企業の経営業績に関しては、参入時期、参入形態、立地選択、輸出比率などの側面から、日米欧企業の本社レベルと現地法人レベルに関する調査データを同時に用いて分析した。

全体的に中国市場の魅力度と収益性が相対的に改善され、販売市場としての魅力が増している。中国現地法人の経営業績に関する分析から得た重要な発見は、時系列的な縦の比較にしても、あるいは日米欧企業という横の比較にしても、中国事業の総合的な評価はほぼ同じである。すなわち、約六割の外資系企業は中国現地法人の経営業績を成功またはほぼ成功と評価している。

また、独資企業と合弁企業という参入形態よりも、外資系企業の経営業績には「輸出拠点志向」か「現地市場志向」かという市場戦略志向のほうが強い影響を与えていることがわかった。一九九五年以降に、中国市場に参入した外資系企業の大半が独資形態を選択するようになった。現地法人への統制度が高い参入形態を選択することによって、グローバル・ネットワークに中国現地法人を統合させることが容易になるが、独資企業の経営業績は必ずしもよいとはいえない。とくに現地市場志向への戦略転換が求められているが、本国要因、全社戦略や既存の企業ネットワークなどの企業要因によってこの戦略転換がむしろ難しくなる可能性もある。また、合弁企業の現地パートナーのもつ現地市場知識やマーケティング資源は、現地市場での売上拡大にとって重要になる。

この章の分析を通して明らかにしたもう一つの重要な事実は、日米欧企業は中国市場のリスクが低下していると見ている点である。しかしながら、「輸出拠点志向」をもつ企業と「現地市場志向」をもつ企業が直面するビジネス・リスクが異なっている点はきわめて重要である。とくに現地市場志向の企業にとって、社内の財務管理システム、代金回収や中国国内の物流といった問題への対策とノウハウはきわめて重要である。巨大な潜在市場が急速に顕在化し、高い売上成長率が維持されることは中国事業の大きな魅力であるが、外資系企業同士や現地企業との激しい競争のなかでいかに収益性を高めるのかという難問は、多くの企業が直面するであろう。

【注】

（1）国家工商行政管理局の調査結果については「金融時報」九四年一〇月二九日と「中国通信」九四年四月二六日、福建省については新華社九四年一一月一三日、大連市についてはジェトロ「中国経済」九四年一〇月号を参照。上海市については筆者の現地ヒヤリングによる。

（2）『日中経協ジャーナル』一九九五年二月号、六八ページ。

（3）筆者もかかわっている日中経済協会関西委員会の「中国進出現地企業の現状に関するアンケート調査」（代表京都大学上原一慶教授）は、大阪府下の製造企業を対象に二〇〇一年一一月に実施されたが、二一九社の有効回答のうち、六四・四％が従業員三〇〇人以下の中小企業である。

中国市場への販売（計画を含む）

企業規模	50人以下	51～100人	101～300人	301人以上	合計
中国市場	4	8	40	43	95
回答社数	10	36	95	77	218
％	40.0	22.2	42.1	55.8	43.6

その調査結果は中小企業を含めて中国市場への販売を積極的に行う日本の製造企業が多い。回答企業のうち、六九・八％の企業が海外に販売し、あるいは海外での販売を計画している。右記の表は、中国市場への販売を行っている企業あるいは二、三年以内に中国での販売を計画している企業の数を企業規模別に集計したデータである。このデータからわかるように、三〇一人以上の大規模企業ほど中国での販売を行う企業の比率が高いが、五

〇人以下の小規模企業でも一〇一人～三〇〇人規模の中堅企業でも中国への販売に対して積極的になっている。

終章　グローバル・ネットワークとマーケティング・イノベーション

この最後の章では、本研究で論じたグローバル・マーケティングの理論視角と基本概念を確認し、中国という新興市場における日米欧企業の戦略展開とマーケティング活動に関する実証分析の成果がもつ理論的な貢献と実践的なインプリケーションをまとめたい。

一　本研究の理論的な貢献

まず、本研究の理論的な貢献については、七つの点から簡潔に述べたい。

(1)　グローバル・ネットワークとしての企業

市場と経済のグローバル化を推進する最大の力は現代的な企業である。本研究では、このグローバル化の主役を「資源の連鎖」と「付加価値活動の連鎖」とともに「関係の連鎖」としてとらえている。そして、グローバル・ネットワーク化した企業という現実を、九〇年代以降の中国市場における日米欧企業の戦略展開の分析を通して明らかにしようとした。

グローバル・マーケティングの理論においては、世界規模の効率性問題のみならず、多様性に満ちた現地市場への適応、ダイナミックに変化する市場環境に対応する柔軟性、そして異質で常に変化する市場環境との相互作用のなかで創発されるイノベーションの問題を基本課題としなければならない。これが本書の基本的な理論視角である。

既存の標準化戦略を中心課題としてきた国際マーケティング論、あるいは八〇年代の支配的な研究パラダイムであった戦略的マーケティングや産業組織論の流れを汲む競争理論では、グローバル・ネットワーク化した企業の現実を捉えきれない。グローバル・マーケティング研究の中心課題は、グローバル・ネットワークにおける資源の展開問題であり、多様で急激に変化する市場環境のもとでの資源展開の有効性を支える柔軟性と創発性の実現問題である。

既存の国際マーケティング研究の多くは、企業外部の市場環境に焦点を当て、本国親会社のもつマーケティング・プログラムの標準化戦略や現地適応化の問題に固執したために、企業のグローバル・ネットワークやグローバルな資源展開のプロセスという現実のほんの一部しか説明していない。

また、企業内部の経営資源の国際移転という理論視角から海外直接投資を研究する多国籍企業理論は、企業内部の人的資源や組織問題に固執している。グローバル・ネットワークとしての企業を取り巻く多様で絶えず変化するさまざまな関係や市場環境との相互作用をとらえることができていない。さらに、「産業組織論アプローチ」の研究視角では、国境を越えて組織の境界を超える資源の移動と展開という問題が無視されている。

本書では、取引費用理論を含めてこれまで企業と市場の関係に焦点に当てた諸理論の総合を目指して、競争優位の基盤を企業内部に蓄積された資源や企業のもつ固有な能力に求める資源ベース理論の流れを汲みながら、「マーケティング資源」という概念を導入した。本書でいうマーケティング資源とは、企業が市場環境との相互作用のなかで獲得した環境情報、他の企業との取引過程で形成された関係的資源、そして消費者や顧客に蓄積された情報的資源などを指すが、この概念によって、企業内部に蓄積された資源だけでなく、企業と市場との境界が曖昧になっているグローバル・ネットワークの現実を捉えようとした。

(2) 戦略展開の三つのプロセス

本研究の焦点は、新興市場である中国における日米欧企業の市場行動に当てている。新興市場での戦略展開プロセスを解明するために、本書では、それを三つのプロセスに分解して問題を定式化している。

第一のプロセスは、新興市場への参入問題である。この問題は既存の企業ネットワークと過去の戦略展開プロセスから切り離して理解することができない。選択された参入形態はグローバル・ネットワークにおける資源の展開を規定する構造的な条件になる。また、国境と企業組織の境界を超えた資源展開のプロセスには多様な問題があり、本国親会社からの移転のほかに現地資源の獲得、現地市場での活用、そして異質的な市場環境との相互作用のなかでの資源の創発と共有の問題もある。新興市場での戦略展開に関する分析は、このような複雑なプロセスを解明することが必要である。これは、本書で提起した重要な研究課題のひとつである。

さらに、グローバル・マーケティングの基本問題は、地球的規模に分散化した資源と市場機会を共有しながら、マーケティング、調達、生産や研究開発などの付加価値活動の統合、そして戦略の一貫性を実現させることによってグローバル競争優位を維持することである。グローバル・ネットワークにおける資源の展開は、ネットワークに埋め込まれたさまざまな関係の管理とネットワーク全体の発展とは表裏一体の問題である。ネットワークの発展プロセスは本研究で提起した一つの新しい研究課題である。

(3) グローバル・マーケティングという新しいパラダイム

多国籍企業のマーケティングに関する従来の研究は、本国親会社と海外拠点とのマーケティング活動をどの程度共通にすべきかという標準化戦略の可能性と適切さについて、盛んに議論してきた。標準化戦略に関する論争は、多国籍企業の本質的な特徴についてのある種の見方に基づいて展開されてきた。多国籍企業は、本国の親会社から海外拠点に資本、人材、技術、ノウハウなどの経営資源を移転し、共通の企業理念と経営戦略のもとで統合され、経営される。本国親会社の支配下にある海外拠点は、異なった市場環境に適応しながら、マーケティング活動を展開しなければならない。

技術革新によって、買手ニーズの均質化が進み、国際市場環境の同質化を強調し、共通の世界的な市場セグメントとユニバーサルな製品の重要性を主張する見解は、一見過去の標準化戦略の議論と対立しているように見える。しかしながら、多国籍企業が進出先市場で支配的な地位にあり、親会社が海外拠点に対する支配的な関係にあるという前提のもとで世界規模の効率性と現地環境適応を論じている点において、同じパラダイムに基づいているといえる。同様な前提のもとで、本社または親会社がいかに確実に海外拠点を管理し、統制するかについて、意思決定の権限の所在や統制の有効な手段とシステムの解明を、多国籍企業のマーケティング研究において、重要なテーマとしてきた。

しかしながら、グローバル競争と世界市場環境の変化によって、企業は本国市場でも競争相手と直接対決する局面を迎えている。競争環境の変化は本国親会社と海外拠点との関係に影響を与え、多国籍企業の戦略と行動に新しい変化をもたらしている。グローバル・マーケティングの概念が提唱される時代的な背景には、国際的な市場環境と競争環境の変化があった。グローバル・マーケティングの概念は新しい理論パラダイムが必要としている。つまり、世界市場のグローバル化とグローバル競争といった変化やグローバル・ネットワークとしての企業の出現といった時代の要請に答えるために、既存の国際マーケティングの理論を拡張し、新しい視角を導入して、新しい研究領域としてのグローバル・マーケティングの理論を確立する必要がある。

新興市場でのグローバル企業の市場行動の解明は、グローバル・マーケティングという新しい研究領域での重要な課題の一つである。

(4)　マーケティング・イノベーションと創造的適応

多国籍企業に関するパラダイムでは、市場環境と企業との境界線が明確に引かれ、また、本国親会社と海外拠点との間に階層的組織の関係が想定されている。既存の研究の多くは本社の視点から海外市場を分析し、海外拠点を対象とした研究でも本社と子会社の垂直的な関係を前提としてきた。しかしながら、現地市場への創造的適応とグローバル標準化は現地市場での競争優位を確立し維持するために同時に必要である。多様で異質な現地市場環境に直面しているグローバル企業はしばしば現地市場の革新者となっている。このような現地市場への創造的適応の結果としてのマーケティング・イノベーションに関しては、まだほとんど解明されていない。本研究では、フィールドワークによって収集した第一次資料を中心に、創造的適応とマーケティング・イノベーションの事例を研究した。

(5)　グローバル・ネットワークの競争優位性

企業の国際化プロセスを説明する中心的な概念は、現地市場知識と国際経験である。長い時間をかけても海外企業には蓄積しにくい知識や現地企業しかもたないような能力もある。とくに、市場環境が激しく変化する新興市場においては、現地市場知識の蓄積はいっそう困難である。これらの資源の間に明確な補完性がある。

組織ないし企業の境界線を越えて経営資源を共有する手段として多様な形態がある。グローバル・ネットワーク化した企業がこのような企業外部の資源を獲得し資源を共有する多様な手段を活用する関係的な能力をもっていることは、その競争優位の中核的な基盤である。本研究では、資源の補完性と企業の関係的能力という理論概念を明確にしたうえで、中国における日米欧企業の参入形態の選択と資源展開を分析している。

また、現地市場知識と深く関連するのは市場異質性と市場リスクである。多様で異質的な市場環境に接し、その異質的な市場への創造的適応を通して生まれるイノベーションの成果は企業の新たな資源となり、グローバルな競争優位の源泉になりうる。と同時に、グローバル・ネットワークのなかに市場リスクを分散化するメカニズムと市場リスクを吸収する能力をもつこともその競争優位の基盤になっている。

(6)　新興市場の概念整理

本研究では、新興市場の概念を整理した。新興市場とは、世界に開放され、潜在需要が顕在化してあるいは経済成長に伴って潜在需要が急速に拡大している国や地域を指す。

新興市場が新たに開放され、市場の制度的インフラが未発達ないし整備の途中にあることが多いため、海外企業にとって異質性の大きい市場である。また、新興市場は相対的に高い経済成長を続ける国や地域であるために、現地の市場環境は急速に変化している。このような新興市場は世界市場のグローバル化という潮流のなかで出現した。グローバル競争相手となる企業は競って新規参入したために、新興市場は企業戦略におけるその位置付けが高くなり、グローバル競争の主要な戦場になってきている。一九八五年以降の中国は、まさにこのような新興市場の代表的な存在である。

（7）輸出拠点志向と現地市場志向

本研究では、グローバル・ネットワークとしての企業を主体的な意図をもって形成された関係の連鎖であると捉えている。そして、マーケティングの視点からは、特定の海外市場に関与する企業の戦略志向を大きく「現地市場志向」と「輸出拠点志向」に分けることの必要性を主張している。戦略志向によって企業が形成しようとするネットワークの構造も機能も大きく異なってくることを実証的に明らかにした。

国際マーケティング研究の多くは、暗黙的に「現地市場志向」のみを仮定している。たとえば、既存のマーケティング標準化戦略に関する研究はこのような暗黙的な前提をおいている。また、グローバル・ネットワーク化した企業は、現地法人の役割をその国や周辺地域に限定せずにグローバルな供給拠点として位置づけることが増えている。企業の戦略志向は、このような現実を分析するための有力な概念装置である。

以上の七つの点から本研究の理論的な貢献を整理したが、このほかに、本研究では、インターフェース管理や知識拡散リスクの管理などの概念も提起している。とくに、市場戦略の展開プロセスを市場参入、資源展開とネットワーク発展の三つのプロセスに分解して、実証分析の枠組みにしていることが本研究の特色になっている。

二　発見事実とインプリケーション

つぎに、本研究での実証分析で明らかにした発見事実についてまとめたい。

(1)　日系企業と欧米企業の資源展開パターン

中国市場に進出した日米欧企業を分析した結果、日本企業と欧米企業とは、中国市場に関する戦略志向や資源展開のパターンに明確な違いがあることを発見した。参入動機と戦略志向の相違によって、現地法人のグローバル・ネットワークにおける戦略的な役割も、また、現地法人に移転されるべき経営資源も、さらに現地で獲得すべき経営資源も異なっていることを明らかにしている。

日米欧企業にとって、中国市場での競争優位を確立し維持するために重要とされている経営資源は本社人材、現地人材、すぐれた人事管理システム、豊富な資金力と高い技術力などである。しかしながら、現地市場志向が強い欧米企業の場合、マーケティング資源、とくにブランド力、製品力、サービス力、販売と営業などのマーケティング能力を重要視している。また、現地への権限委譲とともに中国市場への企業トップのコミットメントも重要とされている。これに対して、輸出拠点志向が強い日本企業は、現地パートナーや現地政府との関係、現地情報収集力、そして参入のよいタイミングを重要視している。

この発見の理論的な示唆は、戦略志向と資源展開との間に一定のパターンがあり、企業に蓄積される資源の種類も形成される能力も異なってくる点である。したがって、企業はこのような戦略一貫性を認識し、戦略志向によって現地市場での資源展開と活動を統合させることがきわめて重要である。

(2)　日本企業の戦略調整

実証分析を通して、中国市場において日本企業は市場戦略の調整に直面していることを明らかにしている。輸出拠点志向の強い日本企業は、現地経営資源の獲得を重視しながら、中国の現地法人を既存のグローバル・ネットワークのなかに急速に組み入れた。日本企業と欧米企業が移転しようとする市場関連の競争優位基盤、そして求めている現地経営資源の相違は、参入動機や現地法人の戦略的位置付けの違いから生じているだけでなく、日米企業のもっている現地市場に関する認識や過去の関わりなどの国際経験によってももたらされている。

また、中国国内市場の急速な成長に対応した日本企業の戦略調整は、これまでの資源蓄積と企業能力によって制約されていることを明らかにしている。

(3)　戦略志向と競争優位の基盤

実証分析によって、企業の戦略志向と現地市場における競争優位を支える中核的な資源との間に明確な関係があることを明らかにしている。この事実発見からの理論的な示唆は、従来の多国籍企業の概念をより豊かにする必要があることである。この発見からの実務的な示唆として、戦略調整をしている日本企業にとって、現地市場での競争優位性を高めるために、企業名やブランドの知名度、製品力とサービス力、販売力と営業力などのマーケティング資源を積極的に移転し、現地市場の革新を目指さなければならない。

中国市場への長期的なコミットメント、進出した初期でのブランド・イメージの確立、全国市場を目指した戦略展開、そして、親会社のもつマーケティング資源の移転が現地市場でのマーケティング活動を効果的に遂行するさいの重要な手段である。

実証分析の結果は、中国市場における日本企業の広告活動が相対的に低調であり、欧米系企業が全国広告を積極的に行っているのに対して、日本企業は地域市場に合わせたマーケティング活動を行っている。結果的に、日本企業は早期にあったブランド資産を維持することができず、また、現地市場の競争が激化した段階になると、多くの日本企業は中国市場でのブランド・イメージを確立することができなくなっていることが明らかになっている。

実践的なインプリケーションとしては、現地市場志向へ移行しようとする日本企業はマーケティング資源にもっと目を向ける必要がある。企業のグローバル競争力にとっても、マーケティング資源の重要性はいっそう高まっていることを示唆している。

(4)　現地市場志向と戦略展開

欧米企業は明確な現地市場志向をもって統制度の高い参入方式を採用し、現地市場対応型の戦略を展開している。

実証分析の結果は、日本企業の多くが本国親会社の経営資源への依存度が高く、複数のパートナーとの関係を競争力の源泉にしていることを示している。このような分析結果は、日本企業が現地市場志向をもって戦略を展開し、現地市場のシェアを高めるためには、日本から優れたマーケティング資源を積極的に移転する必要があることを示唆している。

大半の日本企業は、中国を重点的に強化する市場とし、現地市場の拡大に対応して現地販売網の強化などの施策を進めている。日米欧企業の比較を通して明らかになったのは、日本企業が中国市場戦略を早いスピードで調整しなければ、市場環境の変化に対応できず、米国企業や欧州企業、さらに中国の現地企業との競争に勝てないということである。

実践的なインプリケーションとしては、日本企業は従来のような「ものづくり」の強みと「輸出の生産拠点」という発想のみではなく、現地市場を獲得するために「販路の強み」や「営業の力」などを重視する日本的なマーケティングを中国にも移転し、同時に現地パートナーや第三者のマーケティング資源を活用した仕組みを早急に開発しなければならない。

(5)　参入形態と資源展開の関係

実証分析の結果、独資企業は合弁企業に比べて現地調達や人事労務管理などの問題が大きく、ビジネス・リスクをより強く感じていること、合弁企業では原材料・部品調達や人事労務管理などのビジネス・リスクが相対的に低減されることを明らかにした。

この発見事実は、合弁のコスト側面よりも、経営資源や企業能力の補完性が合弁形態を選択する重要な理由になっていることを示している。したがって、新興市場における資源と企業能力の補完性によるシナジー効果に関するいっそうの解明が必要である。

(6)　戦略展開と調整のスピード

新興市場の環境変化が激しい。また、グローバル・ライバルや現地競争相手の絶えずの新規参入によって市場環境変化のスピードも加速している。

本書での事例分析は、外資系企業が有望な市場分野への早期参入によって現地市場での強い競争優位を確立することが可能であることを示唆している。新興市場において、外資系企業は自社のもっているマーケティング資源を移転し、フルに活用することによって全く斬新な戦略展開ができ、高いブランド・イメージを築いて高い市場成果をあげることができる。また、グローバル競争のなかで中国市場での競争フォーカスがたえず移動している。市場戦略の展開は単に広告・販売促進活動に止まらず、流通チャネル戦略、投資戦略、そして調達戦略とも連動しなければならないことが明らかになった。さらに、現地企業との関係やマーケティング活動をグローバルな市場戦略のもとですばやく調整する必要がある。

(7)　創造的適応と戦略一貫性

中国市場で成功している欧米企業の事例からは次のような示唆が得られた。新興市場における有効な市場戦略に関する理解を深めるためには、企業の新興市場での資源展開の方向が既存のグローバル・ネットワークによって規定され、新興市場における資源展開がまたグローバル・ネットワーク全体に変化をもたらすという動態的なプロセスを理解しなければならない。既存の資源を現地市場に移転するだけでなく、企業の中核資源と基本価値を巧みに現地文化の共通要素に同化させ、さらに創出された新しい資源をグローバル・ネットワークに共有させるという展開プロセスにおいて創造的適応が必要である。

これに対して、日本企業の場合、本社機能、研究開発機能、製造機能、マーケティング機能などは企業のブランドや商品に分かれているだけでなく、組織構造も輸出、現地生産、地域事業部に分かれている。さらに、系列や企業グループに分散している。このような状態では、日本本社で策定された戦略は現地の状況に迅速に適応できず、現地への権限委譲が進まない場合、現地での失敗が生まれている。日本企業の事例は、全社のグローバル市場戦略への統合と戦略の一貫性を維持する仕組みがないと、新興市場での競争優位性を維持することができないことを示唆している。

(8)　中国におけるネットワーク発展の特徴

事例研究の結果、欧米企業の戦略展開に共通した特徴として、中国市場に対する長期的なコミットメントの表明、企業ブランドの確立、現地でのブランド体系と複数の流通チャネルの構築、ローカル企業の資源の活用などがあることを明らかにした。

多くの場合、現地企業の戦略は低コストを基本にして低価格の大衆市場を主要なターゲットにしている。しかしながら、海外へのOEM生産だけでなく、外資系企業との提携を通して海外企業の経営資源を活用するような現地企業も増えている。

消費者に直結する消費財分野では、外資系企業がすでに現地企業の競争力向上に直面している。既存の系列や企業グループをベースに製造機能や労働集約的な工程を中国に移転した場合、日本企業の柔軟性が相対的に欠けている。

巨大な国内市場、急速に形成される地域の産業集積、商品開発のスピード、圧倒的なコスト競争力、国内販売網とサービス力などの競争力の基盤をもつ現地企業とは、積極的な戦略提携を進める必要がある。

(9) グローバル生産拠点への転換

事例研究の結果、外資系企業が中国にグローバルな事業機能を集結させる傾向があることが明らかになった。多くの外資系企業にとって中国市場での戦略調整が新たに迫られている。このような戦略調整はグローバル競争という世界市場の変化に対応したものであり、グローバル・ネットワークにおける原材料部品の調達から研究開発、生産、販売までの事業システム全体の動きである。

企業のグローバル・ネットワークのなかに中国現地法人を輸出拠点として組み入れ、柔軟性を維持しながら展開する集中特化戦略は今後も有効である。特定の製品分野に事業を集中させ、本社と海外拠点の機能を特化させることによってそれぞれの拠点の最適立地を柔軟に選択することができる。

現地市場でのブランド戦略と現地販売力の強化は日本企業にとってますます重要な課題になっている。企業グループや系列をベースにした場合、それぞれの企業が得意とする部分をうまく組み合わせ、調達、人事、総務、物流、販売そして資金回収など業務活動を緩やかな企業ネットワークのなかで分担し、蓄積されている情報や利用されていない余剰能力と資源を活用することによって競争力を高めることができる。

現地市場の情報と変化をすばやくグローバルな企業ネットワークの研究開発拠点と生産拠点との間でリアルタイムに共有し、業務活動のスピードと柔軟性の高い事業システムに中国の現地法人をいかに統合していくかは、日本企業にとって共通の課題になっている。

(10) 向上する中国現地法人の経営業績

外資系企業の経営業績に関しては、参入時期、参入形態、立地選択、輸出比率などの側面から、日米欧企業の本社レベルと現地法人レベルに関する調査データを同時に用いて分析した結果、全体的に中国市場の魅力度と収益性が相対的に改善され、販売市場としての魅力が増していることが明らかになった。

中国現地法人の経営業績に関する分析から得た重要な発見は、約六割の外資系企業が中国現地法人の経営業績を成功またはほぼ成功と評価しているという点である。また、参入形態よりも、市場戦略志向のほうが経営業績に強い影響を与えていることがわかった。

もう一つの重要な事実発見は、日米欧企業が中国市場のリスクが低下していると見ている点である。しかしながら、日米欧企業にとって、債権回収や売上代金の回収、中国国内の物流といった問題が共通している。分析の結果は中国事業の魅力度が増すなかで、外資系企業同士、そして現地企業との激しい競争に勝ち、収益性を高める方策を摸索しなければならないことが示唆されている。

著者略歴

1979年中国・北京大学入学。1985年神戸大学経営学部卒業。1990年同大学院経営学研究科博士後期課程修了，商学博士（神戸大学）取得。
1990年同大学経済経営研究所助手，1992年小樽商科大学助教授，1995年神戸大学助教授を経て，2003年同大学院経営学研究科教授。2004年同大学中国コラボレーションセンター長。

主要業績

『流通空間構造の動態分析』，千倉書房，1992年
『日本流通領域的全面革新』（中国語）上海遠東出版社，1997年
『現代中国の構造変動：経済』（共著）東大出版会，2000年
Great China in the Global Market, *International Business Press*, 2001
『WTO加盟後の中国市場』（編著）蒼蒼社，2002年
『現代中国産業経済論』（共著）世界思想社，2007年
『小売企業の国際展開』（共著）中央経済社，2009年
E-mail : koulin@kobe-u.ac.jp

Marketing & Distribution シリーズ　　ISBN978-4-8051-7700-6

『新　興　市　場　戦　略　論』
―― グローバル・ネットワークとマーケティング・イノベーション ――

平成15年6月20日　初　版
平成21年11月1日　第4刷

著作者　©　黄《こう》　磷《りん》(HUANG Lin)

《検印省略》　発行者　千　倉　成　示

発行所　株式会社　千倉書房　104-0031 東京都中央区京橋2-4-12
電話・03（3273）3931（代）
http : //www. chikura. co. jp /

印刷・株式会社 シナノ／製本・井上製本所
ISBN978-4-8051-0825-3

索　引

か 行

外資系企業の市場シェア　167
外資系ブランドの知名度　168
企業能力　51, 52, 204-206
競争戦略論　73
グローバル生産拠点　102, 277, 280, 368
グローバル・ネットワークとしての企業　12
グロバール・ネットワークの特徴　30, 359
グローバル・マーケティング　358
グローバル・マーケティングと新興市場　129
グローバル・マーケティングの定義　55
グローバル・マーケティングの本質　29, 52-54
経営資源の移転　41, 223, 228
経営資源の獲得　224
現地市場志向　31, 101, 171, 232
現地消費者のブランド意識　237-238
現地適応化　75, 96, 101
限定的な顧客適応　262
工業製品の輸出総額　162
広告活動の現地適応　247-248
広告市場　234, 236, 240, 245
広告の利用　243
コカ・コーラ　4, 306
国際マーケティング論　63, 73
コダック　7, 312

さ 行

資源展開と企業能力　67-71
資源展開と競争優位　228-233
資源展開のパターン　249, 362
資源の展開プロセス　15, 19
資源の連鎖　44, 49
資源ベース理論　41, 51, 73
市場参入形態　130, 204
市場参入形態の規定要因　184-192, 198, 201, 203
市場参入形態の選択　191
市場参入形態の特性　59
市場参入動機　174, 362
市場参入に関する既存理論　73
市場参入プロセス　15, 19, 71
市場戦略の展開プロセス　14
市場と環境の相互作用　35, 174
市場の異質性　63, 186, 195
新興市場の定義　11, 134, 360
新興市場の特徴　11, 134
新興市場の魅力と難しさ　351
製品の標準化　80
世界の工場　162
世界の輸入総額　161
世界貿易主要国　160
戦　略　249
戦略思考　251
戦略志向と競争優位の基盤　252
創造的適応　359

た 行

対中直接投資　144-154

対中直接投資の国と地域　147, 149
対中直接投資の実行額　146
対中投資の形態　154-155
対中投資の産業別構成　158-159
対中投資の実行率　153
対中投資の推移　173
対中投資の平均規模　152
対中投資の立地選択　158
地域間の相互依存　164
地域ブロック内の相互依存　164
中国市場に関する評価　134, 160, 326, 351
中国市場の特徴　134-143
中国市場のリスク　135, 344, 351
直接投資の上位受け入れ国　144
取引費用理論　61, 73

な　行

日米欧企業の参入動機　175
日本企業の参入形態選択　180-184, 193
日本企業の参入動機　176
ネスレ　5, 309
ネットワーク　12
ネットワークの創発性と市場革新　114-119
ネットワークの特性　115

は　行

P&G（宝潔）　4, 290
富士写真フイルム　7, 312
ブランド管理と広告戦略　248
ブランドと標準化戦略　80
プログラムの標準化　75
プロセス間の相互作用　18
プロセスの標準化　84

ま　行

マーケティング・イノベーション　117-119
マーケティング・イノベーションの定義　42-43, 116-117
マーケティング資源　21, 46
松下電器産業　6, 277
マブチモーター　2, 257
モトローラ　3, 282

や　行

輸出拠点志向　32, 102, 171, 361

参 考 文 献

Aaker, D. A. (1991), *Managing brand equity : capitalizing on the value of a brand name*, New York : Free Press.

Achrol, R. S. (1997), Changes in the theory of interorganizational relations in marketing : toward a network paradigm, *Journal of the Academy of Marketing Science*, Vol. 25 No. 1, pp. 56-72.

Achrol, R. S., L. K. Scheer and L. W. Stern, (1990), *Designing successful transorganizational marketing alliances*, Cambridge, Mass.: Marketing Science Institute.

Agarwal, S. and S. Ramaswami, (1992), "Choice of foreign market entry mode : Impact of ownership, location, and internalization factors", *Journal of international business studies*, 23 (Spring): 1-27.

Akaah, I. P. (1991), "Strategy Standardization in International Marketing : An Emprical Investigation of Its Degree of Use and Correlates", *Journal of Global Marketing*, Vol. 4, No. 2.

Alsegg, R. J. (1971), *Control Relationships between American Corporations and their European Subsidiaries*, New York, AMA.

Anderson, E. and H. Gatignon, (1986), "Modes of foreign entry : A transaction cost analysis and propositions", *Journal of international business studies*, 17 (Fall): 1-26.

Anderson, E. and H. Coughlan, (1987), "International marketing entry and expansion via independent or integrated channels of distribution", *Journal of Marketing*, 51 (January): 71-82.

浅野　弘 (1992)「国際マーケティング戦略の標準化と現地化」早稲田大学原田研究室『マーケティング戦略』, 同文舘出版。

Aulakh P. S. and M. Kotabe, (1997), "Antecedents and Performance Implications of Channel Integration in Foreign Markets", *Journal of international business studies*, 28 (1): 145-175.

Axelsson, B. and G. Easton, eds. (1992), *Industrial Networks : A new view of reality*, London : Routledge.

Axelsson, B. (1995), "The Development of Network Research", in K. Moller

and D. Wilson eds., *Business Marketing*, Kluwer Academic Publishers, pp. 111-137.

Aylmer, R. J. (1970), "Who Makes Marketing Decisions in the Multinational Firm ?", *Journal of Marketing*, Oct.

Balakrishnan, S. and B. Wernerfelt, (1986), "Technical change, competition and vertical integration", *Strategic Management Journal*, Vol. 7 (July-August), pp. 347-359.

Baldwin C. Y. and K. B. Clark, (1997), "Managing in an Age of Modularity", *Harvard Business Review* (September/October), pp. 84-93.

Baldwin C. Y. and K. B. Clark, (2000), *Design Rules*, Cambridge, Ma.: MIT Press.

Barney, J. B. (1986), "Strategic factor markets: expectations, luck, and business strategy", *Management Science*, Vol. 32 No. 10, pp. 1231-1242.

Barney, J. B.(1991), "Firm resources and sustained competitive advantage", *Journal of Management*, March Vol. 17 No. 1, pp. 99-121.

Bartlett C. A. (1986), "Building and Managing the Transnational: The New Organizational Challenge", in Porter, M. E. (ed.), Competition in Global Industries, Harvard Business School Press.

Bartlett C. A. and S. Ghoshal, (1987), "Managing Across Borders: New Strategic Requirements", *Sloan Management Review*, Summer.

Bartlett C. A. and S. Ghoshal, (1989), *Managing Across Borders : The Transnational Solution*, Harvard Business School Press.

Beamish, P. W. (1984), *Multinational joint ventures in developing countries*, London: Routledge.

Beamish, P. W. (1985), "The characteristics of joint ventures in developed and developing countries", *Columbia Journal of World Business*, 20 : pp. 13-19.

Beamish, P. W. (1993), "The characteristics of joint ventures in the Peoples Republic of China", *Journal of International Marketing*, 1 (2): 29-48.

Boddewyn J., R. Soehl and J. Picard, (1986), "Standardization in International Marketing: Is Ted Levitt in Fact Right ?", *Business Horizons*, Nov.-Dec.

Brandt W. and J. Hulbert, (1977), "Headquarters Guidance in Marketing Strategy in the Multinational Subsidiary", *Columbia Journal of World Business*, Winter.

Buckley, P. J. and M. Casson, (1976), *The Future of the Multinational*

Enterprise, NY : Holmes and Meier.

Buzzell, R. D. (1968), "Can you standardize multinational marketing?", *Harvard Business Review*, 46 Nov.-Dec.

Cantwell, J. (1991), "The theory of technological competence and its application to international production", in McFetridge, D. (ed.), *Foreign Investment, Technology and Economic Growth*, pp. 33-67. University of Calgary Press.

Cateora P. R. and S. M. Keavency, (1987), *Marketing : an international perspective*, Homewood, Ill.: Irwin.『マーケティングの国際化：グローバルな視野での行動』, P. R. カトーラ, S. キーベニー著；大石　芳裕ほか訳, 文眞堂。

Chowdhury, J. (1992), "Performance of international joint ventures and wholly owned foreign subsidiaries : A comparative perspective", *Management International Review*, 32 (2): 115-133.

Cohen, W. M. and D. A. Levinthal, (1990), "Absorptive Capacity : A New Perspective on Learning and Innovation", *Administrative Science Quarterly*, 35 (1) pp. 128-152.

Contractor F. and P. Lorange, (1987), *Cooperative Strategies in International Business*. Ma.: D. C. Heath.

D'Aveni R. (1994), *Hypercompetition : Managing the Dynamics of Strategic Maneuvering*, New York : The Free Press.

Davidson, W. H. (1982), *Global strategic management*, NY : John Wiley.

Douglas S. P. and Y. Wind, (1987), "The Myth of Globalization", *Columbia Journal of World Business*, Winter.

Douglas S. P. and C. S. Craig, (1989), "Evolution of Global Marketing Strategy : Scale, Scope and Synergy", *Columbia Journal of World Business*, Fall Vol. 24 No. 3, pp. 47-60.

Dunn S. W. (1976), "Effect of National Indentity on Multinational Promotional Strategy in Europe", *Journal of Marketing*, October.

Dymsza, W. A. (1988), "Successes and failures of joint ventures in developing countries", in Contractor, F. and Lorange, P. (eds.), *op. cit*.

Elinder, E. (1961), "How International Can Advertising Be", *The International Advertiser*, Dec.

Erramilli, M. K. and C. P. Rao, (1993), "Service firms' international entry-

mode choice : A modified transaction-cost analysis approach", *Journal of Marketing*, 57 (3): 19-38.

Fatt A. C. (1964), "A Multinational Approach to International Advertising", *The International Advertiser*, Sept.

Fayerweather, J. (1969), *International Business Management*, New York : McGraw-Hill.『国際経営論』, J. フェアウェザー著；戸田忠一訳, ダイヤモンド社, 1975。

藤本　隆宏 (1997)『生産システムの進化論』, 有斐閣。

Garnier, T. N. et. al. (1979), "Autonomy of the Mexican Affiliates of U. S. Multinational Corporations", *Columbia Journal of World Business*, Spring.

Gatignon, H. and E. Anderson, (1988), "The multinational corporation's degree of control over foreign subsidiaries : An empirical test of a transaction cost explanation", *Journal of Law, Economics, and Organization*, 4 (Fall): 305-336.

Ghoshal, S. (1987), "Global Strategy : An Organizing Framework", *Strategic Management Journal*, Vol. 8, pp. 425-440.

Gomes-Casseres, B. (1989), "Joint ventures in the face of global competition", *Sloan Management Review*, Spring Vol. 30 No. 3, pp. 17-27.

Goodnow, J. D. and J. E. Hanz, (1972), "Environmental Determinants of Overseas Market Entry Strategies", *Journal of international business studies*, Vol. 3 No. 1, pp. 33-50.

Grant, R. M. (1991), *Contemporary Strategy Analysis*, Cambridge Ma.: Blackwell.

Grosse, R. and W. Zinn, (1990), "Standardization in International Marketing : The Latin American Case", *Journal of Global Marketing*, Vol. 4, No. 1.

Gummesson, E. (1997), "Relationship marketing as a paradigm shift", *Management Decision*, March-April, Vol. 35 No. 3-4, pp. 267-272.

Gummesson, E. (1999), *Total Relationship Marketing*, Butterworth - Heinemann.

Hamel, G. and C. K. Prahalad, (1990), "The core competence of the corporation", *Harvard Business Review*, May-June Vol. 68 No. 3, pp. 79-92.

Hampton, G. and E. Busks, (1987), "The Global Marketing Perspective", in *Advances in International Marketing*, Vol. 2, pp. 259-277.

Harrigan, K. R. (1985), *Strategies for Joint Ventures*, Ma.: D. C. Heath.
Harrigan, K. R. (1988), "Joint ventures and competitive strategy", *Strategic Management Journal*, Vol. 12, (Special Issue), pp. 141-158.
浜谷　源蔵（1956）『貿易経営論』, 同文舘出版。
Hedlund, G. (1981), "Autonomy of Subsidiaries and Formalization of Headquarters-Subsidiary Relationships in Swedish MNC", in Otterbeck (ed.).
Hennart, J. F. (1991), "The transaction costs theory of joint ventures: An empirical study of Japanese subsidiaries in the United States", *Management Science*, Vol. 37 (4), pp. 483-497.
Hill, C. W. L., P. Hwang and W. C. Kim, (1990), "An eclectic theory of the Choice of international entry mode", *Strategic Management Journal*, Vol. 11 (2), pp. 117-128.
Hill, J. and R. Still, (1984), "Adapting products to LDC tastes", *Harvard Business Review*, March-April.
菱沼　勇（1957）『エキスポートマーケティング』, 同文舘出版。
Hout, T., M. E. Porter and E. Rudden, (1982), "How global companies win out", *Harvard Business Review*, 60, September-October, 98-108.
黄　磷（1992）「グローバル・マーケティングにおける標準化戦略と市場革新行動」,『第1回国際地域経済ジョイントセミナー報告書』(小樽商科大学)。
黄　磷（1995）「対中投資の魅力度と立地選択」, ジェトロ『中国経済』, 95年12月号。
黄　磷（1999）「海外市場参入の理論展開」, 日本商業学会『流通研究』第2巻第1号。
Huang Lin, (1991), "Marketing Strategies of Foreign Firms in Japan", Collection of Papers of Kungpook National University-Kobe University Joint Seminar.
Huang Lin, (1992), "Marketing Strategy of BMW in Japan: The key to success in Japanese market", *Management Japan*, Vol. 25 No. 1, Spring.
Huang Lin, (1993), "Global Marketing Innovation: Marketing practices of foreign firms in Japan", *Innovation and Business Dynamics in Japan and Korea*, Kobe Economic and Business Research Series No. 11.
Hulbert, W. J. Brandt and R. Richers, (1980), "Marketing Planning in the Multinational Subsidiary: Practices and Problem", *Journal of Marketing*, Summer.

Hymer, S. H. (1960), *The international operations of national firms*, Cambridge, Ma.: MIT Press (1976).『多国籍企業論』, スティーブン・ハイマー著, 宮崎義一編訳, 岩波書店, 1979。

生島　広治郎編 (1966)『国際マーケティング政策』, 中央経済社。

Inkpen, A. (1992), *The management of international joint ventures : A organizational learning perspective*, New York : Routledge.

石井　淳蔵 (1984)『日本企業のマーケティング行動』, 日本経済新聞社。

石井　淳蔵ほか (1996)『経営戦略論 (新版)』, 有斐閣。

石井　淳蔵 (2002)「現代経営戦略論がマーケティング研究に問いかけるもの」『国民経済雑誌』第185巻第2号。

石原　武政 (2000)『商業組織の内部編成』, 千倉書房。

伊丹　敬之 (1984)『経営戦略の論理』, 日本経済新聞社。

岩田　智 (1994)『研究開発の国際化』, 文眞堂。

Jain, S. C. (1989), "Standardization of International Marketing Strategy : Some Research Hypotheses", *Journal of Marketing*, 53.

Johanson, J. and Jan-Erik Vahlne, (1977), "The international process of the firm-A model of knowledge development and increasing foreign market commitment", *Journal of international business studies*, 8 (1): 22-32.

Jones, G. (1995), *The Evolution of International Business : An Introduction*, International Thomason Business Press. 桑原哲也他訳『国際ビジネスの進化』, 有斐閣。

加護野　忠男 (1999)『〈競争優位〉のシステム』, PHP 研究所。

角松　正雄 (1983)『国際マーケティング論』, 有斐閣。

Keegan, W. J. (1969), "Multinational Product Planning : Strategic Alternatives", *Journal of Marketing*, Vol. 33.

Killing, P. J. (1982), "How to make a global joint-venture work", *Harvard Business Review*, 60 May-June, 120-127.

Kim, W. C. and P. Hwang, (1992), "Global strategy and multinationals' entry mode choice", *Journal of international business studies*, 23 (1): 29-53.

Kindleberger, C. P. ed. (1970), *The international corporation*, Cambridge Ma.: MIT Press.『多国籍企業：その理論と行動』, キンドルバーガー編, 藤原・和田訳, 日本生産性本部, 1971。

衣笠　洋輔 (1979)『日本企業の国際化戦略』, 日本経済新聞社。

Klein, S., G. L. Frazier and V. J. Roth, (1990), "A transaction cost analysis

model of channel integration in international markets", *Journal of Marketing Research*, Vol. 27 No. 2, May, pp. 196-208.

小林　規威（1980）『日本の多国籍企業』，中央経済社。

Kobrin, S. J. (1991), "An empirical analysis of the determinants of global integration", *Strategic Management Journal*, Vol. 12, pp. 17-19.

Kogut, B. (1988), "Joint ventures: Theoretical and empirical perspectives", *Strategic Management Journal*, Vol. 9, pp. 319-332.

Kogut, B. (1989), "A note on global strategies", *Strategic Management Journal*, Vol. 10, p. 383-389.

小島　清・小沢　照智（1984）『総合商社の挑戦』，産業能率大学出版部。

小島　清（1985）『日本企業の海外直接投資』，文眞堂。

國領　二郎（1995）『オープン・ネットワーク経営』，日本経済新聞社。

小宮　隆太郎（1972）「直接投資の理論」，澄田・小宮・渡部編『多国籍企業の実態』，日本経済新聞社。

Kotabe Masaaki, (1992), *Global sourcing strategy : R&D, manufacturing, and marketing interfaces*, New York : Quorum Books.

Kotabe Masaaki and K. Helsen, (2001), *Global marketing management*, 2nd. ed. New York : J. Wiley & Sons.

Kotler, P., L. Fahey and S. Jatusripitak, (1986), *The New Competition*, NJ ; Prentice-Hall.

黒田　重雄（1996）『比較マーケティング』，千倉書房。

楠木　建（1997）「システム文化の組織論」，『ビジネス レビュー』，第45巻第１号。

Livett, T. (1983), "The globalization of markets", *Harvard Business Review*, 61 (May-June), pp. 92-102.

Lou Yan, (1997), "Performance Implications of International Strategy : An empirical study of foreign-invested enterprises in China", *Group and Organization Management*, Vol. 22 (1), pp. 87-116.

Lynch R. P. (1993), *Business Alliance Guide*, John Wiley & Sons.

Madhok, A. (1997), "Cost, value and foreign market entry mode : The transaction and the firm", *Strategic Management Journal*, Vol. 18, pp. 39-61.

Makino S. and A. Delios, (1996), "Local knowledge transfer and performance : Implications for alliance formation in Asia", *Journal of international business studies* (Special Issue) : 905-927.

March, J. G. and H. A. Simon, (1958), *Organizations*, New York : Wiley.
Miles, R. E. and C. C. Snow, (1986), Organizations : new concepts for new forms, *California Management Review*, Spring, Vol. 28 No. 3, pp. 62-74.
茂垣　広志（2001）『グローバル戦略経営』，学文社。
森下　二次也（1959）「Managerial Marketingの現代的性格について」，『経営研究』，大阪市立大学　第40・41号。
森下　二次也（1967）「ワールド・マーケティングについて」，『経済学雑誌』，大阪市立大学　第56号，第４・５号。
諸上　茂登（1988）「グローバル・マーケティング・ミックスの展開」，江夏　健一編『グローバル競争戦略』。
諸上　茂登（2000）「国際マーケティングにおける標準化／適応化フレーム」，高井　眞編著『グローバル・マーケティングの進化と課題』，同文舘出版。
諸上　茂登・杉田　俊明編著（1999）『アジアからの輸入と調達』，同文舘出版。
向山　雅夫（1996）『ピュア・グローバルへの着地』，千倉書房。
Nelson, R. and S. Winter, (1982), *An Evolutionary Theory of Economic Change*, Ma.: Harvard University Press.
根本　孝・諸上　茂登（1986）『国際経営論』，学文社。
野中　郁次郎（1990）『知識創造の経営』，日本経済新聞社。
野中　郁次郎・竹内　弘高（1996）『知識創造企業』，東洋経済新報社。
小川　進（2000）『イノベーションの発生論理』，千倉書房。
萩野　典宏（1977）『多国籍マーケティング行動論』，千倉書房。
萩野　典宏（1984）「国際マーケティング論」，田村・石原編『日本流通研究の展望』，千倉書房。
Ohmae Kenichi, (1986), "Becoming A Triad Power : The New Global Corporation", *International Marketing Review*, Autumn.
Otterbeck, L. ed. (1980), *The Management of Headquarters-Subsidiary Relationships in Multinational Corporations*, Aldershot, Eng.: Gower.
Ozsomer, A. M. Bodur and T. Cavusgil, (1991), "Marketing Standardisation by Multinationals in an Emerging Market", *European Journal of Marketing*, Vol. 25.
Pan Yun Gang, (1996), "Influences on Foreign Equity Ownership Level in Joint Ventures China", *Journal of international business studies*, 27 (1): p. 9.
Peebles, D. J. Ryans and I. Vernon, (1978), "Coordinating International

Advertising", *Journal of Marketing*, January.

Penrose, E. T. (1959), *The theory of the growth of the firm*, New York : Oxford University Press.『会社成長の理論』, ペンローズ著, 末松玄六訳, 第2版, ダイヤモンド社, 1980。

Picard, J. (1977), "How European Companies Control Marketing Decisions Abroad", *Columbia Journal of World Business*, Summer.

Picard, J., J. Boddewyn and R. Soehl, (1988), "U. S. Marketing Policies in the European Community : A Longitudinal Study, 1973-83", *Journal of Global Marketing*, Vol. 1, No. 4.

Porter, M. E. (1980), *Competitive strategy : techniques for analyzing industries and competitors*, New York : Free Press.

Porter, M. E. ed. (1986), *Competition in Global Industries*, Harvard Business School Press.

Quelch, J. and E. Hoff, (1986), "Customizing Global Marketing", *Harvard Business Review* (May-June).

Rau, P. and J. Preble, (1987), "Standardisation of Marketing Strategy by Multinationals", *International Marketing Review*, Autumn.

Robinson, R. D. ed. (1987), *Direct foreign investment : costs and benefits*, New York : Praeger.

Root, F. R. (1990), *International trade and investment*, 6th ed. Cincinnati, OH : South-Western Pub. Co.

Root, F. R. (1994), *Entry strategies for international market*, Rev. and expanded, New York : Lexington Books.

Rugman, A. M. (1980), "Internalization as a general theory of foreign direct investment : A reappraisal of the literature", *Weltwirtschaftliches Archiv*. 116 : 365-379.

Rumelt, R. P. (1974), *Strategy, structure and economic performance*, Boston : Harvard Business School.

Ryans, Jr. J. K. (1969), "Is it Too Soon to Put a Tiger in Your Tank?", *Columbia Journal of World Business*, Vol. 4.

榊原　清則・坂田　政一 (1997)「企業組織に対する情報ネットワーク技術の意義」,『ビジネス　レビュー』, 第45巻第1号。

Samiee, S. and K. Roth, (1992), "The Influence of Global Marketing Standardization on Performance", *Journal of Marketing*, 56, January.

Song M. and M. E. Parry, (1997), "Teamwork barriers in Japanese high-technology firms : the sociocultural differences between R&D and marketing managers", *Journal of Product Innovation Management*, September Vol. 14 No. 5, pp. 356-368.

Sorenson, R. Z. and U. E. Wiechmann, (1975), "How Multinational View Marketing Standardization", *Harvard Business Review*, 53.

Stopford, J. M. and L. T. Wells Jr. (1972), *Managing the multinational enterprise : organization of the firm and ownership of the subsidiaries*, New York : Basic Books.『多国籍企業の組織と所有政策』, ストップフォード, ヴェルズ著, 山崎　清訳, ダイヤモンド社, 1976。

杉田　俊明（2002）『国際ビジネス形態と中国の経済発展』, 中央経済社。

髙嶋　克義（1998）『生産財の取引戦略―顧客適応と標準化―』, 千倉書房。

竹田　志郎（1985）『日本企業の国際マーケティング』, 同文舘出版。

竹田　志郎（1992）「国際マーケティング」, 吉原　英樹編（1992）『日本企業の国際経営』, 同文舘出版。

Takeuchi H. and M. E. Porter, (1986), "Three Roles of International Marketing in Global Strategy", in M. E. Porter ed. (1986).

田村　正紀（1971）『マーケティング行動体系論』, 千倉書房。

田村　正紀（1986）『日本型流通システム』, 千倉書房。

田村　正紀（1989）『現代の市場戦略』, 日本経済新聞社。

田村　正紀（1996）『マーケティング力』, 千倉書房。

Teece, D. J. ed. (1987), *The competitive challenge : strategies for industrial innovation and renewal*, Cambridge Ma.: Ballinger.『競争への挑戦：革新と再生の戦略』, ティース編著, 石井淳蔵ほか共訳, 白桃書房, 1988。

Teichova, A., M. Levy-Leboyer and H. Nussbaum ed. (1986), *Multinational enterprise in historical perspective*, London : Cambridge University Press.『国際事業活動の展開と世界経済』, アリス・タイコーヴァほか編, 鮎沢　成男ほか監訳, 中央大学出版部, 1991。

寺元　義也ほか（1990）『日本企業のグローバル・ネットワーク戦略』, 東洋経済新報社。

Tse D. K., Y. G. Pan, and K. Y. Au. (1997), "How MNCs choose entry modes and form alliances : the China experience", *Journal of International Business Studies*, Winter, Vol. 28 No. 4, pp. 779-808.

Vaupel, J. W. and J. P. Chrhan, (1973), *The world's multinational enterprises*,

Harvard University Press.
Vernon, R. (1966), "International Investment and International Trade in the Product Cycle", *Quarterly Journal of Economics*, May, pp. 190-207.
Vernon, R. (1977), *Storm Over the Multinationals*, Cambridge, MA.
和田　充夫（1985）「日本型マーケティングは存在するのか」，『マーケティングジャーナル』，第4巻第2号。
Walters, P. G. (1986), "International Marketing Policy : A Discussion of the Standardization Construct and its Relevance for Corporate Policy", *Journal of international business studies*, Summer.
Walters, P. and B. Toyne, (1989), "Product Modification and Standardization in International Markets : Strategic Options and Facilitating Policies", *Columbia Journal of World Business*, Winter.
王　洛林編（1997）『中国外商投資報告』，経済管理出版社。
Weick, K. E. (1979), *The social psychology of organizing*, 2nd. ed. Mass. : Addison-Wesley.『組織化の社会心理学』，ワイク著，遠田　雄志訳，文眞堂，1997。
Wernerfelt, B. (1984), "A resource-based view of the firm", *Strategic Management Journal*, Vol. 5 No. 2, pp. 171-180.
Wernerfelt, B. (1995), "The resource-based view of the firm : ten years after", *Strategic Management Journal*, Vol. 16, pp. 174-175.
Wiechmann, U. E. (1974), "Integrating Multinational Marketing Activities", *Columbia Journal of World Business*, Winter.
Wiechmann, U. and L. Pringle, (1979), "Problems that Plague Multinational Marketers", *Harvard Business Review*, July-August.
Williamson, O. E. (1985), *The economic institutions of capitalism*, New York : Free Press.『エコノミック・オーガニゼーション：取引コストパラダイムの展開』，ウィリアムソン著，井上・中田監訳，晃洋書房，1989。
谷地　安弘（1999）『中国市場参入』，千倉書房。
安室　憲一（1992）『グローバル経営論』，千倉書房。
Yip, G. S. (1992), *Total global strategy : Managing for worldwide competitive advantage*, N. J.: Prentice Hall.
吉原　英樹（1979）『多国籍経営論』白桃書房。
吉原　英樹ほか（1981）『日本企業の多角化戦略』，日本経済新聞社。
吉原　英樹ほか（1988）『日本企業のグローバル経営』，東洋経済新報社。

参　考　文　献

吉原　英樹編（1991）『グローバル企業の日本戦略』，講談社。

吉原　英樹（1992）『富士ゼロックスの奇跡』，東洋経済新報社。

吉原　英樹（1997）『国際経営』，有斐閣。